KB261881

일본군'위안부' 문제의 책임을 묻는다

―역사·사회학적 연구―

일본군'위안부' 문제의 책임을 묻는다

―역사·사회학적 연구―

일본군'위안부' 문제의 책임을 묻는다

―역사·사회학적 연구―

한국정신대문제대책협의회
2000년 일본군성노예전범 여성국제법정 한국위원회 진상규명위원회 엮음

풀빛

일본군'위안부' 문제의 책임을 묻는다―역사·사회학적 연구

초판 인쇄 2001년 12월 15일

초판 발행 2001년 12월 20일

엮은이   한국정신대문제대책협의회
          2000년 일본군성노예전범 여성국제법정 한국위원회 진상규명위원회
펴낸이   홍석
펴낸곳   도서출판 풀빛
등 록   1979년 3월 6일 제8-24호
주 소   120-193
          서울특별시 서대문구 북아현3동 176-46(2층)
전 화   02-363-6972(영업), 02-362-8900(편집)
팩 스   02-393-3858
e-mail   editor@pulbit.co.kr
home page www.pulbit.co.kr

ISBN 89-7474-872-X   93330

값 20,000원

· 엮은이와 협의하여 인지는 생략하였습니다.

· 잘못된 책은 바꾸어 드립니다.

발간에 부쳐

한국정신대문제대책협의회(이하 정대협) 발족 10주년을 축하하며, 2000
년 일본군성노예전범 여성국제법정(이하 2000년 법정)을 기념하는 논문집
을 발간하게 된 것을 기쁘게 생각한다. 여기까지 오게 된 것은 한국사회의
여러분이 음양으로 도와주신 덕택이요, 정대협의 회원과 자원봉사자들의
시간과 몸을 아끼지 않은 협력으로 알고 감사한다.

일본군'위안부' 문제를 돌이켜보면 일본이 당시 조선을 강점하고 아시아
의 여러 나라를 침략해 들어갈 때는 이미 일본의 탈아입구(脫亞入歐)의 시
책이 실현돼 가고 있는 시대였다. 이때 일본은 ① 일본민족은 우월한 민족
이며 나머지 아시아민족은 열등하다고 가르쳤고, 또한 일본은 스스로 그렇
게 믿었으며 아시아 여러 민족에게는 그렇게 믿게 만드는 정책을 썼다. 이
와 함께 일본은 무(武)를 숭상하는 사무라이문화의 전통을 가진 나라이다.
따라서 ② 이러한 문화가 잘못되면 폭력으로 치달을 수 있는 것은 기정 사
실이다. 또한 ③ 가부장제가 언제나 그랬듯이 일본 남성들도 여성을 멸시하
는 2중의 여성관을 가지고 있었다. 즉 가계를 이어나갈 적자를 낳을 아내와
성을 즐길 수 있는 여성, 즉 두 가지 여성으로 구분하는 여성관을 갖고 있
었다. 이 세 가지 조건이 일본군으로 하여금 일본군 성노예제를 낳게 했다
고 본다.

그런데 문제는 해방 후 반세기가 지났는데도 반성의 기미조차 없는 일본의 교만이다. 그들은 1930년대부터 나타낸 군국주의-제국주의를 버리려는 생각이 전혀 없는 듯 보인다. 모리 수상의 일왕 중심의 '국체' 운운하는 반역사·반민주·반인권적 국가체제를 지향하는 망언이 이를 증명한다.

정대협은 1990년 11월의 창설정신으로 10년간 일본을 상대로 일본군성노예 피해자의 인권회복을 위해 활동해왔다. 일본의 대답은 1965년의 한일조약으로 모든 과거는 청산됐고 도의적인 책임으로 '여성을 위한 아시아의 평화국민기금'(국민기금)을 내놓고 있다는 것이었다. 여전히 일본의 망언은 계속되고 있다. 일본은 전쟁 때와 비교해 하나도 변한 것이 없이 우월감에 빠져 있고 돈이 군사력을 대신하고, 돈이 폭력을 대신하고, 돈으로 속이며 피해자의 인권을 침해하고 있다.

1991년 12월 김학순 피해자를 위시해서 한국의 피해자들이 일본에서 3건의 재판을 열었으나 전부 패소했다. 일본거주 송신도 피해자의 경우는 8년간의 법정투쟁이 36초의 기각서 낭독으로 패소했다.

일본내의 재판으로 피해자들이 인권회복을 할 수 없는 것은 기정 사실이다. 그래서 지난 2000년 12월, 아시아의 피해국과 가해국, 세계의 여성인권 단체들이 우리의 뜻에 호응하는 남성들과 함께 세계시민법정이라고 할 수 있는 '2000년 일본군성노예전범 여성국제법정'을 열었다. 비록 2000년 법정이 재판 구속력이 없으나, 사람의 양심이 기초가 된 도덕적인 법정이 되었다. 한 가지 큰 성과를 올렸다고 볼 수 있는 것은 남과 북이 하나의 기소장을 내기로 합의하고 작성했다는 사실이다. 또한 법정준비위원회의 뜻을 받아들여 세계적으로 인정받는 인권전문 판사, 검사, 국제법학사들이 5대륙에서 남녀 각각 3명씩 2000년 법정의 판사직을 수락했다는 사실이다. 우리의 목적은 일본군성노예 책임자를 심판함으로써 사회공의를 세우고 피해자들의 명예와 존엄성을 회복시키자는 것이다. 결국 이것을 이 범죄의 발아지(發芽地)인 일본의 수도 도쿄에서 전세계에 선포한 것이다.

처음부터 끝까지 바쁜 일정 중에 법정 준비에 참석하면서 또한 이 논문집을 위해 원고를 써주신 한 분 한 분에게 진심으로 감사한다. 그 중에서도 유리하고 편한 위치에 있는 남성 여러분이 역사와 민족과 여성문제에 관심을 가지고 적극적으로 협력해 주신 데 대해 깊이 감사한다. 또한 이 책이 발간될 수 있도록 후원해 주신 '여성부'에 감사한다.

정대협이 추구하고 있고 2000년 법정이 추구했던 이상이 부질없는 꿈으로 끝났다고 생각하지는 않는다. 하지만 2000년간의 전쟁의 역사가 끝나고 열린 새 천년의 끝자락에서 세상이 천천히 바뀌어 남녀, 강자와 약자가 함께 평화롭게 사는 새 역사의 장이 열리기를 바라마지 않는다. 일본에도 새 시대의 젊은이들이 크고 있다. 안될 때 안되더라도 꿈을 가지고 최선을 다해 보아야 할 것이 아니겠는가.

2001년
2000년 일본군성노예전범 여성국제법정 한국위원회 위원장 **윤정옥**

책을 펴내며

　'2000년 일본군성노예전범 여성국제법정'(이하 2000년 법정)을 준비하기 시작한 때가 1998년 12월로 기억한다. 1998년 서울에서 열린 아시아연대회의에서 이것을 사업으로 채택한 후, 이 큰 사업을 이끌어 나가기 위해 다양한 분야에서 여러분들이 참석하여 진상규명위원회의 모양새를 갖추어가기 시작하였다. 피해자가 받은 가해사실과 가해자를 밝혀내는 작업만이 아니라 이 기회를 통하여 다양한 각도로 피해자 문제를 드러내어 연구와 운동의 수준을 한층 높이자는 데 인식을 같이하였다. 즉 진상규명위원회는 기본적으로 2000년 법정 틀의 내용을 채우는 작업 이상의 작업을 다각적으로 시도한 것이다.

　월 1회 정도의 회의와 논문 발표, 사이사이의 다양한 회의와 발표회 등이 있었는데 모두 바쁜 외중에도 관심을 가지고 많은 분들이 참석해 주었다. 여기에 그 글을 실은 심영희 교수, 정재정 교수, 하종문 교수 등 진상규명위원회 위원 여러분들이 그러하였고 곁에서 여러 가지 조언과 충고를 아끼지 않았던 김은실 교수, 김현미 교수 등 여러 위원들도 늘 관심을 기울여 주었다.

　진상규명위원회 활동 중의 백미는 역시 증언팀의 활동이라고 생각한다.

헌신적인 여순주·양현아 선생을 팀장으로 하여 각각 경험과 예리한 시각으로 기존 증언을 새롭게 해석해 보려는 노력이 있었다. 한국정신대연구소 증언집의 경험과 1990년대 급진전한 여성주의적 시각이 결합되어 올해 초 증언집 제4집 『기억으로 쓰는 역사』가 탄생하였다. 그리고 한국정신대연구소 연구원들과 전주기독살림회 등 다양한 구성원의 목소리와 관심으로 제5집이 만들어지게 되었다. 피해자 할머니의 존재를 드러내기 위한 연구자들의 노력이 어떤 방식으로 묻어 나오는가를 볼 수 있다. 여러 조건이 서울과 비견할 수 없는 열악한 가운데에도 피해자 할머니와 전 일본 군인·군속 조사에 열정적으로 참가해 주신 지역의 관련 운동단체들과의 활동도 우리의 소중한 경험이었다.

증언팀의 활동은 피해자 할머니의 증언수집만 한 것은 아니었다. 연구소에서만 진행되었던 피해자 조사에 앞서 30명 정도의 한국인 전 일본 군인·군속이 기억하는 군'위안부'에 대한 조사가 이루어졌다. 군'위안부' 동원의 문제가 징용·징병 등의 강제연행 제반의 것들과 연결되어 있었다는 것을 재삼 확인한 기회였다. 한편 민족문제·여성문제·계급문제란 것이 강제연행이라는 전민족적 피해 속에도 각기 다른 모습으로 여전히 남아 있다는 것을 확인하기도 하였다. 이러한 경험과, 민족문제연구소의 김민철 선생과 역사문제연구소 소속 위원들과 함께 한 활동 경험을 바탕으로 올해 일본 역사교과서 왜곡사건에 대해 공동으로 대응할 수 있었고, '일제하 강제연행 진상규명연대' 구성으로 나아갈 수 있어다.

이철원 선생과 이수현 선생의 피해자 할머니의 심리적·육체적 후유증에 대한 심층연구는 또 하나의 새로운 수확이다. 이것은 오랫동안 여러모로 모색만 해왔던 숙원사업이었다. 특히 인천 사랑병원의 도움으로 육체적 상흔의 의미를 찾아보았는데 할머니의 몸에 그토록 많은 사연들이 배여 있었다는 것을 새삼 확인하였다. 아직 부분적 작업에 머물고 있지만 이것은 앞으로의 더 진척시켜야 할 작업이다. 이러한 노력은 또 현재 한국정신대문제대책협의회 피해자 인권캠프를 열게 한 힘으로 작용하였다고 생각한다.

이렇게 2000년 법정을 계기로 여러 분야에 걸친 전공자와 다양한 관심을 가진 분들의 논의장이 마련되어졌다는 것이 이 책의 간행만큼이나 중요한 의미를 가진다. 여기에 글을 내어주신 여러분만이 아니라 2000년 법정을 성공리에 치르도록 노심초사하신 윤정옥 선생님과 한국정신대연구소 연구원, 증언팀, 조사와 조사에 관련된 여러 작업을 도와준 자원봉사자들, 정대협의 활동가들도 이 책을 내는 데 보이지 않은 공헌자이다.

2000년 하반기에는 기소장과 2000년 법정을 위한 실제적 준비작업으로 서로 숨고르기를 할 시간도 없이 급히 지나고 2000년 법정의 최종결과를 기다리며 벌써 1년이 되었다. 호된 고초 끝에 하나의 결과물로 이 책을 출간하게 되어 기쁘다. 그 기쁨의 한켠에는 아직 해결되지 않은 문제들을 향한 또 하나의 시작을 의미하는 불씨가 남아 있다.

2001. 10

2000년 일본군성노예전범 여성국제법정 한국위원회 진상규명위원장 **강정숙**

발간에 부쳐 · 5

책을 펴내며 · 9

제1부 일본군위안소 제도와 피해사실

1. 일본군위안소 제도의 성립/ 정진성 ───────────── 17
2. 위안소와 일본국·일본군의 가해체계/ 하종문 ─────── 45
3. 일본국위안소에서의 범죄적 행위와 피해사실/ 조최혜란 ──── 97
4. 일본군위안소에 대한 지역별 사례연구
　　일본 오키나와/ 강정숙 ───────────────── 125
　　사할린/ 여순주 ───────────────────── 169
　　남태평양/ 조최혜란 ─────────────────── 189

제2부 일본군 위안부 피해자들의 후유증과 제2차 가해문제

일본 패전 후 타국에 남겨진 피해자의 삶/ 고혜정 ——— 221
피해자들의 귀국 후 삶/ 심영희 ——— 241
피해자들의 육체적 후유증/ 이수현 ——— 277
피해자들의 심리적 후유증/ 이철원 ——— 305
제2차 가해와 그 범죄사실/ 김민철 ——— 319
일본 역사 교과서에서 다룬 일본군'위안부' 문제/ 정재정 ——— 361
생존자 증언을 어떻게 들을 것인가
　—증언4집이 나오기까지/ 김수진·양현아 ——— 387

제1부 일본군위안소 제도와 피해사실

일본군위안소 제도의 성립/ 정진성
위안소와 일본국·일본군의 가해체계/ 하종문
일본국위안소에서의 범죄적 행위와 피해사실/ 조최혜란
일본군위안소에 대한 지역별 사례연구
일본 오키나와/ 강정숙
사할린/ 여순주
남태평양/ 조최혜란

일본군위안소 제도의 성립

정진성
서울대 사회학과

1. 머리말

일본군'위안부' 피해자들이 강제로 연행당했다는 사실은 우리의 인식 속에 너무도 당연한 사실로 자리잡고 있다. 그러나 이를 뒷받침할 문서자료가 발견되고 있지 않기 때문에, 일본 우파측에서는 '강제연행'에 대해 한국의 피해자들이 꾸며낸 이야기라고 일축하고 있다. 1993년 일본정부가 발표한 보고서는 강제연행이 일부 있었으나, 이는 민간이 행한 일이지 정부와는 상관이 없는 일이었다고 명시하고 있다(日本內閣官房內閣外政審議室, 1993). 일본에서 이렇게 강제연행의 문제에 매달리는 것은, 강제연행이 아니었으므로 여성들이 자의에 의해 갔거나 아니면 적어도 당시에 횡행하던 인신매매나 취업사기에 의해 가게 된 것이었으며, 따라서 국가의 책임은 없다는 결론을 끌어내기 위해서라고 보여진다.

물론 뒤의 분석에서 알 수 있겠지만, 일본정부에서 강하게 부정하는 '강제연행'은 광범위하게 당시 전국에 걸쳐 시행되었으며, 이 강제연행에는 경찰·군인 등 국가기관의 사람들이 민간인보다 많이 참여했다. 그러나 그러한 강제연행의 사실여부 이전에 '강제연행'의 개념이 잘못 규정되고 있다는 점에 우선 주목해야 할 것이다. 일본에서 없었다고 주장하는 '강제연행'이란 물리적 폭력에 의한 연행에 국한되고 있는 개념이라는 것이다. 그러나 우리는, 본인의 의사에 반(反)하여 연행되었으며 강제적 통제로 인해 본인의 의사에 따라서는 돌아올 수 없는 상황에 처하게 된 상황 전체를 강제연행이라고 규정해야 할 것이다. 인신매매, 유괴, 취업사기 등으로 일본군'위안부'가 된 사람들이 모두 자신이 일본군'위안부'가 될 것이라는 사실을 모른 채 연행되었으며, 연행 도중 엄격한 감시를 받았고 위안소에서 도저히 탈출할 수 없도록 감시를 받았다. 이러한 점에서 일본군'위안부' 동원은 전체적으로 거의 모두가 '강제연행'이었다고 규정해야 할 것이다. 이 글은 이렇게 강제연행의 개념을 보다 광범위하게 규정해야 한다는 것을 전제로 하여, 일제하 식민지 조선에서 행한 일본군'위안부' 강제연행의 실상을 밝히고자 한다.

이 글은 그간에 발굴된 자료와 연구 성과물들을 폭넓게 참고한 것이지만, 중심이 되는 자료는 정신대연구소에서 행한 심층면접결과[1]와 생활지원금의 수혜를 위해 보건복지부에 신고한 170여명의 피해자들의 증언내용에 대한 통계자료[2]이다. 앞서 언급한 대로 일본 우익은 피해자 증언의 신

---

1) 정신대연구소는 1993년 증언1집에서 19명, 2집(1997)에서 15명의 피해자 심층면접의 결과를 출판했고, 10명의 중국 생존 피해자 면접결과도 출판했다. 이어 증언3집에서 출판될 십 수명의 증언을 검토하고 있으며, 중국 생존 피해자 면접결과도 계속 축적하고 있다. 또한 최근에는 보건복지부 신고자 중 심층면접이 필요하다고 인정되는 사람들에 대한 면접도 행하고 있다. 이 글은 이 모든 심층면접 자료들을 참고했다. 이들 자료 중 175명의 통계분석에 포함시키지 못한 것도 상당수 있다.

2) 한국정부는 1993년 6월 「일제하일본군위안부에 대한 생활안정지원법」을 제정하고 피해자 신고를 받기 시작했다. 이 글에 사용된 통계자료는 1993년 12월 시점에서 보건복지부에 신고된 175명의 조사자료의 심의에 필자가 심의위원으로 참가하면서 기초사항을 정리한 것이다. 이 신고자료는 외부공개가 엄격히 금지되어 있으므로, 피해자의 이름·주소 등의 인적 사항은 제외시킨 채 신고내용만

빙성에 대하여 문제를 제기하고 있으며, 양심적 학자들조차도 증언을 문서자료의 보충자료 정도로 생각하는 경향을 보이고 있다. 증언의 사회사적 가치에 대하여는 이미 새로운 역사학에서 충분한 동의가 이루어지고 있으므로,3) 그에 관한 논의는 뒤로 하고서라도 여기서는 소수의 심층면접결과에 더해 170여명의 피해자의 증언내용에 대한 통계적 분석을 하고 있으므로 대체적인 경향을 판단하는 데는 매우 유효할 것으로 판단된다. 위증의 혐의에 대해서도 이 '다수'라는 것이 상당 정도 반박의 힘을 가질 수 있을 것이다. 많은 수의 사람들이 동일한 사실을 말하고 있기 때문이다. 더욱이 이 피해자들 중 피해자운동에 열심인 십 수명을 포함하여 넓게 잡아도 50명 정도의 한국정신대문제대책협의회가 연락을 취하고 있는 피해자를 제외한 대부분의 피해자가, 운동단체나 다른 피해자들과의 접촉이 전혀 없이 각자의 생활공간에 격리되어 있으므로, 50여년 전의 경험을 동일한 내용으로 위증할 가능성은 매우 낮다고 보아야 할 것이다. 이 통계에는 포함시키지 않았으나 내용분석에 참고자료로 사용한 자료로서, 종전시 귀국하지 못하고 지금까지 중국에 거주하고 있는, 한국어를 거의 잊은 상태에 있는 피해자들의 증언은, 50여년의 진공을 헤치고 나온 것으로 그 순수성을 의심하는 것은 비합리적이라 여겨진다. 통계분석에서는 신고자료에서 얻을 수 있는 정보의 차이 때문에 각 내용의 분석대상의 총수가 차이를 보이고 있음을 말해둔다.

을 정리했다. 통계분석에 도움을 준 정신대연구소의 이상화 연구원에게 감사를 드린다.

3) "역사란…당시의 사람들에 얼마나 가까이 접근하여 파악할 수 있는가를 가늠하는 시험대"라고 하면서 증언의 중요성을 강조한 제임스 홉스(1995)의 저서는 그 한 예다.

2. 연행시기 및 피해자의 특성

뒤에서 논의할 바와 같이 식민지 조선에서 어린 여성들은 취업사기, 인신매매, 유괴, 협박 및 폭력 등의 방식으로 연행되어갔으며, 이 연행방식은 시기에 따라 그 분포가 다소 달랐다. 이러한 범죄적인 방식의 연행이 일으킬 사회적 물의를 최소화시키기 위해서 연행대상은 하층일 수밖에 없었다는 생각이 일반적이나, 본 조사에 나타난 피해자의 특성을 당시 전반적인 사회상황과 비교해볼 때, 연행대상은 특정 계층이 아니라 전 조선의 여성에 대한 무차별적 연행이었던 것으로 보인다. 연행방식에 앞서 연행시기와 피해자의 특성을 살펴보기로 한다.

1) 연행시기

군위안소의 설립은 일본이 만주를 침략하고 상해 등지에 주둔군을 두기 시작한 1932년경부터 시작되었으며, 일본이 중국대륙을 침략한 1937년부터 본격화되어 전쟁이 끝날 때까지 계속되었다. 피해자들의 연행시기는 이러한 위안소 설립 추이를 그대로 반영하고 있다. 즉 1932년부터 1945년까지의 전 시기에 걸쳐 연행이 이루어졌으며, 1937년부터 그 수가 급격히 늘어났다. 1937년부터 1945년까지의 시기에는 일본의 일본군위안소 정책이나 위안소 설립주체의 상황에 다소간의 변화가 있었으나[4] 일본군'위안부'로의 연행은 지속적으로 늘어났다. 이 글에서는 전쟁이 긴박하게 확대되고 일본군'위안부' 수가 급격히 늘어난 1937년 이후 시기의 변화를 보다 자세히 살펴보기 위해, 편의상 1937~39의 시기, 1940~41년, 1942~43년, 1944~45년의 시기로 구분해 보았다.

---

4) 군위안소의 설립시기 및 그 변화과정에 관해서는 정진성, 1997을 참고할 것.

연도	사람수	시기	사람수
1932	1	1932-1936	16
1933	2		
1934	1		
1935	5		
1936	7		
1937	16	1937-1939	45
1938	14		
1939	15		
1940	24	1940-1941	45
1941	21		
1942	27	1942-1943	43
1943	16		
1944	23	1944-1945	26
1945	3		
계	175	계	175

2) 가정배경 및 학력

피해자들의 가정배경은 거의 예외 없이 빈곤한 농가였으며 학력수준도 매우 낮다. 그러나 이러한 출신배경이 일본군'위안부' 연행이 식민지 조선의 최하층에 집중되어 이루어졌다는 것을 말하는 것은 아니다. 피해자들의 상황이 당시 조선 전체의 경제 및 교육상황에서 그다지 떨어져 있지 않은 것이기 때문이다. 당시 조선인구의 80% 이상이 농·어업 인구였으며[5] 농업 인구도 빈곤한 소작·반소작농이거나 영세한 자작농이 대부분이었다. 당시 조선의 빈곤에 관해서는 많은 연구가 있다.[6] 이렇게 극소수를 제외한 거의 전 인구가 빈곤층이었다고 볼 때 일본군'위안부' 연행이 어느 한 계층에 쏠

---

5) 1933년 조선인의 80.5%가 농업자, 1.5%가 어업자였다. 李如星 외, 1933: 62.

6) 예컨대 1030년 전 농가의 48%가 춘궁 농가였다(박경식, 1986).

<表 2> 연행시 피해자 학력

학력	무	야학	소학교중(퇴)	소학교졸	중학교이상	계
사람수	11	5	18	4	3	41

려 있었다고 볼 수는 없는 것이다. 학력의 경우도 마찬가지다. 1931년 학령 아동의 19.9%가 보통학교에 취학하고 있었으므로,[7] 피해자들의 학력은 조선 전체로 보아 거의 평균에 가깝다.

요컨대 피해자들은 극히 빈곤한 가정에서 거의 교육을 받지 못한 층이지만 하층계급에 몰려 있던 것은 아니며, 따라서 일본군'위안부' 연행은 조선에서 최하층을 대상으로 조심스럽게 이루어졌다기보다는 극소수의 상층만을 피하면서 전 조선여성을 상대로 무차별적으로 행해졌다고 보아야 할 것이다.

3) 연령

공창(公娼)의 창부가 될 수 있는 연령이 일본에서는 18세 이상이고 조선에서는 17세 이상으로 규정되어 있었으나,[8] 일본군'위안부'의 경우에는 나이제한이 일률적으로 규정되지는 않은 것으로 보인다. 1938년 취업을 목적으로 하는 부녀자들의 중국도항은 만 21세 이상이라고 기록한 문서와,[9] 1940년의 중국군대에서 창기는 16세 이상이어야 한다고 기록한 규정[10] 정도가 발견되며 대부분의 군문서에 나타나는 위안소 규정에 일본군'위안부'의 연령에 대한 언급은 없다. 위 吉澤의 문서에는 나이 규정도 지켜지지 않

---

7) 李如星 외, 1931: 82-83.
8) 야마시다 영애, 1992.
9) 吉澤, 1938.
10) 呂集團特務部, 1940.

연행시기 및 피해자 나이

나이 \ 연행시기	1932-36	1937-39	1940-41	1942-43	1944-45	계
11		1		2		3
12		3	1	1		5
13		1	1	3	1	6
14	6	2		2	7	17
15	2	8	3	4	3	20
16	4	7	13	9	5	38
17	1	11	10	7	3	32
18	2	3	6	6	2	19
19	1	3	4	1	1	10
20		1	3	1	1	6
21		1	1	4	1	7
22			1	2	1	4
23		1	1			2
24		2	1	1	1	5
27		1				1
계	16	45	45	43	26	175

았다고 기록되어 있다.[11]

　이러한 상황에서 피해자들의 연행시 나이는 11세의 어린 나이에서부터 시작된다. 신고한 175명 중 27세에 연행된 사람도 한 사람 있으나, 가장 많은 사람들이 14세로부터 19세, 그중에서도 16세와 17세에 집중되어 있다. 1993년, 정신대연구소에서 심층면접한 19명의 피해자 조사에서도 같은 결과를 보이고 있다.[12]

　한 가지 흥미로운 사실은 1932년부터 1936년의 아직 위안소가 크게 확대되지 않았던 시기에는 피해자의 나이가 14세부터 19세로 집중되어 있었으며, 이후 일본군‘위안부’의 수요가 크게 늘어나면서 나이의 상한과 하한이

---

11) 요시미 요시아키, 1998: 106-107.
12) 한국정신대문제대책협의회·정신대연구소 편, 1993: 18-19.

넓게 늘어났다는 것이다.

4) 연행된 곳

피해자들이 연행된 곳은 대체로 농촌지역이었지만, 서울·부산·광주·대구 등 도시지역에서도 광범위한 연행이 이루어졌다. 도시지역에서는 1920년대 이후 노동력 동원을 위해 설립되기 시작했던 직업소개소 및 식민지 시기 지속적으로 증가한 음식점·기생집 등이 통로가 된 것이 간혹 눈에 띈다. 그러나 연행의 형태는 뒤에 논의할 민간인, 경찰, 군인, 관리 등이 행한 사기·유괴·폭력 등의 방식으로 농촌지역에서 행해진 연행형태와 크게 다르지 않았다. 다만 여기서 직업소개소를 통한 동원에 눈을 돌릴 필요가 있다. 1930년대에 직업소개소는 조선 내 노동자를 조선 및 일본에 이동·배치하는 말단기관으로 기능했다. 1940년에는 「직업소개소령」의 공포로 종래 부영(府營)에서 국영으로 되어 국가통제가 한층 강화되었다.[13] 도시에서 다수의 일본군‘위안부’ 피해자들이 직업소개소를 통해 연행되었다는 사실은 일본군‘위안부’ 동원에의 국가 개입을 더욱 확실하게 하는 근거가 된다.

지역별로는 경남·경북지역이 압도적으로 많고, 전남·전북지역이 그 다음으로 많다. 신고자들이 남한 거주자들이므로 고향이 남부지역일 가능성이 높을 것이라는 사실을 감안하더라도 경상도지역의 비율은 타 지역에 비해 월등히 높다. 그리고 경상도지역의 높은 비율은 남성을 포함한 일본 내 전 조선인의 경우에도 마찬가지였다.[14] 연행 대상이 지역별로 차별화되어 이루어졌다는 기록은 찾을 수 없다. 앞서 언급한 대로 연행이 대상의 구별 없이 무차별적으로 이루어졌다고 생각할 때, 지역에 따라 차별적으로 연행

---

13) 김민영, 1995: 58-63.
14) 1942년 일본 내 조선인 수의 도별 비율은 경남 34.4%, 경북 23.8%, 전남 17.3%의 순으로 많았다(日本 內務省 警報局, 1942).

연행된 곳	서울	부산	광주	대구	경남	경북	전남	전북	충청
사람수	14	10	1	8	43	36	13	13	10
연행된 곳	강원	경기	함경	평안	만주	중국	황해	계	
사람수	2	4	5	5	3	2	1	170	

이 계획되었다고 보기는 어렵다.

경상도지역 특히 경남지역에서 연행이 다수 이루어졌던 것은 무엇보다 먼저 지리적 이유 때문이라고 생각할 수 있겠다. 노동력 동원이나 이주는 일본으로 향한 것이었으므로 지리적으로 일본과 근접했던 경남에서는 많은 연행자와 이주자가 생겼다고 볼 수 있다. 그러나 일본군'위안부' 피해자의 경우는 일본뿐만 아니라 중국·남양지역으로 끌려간 사람이 많았으므로, 일본과의 인접이라는 사실 외에 또 다른 이유를 들 수 있다. 그것은 부산이 위안소로 배치되는 데 중간지점 역할을 한 경우가 많았다는 점이다. 피해자들이 부산에서 일단 집합되어 선박을 이용하여 다른 지역으로 수송된 경우가 많았기 때문에 부산과 가까운 경남·경북지역은 손쉬운 연행지가 되었던 것이다. 물론 경상도지역의 절대 인구수와 인구밀도가 타 지역에 비해 높았던 점15)도 중요한 이유라고 볼 수 있다.

5) 연행되어 간 곳

피해자들이 연행되어 간 곳은 조선과 일본을 포함하여 만주·대만과 중

---

15) 1940년 전 조선에서 인구가 가장 많았던 도는 경기 2,864,389명, 전남 2,638,969명, 경북 2,472,211명, 경남 2,241,902명 순이었고, 인구밀도는 경기 223명, 충남 195명, 전남 190명, 전북 186명, 경남 182명, 경북 130명 순이었다(조선총독부, 1940: 20-21) 농업인구는 다소 달라서 1930년에 경북 1,946,324명, 전남 1,826,923명, 경남 1,547,044명 순이었다(Lee, 1936: 50).

국, 남아시아, 남양군도 등 일본군의 점령지 구석구석에까지 퍼져 있었다. '일본군이 주둔했던 모든 곳'16)에 식민지 조선의 여성들이 끌려갔던 것이다. 뒤에 논의하겠지만 이렇게 일본군이 있는 구석구석까지 갈 수 있던 것은 일본군이 수송을 담당해주었기 때문에 가능했던 것이다. 일본군'위안부' 동원의 직접적 목적이 일본군의 해외주둔이 장기화되면서 일어나는 군의 사기문제, 양민에 대한 강간 등의 문제라고 알려진 데 비해,17) 일본 내의 위안소에도 상당수의 일본군'위안부'가 배치되었던 사실은, 기본적으로 일본군이 여성을 필요로 했다고 하는 보다 본질적인 데 군위안소 설립의 동기가 있었다는 것을 말해준다. 일본 내의 위안소에 일본여성이 아니라 조선에서 여성을 끌어가 사용했던 사실은, 1930~40년대에 이루어진 일본여성의 모성보호정책18)과 대비되는 조선여성의 모성말살이 일본군위안소 정책을 수립한 한 배경이 되었다는 것과 이에 따라 뒤에 논의할 바와 마찬가지로 조선에서 일본군'위안부' 동원은 노동력 동원, 병력 동원과 함께 이루어진 총동원체제의 맥락에서 이루어졌던 점을 잘 나타내 주는 것이다.

<표 5>　　　　　　　　　　연행되어 간 곳

연행되어 간 곳	조선	일본	대만	만주	중국	남아시아	남양군도	계
사람수	1	20	12	15	27	8	6	89

---

16) "The 'comfort girls' have been found wherever it was necessary for the Japanese Army to fight." Psychological Warfare Team, 1944.

17) 砲銃隊本部, 「支那事變の經驗より觀たる軍氣振作對策」, 1940. 9; 步兵第41聯隊, 「陳中日誌」, 1938.7.1-7.31 등의 자료에서 이러한 직접적 목적이 명기되어 있다.

18) 군국주의화 과정에서 일본정부는 여성교육에 주목하였는데 여기서 교육의 틀은 家와 國과 母의 결합이었다. 중일전쟁 후 국민정신총동원운동이 일어나는 가운데 일본정부는 모성을 통해서 여성의 사상동원을 도모하여, 『일본의 母』, 『군국의 母』, 『靖國의 母』, 『健兒의 母』, 『健民의 母』, 『興亞의 母』, 『母를 찬양함』 등의 책이 출판되기도 했다. 1940년의 大政翼贊會에 부인들이 참가하고 여러 부인단체를 설립하여 여성 입장에서의 총동원체제를 만들었는데 그 중심은 황민으로서의 자녀양육을 강조하는 것이었다(鈴木裕子, 1989: 21-23).

3. 강제연행의 사회적 조건

조선에서의 일본군'위안부' 연행은 물론 일본정부의 정책과 명령체계를 따라 수행된 것이었지만, 당시의 식민지 조선의 사회적 조건은 사기와 폭력으로 이루어졌던 연행을 용이하게 했던 것이다. 전반적으로 빈곤이 극심했고, 한편으로 1916년 전 조선에 공식적으로 수립된 공창제도로 인해 매매춘이 빠르게 확대되고 있었으며, 1930년대말부터 날로 체계화·강제화되어 간 총동원체제 속에 있던 식민지 조선의 사회적 상황이 그것이다.

1) 빈곤

앞서 논의한 대로 당시 식민지 조선의 생활수준은 극히 빈곤한 상태였으며, 빈곤은 뒤에 논의할 바와 같이 취업사기가 가장 중요한 연행방식이었던 일본군'위안부' 강제연행에서 무엇보다 중요한 기반이 되었다. 주지하는 대로 토지조사사업과 일본자본주의의 침투로 인해 조선의 농촌은 몰락하여 일본인 지주가 늘어나고 조선인 자영농의 비율은 크게 낮아졌다. 1920년 조선인 농가 중 자영농이 23%, 반자작이 37%, 소작농이 40%였던 것이 1940년이 되면 각각 18%, 23%, 59%로 바뀌었다.[19] 이렇게 몰락한 농민들은 농촌에서 과잉인구로 집적되어 소작경쟁을 더욱 치열하게 하는 악순환을 이루었다. 이러한 과정에서 광범한 농민층의 전 가구 혹은 그 중 한 가족원이 생계를 위하여 농촌을 떠났다. 식산은행 조사부의 추계에 따르면 1925~30년 사이에 해마다 약 4만 명, 1930~35년 사이에 6만 명, 1935~40년에 22만 명이 이농하였다(『植銀調査月報』, 1947. 3).[20] 이러한 이농현상도 일본군

---

19) 東洋經濟新報社, 1980.
20) 도시지역에서 15~49세 이상의 노동인구층의 비율이 농촌에서 보다 훨씬 높은 것으로 보아 가족 전체가 이주하기도 했으나 취업을 위한 단신 이주도 많았을

'위안부' 동원의 한 배경을 이루었다. 농촌에서 연행된 사람뿐 아니라 도시에서 연행된 피해자들도 거의 대부분 빈곤한 농촌 출신으로, 농촌에서 단신으로 서울로 상경하여 남의 집 식모살이를 하거나 공장·요리집 등을 전전하던 중 연행되었던 것이다. 특히 하층 농가일수록 이농이 심했고,[21] 나이 어린 여성의 이농이 많았다.[22] 피해자들은 빈곤한 가정에서 식량부족을 덜기 위해, 아무런 희망도 없는 곳을 벗어나기 위해, 아버지 약값을 위해 혹은 가족의 빚을 갚기 위해 '돈을 벌 수 있는 좋은 직장'을 꿈꾸며 연행자를 따라나섰던 것이다.

2) (총)동원체제 하의 강제동원

주지하는 대로 일제는 식민지시기에 만주로의 이주정책이나 남성 농민의 북부지방으로의 이주정책을 실시했으며, 1930년대 후반부터 일제는 조선에 총동원체제를 적용하여 노동력 동원을 시행했고 1944년부터는 병력 동원도 실시했다. 일본군'위안부' 연행은 조선에서 행해진 이러한 동원체제의 큰 틀 속에서 이루어진 것이다.

공식적인 정책상에 나타난 노무 동원은 자유모집에서 관(官)알선, 다음으로 징용으로 바뀌었고, 병력 동원도 자원에서 징병으로 변화되어 동원에 있어서 강제력의 정도는 시기가 흐름에 따라 강해졌음을 보여 준다. 노동

것으로 짐작할 수 있다(Chang, 1967: 139).

21) 朝鮮農村社會衛生調査會, 1949: 134-135.

22) "妙齡女, 離鄕, 공장으로 花巷으로, 농촌에 남는 것, 홀애비와 총각"이라고 당시의 한 신문기사는(『동아일보』, 1936.12.23) 다소 과장되게 여성의 이농현상을 묘사하고 있다. 배우자가 없는 여성의 비율이 농촌에서보다 도시지역에서 월등히 높았던 것도 이러한 취업을 위한 이주를 설명해 주고 있다. 1930년 배우자가 없는 여성의 비율은 15~19세 여성의 경우 도시에서 64.18%, 농촌은 31.22%, 20~24의 경우 각기 15.61%, 1.39%였다(Chang, Yun-shik, 1967: 257).

력 동원과 병력 동원 모두에서 징용·징병에서는 물론이고 모집 또는 자원이나 관알선에서도 관의 개입에 의한 강제력 행사가 명백했다. 협박과 폭력이 종종 사용되었다.[23]

이러한 관의 강제력 행사는 애국반이라는 최말단 기저조직으로부터 정·동·리(町洞里)부락연맹, 읍면연맹, 부·군·도(府郡道)연맹, 도연맹을 통해 중앙에 이르는 물샐틈없는 전조선의 조직망을 따라 가동되었다.[24] 1940년 발족한 국민총력연맹은 이렇게 조선인을 전면적으로 조직화했는데, 이렇게 전국을 치밀하게 조직화한 상황에서 지역의 말단관리를 포함한 조선총독부의 개입 없이 그렇게 많은 여성을 동원하는 것은 불가능한 일이었다고 볼 수 있다.

더욱이 해외로 나가는 모든 경우, 관할 경찰서가 발행하는 도항증명서가 필요했다. 1925년에 일본내무성의 명령에 따라 조선총독부는 경상남도에서부터 시작하여 조선인의 일본에로의 출국을 통제하기 시작했다.[25] 이렇게 시작된 규제정책은 1939년 강제징용기까지 계속 새로운 규제조항을 덧붙이며 강화되었다.[26] 이러한 상황에서 조선 내에서 응모자의 반수 이상이

---

23) 노동력 동원에서 모집과 관알선의 실상에 관해서는 김민영, 1995를 참조할 것.
24) 이만열, 1997: 86-89.
25) 출국허가서는 다음과 같은 자격이 있는 사람에게만 발급되었다. ① 직업이 확실히 보장되어야 함, ② 여행비 외에 10엔 이상을 소지할 것, ③ 알콜 중독이 아니어야 함, ④ 일본어를 해독할 수 있어야 함, ⑤ 노동브로커에 의해 충원된 자는 안됨. 응모자들은 자기가 살고 있는 경찰서에 신청해야 했다(朴慶植, 1975: 12).
26) 1927년 식민정부는 응모자들에게 호적사본과 그들이 사는 구역의 경찰로부터 받은 서명을 제출토록 하였고, 1929년에는 일본정부는 조선으로 일시 귀국하는 사람들에게 재입항증명서를 발부하기 시작했다. 1932년에는 일본군대와 이동경찰이 동원되어 입항이 규제되었고, 이주자들은 그들이 사는 조선의 시나 읍의 경찰로부터 특별서한을 받도록 되었다. 조선의 경찰은 이주자들이 일하기로 된 일본의 경찰서에 확인한 후, 이주자들의 호적사본의 뒤에 이들의 신상에 관하여 자세히 명기하도록 되었다. 일본의 조선인 유학생이 조선으로 일시 귀국할 때는 학교에서 재학증명서를 받아야 하고, 경찰은 그 뒷면에 학생의 신상에 대한 묘사를 해야했다(일본내무성경보국, 1932). 일본정부는 또한 조선인 노동

출국허가를 받지 못하였고,[27] 조선의 각 항구에서는 많은 수의 불법출국자들의 출국이 저지당하였다. 일본으로 가는 해상에서 그리고 일본의 항구에서도 불법이주자들이 속속 검거되었다.[28] 일본군'위안부'의 해외 도항은 도항증명서 없이 도항이 묵인되었거나 경찰서에서 도항증명서를 받아서 이루어졌을 것이다. 어느 경우에나 경찰을 비롯한 관의 개입 없이는 불가능한 것이었다.

3) 공창제도의 수립과 매매춘의 확산

한말, 개항과 더불어 일본인 집주지역을 중심으로 공창제도가 수립되기 시작했으며 이에 따라 공창뿐만 아니라 사창도 발달하게 되어 매매춘은 조선전역에 광범위하게 퍼지게 되었다.[29] 매매춘을 둘러싸고 사기와 인신매매·유괴가 조선에서 중요한 사회문제가 되고 있었다.[30] 이러한 사회적 조건은 일본군'위안부' 연행의 유리한 토양이 되었던 것은 확실하다. 그러나 조선 전체로 보아 아직 그 규모는 그다지 컸다고 말할 수 없으며, 조선인 창기가 점차 늘어났지만 초기부터 어느 정도의 시기까지는 일본인 창기가 주를 이뤘다. 1927년 『동아일보』는 조선 전역에 일본인 창기의 수가 2,178명, 조선인 창기는 1,034명이라고 보도했다.[31] 뒤의 연행방법에서 구체적으

자를 모집하는 일본인들에 대하여도 엄격한 규정을 내렸고, 그것을 어기는 사람은 체포하였다(일본내무성경보국, 1926).

27) 조선총독부경무국(1939)에 의하면 1933년 응모자수는 300,052명이었고 그중 출국허가를 받지 못한 사람의 수는 169,121명이었다. 1934년에는 294,947명, 188,600명, 1935년 200,650명, 135,528명, 1936년 161,477명, 87,070명, 1937년 130,430명, 71,559명, 1938년 129,205명, 75,216명이었다.

28) 朝鮮總督府警務局, 1931-1939.

29) 야마시타 영애, 1992; 송연옥, 1998.

30) 강만길, 1997; 이만열, 1997.

31) 『동아일보』, 1927.9.28.

로 논의할 것이지만, 일본군'위안부' 연행에서 매매나 유괴·납치 등 매매춘
을 둘러싸고 일어난 연행의 비중은 그리 높지 않았던 것도 그러한 상황을
반영한다. 또한 기존의 유곽에 있다가 연행된 경우도 거의 발견되지 않는
다. 이것은 일본군'위안부' 연행이 보다 광범위하게 빈곤을 배경으로 이루
어지는 과정에서, 매매춘의 환경은 그 일부를 이루는 데 지나지 않았다는
사실을 말해 주는 것이다.

4. 연행방식

한국정부에의 신고자료를 보면, 취업사기에 의한 연행이 가장 많고, 다
음이 폭력·협박에 의한 것이다. 이것은 일본군'위안부' 연행이 가난을 배경
으로 관과 군의 적극적인 활동에 의해 이루어졌다는 것을 말해 준다. 앞서
언급한 대로 매매와 유괴 등의 방식은, 취업사기에 이 방식들이 섞여 진술되
었을 가능성을 감안하더라도 예상외로 적다. 공출, 봉사대, 근로대 등의 명목
을 기억해내어 진술한 피해자들도 다소 있는데, 이것도 그 명목의 정확성을
의심하더라도 아무튼 관의 강압에 의해 가게 되었다는 것을 말하는 것이다.
근로정신대 제도를 통하여 군위안소로 간 경우도 6명이나 발견되었다.

1) 취업사기

좋은 곳에 취직을 시켜 주겠다는 약속을 받고 따라나섰다가 군위안소로
가게 된 피해자들이 증언하는 '좋은 곳'의 종류는 다양했다. 가장 많이 등
장하는 것은 일본의 공장이었다. 몇 년간 일 잘하고 있으면 돈도 벌 수 있
고 언제든 희망하면 돌아올 수 있다는 것이었다. 조금 더 사실에 가까운 것
으로서 병원에 있는 부상병을 위한 일을 하는 것, 종군간호부의 일을 하는

<表 6>   시기별 연행방식

연행방식 \ 연행시기	1932-36	1937-39	1940-42	1942-43	1944-45	계
취업사기	9	24	21	16	12	82
협박 및 폭력	7	12	20	20	3	62
인신매매		4				4
유괴·납치		2	1	2		5
근로정신대					6	6
근로정신대 도망					2	2
공출·봉사대·근로대·기타		3	3	5	3	14

것 등의 취업 약속이 피해자들의 마음을 끌었던 것이다.[32]

가족도 모르게 가난을 벗어나기 위해 나선 피해자들이 대부분이지만, 가족에게 준비금 또는 전도금이라는 명목으로 얼마간의 돈을 지급했다고 증언한 피해자가 간혹 있다. 그것이 얼마나 일반적인 경우였는지는 알 수 없으며 그 액수도 일률적이지 않다. 이러한 전도금 지급은, 노동력 동원시 관알선이라고는 하지만 실제로 최하부 행정단위인 면에서 몰이꾼처럼 아무렇게나 붙잡아가는 방법으로 노동력을 동원하면서 준비금을 지급하는 경우가 많았던 것이나, 면사무소 노무계가 직업계에 공출을 의뢰하고 이때 전도금으로 50~100엔 정도를 지급하는 것이 관례였던 것을[33] 상기하게 한다. 노동력 동원의 경우 관의 개입이 명확히 드러나는 데 비해, 일본군 '위안부' 동원의 경우는 대체로 민간인만이 전면에 드러난 경우가 대부분이나 군인·경찰·관리가 취업사기를 직접 주도했다고 증언한 사람도 상당수에 이른다. 그러나 이렇게 관알선 방식의 노동력 동원과 여러 가지 유사

---

32) 일본군을 조사한 미군도 다수의 한국여자들을 발견하고 다음과 같은 내용을 보고한 바 있다. "…일본 업자들은 한국으로 가서 돈을 많이 주고…일이 쉽다…고 하는 꼬임으로 많은 여자들을 동원했다"(U. S. Office of War Information, Psychological Warfare Team, 1944).

33) 김민영, 1995: 88.

한 점을 보이며, 전도금 지급을 위한 거액의 조달이 민간인으로서는 힘들었을 것이라는 점 등은 말단에서 취업사기를 행한 사람이 대부분 민간인이었다 해도, 결국은 그것이 일본군과 정부의 지도 하에 이루어졌다는 점을 명백히 말해 주고 있다.

2) 협박 및 폭력

글자 그대로의 폭력적 연행도 취업사기에 버금가게 많다. 많은 피해자들이 강제로 트럭에 태워졌다고 증언했다. 길을 가다가 강제로 경찰서로 끌려갔다고 증언한 사람도 있다. 뒤에 논의하겠지만, 폭력적 연행을 한 사람으로는 군인과 경찰이 대부분이며 특히 경찰이 많다. 이에 비해 민간인이 폭력을 사용한 경우는 매우 적다. '강제연행이 일부 있었으나 이는 민간이 한 일이지 정부와는 상관이 없는 일이었다'고 한 일본정부의 보고는 피해자들의 증언과는 정면으로 배치된다. 오히려 폭력적 연행은 총독부와 일본군이 직접적으로 행했으며, 민간인도 간혹 이러한 방식을 사용했다는 것이 올바른 역사적 사실이라고 보아야 할 것이다.

3) 인신매매 및 유괴

위에서 논의한 전도금과는 달리 사람을 사고 파는 절차로 이루어진 경우도 많지는 않으나 눈에 띈다. 가난 때문에 어느 곳의 수양딸로 보내졌다가 그 집에서 팔아버린 경우, 일하던 식당이나 가게의 주인이 판 경우, 가장 비참한 것으로 친아버지가 판 경우 등이 있다. 그러나 175명 중 매매로 인해 군위안소에 간 경우는 단 4건에 불과하다. 이것은 여러 오차를 감안하더라도 매우 적은 숫자이다. 이렇게 매매의 경우가 적었던 이유로 무엇보다 먼저 식민지 조선에서는 다른 어느 나라들에 비해 부모가 딸을 파는 관습이 거의 없었던 점을 들 수 있다. 극히 빈곤한 농촌에서도 딸을 팔았던 경우는 단 1건만이 발견되며, 대부분의 경우가 취업사기나 폭력으로 딸을 빼앗기며 절규하는 부모의 모습을 증언하고 있다. 만약 부모에 의한 매매 관습이 있었다면 조선에서 일본군‘위안부’ 동원은 훨씬 쉬웠을 것이고 동원의 숫자도 더욱 늘어났을 것이다. 앞서 언급한 대로 식민지 조선에서 매매춘의 확산 정도가 그다지 높지 않았던 점도 매매의 경우가 적었던 배경이라고 말할 수 있다. 이 점은 당시 매매춘의 많은 부분이 유괴에 의해 이루어졌던 비해 유괴에 위한 연행의 숫자도 매우 적었던 사실도 설명해 준다.

4) 근로정신대 제도를 통한 동원

‘정신대’라는 개념이 노동력 동원과 일본군‘위안부’ 동원을 포괄적으로 지칭한다는 것이 당시를 살았던 사람들의 일반적 인식이다.[34] 정신대는 글자 그대로 나라를 위해 몸을 바친다는 것으로서 의료·보도 등 여러 분야에서 인력 동원에 쓰인 개념이었으므로, 일본군‘위안부’를 동원할 때도 연행자들이 ‘정신대’의 명목을 도용했을지도 모른다. 그러나 실제로 정신대라는 제도가 여러 목적의 동원과 함께 일본군‘위안부’ 동원까지 포함했을 가능성도 적지 않다. 일본에서 그 신빙성을 의심받고 있기는 하지만 요시다 세이지(吉田淸治, 1989)는 ‘황국위문조선인여자정신대’ 200명의 동원 명령을 받았다고 증언했고, 1944년 흑룡강성 부금(富錦)에서 통신교육대로 있던 한 일본 군인은 ‘관동군전시특별여자정신대’로 연행되어 온 일본군‘위안부’를 만났다고 증언했다.[35]

---

34) 당시 親정부 신문이었던 『매일신보』(1944.3.7 등)에 정신대를 징용이나 또는 인신매매로 인식하는 경향을 안타까워했던 기사들이 자주 실렸던 것은 그러한 식민지 조선인들의 정신대 인식을 역설적으로 말해 주고 있다.
35) 종군위안부110번 편집위원회, 1992: 44-45.

보다 구체적으로, 이미 그 이전부터 관알선으로 행해졌으나 1944년 천황령으로까지 공식화되었던 근로정신대제도가 일본군'위안부' 동원의 방편으로도 사용되었다고 하는 생각도 당시를 경험한 사람들 사이에 광범위하게 퍼져 있다. 당시 조선의 소학교에 근무했던 일본인 교사 가와오카 씨는 자신이 권유하여 근로정신대로 갔던 학생 8명이 모두 일본군'위안부'가 되었다고 증언했으며,[36] 이케다(池田正支)라고 하는 교사도 자신의 학교에서 근로정신대로 나갔던 학생수와 일본의 공장에서 일하게 된 숫자가 일치하지 않았다고 하여[37] 그 차이만큼의 숫자가 군위안소로 갔을 것이라는 암시를 했다.

한국 보건복지부에 신고한 170여명의 피해자 중 6명이 근로정신대로 동원되었다가 군위안소로 끌려가게 되었다고 증언했다. 이들은 학교에서 선생님의 권유로 근로정신대에 동원되었다가 공장에서 훈련만 받고 군위안소로 갔거나 일정 기간 일을 하다가 군위안소로 끌려가게 되었다고 증언했다. 그중 한 사람은 공장에서 일하던 중 공장건물이 파괴되어 공장에서 일하던 수명의 다른 여자들과 함께 군위안소로 수송되어 갔다고 증언했다.

한편 두 명의 피해자가 근로정신대로 일본의 공장에서 일하던 중, 힘든 노동의 상황을 견디지 못해 도망을 가다가 붙잡혀 군위안소로 끌려갔다고 증언했다. 이것은 물론 근로정신대라는 제도 자체를 일본군'위안부' 동원에 이용한 것은 아니다. 그러나 어떤 연유로든 근로정신대로 동원되어 일본에 있다가 일본군'위안부'가 된 경우가 많다면, 일본군'위안부' 동원과 관련하여 근로정신대제도는 하나의 통로로서의 역할을 했다고 말할 수 있을 것이다.

---

36) 『한국일보』, 1992.1.17.
37) 『동아일보』, 1992.1.15.

5) 기타―공출·봉사대·근로대 등의 명목으로

적지 않은 수의 피해자들이 공출, 봉사대 또는 근로대 등의 명목으로 끌려갔다가 군위안소로 가게 되었다고 증언했다. 총동원체제에서 여성의 노동력 동원을 위한 여러 제도들이 만들어졌다. 근로보국대, 여자추진대, 학도 동원 등이 그것이다. 근로보국대는 1941년 근로보국협력령에 의해, 학도 동원은 1944년 학도근로령에 의해 수립된 제도였으며, 여자추진대는 관청에서 알선·장려하는 형태로 이루어졌다. 한편 당시 식민지 조선에는 처녀공출이라는 말이 널리 퍼져 있었으며, 봉사대나 근로대라는 말도 여성 동원에 쓰였던 것으로 보인다. 피해자들은 위의 공식적 제도를 통해 징집되었으나 그 이름을 명확히 기억하지 못하고 있거나, 연행자들이 공출 등의 임의적 용어를 사용하면서 여성들을 연행했을 것으로 짐작할 수 있다. 또는 앞서의 피해자들처럼 취업사기나 폭력적 연행에 의해 일본군'위안부'로 끌려갔으나, 피해자들이 당시 세간에 많이 나돌았던 공출 등을 스스로 자신의 기억에 각인시킨 경우도 적지 않을 것이다. 예컨대 최근에 보건복지부에 신고한 한 피해자는 1944년으로 추정되는 시기에 경찰에 의해 일본의 군부대로 끌려가 부대와 함께 이동하면서 성폭력을 당한 전형적 일본군'위안부' 피해자인데, 현재 피해자와 가족들은 이 피해자가 "처녀보국대로 가서 일본 놈에게 당했다"고 진술하고 있다.

어떠한 경우라도 피해자들이 이러한 명목을 기억한다는 사실과, 뒤에 논의할 것이지만 이런 명목의 연행이 주로 경찰과 관리에 의해 이루어졌다는 사실은 이것이 관의 개입에 의한 연행이었다는 것을 확실히 말해 주는 것이다.

5. 연행자

    군위안소 정책의 입안 및 위안소 경영에 관하여 그 명확한 지휘명령계통은 당시 일본의 군과 정부의 구조와 관련하여 추정할 수 있을 뿐이나, 부분적으로 발견된 문서자료가 일본군과 정부 및 총독부의 주체적인 역할을 의심의 여지없이 보여 준다.[38] 더욱이 누구의 명령을 받아서 위와 같은 사기와 폭력의 방법을 동원했는가의 문제와 관계없이 말단 연행자의 면면은 일본군과 정부 및 총독부의 중심적 역할을 분명히 보여 주고 있다. 피해자들의 증언은 역시 민간인, 특히 조선인이 연행자의 가장 많은 비중을 차지하고 있음을 확인해 주었으나, 경찰과 군인·관리도 매우 중요한 직접 연행자였다는 사실을 보여 주고 있다. 민간인들이 대체로 취업사기의 방식으로 피해자를 연행한 데 비해, 군인과 경찰은 폭력적 연행을 했으며 관리는 공출 등의 명목을 내세워 연행했다는 조사결과는 대체의 예측을 확인하는 것으로서 피해자들의 진술의 신빙성을 크게 돋보이도록 하고 있다.

<표 7>   연행자 및 연행방식

연행자 \ 연행방식	취업사기	폭력	협박	인신매매	유괴	근로정신대	공출·봉사대·근로대, 기타	계
조선민간인	38	3	1	1	2		2	47
일본민간인	17	6		1		3		27
군인	4	18					2	24
군속	1						1	2
헌병	2	3						5
경찰	6	26	1		3		3	39
관리	4	2				2	4	12
기타		1						1

---

38) 吉見義明 外 編, 1995: 16-19.

1) 민간인

"모집과정에서의 소요를 막기 위해 모집을 맡을 자의 인선(人選)에 신중을 기할 것"[39]이라고 명기한 군문서에서 볼 수 있는 대로 일본군의 계획에서 일본군'위안부' 모집의 주요 말단 연행자는 민간인이었다. 위 군문서에 나타난 바에 의하면, 이 민간인 연행자는 군에서 선정한 모집만을 담당하는 사람이다. 실제로 많은 피해자들은 자신들을 연행해 간 민간인이 어느 지점에서 다른 민간인 혹은 군인에게 자신들을 넘긴 후 없어졌다고 증언했다. 다음 절에서 논의할 바와 같이, 일본인'위안부'의 수송은 일본군이 담당했는데, 위안소 관리자 중에도 민간인이 상당수 있었던 것을 볼 때,[40] 모집 담당과 위안소 경영의 민간인은 별개로서, 모집 담당자의 선정과 위안소 관리자의 선정은 물론 위안부의 모집과 배치의 모든 과정을 군대가 총괄했다는 것을 알 수 있다.

그러나 千田光夏(1978)의 조사에서 볼 수 있는 대로 위안소 업자가 일본군'위안부'를 모집해 간 경우도 적지 않다. 정신대연구소의 조사에서도 조선의 고향에서 연행될 때부터 위안소로 이동할 때도 같이 하여 위안소 관리까지 같은 사람이 했던 경우를 볼 수 있다. <표 8>에서 보는 바와 같이 위안소 관리자가 민간인이나 군인이나 모든 경우에 연행자의 다수는 민간인이다. 그러나 군인과 경찰이 연행한 경우 대부분 군인이 관리자인 위안소로 갔던 점이나, 민간인 연행자가 군인 관리의 위안소보다 민간인이 관리자인 경우에 더 많다는 점은, 같은 사람이 위안부를 연행하고 위안소를

---

39) 支受大日記密, 1938.3.4.
40) 대체로 군위안소의 설립과 관리과 관련하여 그 형태를 구분해 보면, 보건복지부에 신고한 사람 중 90명의 자료에서 위안소 관리자에 관한 정보가 있는데, 30명의 피해자가 민간인이 위안소를 관리했다고 증언했고, 나머지 60명이 군인이 위안소 관리자였다고 증언했다.

연행자 관리자	조선 민간인	일본 민간인	군인	군속	헌병	경찰	관리	계
민간인	17	7	1	1	2	2		30
군인	10	11	12	1	1	13	6	54

관리한 경우도 적지 않았을 것을 말해 준다.

민간인 중에서도 일본인보다 조선인이 많았던 사실은 피해자들에게 미묘한 마음의 상처를 남겼다. 조선인이 많았던 것은 조선에서 여성을 연행하는 것이 조선인에게 보다 용이했을 것이라는 점 외에도, 조선인을 포로수용소의 간수 등 가장 말단의 직접적 전쟁범죄자의 자리에 위치시킨 당시 일본군의 일관된 정책의 일환이기도 했다는 점을 알 수 있다.

2) 군인·군속·헌병

군인·군속·헌병 등 일본군 소속의 사람들에 의해 연행된 경우도 상당하다. 많은 피해자들은 군인이 강제로 트럭에 태워 어디론가 데리고 갔으며, 중간에 다른 여자들도 여러 명을 태웠다고 증언했다. <표 6>에서 볼 수 있듯이 폭력적 연행은 후기에 올수록 심해졌는데, 이것은 '위안부' 수요가 급증함에 따라 민간업자에게 주로 맡겼던 '위안부' 모집에 군인이 직접 폭력적 방법으로 나섰던 것이라고 해석된다. 앞서 논의한 대로 군인이 연행한 경우 군인 관리의 위안소로 갔는데, 이것 역시 후기에 일본군'위안부' 수요가 늘어나면서 군인이 위안소를 설립하고 여기에 직접 위안부를 조달해왔던 사실을 말해 준다.41)

---

41) 군위안소는 시작단계에서 군이 직접 설립·경영하던 경향이 민간의 대대적 진출로 바뀌다가 1943~44년경부터 다시 군주도의 흐름을 보인다(정진성, 1997: 114-117).

3) 경찰 및 관리

역시 상당 부분을 점하는 경찰과 관리의 연행은 일본군'위안부' 연행에 조선총독부의 개입을 확인해 주고 있다. 앞서 논의한 여러 부분에서 직접 연행자가 누구인가에 관계없이 관과 군의 관여는 처음부터 확실했다는 점이 드러났다. 경찰과 관리가 직접 연행자로 나선 것은 <표 6>에서 보는 대로 폭력적 방식과 함께 일본군'위안부' 수요가 많아진 후반에 많았다고 볼 수 있다. 또한 군인이 연행한 경우와 마찬가지로 경찰과 관리가 직접 연행한 경우 군인이 관리한 위안소와 연결되었음을 볼 수 있다.

6. 수송 및 배치

군인에 의해 연행된 피해자들은 물론이고 그외 대부분의 피해자들도 기차나 트럭 또는 배를 이용한 장거리 이동이 시작되었을 때, 군인에게 인계되었다고 증언하고 있다. 이후 이들은 군인들의 엄격한 감시를 받으며 목적지까지 수송되었던 것이다. 기차를 타고 만주로 끌려갔던 한 피해자는 기차 한 칸마다 앞뒤에서 군인이 지켰으며 수송 도중 어떤 지역에서는 창문이 내려져 밖을 볼 수 없도록 통제하기도 했다고 증언했다.

이렇게 수송 당시 군인이 감독을 맡았다는 것과 함께 주목할 점은 트럭, 기차 및 배 등 수송수단을 군에서 제공했던 사실이다. 트럭의 경우는 물론 군용트럭이었고, 배를 이용한 경우 대부분 매우 큰 군함을 탔다고 증언하고 있다. 실제로 일본군'위안부'를 배로 실어 전지로 보낼 때 일본 육군이 관리하는 일본선적의 조용선을 사용했다고 한다. 기차의 경우는 더욱 뚜렷하게 일본군이 제공했다는 사실이 드러난다. 특히 중국대륙의 철도는 일본군이 사실상 관리하는 것이었다.[42]

조선의 연행지에서 위안소까지의 수송뿐만 아니라 한 위안소에서 다른 위안소로 옮기는 경우에도 수송은 군에서 담당했다. 신고한 피해자 중 반 정도만이 한 장소에 있었으며, 3회 이상을 이동한 경우도 적지 않았다.[43] 이동은 위안소가 소속되어 있던 군부대와 함께 한 경우와 '위안부' 전원 혹은 일부만이 이동한 경우 모두 있었는데 어느 경우나 군에서 수송을 담당했다. 위안소 이동은 군대의 필요에 따라 군의 교통수단으로 이루어졌던 것이다. 위안소가 설립되기 힘든 오지에는 군트럭으로 정기적으로 가까운 위안소에서 일본군'위안부'를 수송하여 일정 기간 이용한 후 본 위안소로 돌려보내기도 했다.

이 모든 경우는 일본군이 위안부의 수송과 배치를 지휘·감독했다는 사실을 말해 주는 것이다.

7. 결론

우리는 지금까지의 논의에서 조선에서의 일본군'위안부' 동원이 전반적으로 본인의 의사에 반해 강압적으로 이루어진 강제연행이었다는 사실을 확인했다. 당시 식민지 조선사회의 가난을 배경으로, 동원체제하의 전 조선의 조직화 망을 이용해 관이 깊이 개입하여 수많은 나이 어린 여성을 연행해 갔던 것이다. 이 피해자들은 모두가 매우 가난하고 학력이 낮았으나, 당시 조선의 상황에 비추어 볼 때 특별히 최하층에 속했던 사람이라기보다는 평균적 생활수준의 사람들이었다고 볼 수 있다. 따라서 이 시기의 일본군 '위안부' 동원은 민간인과 군·관이 모두 나서서 사기와 폭력의 방법을 닥

---

42) 요시미 요시아키, 1998: 51-12.

43) 170명 중 동일 장소에 있던 사람이 96명, 1회 이동이 33명, 2회 이동이 12명, 3회 이상 이동한 경우가 29명이었다(보건복지부 신고 자료).

치는 대로 사용하여 식민지 조선의 전 여성을 대상으로 무차별적으로 행한 강제연행이었다고 규정할 수 있다.

참고문헌

강만길, 1997, 「일본군위안부의 개념과 호칭문제」, 한국정신대문제대책협의회
　　　편, 『일본군위 안부 문제의 진상』, 역사비평사.
김민영, 1995, 『일제의 조선인 노동력 수탈 연구』, 한울.
동아일보, 1927·1992.
박경식, 1986, 『일본제국주의의 조선지배』, 청아.
송연옥, 1998, 「일제식민지화와 공창제 도입」, 서울대 국사학과 석사논문.
야마시타 영애, 1992, 「한국근대공창제 실시에 관한 연구」, 이화여대 여성학과
　　　석사논문.
요시다 세이지, 현대사연구실 역, 1989, 『나는 조선사람을 이렇게 잡아갔다』,
　　　청계연구소.
요시미 요시아키, 이규태 역, 1998, 『일본군 군대위안부』, 소화.
이만열, 1997, 「일본군위안부정책형성의 조선측 역사적 배경」, 한국정신대문제
　　　대책협의회 편, 『일본군위안부 문제의 진상』, 역사비평사.
정진성, 1997, 「일본군위안소 정책의 수립과 전개」, 한국정신대문제대책협의회
　　　편, 『일본군위안부 문제의 진상』, 역사비평사.
한국일보, 1992.
한국정신대문제대책협의회, 정신대연구소 편, 1993, 『강제로 끌려간 조선인 군
　　　위안부들: 증언집 1』, 한울.
＿＿＿＿, 1995, 『중국으로 끌려간 조선인 군위안부들』, 한울.
＿＿＿＿, 1997, 『강제로 끌려간 조선인 군위안부들: 증언집 2』, 한울.

제임스 홉스, 유병용 역, 1995, 『증언사 입문』, 한울.

東洋經濟新報社, 1980, 『昭和國勢總攬』, 東京: 東洋經濟新報社.

朴慶植, 1975, 「序文」, 朴慶植 編, 『在日朝鮮人關係資料集成 1』, 東京: 三一書房.

步兵第9旅團, 1938, 『陣中日誌』, 1938.7.1-7.31.

鈴木裕子, 1989, 『女性史を拓く 2』, 東京: 未來社.

植産銀行, 1947, 『植銀調査月報』.

吉見義明·林博史 編, 1995, 『共同硏究: 日本軍慰安婦』, 東京: 大月書店.

吉澤淸次郎·外務省アメリカ局長, 1938, 「支那渡航婦女の取扱に關する件」, 5.20.

呂集團特務部, 1940, 「呂集團特務月報」.

李如星·金世鎔, 1931, 『數字朝鮮硏究』, 第1輯, 京城: 世光出版.

_______, 1933, 『數字朝鮮硏究』, 第4輯, 京城: 世光出版.

日本內閣官房內閣外政審議室, 1993, 『いわゆる從軍慰安婦問題について』(第2次報告書).

日本內務省警報局, 1926-1942, 『社會運動の狀況』.

朝鮮農村社會衛生調査會, 1949, 『朝鮮の農村衛生』, 東京: 岩波書店.

朝鮮總督府, 1940, 『朝鮮昭和15年國勢調査結果要約』.

從軍慰安婦110番編輯委員會, 1992, 『從軍慰安婦110番』, 東京: 明石書店.

千田光夏, 1978, 『從軍慰安婦, 正篇』, 東京: 三一書房.

砲銃隊本部, 1940, 「支那事變の經驗より觀たる軍氣振作對策」, 1940.9.

Chang, Yunshik, 1967, "Population in Early Modernization: Korea," Ph.D. Dissertation, Princeton University.

Lee, Hoon K., 1936, *Land Utilization and Rural Economy*, Chicago: University of Chicago Press.

U. S. Office of War Information, Psychological Warfare Team, 1944, Attached to U. S. Army Forces India-Burma Theater, APO 689, "Japanese Prisoner of War Interrogation Report No.49," Aug.20-Sept.10, 1944(Date of Interrogation), October 1, 1944(Date of Report).

위안소와 일본국·일본군의 가해체계[*]

하종문
한신대 국제학부

2001년은 한일관계의 흐름에서 매우 다사다난했던 한 해로 기억될 것이다. 연초부터 불거진 역사교과서 왜곡 문제가 뜨겁게 달아오르더니, 8월이 가까워지면서 코이즈미(小泉)[1] 수상의 야스쿠니(靖國) 신사참배 문제가 과거사에 대한 관심을 한껏 북돋웠다. 당연히 일본의 지지부진한 과거사청산의 현주소에 대한 많은 문제제기가 이루어졌다.

21세기의 벽두를 또다시 한심한 저들의 역사인식과 대결하며 펼쳐가야 한다는 현실에 일면 자괴감이 드는 것도 사실이다. 가까이는 1998년의 '한일 파트너십 공동선언'으로 '과거사는 청산되었다'고 선언하고 난 뒤부터 구가되었던 '밀월관계'나 '한일신시대'가 겨우 이 정도였나 싶어 그렇고,

---

[*] 본고는 『성곡논총』 제32집(2001년)에 게재된 졸고 「일본군'위안부'의 동원체계」를 대폭 수정·가필하여 완성했다.

[1] 현행 외국어 표기법에 따르면 '고이즈미'라고 해야 되지만, 정확한 발음을 나타내기 위해 교육부 원칙을 따르지 않았다. 최근 한글의 알파벳 표기가 발음보다 문자 위주로 바뀌었다는 것도 고려하여, 첫 글자의 청음은 격음으로(고이즈미→코이즈미), '쓰'는 '츠'로(쓰시마→츠시마), ㅈ·ㅊ에 이어지는 복모음도 그대로 표기했다(조 이사무→쵸 이사무).

지난 1982년 '근린제국조항'의 미미한 효과를 목도하면서 느끼는 외교적 '배려'라는 문구도 그러하다.

한편 차분히 이번 문제의 경과를 돌이켜보면 작금의 싸움이 올바른 과거청산 및 역사인식의 형성을 향한 대장정의 한 국면임을 깨닫게 된다. 동시에 이렇게 과거사 문제가 첨예한 대립구도를 만들고 전선을 형성할 수 있었던 것은 지난 90년대 이후의 위안부[2] 문제를 둘러싼 치열한 싸움이 있어 왔기에 가능했다는 점을 잊어서는 안된다. 그 주요한 성과는 '2000년 일본군성노예전범 여성국제법정(이하 2000년 법정)'에서 전후 처음으로 천황 히로히토가 유죄를 선고받았다는 것만으로도 충분하지 않을까 싶다. '새 역사교과서를 만드는 모임'의 발족과 활동 또한 1996년 중학교 교과서에 위안부에 관한 기술이 실리게 되면서 추진되었던 것이다.

지금까지 위안부 및 위안소 제도의 실체를 밝히는 주요한 업적은 거의 일본 쪽에서 이루어져 왔다고 해도 과언이 아니다. 그 이유로서는 먼저 위안부 및 위안소 제도의 규명에 필수적인 자료가 일본어로 작성되어 일본에 남아 있다는 사실이 있겠다. 여기에는 일본사 분야와의 체계적인 협조가 필요하다 할 것이다. 이런 자료적 한계와 더불어 위안부를 비롯한 강제동원 전반에 대한 분석작업의 수준이 식민지 지배체제의 총체상을 그려내기에는 아직 미흡하다는 점도 언급되어야 한다. 일본사의 관점에서 위안부 문제를 둘러싼 당시 일본 정부와 일본군의 가해체계를 밝히고자 하는 본 연구의 의의도 바로 여기에 있다.

이하의 작업에서는 먼저 현재까지 간행된 사료를 망라하면서 위안부 문제의 역사적 사실관계를 객관적이고 실증적으로 밝히고자 했다. 구체적으로는 위안소 제도와 위안부의 동원과 도항을 전시체제의 진행과 결부시켜

---

2) 위안부의 용어에 대해서는 '정신대', '종군위안부', 일본군'위안부', '일본군성노예' 등 여러 가지가 있지만, 본문의 기술에서는 편의상 기본적으로 위안부라는 용어로 통일했다.

만주사변기·중일전쟁기·태평양전쟁기로 나누어 정리하고, 조선에서의 위안부의 동원이 어떻게 전개되어 갔는가에 대해서도 예비적인 고찰을 시도했다. 이를 통해 위안부 동원과 위안소 설치의 기획과 집행에 일본 정부와 일본군이 어떻게 관여했는가의 나름대로의 전체상을 그려보고자 한다.

1. 만주사변기의 위안소 제도의 기획과 설치

1) 만주사변기의 위안소 설치

현재까지의 연구를 통해 청일·러일전쟁 때에도 설치 주체는 민간으로 여겨지지만, 군위안소의 초기적 형태가 있었다는 것이 드러났다(倉橋正直, 1994; 大江志乃夫 編, 1988). 특히 러일전쟁 때 군위안소와 관련하여 "군 공인(公認)의 집" 등의 내용이 들어 있는 것으로 보아, 군위안소 제도가 본격화하기 전에 이미 벌써 일본군은 대외 전쟁의 수행과정에서 병사들에 대한 성적 '위안'이 필요하다는 것을 인식하고 있었다는 것을 알 수 있다.

1931년 만주사변의 발발은 일본군의 군위안소 운용에 있어서도 획기적인 전환점으로 기록되고 있다. 하지만 관련 자료가 거의 남아 있지 않으므로 군 관계자의 일기와 회상기 등을 통해 제한적으로 그 양상을 파악할 수 있다.

주지하다시피 만주사변의 전장(戰場)은 만주와 상해 두 군데이다. 그 중에서 만주지역의 전투가 더 대규모였지만, 위안소와 관련된 내용은 오히려 상해 쪽에서 일찍 발견되고 있다. 상해파견군(사령관 白川義則) 고급참모 오카베 나오사부로(岡部直三郎) 대좌[3]의 1932년 3월 14일자 일기에는 위안

---

3) 참고로 일본군의 계급체계를 보면, 먼저 장교로서 대위-중위-소위를 위관이라

소 설치에 대한 기술이 다음과 같이 나와 있다.

요즘 병사들이 여자를 찾으러 이리저리 기웃거리고 있고, 추잡한 얘기를 많이 듣게 된다. (중략) 적극적으로 시설을 만드는 것이 옳다고 봐서, 병사들의 성문제 해결책에 관해 여러 가지 배려하여 그 실현에 착수하다. 주로 나가미(永見俊德) 중좌가 이것을 맡을 것이다(『岡部直三郎大將の日記』, 1982: 23).

여기서 나가미 중좌는 작전참모이자 중국에서 근무한 적이 있다는 사실을 기억해 두자(秦郁彦, 1999: 63).

마찬가지로 당시 상해파견군 참모부장(參謀副長)인 오카무라 야스지(岡村寧次) 대좌는 자신의 회상기에서 "해군을 본받아 나가사키(長崎) 현 지사에게 요청하여 '위안부단(慰安婦團)'을 초청했더니, 그후 강간사건이 완전히 그쳐서 기뻤다"(稲葉正夫 編, 1970: 302)고 쓰고 있다. 왜 나가사키 현에 요청했느냐는 점이 숙고를 요하지만, 상해파견군의 예하부대로는 제9·11·14사단과 혼성 제24여단이 있었는데, 그중에서 혼성 제24여단은 평시에 나가사키에 주둔하고 있었다는 사실과 관련이 있을 것이다(秦郁彦, 1999: 64쪽). 일본 본토에서의 평시 주둔지와 위안소 설치와의 관련성이 나타난다는 점을 주목하고 싶다.

이런 두 군인의 회상기를 뒷받침해 주는 군의 공식기록으로는 『만주사변 육군위생사』가 있으며, 여기에는 1932년 초의 상해파견군의 '군오락장'에 관한 기록이 실려 있다.[4] '공인집창제(公認集娼制)'라는 취지 하에 '접객

하고, 대좌-중좌-소좌를 좌관이라 하며, 대장-중장-소장을 장관이라 칭한다. 그 아래에 준사관인 특무조장(特務曹長)이 있고, 하사관으로 조장-군조(軍曹)-오장(伍長)이 있고, 병에는 상등병-일등병-이등병이 있다.

4) 陸軍省, 1937, 『滿州事變陸軍衛生史』 第6卷; 秦郁彦, 1999: 64에 관련된 기술이 있다.

부'로 "청도(靑島), 나가사키, 평양 등으로부터 일본·조선·중국인을 모았다"고 하며(陸軍省, 1937: 834; 秦郁彦, 1999: 64에서 재인용), 4곳의 '군오락장'이 있었다고 한다.

만주의 경우는 화북에 주둔했던 혼성 제14여단의 위안소 관련 기록이 남아 있다. 1933년 4월 16일 주둔지였던 평천(平泉)에 일본인과 조선인 창기 38명(일본인은 예기 1명과 작부 2명, 조선인은 예기 2명과 작부 33명)이 와서 개업하게 됨에 따라 '검미(檢黴)' 즉 성병검사를 실시하고 있으며, 장래 매주 1회 성병검사를 실시한다고 되어 있다.[5] 혼성 제14여단은 제7사단(홋카이도 주둔)의 예하부대로 만주지역의 전투가 당고 정전협정(1932.5.31)으로 수습되고 난 뒤 점령지 주둔부대로 1932년 9월부터 1934년 1월까지 체재했다(森松俊夫, 1991: 80). 부대 주둔의 장기화와 위안소 설치가 연관성을 지닌다고 보여지는 대목이다.

여기에 이 시기에 위안부로 끌려간 피해자의 증언[6]까지 고려하면, 위안소 제도는 만주사변을 계기로 시작되었다고 보는 데 이론은 없을 것이다. 그리고 만주사변 단계에서 병사들의 성적 욕구를 어떻게 충족시킬 것인가가 일본군의 주요한 관심사 중 하나였으며, 그 반면에 성병의 감염에 대해 군 당국이 매우 민감하게 대처하고 있었다는 점을 확인하고자 한다.

위안소의 필요성에 대한 인식은 1934년 3월의 시찰보고에도 잘 나타나 있다.[7] 이 보고서는 육군대신에게 제출되었다.

---

5) 混成第14旅團司令部, 『衛生業務旬報』; (財)女性のためのアジア平和國民基金 編, 1997, 『政府調査「從軍慰安婦」關係資料集成』4, 龍溪書舍에서 재인용. 이하의 인용사료도 언급이 없는 한 마찬가지이다. 그리고 이하에서는 위 자료를 『자료집성』으로 약칭한다.
6) 한국정신대문제대책협의회·한국정신대연구회 엮음, 1997. 최일례 할머니는 1932년에 만주에 끌려갔다고 한다.
7) 工兵第四大隊中隊長(1934.3), 「北支那竝滿州國視察報告」, 『자료집성』4.

위안법을 강구하는 일은 주둔부대에게 가장 긴요하다. 기껏 수비에 토벌에 중대사명을 마치고 귀대해도 물질적 위안은 없고, 기다리는 건 폐가와 같은 낡은 병영뿐이라면 군심(軍心)은 흩어지기 쉽고 거칠어지기 쉽다.

이런 진단은 당시 상황을 잘 말해 준다. 그리고 중일전쟁의 발발 이후 위안소의 전면적인 확대로 내닫게 되는 정황을 짐작하기에 충분한 근거가 된다.

2) 위안소의 운용 실태

앞서 언급한 『만주사변 육군위생사』의 1932년 4월 1일자 「군오락장 취체규칙」(이하 취체규칙)을 통해 위안소 운용 실태를 정리해보자.[8] 취체규칙은 총칙, 영업수속, 영업시설, 위생, 영업방법의 5부분으로 나뉘어져, 실시초기라고는 생각할 수 없을 정도로 자세한 내용을 담고 있다. 그중 중요한 내용은 다음의 항목들이다.

· 군오락장은 수비구역 내에 하나 내지 몇 개소를 군에서 지정한다.
· 군오락장의 영업가옥은 군이 지정하고, 설비와 손해는 업자의 부담으로 한다.
· 업자의 퇴거나 영업의 폐지·휴업은 군의 허가 사항이며, 수비구역 내의 유사한 영업을 금지하고, 매월 1회 헌병이 정해 정기휴일을 실시한다.
· 이용은 육군 군인과 군속에 한정한다.
· 영업의 개시 및 접객부의 이동은 관할 헌병대에서 관리하며, 접객부의 성명, 국적 본적, 예명, 생년월일과 경력을 기재한 접객부명부와 사진을 제출한다.

---

8) 陸軍省, 1937; 秦郁彦, 1999: 64쪽에 관련기술이 있으며, 「군오락장 취체규칙」의 전문은 秦郁彦, 1999: 411~414에서 재인용.

· 접객부는 헌병의 입회 하에 적어도 매주 1회 군의의 검진을 받아야 하며, 건강부(健康簿)를 비치하여 제시해야 한다.
· 검진 불합격자의 치료와 화류병 예방약품의 구비는 업자가 부담한다.
· 영업시간은 주간 오전 10시부터 오후 6시까지, 야간 오후 7시부터 오후 10시까지이며, 야간에는 하사관만이 이용한다.
· 유흥료(遊興料)는 1시간당, 일본인 1엔 50센, 조선인과 중국인 1엔이다.
· 접객부는 지정한 지역 외에 출입을 금하며, 접객부에게 이익 배분 등의 부당한 대우를 할 경우 영업을 정지시킬 수 있다.

이상의 취체규칙의 내용에서 중일전쟁 이후에 본격적으로 설치되는 위안소의 전형적인 형태를 망라하고 있다는 사실에 놀라지 않을 수 없다. 만주지역의 관동군의 경우는 위생업무와 관련한 자료 외에는 남아 있지 않아 위안소의 자세한 상황을 알 수 없지만, 상해지역에서 전투를 벌인 상해파견군은 명백히 위안소를 전체적으로 총괄하고 있었다. 즉 위안소 운용의 기본적인 틀은 이미 만주사변의 초기단계에서 거의 '준비'되어 있었던 것이다.

혼성 제14여단의 경우도 마찬가지이다(混成第14旅團司令部, 「衛生業務旬報」). 자료가 위생업무에 대한 보고인 관계로 인해 위안소의 상황에 대한 기술은 거의 없지만, 위안소와 위안부의 위생문제에 대해 당시 일본군이 얼마나 민감했는가를 잘 엿볼 수 있다.

이상에서 알 수 있듯이 1931년의 만주사변의 발발은 일본군에게 위안소의 필요성을 인식시켜 준 획기적인 사건이 되었다. 발발 초기부터 위안소의 설치를 기획·추진했으며, 군의 작전과 관련하여 위안소와 '위안' 업무의 역할이 규정되고 체계화되어 간다는 것을 확인할 수 있다.

2. 중일전쟁기의 위안소 제도

1) 전쟁의 발발과 위안소 제도

(1) 위안소 설치의 개시

1937년 7월 7일의 중일전쟁의 발발로 일본은 전면적인 침략전쟁의 길로 들어서게 된다. 전면적인 전쟁은 동시에 위안소와 위안부 동원의 전면화로 귀결되고, 이는 위안소 정책의 변화 즉 위안소 설립과 위안부 동원의 체계화·본격화를 낳기에 이르렀다.

초기의 중국 현지의 움직임을 살펴보자. 1937년 12월 11일 중지나(中支那)방면군[9]으로부터 군위안소를 설치하라는 지시를 받은 상해파견군에서는 참모 제2과(정보)가 안을 만들고 제2과장인 쵸 이사무(長勇) 중좌가 상해로 가서 군위안소 설치에 착수했다.[10] 이것이 위안소 설치와 관련한 중일전쟁기 최초의 기록이다. 남경 부근의 상주(常州)에 주둔하던 독립공성중포병 제2대대(상해파견군 예하부대로 추정)의 경우, 1937년 12월의 대대장 보고에 의하면, '위안설비'는 병참이 경영하는 곳과 군 직할부대가 경영하는

---

9) 중일전쟁 발발 이후 원래 화북 지역에 주둔하고 있던 지나주둔군을 보강하면서 일본은 전면전에 돌입하게 된다. 이에 위안소 설치의 이해를 돕기 위해 중국 전선에서의 주요 상급부대의 배치상황을 정리해두면 아래와 같다. 기본적으로 앞의 책, 『圖說陸軍史』를 참고로 했다.

    1919.4.12 '관동군' 편성
    1937.8.15 '상해파견군' 편성
       8.31 지나주둔군을 중심으로 '북지나방면군' 편성
      11.7 상해파견군을 중심으로 '중지나방면군' 편성
    1938.2.8 중지나방면군을 '중지나파견군'으로 개칭
    1939.9.4 북지나방면군, 중지나파견군을 통합하여 '지나파견군'을 편성

10) 南京戰史編輯委員會編, 『南京戰史資料集』, 皆行社, 1989, 211, 220, 280, 411쪽. 吉見義明·林博史, 『共同硏究 日本軍慰安婦』, 大月書店, 1995, 16～17쪽에서 재인용.

곳의 2곳이 있었다고 한다.[11] 비슷한 시기에 중지나방면군 예하 제10군의 참모 테라다 마사오(寺田雅雄)는 헌병을 지휘해서 중국인 여성들을 모아 호주(湖州)에 '오락기관'을 설치했다.[12]

이렇게 중일전쟁 초기에 화중지역의 경우는 최상급부대인 중지나방면군이 솔선해서 위안소 설치를 입안·추진했다. 이를 받아 예하의 상해파견군과 제10군은 각각 위안소 설치에 나섰으며, 각 지역의 점령이 완료됨에 따라 1938년 이후에는 각 단위부대별로 광범위하게 위안소가 만들어졌다.[13]

이하에서 알 수 있겠지만, 상해와 그 이남에서 작전했던 중지나방면군의 위안소 관련 자료는 그래도 남아 있는 편이다. 이에 비해 중국 전선의 일본 육군의 최상급부대 중 하나인 북지나방면군의 위안소 설치 상황을 알려 주는 자료도 거의 남아 있지 않으며, 현존 자료도 시기적으로도 중지나방면군에 비해 다소 뒤처진다.

그렇다고 북지나방면군이 위안소 설치에 소극적이었던 것은 결코 아니다. 무엇보다 육군성에서 1938년 3월 4일 북지나방면군·중지나파견군 참모장에게 보낸 통첩 「군위안소 종업부 등 모집에 관한 건」[14]이라는 통첩이 북지나방면군에서도 위안소를 설치하고 있었다는 것을 역으로 증명해 주고 있다(내용은 후술).

실제로 1938년 6월 북지나방면군 참모장인 오카베 나오사부로는 화북의 각 부대에 위안소를 설치하라는 지시를 내렸는데, 이는 강간사건의 방지를 위해 "가능한 한 신속히 성적 위안설비를 갖추고 설비가 없어서 본의는 아니나 규칙을 어기는 사람이 없도록 하는 것이 긴요하다"는 취지에서였

---

11) 獨立攻城重砲兵第二大隊本部, 「狀況報告」, 『자료집성』2.
12) 山崎正男 제10군 참모의 일기(1937년 12월 18일자), 『南京戰史資料集』, 411쪽. 앞의 책, 『共同硏究 日本軍慰安婦』, 77쪽에서 재인용.
13) 보다 자세한 정황은 앞의 책, 『共同硏究 日本軍慰安婦』, 77-79쪽을 참조.
14) 陸軍省副官(1938.3.4), 「軍慰安所從業婦等募集ニ關スル件」, 『자료집성』2.

다.[15] 앞에서 언급했듯이 오카베는 만주사변기에 이미 위안소의 필요성을 인식하고 직접 설치에 관여했던 인물이다.

(2) 위안소 설치의 실례 1: 상해파견군 위안소

중일전쟁 초기부터 중지나방면군과 같은 최상급부대가 직접 위안소 설치에 나섰다. 그러면 이 중지나방면군 예하 상해파견군이 주도한 '육군위안소' 설치는 어떻게 기획되었고, 필요한 위안부는 어떻게 동원되었는가를 살펴보기로 하자.

1937년 12월 중순 이전부터[16] 약 3,000명의 위안부를 동원하기 위해 일본 본토와 조선에서 업자들이 대대적으로 활동을 벌였다. 남아 있는 사료를 통해서 그 전체상을 복원하면 아래와 같다.

먼저 상해영사관에서 영사관 관계자, 영사관 육군무관실, 그리고 헌병대가 협의하여 위안소 설치를 합의했다.[17] 각각의 업무 분장을 보면, 영사관은 영업원 제출자에 대한 가부의 결정, 위안부의 신원 및 일반적 계약 수속, 도항상의 편의 제공, 영업주 및 위안부의 신원 기타에 관해 관계 부서간의 조회 및 회답, 도착과 동시에 상해에 체재하게 하지 않는 것을 원칙으로 가부 결정하여 헌병대에 인계한다. 헌병대는 영사관에서 인계 받은 영업주 및 위안부를 취업지로 수송하는 수속과 영업자 및 위안부에 대한 '보호 취체'를 담당한다. 그리고 무관실은 취업장소 및 가옥 등을 준비하고, 일반

---

15) 「軍人軍隊の對住民行爲に關する注意の件」이라는 이름의 오카베의 이 지시는, 『자료집성』2의 「步兵第九旅團陣中日誌」와 「步兵第四一連隊陣中日誌」에 각각 실려 있다.

16) 群馬縣知事(1938.1.19), 「上海派遣軍內陸軍慰安所ニ於ケル酌婦募集ニ關スル件」, 『자료집성』1. 업자의 진술에 따르면 12월 중순부터 위안부 모집이 실행에 옮겨졌다고 되어 있어, 앞에서 나온 쵸 이사무 참모의 위안소 설치작업과 부합되는가에 대해서는 시기적으로 촉급하다는 면에서 논란의 여지가 있을 수 있겠다.

17) 和歌山縣知事(1938.2.7), 「時局利用婦女誘拐被疑事件ニ關スル件」, 『자료집성』1. 이하 별도의 언급이 없는 한 마찬가지이다.

보건 및 검미(檢黴)에 대한 건을 맡는다.

위안부를 모집하기 위해 일본본토 및 조선 방면에 이미 여행 중인 사람이 있었으며, 이 모집인[18]들에게는 상해영사관이 발급한 신분증명서에 사유를 기입하여 본인에게 휴대하게 하여, 승선 및 기타 편의를 제공하도록 요청하고 있다. 영업에 필요한 서류로서는 본인사진 2매가 첨부된 임시작부영업 허가원 1인당 1통, 승낙서, 인감증명서, 호적등본, 작부에 대한 조사서 등이다.

모집조건과 영업방식은 다음과 같다.[19] 계약기한은 2년으로 2년 후 군대와 함께 귀국하는 것으로 되어 있고, 연령은 16세에서 30세까지이며, 전차금은 500엔에서 1,000엔까지로 전차금의 2할을 공제하여 모집인의 준비금으로 충당한다. '정교금(情交金)'은 장교 5엔, 병사 2엔으로 정해져 있었다. 그리고 영업은 업자가 출장을 가서 하므로 군이 직접 하는 것은 아니었다고 한다. 먼저 '일화권(壹花券, 병사용 2엔, 장교용 5엔)'을 영업자 측에서 군에 제출하면 이를 군에서 각 병사에게 배포한다. 위안소를 이용할 때 업자들에게 각 병사가 일화권을 넘기면 이를 모아 군 경리부에서 사용요금을 받는 식으로 되어 있어, 장병들에게 직접 현금을 받는 것은 아니다. 군은 군의 위안비 같은 데서 그 비용을 지출하는 것 같다고 업자는 말하고 있다.

상해파견군 육군위안소는 모집인들의 진술에 따르면 전체 약 3,000명을 모집할 예정이었다.[20] 1938년 1월 현재 약 200~300명이 위안소에서 종사

---

18) 이 모집인들은 '재상해 육군특무기관'의 의뢰에 의해 움직이게 되었다고 진술하고 있다. 앞의 자료, 群馬縣知事(1938.1.19), 「上海派遣軍內陸軍慰安所ニ於ケル酌婦募集ニ關スル件」.

19) 앞의 자료, 群馬縣知事(1938.1.19), 「上海派遣軍內陸軍慰安所ニ於ケル酌婦募集ニ關スル件」.

20) 모집인에 따라 전체 2,500명을 모집한다는 진술도 있으나, 이는 이미 모집한 인원을 제외했기 때문으로 여겨진다. 山形縣知事(1938.1.25), 「北支派遣軍慰安酌婦募集ニ關スル件」, 『자료집성』1.

중이었는데, 이중 70명은 1938년 1월 3일 나가사키 항에서 헌병호위 하에 '육군어용선'으로 수송되었고, 동 26일에는 역시 코베(神戶) 발 군용선이 예정되어 있었다.[21] 그리고 효고(兵庫) 현에 출두한 업자의 진술에 따르면 4, 50명은 동 8일 코베 항에서 임시선 단고마루(丹後丸)로 도항했고, 200명은 육로로 나가사키에 갔다고 한다.[22]

연락 계통에 대해 정리해 보면 아래와 같다. 먼저 외무성 채널의 경우, 상해영사관 경찰서장이 직접 나가사키 현의 나가사키 수상(水上)경찰서장에게 1937년 12월 21일자로 「위안부 모집에 대한 협조공문」을 띄우고 있다.[23] 그리고 외무성 채널인지 육군성 채널인지 확실하지 않지만, 내무성에도 위안부를 모집한다는 내용이 전달되어 내무성 경보국이 관계 각 지방 장관 및 경찰서에 지시를 내리고 있다. 예를 들어 "효고 현과 관서지방에서는 현 당국도 양해하고 응원하고 있다"고 업자는 진술하고 있다.[24] 1937년 12월 26일 내무성 경무과장으로부터 협조를 구하는 전보를 받은 효고 현 경찰부장은 관할 경찰서에 일반 도항자와 마찬가지로 신분증명서를 발급하도록 지시했다.[25] 오사카(大阪)의 쿠죠(九條)경찰서의 경우에는 내무성에서 '비공식적으로' 오사카 부 경찰부장에게 의뢰가 있어서 위안부 모집에 협조를 하고 있었고, 1938년 1월 3일의 위안부 수송에는 나가사키 현 외사과와 같이 편의를 제공했다.[26] 즉 효고·오사카·나가사키 현에서는 내무성이나 현지 영사관의 연락을 받고 사태의 전모를 인지하고 있었다.

---

21) 앞의 자료, 群馬縣知事(1938.1.19), 「上海派遣軍內陸軍慰安所ニ於ケル酌婦募集ニ關スル件」
22) 內務省,「醜業婦渡支ニ關スル經緯」,『자료집성』1.
23) 앞의 자료, 和歌山縣知事(1938.2.7), 「時局利用婦女誘拐被疑事件ニ關スル件」.
24) 앞의 자료, 群馬縣知事(1938.1.19), 「上海派遣軍內陸軍慰安所ニ於ケル酌婦募集ニ關スル件」.
25) 앞의 자료, 內務省,「醜業婦渡支ニ關スル經緯」.
26) 앞의 자료, 和歌山縣知事(1938.2.7), 「時局利用婦女誘拐被疑事件ニ關スル件」.

하지만 군마(群馬), 코치(高知), 야마가타(山形), 와카야마(和歌山), 이바라키(茨城), 미야기(宮城) 등의 6개 현에는 내무성으로부터 아무런 연락이 없었다.[27] 3,000명의 위안부를 도항시키기 위해 모집업자들은 내무성의 통보와 지시가 전달되지 않은 일본열도 각지를 누비고 다니면서 위안부 모집에 혈안이 되었던 것이다. 이로 인해 상기 6개 현에서는 군의 의뢰 운운하는 모집업자들의 거동을 수상히 여겨 상기 비슷한 시기에 내무성에 진상을 보고하고 있는 것이다. 이상으로 보아 관서지역의 일부 부현에만 내무성을 통해 전달 및 협조의뢰가 있었으며, 나가사키 현에는 따로 외무성 채널이 가동되고 있었다는 것을 알 수 있다.

이상을 통해 중일전쟁 초기의 대규모 일본군'위안부' 모집의 요구가 현지 최상급부대 차원에서 결정되었고, 그 구체적 실시작업과 관련하여 중국 현지의 군 당국, 영사관, 외무성, 내무성, 각 현지사와 경찰관서 등이 밀접하게 연락을 주고받으며 협조하고 있다는 것을 확인할 수 있다. 즉 위안소 설치와 위안부 동원은 일본정부의 담당 부서와 일본군의 직접적이고 주도면밀한 계획과 관여에 의해 이루어질 수 있었던 것이다. 아울러 상해파견군 위안소의 위안부를 동원하기 위해 조선에도 업자가 파견되었다는 것을 놓쳐서는 안된다.

27) 앞서 나온 『자료집성』 제1권에 군마·와카야마 현 및 내무성 자료 외에 아래의 관련사료가 수록되어 있다. 山形縣知事(1938.1.25), 「北支派遣軍慰安酌婦募集ニ關スル件」; 高知縣知事(1938.1.25), 「支那渡航婦女募集取締ニ關スル件」; 茨城縣知事(1938.2.14), 「上海派遣軍內陸軍慰安所ニ於ケル酌婦募集ニ關スル件」; 宮城縣知事(1938.2.15), 「上海派遣軍內陸軍慰安所ニ於ケル酌婦募集ニ關スル件」.

2) 위안소 제도의 정비

(1) 위안소 설치를 둘러싼 갈등과 수습

앞에서 든 상해파견군 육군위안소의 예는 중일전쟁 초기의 위안부 모집 경로가 다양하며, 통일적인 전담 부서가 없었다는 것을 말해 준다. 초기라는 점도 물론이거니와 사안이 비밀스러운 만큼 민간 부서에 대한 체계적인 통제가 있기도 어려웠을 것이다. 그러나 업자들은 일본 본토에서만 하더라도 광범위하게 움직였고, 자연히 어떤 현에서는 잡음이 일어난 것이다.

바로 이 때문에 내무성에서는 1938년 2월 23일 「지나도항부녀의 취급에 관한 건」28)이라는 통첩을 경보국장 명의로 각 지방에 발송했다. 즉 '추업'을 목적으로 하는 도항은 현재 일본 본토에서 종사하고 있는 만 21세 이상의 화류병이 없는 부녀자에 한해 당분간 '묵인'하며, 도항을 원하는 부녀자는 반드시 본인이 스스로 경찰서에 출두하여 신분증명서를 신청하며, 동일 호적 내의 친족 혹은 호주의 승인을 얻을 것 등이 그 주요한 내용이다.

육군 쪽에서도 대응책을 마련했으니, 1938년 3월 4일 육군성 병무국 병무과에서 작성한 「군위안소 종업부 등 모집에 관한 건」29)이라는 통첩이 북지나방면군·중지나파견군 참모장에게 보내진 것이다. 이 통첩에서 "위안부 모집은 파견군에서 통제하여 인물선정을 주도적절(周到適切)하게 하고 헌병과 경찰당국과의 연계를 밀접히 하여", 위안부 모집에 있어 "군 위신의 유지상 및 사회문제상 유감없도록 배려할 것"을 지시했다. 즉 내무성 통첩의 연장선 위에서 위안부 모집을 둘러싸고 야기된 잡음에 대한 육군 중앙의 대책인 셈이다. 다시 한번 강조하거니와 북지나방면군과 중지나파견군

---

28) 内務省警保局長(1938. 2. 23), 「支那渡航婦女ノ取扱ニ關スル件」, 『자료집성』1.
"마치 군 당국의 양해가 있는 것 같은 언사를 떠벌리는 자도 최근 각지에 빈출하고 있는 상황이다"고 하고 있다.
29) 陸軍省副官(1938.3.4), 「軍慰安所從業婦等募集ニ關スル件」, 『자료집성』2.

은 중일전쟁의 발발에 의해 중국에 투입된 육군 병력의 전부를 의미한다.

　동시에 위안소 설치와 운영에 관해서도 체계화되어 갔다. 1938년 4월 16일의 남경 소재 위안소 문제를 포함한 관계기관 대책회의는 그 변화를 잘 보여 준다.30) 위안소 운영의 기본방침은 다음과 같이 정해졌다. 먼저 "육해군에 전속하는 위안소"는 육해군이 직접 경영 감독하므로 영사관은 관여하지 않으며, "장래 병참부의 지도에 의해 개설될 군 전속의 특수위안소"는 헌병대가 취체하며, 특수위안소의 경우 영사관의 사무처리의 편리를 위해 업태(業態), 영업자의 본적, 주소, 성명, 연령, 출생·사망 등의 신분상의 변동을 군이 영사관에 수시로 통보하도록 했다. 위안소를 둘러싼 현지 군과 영사관의 업무분장이 구체적으로 확립된 것으로, 같은 해 7월에 상해 총영사는 이를 다시 확인하고 있다.31) 이로써 중국 각지의 점령지에 개설되는 일본군위안소는 일본군의 관련시설 중 하나로 명확하게 정의되었다.

　중지나파견군은 1938년 8월 '무한(武漢) 공략작전'에 돌입했다. 9월에 들어가 한구(漢口) 점령이 임박해지면서 점령지로의 일본인 출입통제를 놓고, 상해에서 군관계자와 영사관 관계자가 협의하여 다음과 같은 결정을 내렸다.32) 거기에는 위안소 개설을 위해 진출하는 자는 통제대상이 아니라고 명시되어 있다. 이는 위안소 설치가 명백히 군 작전의 일부로서 사전에 입안되고 있다는 것을 증명해 주고 있다.

　무한 점령에 즈음하여 중지나파견군 산하의 제2군이 위안소 설치에 나서는 데서 그것을 확인할 수 있다. 점령 직후의 상황에서 "외출은 경비제일주의에 입각하여 당분간 인솔 외출, 위안소 출입을 위한 외출 이외에는 이

---

30) 「外務省警察史　在南京總領事館」, 『자료집성』1.
31)　在南京總領事館(1938.7.5), 「昭和13年7月5日附在上海總領事發信在南京總領事宛通報要旨」. 吉見義明編, 『從軍慰安婦資料集』, 大月書店, 1992, 181~182쪽.
32)　在上海總領事代理(1938.9.28), 「'漢口攻略後邦人進出ニ對スル應急處理要綱'送付ノ件」, 『자료집성』1.

를 인정하지 않는다"[33]고 되어 있는바, 위안소의 설립은 군의 작전상황과 일차적으로 연동되어 추진되고 있었다.

단위부대의 위안소 운용과 이용도 처음부터 군 작전의 일환으로 편입되어 있었다. 앞에서 언급한 중지나방면군 휘하의 독립공성중포병 제2대대의 경우 「상주 주둔간 내무규정」 중에 「위안소사용규정」이 들어 있다.[34] 말하자면 일과시한과 각종 근무, 명령하달, 연락, 기밀보호·방첩 등을 포함한 부대의 공식적인 규정 속에 위안소 사용에 대한 규정이 들어 있는 것이다. 위안소 이용이 군 작전의 일부였음은 부정할 수 없는 사실이다.

(2) 도항 체계와 외무성의 관련

여기서 향후 논의를 위해 중국으로의 도항에 관한 정황을 정리해 두자. 중일전쟁 발발 이전에는 중국으로 도항하기 위해 여권이 필요하지 않았다. 즉 '자유도항'이 인정되고 있었던 것이다. 그러나 중일전쟁 발발 이후 사정이 달라졌다. 그 변화는 1937년 8월 31일의 외무차관 통첩 「불량분자의 도지(渡支) 취체에 관한 건」[35]이 계기가 되었다. 이 통첩에 따라 위안부를 포함한 일반인의 경우, 거주지 관할 경찰서장이 본인의 신분, 직업, 도항 목적, 요건, 기한 등을 조사하여 신분증명서를 발급하도록 하였으며, 출발항 관할 경찰서장은 신분증명서 또는 정식여권 소지자에 한해 승선을 허용하도록 했다. 이로써 형식적으로는 '경찰서=국가'의 허가 없이는 중국으로의 도항이 불가능해졌으며, 동시에 모든 중국 도항자는 국가가 파악하고 있었으며 또한 파악하지 않으면 안되는 사안이 되었다. 도항 통제의 주체는 일본 본토는 내무성 산하의, 그리고 식민지에서는 각 총독부 산하의 경찰조직이 각각 담당하게 되었다.

---

33) 第二軍司令部(1938.12.10), 「第二軍狀況槪要」, 『자료집성』2.
34) 獨立攻城重砲兵第二大隊(1938.3.16), 「常州駐屯間內務規定」, 『자료집성』2.
35) 外務次官堀內謙介(1937.8.31), 「不良分子ノ渡支取締方ニ關スル件」, 『자료집성』1.

외무차관의 명의로 발해진 통첩에는 먼저 외무성의 입장이 투영되고 있다. 중국에 주재했던 영사관에는 경찰서의 간판을 단 영사경찰이 있어, 재류 일본인의 등록과 보호취체 등을 담당하고 있었다.36) 따라서 중일전쟁 발발 이전부터 조선인을 포함한 재류 일본인의 신원은 영사관에서 파악하고 있었고, 거기에는 당연히 직업에 관한 사항도 포함되어 있었다.37) 이로 인해 현지 영사관은 당연히 위안소의 개설을 위한 위안부의 도항과정에 개입해야 했고, 자신들의 통제력을 발휘하고자 했다. 조선의 사례이긴 하지만, 전투상황과 점령지의 확대가 이루어질 때마다 외무성은 민간인 출입통제 상황의 변화에 대해 관계부처에 빈번하게 통보를 하고 있었다.38)

도항통제는 군의 이해관계와도 연결된다. 즉 전투가 벌어지는 일선에 설치되기도 하는 위안소이기에 위안소 업자와 위안부의 확실한 신원은 무엇보다 중요한 관심사가 아닐 수 없다. 점령지 내에서의 이동도 마찬가지였다. 1939년 당시 외무성의 조사에 따르면,39) 각지에서 작전지역과 오지로의 여행은 현지 주둔군 내지 헌병대의 여행증명서를 받아야 했으며, 기타

---

36) 百瀨孝, 『事典 昭和戰前期の日本』, 吉川構文館, 1990, 161쪽. 1943년 시점에서 2,968명의 경찰관이 있었다고 한다.

37) 중일전쟁 발발 이전의 상황을 기록하고 있는 것만으로도 『자료집성』2에는 아래의 자료 3점이 실려 있다. 在上海總領事館警察署長(1935), 「昭和一〇年在上海總領事館警察事務狀況<同警察署長報告摘錄>」; 不明(1936), 「昭和一一年中ニ於ケル在留邦人ノ特種婦女ノ狀況及其ノ取締<在上海總領事館警察署沿革誌ニ依ル>」; 在上海總領事館警察署長(1936), 「昭和一一年在上海總領事館警察事務狀況<同警察署長報告摘錄>」

38) 朝鮮總督府警務局保安課, 『高等外事月報』제1호, <宮田節子編·解說, 『高等外事月報』, 不二出版, 1988년>, 64-72쪽. 1937년 8월부터 1939년 7월까지 발해진 통첩의 요약이 실려 있다.

39) 拓務次官田中武雄, 「支那ニ於ケル皇軍占領地域內旅行ニ對スル證明書發給狀況ノ件」, 한국정부기록보존소 소장(전쟁 11). 이 문서는 1939년 8월 9일자로 척무차관 다나카 다케오(田中武雄)가 조선총독부 정무총감 오노 료쿠이치로(大野綠一郎)에게 보낸 것으로, 9월 1일에 총독부 외사부장이 경무국장 및 각 도지사에게 송부했다.

지역도 현지부대나 특무기관, 헌병대 등이 발급하는 여행증명서 혹은 통행
허가증 등이 없으면 이동할 수 없게 되어 있다. 위안부의 경우에도 군의 허
가를 받지 않은 이동은 불가능했던 것이다.

어쨌든 확대되는 점령지로의 민간인의 출입에 관해 현지 군과 영사관의
협조체제는 필요로 했다. 위안소 개설을 위해 진출하는 자는 통제대상이
아니라고 명시한 1938년 9월 14일자 「한구 공략후 방인진출에 대한 응급처
리요강」40)에서 그 일단을 알 수 있다. 군 작전의 일부로서 진행되는 위안
소 설치과정에서 현지 영사관과 군이 점령지로의 일본인(조선인 포함) 출
입통제와 관련하여 일차적으로 전권을 쥐고 있었다.

하지만 실제로 이런 도항통제 시스템이 위안부 동원의 경우에 엄격하게
준수된 것은 아니었다. 앞서 나온 상해파견군 육군위안소의 경우, 1938년 1
월 8일 코베 항에서 도항한 4, 50명의 위안부 중에서 20명만이 신분증명서
를 소지하고 있었고, 나머지는 신분증명서가 없었으나 효고 현이 '묵인'했
다고 한다.41)

3) 체계화된 위안소 제도

(1) 육군 중앙과 위안소 제도

앞서 만주사변기에 이미 위안소의 필요성과 운용에 대한 노하우를 습득
했다고 얘기했지만, 중일전쟁기에는 이것이 육군의 공식적인 교육에서도
도입되고 있다. 육군의 교육총감부42)에서 1938년 5월 25일자로 발행한『전

---

40) 앞의 자료, 在上海總領事代理(1938.9.28), 「'漢口攻略後邦人進出ニ對スル應急處
　　理要綱'送付ノ件」.
41) 內務省, 「醜業婦渡支ニ關スル經緯」, 『자료집성』1.
42) 일본 육군의 지휘계통은 육군성·참모본부·교육총감부의 세 분야로 구분되며,
　　각각 군정과 인사·동원계획과 작전계획·교육 업무를 전담하도록 되어 있었다.

시복무제요(戰時服務提要)』가 그것이다. 그 중에는 "성병에 관해서는 적극적 예방법을 강구하는 것은 물론, 위안소의 위생시설을 완비함과 동시에 군 소정 이외의 매소부(賣笑婦), 토민 등과의 접촉은 엄히 근절하기를 요한다"는 구절이 있다.[43] 『전시복무제요』는 교육총감부 본부장이 초급장교 앞으로 보낸 육군의 공식적인 복무규정이다. 즉 일본 육군의 공식적인 방침으로서 위안소의 존재가 언급되고 장려되고 있었다는 점을 여기서 확인할 수 있다. 위안소의 적절한 운용능력 또한 일본 육군의 초급장교로서 꼭 갖추어야 할 덕목 중의 하나였던 것이다.

이렇게 중일전쟁기에 중국 전선에서 대대적으로 위안소를 설치하고 운영한 경험에 입각하여 육군성이 군기 진작을 위해 각급 부대에 발송한 책자에서는 이렇게 되어 있다. "중국 현지에서는 특히 환경을 정리하고 위안시설에 관해 주도면밀하게 고려하여 살벌한 감정과 정욕을 완화 억제하는 일에 유의를 요한다"고 하면서, "특히 성적 위안소에서 얻는 병사의 심리적 영향은 가장 솔직·심각하므로 이의 지도 감독의 적부는 사기의 진작, 군기의 유지, 범죄 및 성병의 예방 등에 미치는 영향이 크다"라고 쓰고 있다.[44] 중일전쟁의 과정에서 위안소는 일본군에게 불가결한 요소로 확고히 자리를 잡게 된 것이다.

중일전쟁기의 위안소 설립은 현지군의 필요에 의해 행해졌고 확대일로를 걷고 있었지만, 육군 중앙의 통제는 약간의 논란 끝에 은상과에 맡겨졌다.[45]

---

43) 敎育總監府(1938.5.25), 『戰時服務提要』, 『자료집성』2.
44) 陸軍省副官(1940. 9. 19), 『支那事變の經驗より觀たる軍紀振作對策』, 『자료집성』2. 아울러 강간 등의 범죄방지를 위해 위안시설을 강화하도록 지시하고 있다.
45) 西浦進(1947년 7월 기술), 『西浦進回想錄(越し方の山々)』, 防衛廳防衛研究所圖書館所藏, 86쪽. 西浦進, 『昭和戰爭史の證言』, 原書房, 1980, 103쪽. 앞의 책, 『共同研究 日本軍慰安婦』, 20쪽에서 재인용.

지나사변 초기 위안소가 처음으로 설치되게 되었다. 중앙의 담당과가 어디냐를 놓고 논의가 있었다. 군기 풍기라는 점에서 본다면 병무과, 위생이라는 점에서는 위생과, 휼병(恤兵)이라면 휼병부, 어디에도 속하지 않는 사항이라면 관방(官房), 이런 식으로 꽤 논의가 있었지만, 결국 휼병부 쪽에서 내지의 일은 맡게 되었다.

위안부 문제를 전담하는 부서가 최종적으로 휼병부를 담당하는 은상과로 정해졌다는 얘기이다. 이런 전담부서를 둘러싼 논란은 앞서 나온 1938년 3월 4일의 육군성 통첩이 병무과에서 기안했다는 사실에서도 그 일단을 짐작할 수 있다. 그리고 휼병부가 맡은 것은 내지, 즉 일본 본토에 관한 것이라 되어 있는데, 과연 조선에서는 어디에서 담당했는지가 현재로서는 알수 없다.

(2) 위안소 설치의 실례 2: 제21군 위안소

이로써 위안소 설치와 위안부의 모집은 일반화되고 동시에 국가기관의 체계적인 개입과 통제에 의해 입안·추진되어 간다. 1938년 11월 4일 이후의 제21군 위안소를 둘러싼 움직임이 그 좋은 예이다.

1938년 11월 4일에 후루쇼(古莊) 부대 즉 제21군의 참모 육군항공병 소좌 구몬 아리부미(久門有文)와 육군성 징모과장으로부터 위안소 설치를 위한 위안부 400명의 도항 요구가 내무성에 전달되었다.[46] 대만총독부에도 협조 요구가 전달되어 이미 300명 정도를 도항시킬 준비가 완료되어 있는 상태였다.

내무성은 소요인원 400명을 오사카, 교토, 효고, 후쿠오카, 야마구치의 5

---

46) 內務省警保局長·外事課長(1938.11.4), 「支那渡航婦女ニ關スル件伺」, 『자료집성』
　　1. 이하 별도의 언급이 없는 한 마찬가지이다.

개 부현에 할당하여, 각 지방청에 지시하여 은밀히 적당한 '인솔자(포주)'를 선정하여 부녀자를 모집하여 현지에 보내도록 하고 있다. 인원의 할당을 통해 예상되는 잡음을 회피하고자 한 것은 물론이다. 여기서 인솔자는 현지에서 위안소를 경영하도록 하고 있다.

수송경로는 일본 본토에서 대만의 기륭(基隆)까지는 인솔자의 비용으로 은밀히 연행하고 기륭에서는 '어용선'에 편승하여 현지에 보내며, 여의치 않으면 기륭-광동간의 정기선편에 태울 것을 지시하고 있다. 연락업무는 참모본부 제1부 제2과[47)]의 이마오카(今岡) 소좌, 요시다(吉田) 대위가 담당하고, 현지에서는 군사령부 미네모토(峯本) 소좌가 담당하는 것으로 되어 있다. 그리고 추가로 필요한 위안부는 후루쇼 부대 본부가 전부 통일해서 인솔허가증을 교부하도록 하고 있다. 지방청에 대한 지시를 내릴 때 전술한 1938년 2월 23일자 통첩을 고려하라는 주문도 곁들이고 있다.

상기 5개 부현에 대한 지시내용을 좀더 살펴보자.[48)] 인솔자는 '대좌부(貸座敷) 영업자' 즉 포주 중에서 신원 확실하고 위안소를 경영하기에 적당한 인물을 각 현에서 선정하고, 어디까지나 "경영자의 자발적 희망"에 의해 진행될 수 있도록 한다. 선정된 위안소 업자는 인솔자 이름, 업자의 주소 성명, 경력, 인솔예정 부녀자 수를 내무성에 통보하면, 업자에게 군의 증명서를 교부하여 부녀자를 은밀히 모집하도록 했다. 도항할 부녀자를 일본에서 창기 기타 사실상 추업을 하고 있는 자로 만 21세 이상을 대상으로 모집하여, 현지에서 '추행(醜行)'에 종사한다는 것을 설명해 두고, 주선료 등은 인솔자가 부담한다. 인솔자와 도항부녀자 간의 전차 계약은 단기간으로 하고 전차금은 소액으로 하며, 영업에 관한 일체의 사항은 현지 군 당국의 지

---

47) 참모본부 제1부 제2과가 '작전과'라는 점이 위안부 동원의 성격을 표시해 주고 있다 하겠다(日本近代史料研究會編, 『日本陸海軍の制度·組織·人事』, 東京大學出版會, 1971, 382쪽).
48) 內務省警保局長(1938.11.8), 「南支方面渡航婦女ノ取扱ニ關スル件」, 『자료집성』1.

시를 따를 것을 지시하고 있다. 일본 본토 출항시 인솔자 이름, 도항부녀자 수, 출항지명, 예정월일, 기륭 도착월일 등을 내무성에 통보하면, 이에 따라 대만에서의 선편을 수배한다고 되어 있다. 전염병 예방주사는 현지에서 군이 실시하고, 건강진단은 수시로 군의가 실시하며, 위안소의 설치 장소와 건물, 지휘감독은 군이 담당한다. 그리고 이번에는 5개 현 외의 타 부현에도 남지 방면의 부녀자 도항을 알리고 있다.

후루쇼 부대의 위안부 모집은 대규모의 것으로 육군성, 내무성, 참모본부, 대만총독부 등의 관련 중앙부서가 전체적인 지휘통제에 임하고 있는 형태이다. 그리고 11월 4일 이전에 위안소를 설치한다는 결정이 내려졌다는 점이 중요하다. 9월에 새로 편성된 제21군은 10월 12일 바이아스 만에 상륙하여 동 21일 광동을 점령했다. 즉 점령 며칠 후에, 아니 어쩌면 사전에 이미 위안소 설립에 착수하고 있었던 것이다.

마지막으로 400명이라는 규모에 대한 논의를 곁들이기로 한다. 제21군은 광동 상륙을 염두에 두고 9월 19일 새로 제5·18·104사단을 기간으로 편성되었다. 제5사단은 원래 북지나방면군 소속으로 전투를 치러왔고, 제18사단(1937년 9월 창설)은 앞서 언급한 중지나방면군의 제10군 소속이었으니, 당연히 위안소는 이미 갖추고 있었을 것이다. 그에 비해 제104사단은 제21군 창설 직전인 1938년 6월에 신편된 부대이다. 따라서 400명의 위안부는 주로 이 신편된 제104사단을 위해 만들어질 위안소에 보내질 위안부였다고 추정된다. 오해를 무릅쓰고 표현하자면 이 400명에도 분명히 조선의 여성들이 포함되어 있었을 것이다.

(3) 소규모 위안소의 경우

앞에서 살펴본 바와 같이 대규모 부대의 위안소는 일본본토의 정부 관련 부처, 식민지 기관까지 가세하여 설치되었다. 이에 비해 중소 규모의 부대는 독자적으로 지역 경비대장 및 헌병대의 감독과 승인 하에 위안소를 설치하기도 했다.[49] 다음이 그 전형적인 예이다.

한구에 주둔하던 아마야(天野)부대, 즉 제40사단은 제11군(사령관 오카무라 야스지) 예하의 부대로, 1939년 6월 30일 카가와(香川) 현 서쪽에 있는 젠츠지(善通寺) 시에서 새로 편성되었다.[50]

아마야 부대는 창설 후 곧 위안소 개설에 착수하여, 독단적으로 원래 주둔지 카가와 현의 도움을 얻어 위안부 50명을 '초치'하기에 이르렀다.[51] 앞서 얘기한 대로 위안부의 중국 도항은 허가받고자 신청하게 되었고, 따라서 그 동안의 경과가 12월 말에 카가와 현→내무성→외무성→한구 영사관의 경로를 통해 알려지면서 소동이 일게 된다. 즉 한구 영사관에서는 아마야 부대의 위안부 모집에 대해 사전에 아무런 통보를 받지 못했고, 이는 상급부대인 제11군도 마찬가지였다. 게다가 제11군은 '말썽이 많은' 일본 본토로부터의 위안부 모집은 허가제를 채택하고 있다고 할 정도로 적극적인 통제에 임하고 있었던 터였다.

소동은 현지에서 이하의 조치로 수습되었다. 군사령부도 영사관도 일이 벌어진 이상 "추인"하지 않을 수 없게 되어, 군사령부는 영사관의 감독에 따른 위안부의 취업을 의뢰하고 영사관은 이를 허가하는 쪽으로 결론이 났다. 그래서 위안부 인솔자가 한구에 도착하고 나서 영사관에 출두하도록 요청하고 있다.

신편 부대라는 점이 고려되었다고 하더라도, 위안소 설치와 관련한 상급부대의 통제는 그리 잘 작동하고 있지 않는다는 현실을 비춰준다. 말하자면 중국 전선의 확대와 병력의 증파에 따른 위안부 수요 증가에 대해 일관

---

49) 波集團司令部(1939.4), 「慰安所ノ狀況」, 『자료집성』2.
50) 사단장(天谷直次郎)의 부임일은 1939년 10월 2일이었다.
51) 이 경과는 『자료집성』1의 아래 자료에 따라 구성하였다. 外務大臣「漢口天野部隊慰安所婦女渡支ノ件」, 1939.12.22.; 在漢口總領事「漢口陸軍天野部隊慰安所婦女渡支ノ件─回答」, 1939.12.27.

적이고 체계적으로 대처한 것은 아니다. 1939년 4월 역시 제21군 예하의 위안소를 보면, "군에서 통제하는 인원 약 850명"과 "각 부대의 향토에서 부른 인원 약 150명"이 있었다고 되어 있다.[52] 후자가 바로 각 부대의 '유수(留守) 부대'[53]가 수배하여 동원한 위안부일 것이고 아마야 부대의 경우도 그러했을 것으로 보인다.

또한 현지 부대와 외무성의 협조체계도 원활히 기능하고 있지 않았다는 것을 알 수 있다. '기도 비닉'과 '군 우선'의 관념이 철저한 군의 행동방식은 당연히 외무성과 현지공관의 불만을 사고 있었을 것이다. 가령 광동 주둔 제21군 참모장(土橋勇逸)은 1939년 8월 13일 성병 예방을 위해, 총영사관에 대해 소관구역 내의 '군위안소' 외의 접객업부의 인명을 이동이 있을 때마다 군헌병대에 통보하고, 군헌병대는 군사령부 및 관계 각 부대에 보고 통보하도록 했다.[54] 위안소 설치에 관해서는 '기도 비닉'을, 성병 예방을 위해서는 '군 우선'을 내세워 영사관 측의 업무를 번잡하게 만들었던 것이다. 바로 이 점으로 인해 외무성에서는 다음 절에서 논하겠지만 도항 체계를 바꾸고자 노력하게 된다.

4) 위안소 제도의 새 국면

(1) 도항 체계의 변화

1940년 5월 7일 위안소 제도와 관련하여 특히 위안부의 도항에 관한 중요한 각의결정이 내려졌다. 「도지방인 잠정처리에 관한 건」[55]이 그것으로

---

52) 앞의 자료, 波集團司令部(1939.4), 「慰安所ノ狀況」, 『자료집성』2.

53) 사단의 경우, 만주사변 후 각 사단이 외지로 동원되고 나면, '유수 사단사령부'가 설치되어, 유수 사단장이 동원업무, 새 사단 설치, 교육 등을 담당했다. 앞의 책, 『事典 昭和戰前期の日本』, 299쪽.

54) 南支派遣軍軍醫部(39.8.13), 「昭和一四年八月第二旬衛生旬報」, 『자료집성』2.

55) 內務省警保局長(1941.8.16), 「渡支邦人暫定處理ニ關スル件」, 『자료집성』4. 이 문

이는 동 20일부터 시행되었다. 기본적인 취지는 중국 도항을 제한하는 데 있어, 일반인의 경우 경찰서장의 신분증명서 발급을 제한하여 현지 영사관 경찰서의 도지사유증명서를 제출한 자에 한해 도항을 허가하도록 했다. "도지신분증명서의 발급에 있어 단지 경찰의 취체에 그치지 말고 현지의 실정과 맞추"고자 하는 외무성의 입김이 강해진 것이다.[56]

이 각의 결정 자체는 위안부를 포함하는 위안소 관계자의 도항에 대해서는 구체적으로 언급하고 있지 않다. 하지만 외무성 쪽은 위안부의 도항에 관해서도 엄격하게 해석·적용하고자 했다. 즉 '특수부녀(예기, 작부, 여급, 군위안소 고용원, 기타)'는 원칙적으로 증명서를 발급하지 않지만, 5월 20일자의 인원수를 기준으로 결원보충을 위해 초치가 필요한 경우에 한해 폐업계, 퇴거계와 대조하여 발급하도록 했던 것이다.[57]

관련 타 부서와의 업무 조율도 이러한 방침을 확인하는 선에서 이루어졌다.[58] 영사관이 없는 지역에서 특수부녀의 초치 방법을 묻는 내무성의 질의에 대해, 외무성은 해당 부대의 증명서에 따라 가장 가까운 영사관에서 증명서를 받도록 했으며, 조선총독부와의 연락을 담당하는 척무성에게는

서는 동 20일부로 오사카 부 외사과가 접수한 것으로 되어 있다. 그리고 『자료집성』1에 있는 문서<외무성(1940.5.7), 「邦人渡支一時的制限ニ關スル外務省發表」>는 외무성의 발표문으로 전문은 『자료집성』4에 수록되어 있다.

56) 직접적으로는 1937년 8월 31일의 외무차관 통첩이래 중국 도항자가 1939년 말 현재 연인원 59만 명에 달했다는 점과, 엔의 중국 유출(1년에 약 1억엔)로 인해 엔의 가치 유지가 곤란하게 되어 도항을 제한하게 된 것이다.

57) 警務部第三課(1940), 「渡支邦人暫定處理取扱方針中領事館警察署ノ證明書發給範圍ニ關スル件」, 『자료집성』1. 이 문서를 와다 하루키 씨는 내무성의 작성이라고 보고 있으나, 내용으로 보아 내무성은 아니고 중국 주재 영사관의 작성으로 짐작된다. 和田春樹, 「政府發表文書にみる「慰安所」と「慰安婦」—政府調査'從軍慰安婦'關係資料集成を讀む」, 『「慰安婦」問題調査報告·1999』, 1999, 14쪽.

58) 「'渡支邦人暫定處理ノ件'打合事項」(1940), 『자료집성』1. 이 문서를 와다 하루키 씨는 1940년 말 무렵 작성되었다고 쓰고 있으나, 내용으로 보아 각의결정 이전에 작성된 것으로 보인다. 앞의 논문, 和田春樹, 「政府發表文書にみる'慰安所'と'慰安婦'—政府調査'從軍慰安婦'關係資料集成を讀む」, 14쪽.

조선에서 중국으로 도항하는 자의 승선 또는 국경 통과시에 증명서의 검사를 철저히 할 것을 요망하고 있다. 특히 아래의 하야시(林) 부대의 경우에서 보겠지만, 헌병대의 증명서에 의해 '특수부녀'가 도항하는 사태에 대해 육군성 쪽에 시정을 재촉하고 있다.

1940년 5월 7일 각의결정에 의한 중국 도항 제한은 이후 몇 번의 개정을 거쳤으나,[59] 1941년 8월의 시점에서도 외무성의 위안부 도항 통제는 원칙적으로 지켜지고 있었다.[60] 즉 내무성에서는 일본 본토 및 식민지에 부녀(예기, 작부, 여급 등) 고용을 위해 일시 귀국한 재중 '접객영업자'가 재중 영사관 경찰서장이 발급하고 고용 인원수가 명기된 '도지사유증명서'를 소지한 경우, 그 인원수에 상당하는 피고용 부녀에게 '도지신분증명서'를 발급하도록 지시하고 있다. 게다가 경찰서장은 접객영업자의 도지사유증명서에 도항을 허용한 부녀의 인원수를 기재하도록 하고 있다.[61]

위안소와 위안부의 증가가 군의 독자적인 움직임 하에 이루어지는 데 대해 외무성은 부정적인 생각을 갖고 있었고, 이에 따라 위안부의 중국 도항을 완전히 영사관의 통제 하에 두고자 했다. 하지만 이미 위안 업무가 군 작전의 한 요소도 위치하고, 위안소를 필수적인 기관으로 거느리게 된 일본군의 체계는 결국 외무성의 방침을 바꾸게 했고, 급기야 다음 장에서 논하는 바와 같이 외무성의 배제로 이어진다.

---

59) 앞의 자료, 內務省警保局長(1941.8.16), 「渡支邦人暫定處理ニ關スル件」. 같은 문서명의 통첩이 1940년 6월 1일, 9월 16일 각각 발해졌다. 이하 별도의 언급이 없는 한 마찬가지이다.

60) 앞의 자료, 內務省警保局長, 「渡支邦人暫定處理ニ關スル件」. 이하 별도의 언급이 없는 한 같다.

61) 이상의 처리방침이 1940년 5월의 각의결정 이래 시행된 것인지, 아니면 그 이후의 관련 규정의 개정으로 새로 도입된 것인지는 명확하지 않다.

(2) 도항통제의 실상: 군의 독자적 추진

1938년을 지나면서 일련의 조치를 계기로 위안소 설립을 둘러싼 관련 부
처간의 역할조정이 어느 정도 자리를 잡아갔다. 하지만 이것은 위안부를
대규모로 징집하는 경우에 한정되었던 것으로 보인다. 앞서 서술했듯이 아
마야 부대의 위안소 개설과정에서 드러난 군의 독주는 그렇게 희소한 사건
은 아니었다. 중국 도항과 관련한 각의 결정은 그렇게 내려진 것이었다.

그러나 이 각의결정 또한 실제 현지에서는 그리 엄격하게 지켜지지 않았
다. 1940년 6월에서 9월에 걸쳐 남지나방면군 시오타(鹽田)병단 하야시(林)
부대, 즉 대만혼성여단 보병 제1연대의 위안부 증원을 둘러싸고 일어난 사
건들이 그 정황을 말해 준다.

먼저 사건 발생의 경위를 보면,[62] 광동성 흠현(欽縣)에서 하야시 부대의
전속인 봉래(蓬萊)위안소를 운영하던 업자는 하야시 부대를 따라 광서성
남녕(南寧) 부근에서 영업을 계속하고 있었다.[63] 그러다가 "작부 연행의 목
적"으로 하야시 부대의 증명서와 헌병대의 도항증명서, 초치증명서만 휴대
하고 대만으로 향하게 된다. 앞서 언급했듯이 각의결정을 거친 도항규칙에
따르면, 육해군의 증명서에 따라 가까운 영사관경찰서에서 도지사유증명
서를 발급 받아야 하므로, 광동 총영사관 발급의 도지사유증명서의 제출이
필요하지만 이를 생략한 것이다. 앞에서 외무성이 시정을 요구했던 바로
그 형태이다.

업자의 신청을 받은 고웅(高雄) 주지사는 대만총독부에 문의를 한다. 고
웅 주지사의 견해를 빌리자면, 봉래 위안소의 경우 위치가 영사관 경찰서

---

62) 高雄州知事(1940.8.23), 「渡支事由證明書等ノ取寄不能ト認メラルル對岸地域ヘノ
　　渡航者ノ取扱ニ關スル件」, 『자료집성』1. 이하 별다른 언급이 없는 한 마찬가지
　　이다.
63) 대만혼성여단은 제5사단과 함께 남녕 공략작전에 참가하여 1939년 11월 25일
　　상륙, 동 24일에는 남녕을 점령했다. 그리고 남지방면군은 제21군을 주축으로
　　1940년 2월 신편되었고, 사령관은 안도 리키치가 계속 맡았다.

와는 멀리 떨어져 있는 데다 영사관도 조사가 불가능한 지역이므로 단시간에 도지사유증명서의 취득이 불가능하다는 것이다. 따라서 도지사유증명서의 발급은 "단순히 형식적인 것이라 인정"되므로, "본건과 같은 특수 영업에 취업하고 있는 경우에 있어서는 소속 부대장 또는 관할 헌병대장이 발급하는 증명서에 의하여 도항시키는 것이 가장 실제적인 처리라고 사료된다"는 견해를 밝히고 있다.

이에 대만총독부는 외무성에 도항허가 여부를 타진하는 바, "이번 위안소 종업원의 도항은 시급을 요하므로 특별히 본건에 한해서 허가해 주도록 요청"하고 있다.[64] 외무성의 결정이 내린 것은 물론이며, 대만총독부는 "하아시 부대가 발급한 증명서로 출원하게 하여 신원·목적 등을 조사하여 확실하다면 소정의 증명서를 발급해도 좋다"고 고웅 주지사에게 통보했다.[65]

한편 이미 대만총독부는 동년 6월 1일자로 외무성에 영사관 관할 구역이 정해지지 않은 전선의 군위안소 종사자는 도지사유증명서의 취득이 불가능하므로 육해군 측의 증명서에 의해 신분증명서를 발급해도 좋으냐는 질의를 한 바 있다.[66] 외무성의 회답 내용을 알려주는 자료는 없지만, 추측컨대 외무성은 각의결정의 원칙을 언급했을 것이고, 이를 동 8일자로 대만총독부는 고웅 주에 회신한 것으로 보인다.[67]

요컨대 대만총독부는 도지사유증명서의 취득을 강제화한 외무성의 통제방침이 불합리하다고 여기고 있었던 것임에 틀림없다. 비록 각의결정을 거

---

64) 臺灣總督府外事部長(1940.9.2), 「渡支事由證明書等ノ取寄不能ト認メラルル對岸地域ヘノ渡航者ノ取扱ニ關スル件」, 『자료집성』1.

65) 臺灣總督府外事部長(1940.9.2), 「渡支事由證明書等ノ取寄不能ト認メラルル對岸地域ヘノ渡航者ノ取扱ニ關スル件—回答」, 『자료집성』1.

66) 臺灣總督府外事部長(1940.6.1), 「軍慰安所從事者ニ對スル身分證明書發給ノ件」, 『자료집성』1.

67) 앞의 자료, 臺灣總督府外事部長(1940.9.2), 「渡支事由證明書等ノ取寄不能ト認メラルル對岸地域ヘノ渡航者ノ取扱ニ關スル件—回答」. 아마 대만의 어떤 지방에서 조회가 올라와서 총독부가 외무성에 질의한 것 같다.

쳐 도지사유증명서의 취득이 규정되었지만, 적어도 위안부의 도항과 관련해서는 철저하게 지켜지지 않았고, 대신에 현지 부대의 방침과 행동이 실효적으로 인정되고 있었다는 사실을 확인할 수 있다.

3. 태평양전쟁기의 위안소·위안부

1) 위안소 제도의 확대와 변화

(1) 태평양전쟁 개전과 위안소 설립

태평양전쟁의 발발과 전쟁터의 확대는 당연히 위안소와 위안부의 증가를 필요로 했다. 이에 대해 일본군은 새로운 점령지에 위안소를 설치하기 위해 사전에 충분히 대비책을 강구해 두고자 했다.

육군성 의사과에 근무했던 킨바라 세츠조(金原節三)의 일지에 의하면, 개전을 상정하여 인도네시아를 비밀리에 탐방한 후카다 마스오(深田益男) 군의 소좌는, 귀국후인 1941년 7월 26일 일본군의 강간과 성병을 방지하기 위해 위안소를 설치하고, 촌장에게 할당하여 위안부를 징집하도록 육군성에 제언했다고 한다.[68] 중일전쟁에서의 경험을 충분히 고려한 데서 비롯된 사전작업이었으며, 이 점에서 보아도 태평양전쟁은 '치밀하게 준비'된 침략전쟁이었다.

말레이 반도에서는 개전 직후인 1942년 1월 2일 제25군의 병참 장교 등이 방콕에 출장 가서 태국인 매춘부를 모아 태국령 하자이와 싱고라에 위안소를 설치했다.[69] 또 말라야 북부 애로스타에 들어간 병참지부는 조선인,

---

68) 金原節三(1941.7.26), 「陸軍省業務日誌摘錄」, 防衛廳防衛硏究所圖書館 所藏. 앞의 책, 『共同硏究 日本軍慰安婦』, 22쪽에서 재인용.

69) 林博史의 논문, 「マレー半島の日本軍慰安婦」, 『世界』, 1993년 3월호와, 「マレー

중국인, 말레이인, 인도인을 모아 위안소를 설치했는데, 조선인 위안부는 일본군 수송선으로 데려왔다고 한다.[70] 제25군이 말레이 반도를 수중에 넣은 것은 1942년 2월 15일이었으니, 전투 중임에도 불구하고 '군 작전'의 일환으로 병참에서 위안소 설치를 감행한 것이다.

필리핀의 경우도 그러하다. 파나이 섬에 일본군이 상륙한 것은 1942년 4월 16일인데, 5월 12일 파나이 섬 일로일로 제1위안소 위안부의 검사 보고가 남아 있다.[71] 상륙 직후인데도 벌써 위안소를 가동하고 있었던 것이다.

(2) 전쟁의 양상과 위안부 도항

태평양전쟁의 양상은 중국 전선과는 다른 문제를 야기했다. 그것은 위안부의 수송문제이다. 가령 군용선, 민간 정기편 외에 철도까지 이용할 수 있었던 중국과는 달리, 남방으로의 도항은 선박에 의존할 수밖에 없었고, 그 운용에 대해서는 육해군이 전권을 쥐고 있었다. 이로 인해 위안부 신규수요의 증대와 더불어 원활한 수송을 위해서는 창구의 일원화가 시급히 강구되어야 할 사안이 되었고, 육군의 경우에도 중앙에서 직접적이고 전체적으로 위안소 정책을 관장하기에 이른 것이다.[72]

육군의 경우 위안소 관련업무를 전담하는 부서로서 1942년 4월부터 인사국 은상과가 선정되었다. 즉 같은 해 3월 30일자로 칙령 제300호를 개정

半島における日本軍慰安婦について」, 『關東學院大學經濟學部一般敎育論集 自然·人間·社會』 제15호(1993.7)을 참조.

70) 竹森一男, 『兵士の現代史』, 時事通信社, 1973, 148-150쪽. 앞의 책, 『共同研究 日本軍慰安婦』, 101쪽에서 재인용.

71) イロイロ患者療養所(1942.5.12-12.27), 「檢黴成績の件通報」, 『자료집성』3. 이 보고서는 처음에는 헌병대 앞으로, 그리고 6월 이후는 병참지부 의무실로 보내졌다.

72) 앞의 책, 『慰安婦と戰場の性』, 104쪽. 중국으로의 도항도 물론 중앙에서 통제하고 있었다. 4장에 나오는 조선인 위안소 업자 박경도의 경우, 배로 오던 그가 사망한 사실을 최종적으로 확인해 준 것은 히로시마(廣島)의 우지나(宇品)에 있던 아카츠키(曉) 부대, 즉 선박사령부였다.

하여 '기타 후생'의 업무에 위안소 관계가 추가되었다는 것이다.73) 앞의 킨바라 일지에 의하면, 1942년 3월 26일 회보에는 쿠라모토 케이지로(倉本敬次郎) 은상과장이 국민들의 국방헌금으로 "하사관 이하에 대한 영구적 위안시설을 설치하고 싶다"고 발언하고 있으며, 반년 후인 9월 3일에는 "장교 이하의 위안시설을 다음과 같이 만들었다. 북지 100, 중지 140, 남지 40, 남방 100, 남해 10, 사할린 10, 계 400개소"라는 기술이 있다.74)

각 단위부대의 위안소 설치에 대해서도 상급부대는 철저히 관여하고 있었다. 치치시마(父島) 요새사령부와 상급부대인 동부군과의 사이에 오고간 전문을 보면,75) 1942년 4월과 5월에 걸쳐 출발 예정일의 조회부터 인원수, 수송편, 향후 조치 등에 대한 자세한 연락이 다섯 차례에 걸쳐 이루어지고 있다.

이렇게 위안소 관련업무를 군이 전면에 나서서 장악하게 됨에 따라, 중국 점령지에서 위안소 관리에 각지의 영사관이 관여하도록 했던 외무성 방침에도 변화가 보이고 있다. 1942년 1월 점령지에서 군의 요구에 따라 위안소 개설을 위해 도항하는 자(종업자 포함)의 처리방법에 대한 대만총독부의 질의76)에 대해, 외무성은 회신을 통해 "이런 도항자에게(여권을 발급하는 것은 바람직하지 않으니)는 군의 증명서에 의해 (군용선으로) 도항시킬 것"을 지시하고 있다.77) 괄호 안의 문구는 전문의 초안에는 있으나 삭제 표

---

73) 당시 은상과에 근무했던 이노우에 마사노리(井上正規)의 회고담. 앞의 책, 『慰安婦と戰場の性』, 104쪽에서 재인용.

74) 앞의 책, 『慰安婦と戰場の性』, 105쪽에서 재인용. 그리고 하타는 1943년 10월부터 근무한 킨바라의 후임자의 비망록에는 위안소 관계기사가 전혀 나오지 않는 것으로 보아, 전황의 악화도 있어 수송사무를 제외하고는 위안소 운용을 일선부대에 위임했다고 추정하고 있다.

75) 이하의 내용은 「父島要塞司令部參謀部陣中日誌」(1942.4.11/14/16, 5.9/12), 『자료집성』4.

76) 臺灣總督府外事部長(1942.1.10), 「南洋方面占領地ニ於ケル慰安所開設ニ關スル件」, 『자료집성』2.

시가 가해져 있는 것으로 보아, 외무성의 심사를 대변하고 있음에 틀림없다.[78]

인도네시아 보루네오의 위안소 개설과 관련한 움직임이 위의 변화를 잘 말해준다. 1942년 3월 12일 대만군 사령관은 육군대신에게 대만군 헌병대가 선정한 보루네오 행 위안소 경영자 3명(1명은 조선인)의 도항인가를 신청하고 있다.[79] 이는 남방총군의 '위안토인(慰安土人, 대만 원주민)' 50명 파견요청에 대한 조치였다. 이에 따라 동 16일 육군성 부관이 대만군 참모장에게 도항을 인가하고 있다.[80] 그 3개월 후인 6월 13일에는 대만군 참모장이 육군성 부관에게 위안부 20명의 증파를 허가해 달라는 내용의 전문을 보내고 있다.[81] 이를 위해 현지 남방총군은 인솔자(앞의 경영자 중 1명)에게 '초치인가증'을 발급하여 휴대하게 했다. 이상에서 알 수 있듯이 위안소의 설치와 위안부를 포함한 관계자의 남방 도항은 전적으로 육군성에서 직접 관할하고 있었다.

이를 증명해 주는 것이 1942년 4월 23일자 육군성 부관 통첩 「육군관계자 남방점령지(홍콩 포함) 진출 수속에 관한 건」[82]이다. 이에 따르면 위안부는 "육군성에서 선정한 자"에 해당하며, 신분증명서는 "육군성(남방정무부관장)이 발행한다"고 규정되어 있다. 육군성의 공식적인 방침에 따른다

---

77) 外務大臣(1942.1.14), 「南方方面占領地ニ對シ慰安婦渡航方ノ件」, 『자료집성』2.

78) 이 즈음에서 외무성이 위안부의 도항에는 개입하지 않게 된다는 것은 확실한 듯 하다. 하지만 내무성도 신분증명서를 발급하지 않음으로서 위안부 모집과 도항에 관여하지 않게 되었는가에 대해서는 논란의 여지가 있을 수 있다. 와다 하루키 씨는 이 점에 대해 외무성과 마찬가지로 내무성과 경찰도 관여하지 않게 되었다는 결론을 내리고 있다(앞의 논문, 「政府發表文書にみる「慰安所」と「慰安婦」―政府調査「從軍慰安婦」關係資料集成を讀む」, 15쪽).

79) 臺灣軍司令官(1942.3.12), 「南方派遣渡航者ニ關スル件」, 『자료집성』2.

80) 陸軍省副官(1942.3.16), 「南方派遣渡航者ニ關スル件」, 『자료집성』2.

81) 臺灣軍參謀長(1942.6.13), 「南方派遣渡航者ニ關スル件」, 『자료집성』2.

82) 앞의 책, 『從軍慰安婦』, 81-82쪽.

면 군의 신분증명서 없이는 위안부의 도항은 불가능했던 것이다. 당연히 육군성에서는 1942년 11월의 경우 "위안부는 이미 남방지역에서는 포화 상황"이라는 사실을 파악하고 있었다.[83]

위안부 도항 통제를 놓고 외무성을 대신하여 주도권을 잡은 육군성이었지만, 1942년 11월 1일 대동아성이 설치됨으로써 상황이 조금 달라지기 시작했다. 대동아성은 '외교 일원화'를 주장하는 외무성의 반대를 누르고, '대동아공영권' 내에 주재하는 외교관 및 영사관을 산하에 거느리게 되었다.[84]

새로 출범한 대동아성의 업무로 보아 현지부대에서 위안부 도항에 관한 질의가 있을 리 없다. 1942년 11월 12일 광동에 있던 제23군 참모장이 육군성에 남방으로의 '위안부의 정식도항' 방법을 질의했다.[85] 이에 대해 육군성은 앞의 4월 23일자 통첩의 내용대로 실시할 것을 지시하고 있다.[86]

해가 바뀌어도 이 문제는 해결되지 않아, 위안소 관계자의 체류 관리를 둘러싸고 남방군과 대동아성의 현지기관 사이에 직접적인 불협화음이 일게 되었다.[87] 남방군은 군인·군속을 제외한 '위안소원'을 비롯한 '군종속자'의 체류 관리(여권이나 국적증명서의 발급)를 1942년 12월 말일로 대동아성에 이관한다는 방침을 사이공 지부에 일방적으로 통보했다. 즉 위안소 관계자는 현지에서 군종속자의 신분에서 해제되고 난 후에 체류에 필요한 여권이나 국적증명서의 발급을 대동아성에 신청하도록 한 것이다. 그래서 사이공 지부는 대동아성에 육군성과 협의해서 결정해 달라는 전문을 보낸다.

대동아성의 방침은 확실하지 않으나, 불령인도지나 대사부는 위에서 애

---

83) 陸軍次官(1942.11.18),「渡航手續ニ關スル件」,『자료집성』2.

84) 대동아성에 대한 개관은 앞의 책,『戰前期日本官僚制の制度·組織·人事』, 710-711쪽을 참조.

85) 波集團參謀長(1942.11.12),「渡航手續ニ關スル件」,『자료집성』2.

86) 陸軍次官(1942.11.18),「渡航手續ニ關スル件」,『자료집성』2.

87) 이하의 내용은 언급이 없는 한, 在西貢支部長代理(1943.2.8),「佛印ヨリ內地、滿州國、支那、「タイ」向旅行許可ニ關スル件」,『자료집성』1.

기한 육군의 조치에 대해 강한 거부의 태도를 나타내고 있다.[88] "군종속자의 현지 해제 후의 신분 변경에 대해서는 종래 확실한 원칙 없는바, 실정을 보건대 편의상" 여권이나 국적증명서를 발급해 줬으나, "불량한 분자의 도항을 인정하는 것과 동일한 결과가 되므로" 이를 거부할 필요가 있으니, 육해군 측과 협의해서 근본적인 방침을 정해달라고 상신하고 있다. 말하자면 위안소와 관련한 뒤처리를 떠맡지 않겠다는 현지 기관의 분위기를 엿볼 수 있다. 그 결과는 알 수 없으나, 아마 군의 의향이 관철되었을 것으로 보인다.

(3) 군정과 위안소 제도

동남아의 전황을 보면, 1942년 5월 경 거의 작전이 종료되었다. 이에 따라 점령지에서는 현지 군 당국의 주도 아래 군정이 실시되었다. 육군은 홍콩·필리핀·말레이시아·수마트라·영국령 보르네오·버마를, 해군은 네덜란드령 보르네오·셀레베즈·몰르카 제도·뉴기니아·비스마르크 제도·괌 등을 주된 담당구역으로 하여, 담당부서로서 육군은 각 군에는 군정감부를, 해군은 민정부를 각각 설치했다.[89] 육군의 남방 지역을 총괄하는 남방군에는 군정총감부가 두어졌다.

이에 따라 동남아 현지에서의 위안소 관리는 군정기관에서 담당하게 된다. 앞에서 간략히 언급한 바와 같이 동남아의 일본군은 원래 병참이 주체가 되어 각지에 위안소를 만들어 나갔다. 제25군의 경우, 요리점·식당·여관·어용상인 등의 영업허가와 감독이 시장과 주(州)장관에게 위임되었는데, 이때 위안소에 관한 업무도 군정기관에 이관된 것으로 보인다.[90] 필리핀

---

88) 事務總長(1943.3.10), 「軍從屬者ニ對スル旅行許可ノ件」, 『자료집성』1. 발신자는 쿠리야마(栗山) 사무총장으로 되어 있고, 문맥으로 판단하건대 불령인도지나 대사부의 사무총장으로 추측된다.
89) 앞의 책, 『事典 昭和戰前期の日本』, 287쪽.
90) 富集團司令部(1942년 8월 말), 「戰時月報(軍政關係)」. 앞의 책, 『共同研究 日本軍慰安婦』, 119쪽에서 재인용.

파나이 섬 일로일로의 위안소에서도, 1942년 11월 22일 "위안소의 감독 지도는 군정감부가 관장한다"는 내용을 군정감부 비사야 지부 일로일로 출장소가 일로일로 헌병대에 보냈다.[91]

그럼에도 불구하고 현지 주둔 군부대는 필요에 따라 독자적으로 위안소를 설치 또는 해제할 수 있었다. 필리핀 주둔 제14군사령부는 1942년 11월 17일 병참지 경비대장에게 군사령관의 인가를 얻어 위안소를 지정하거나 해제할 수 있다고 통보하고 있다.[92] 특히 위안소 요금에 관해서는 군사령관의 인가 사항으로 규정하고 있다.

말레이(馬來) 군정감부의 「위안시설 및 여관 영업 취체규정」[93]에 따르면, 영업의 허가·금지·정지, 양도 및 영업소 이전의 허가, '가업부(稼業婦)'의 취업과 취업장소 변경의 허가, 영업자 및 가업부의 폐업의 허가는 지방장관이 처리한다고 되어 있다. 그리고 지방장관이 경영자 및 종업원을 초치할 필요가 있다고 인정한 때에는 관계자의 '초치증명원'에 사유를 부쳐 군정감에게 보고하고, 군정감은 의견을 적어 이를 군에 신청한다고 되어 있다. 물론 별도로 군의 요구가 있을 때는 즉시 이에 따른다고 되어 있다.

이에 비해 군정기관이 설치되지 않은 지역, 가령 버마 등에서는 해당 부대가 직접 담당했다고 보여진다. 그럴 경우는 역시 병참과 헌병대가 통제의 주축이었다. 버마의 만다레에 주둔했던 제5야전수송사령부의 주둔지 업무규정에는 일과 시한, 위안소의 설치 및 그 사용일 할당 등은 필요시 사령관이 정한다고 되어 있다.[94]

---

91) 軍政監部ビサヤ支部イロイロ出張所(1942.11.22), 「慰安所規定送付ノ件」, 『자료집성』3.

92) 第十四軍司令官(1942.11.17), 「兵站勤務ニ關スル規定ノ件達」, 『자료집성』3.

93) 馬來軍政監部(1943.11.11), 「軍政規定集 第三號」, 『자료집성』3.

94) 第5野戰輸送司令部(1943.10.3), 「第5野戰輸送司令部駐屯地業務規定」, 『자료집성』4. 덧붙여 「駐屯地慰安所規定」(1943.5.26)도 실려 있다.

2) 태평양전쟁기의 위안부 동원과 위안소 운용

두 경우를 소개한다. 먼저 위안소 업자 기타무라의 경우이다.[95] 1942년 5월 초순 일본의 '주선업자(agents)'들이 동남아시아의 점령지에서의 '위안서비스'에 종사할 조선인 여성을 모집하기 위해 조선에 도착했다. 이 주선업자들은 많은 금전적 이득과 싱가포르에서의 새로운 생활 등을 미끼로 조선여성들을 모집했고, 모집된 여성들은 수백 엔의 전도금을 받았다. 대부분이 매춘 미경험자인 그녀들은 금액에 따라 6개월 내지 1년을 근무한다는 계약서에 서명했다.

서울에서 거주하던 기타무라 부부의 경우는, 조선군 사령부의 '제안(suggestion)'을 받아 응모해서 허가를 받았고, 같은 제안은 조선의 몇몇 사업가에게도 통보되었다. 기타무라는 22명의 조선여성을 300엔에서 1,000엔의 전도금으로 매수했고, 여성들의 나이는 모집 당시 17세에서 29세였다. 조선군 사령부는 기타무라에게 모든 일본군 부대가 수송, 식량 지급, 의료 등의 필요한 원조를 제공하도록 하는 서한을 주었다.

1942년 7월 10일, 기타무라 부부와 조선인 22명은, 다른 703명의 조선 여성과 90명 정도의 일본인 포주와 함께 부산을 출항했다. 중간에 대만에 들러 싱가포르로 향하는 22명의 여성을 태웠고, 싱가포르에서 다른 배로 갈아타고 8월 20일 랭군에 도착했다.[96]

랭군에서 일행은 각각 20, 30명의 그룹으로 나눠진 다음, 버마 각지로 분산배치 되었다. 각각의 그룹은 연대, 부대 또는 부대군에 소속되어 독립된

---

95) 「心理戰作戰班日本人捕虜尋問報告(Japanese Prisoner of War Information Report) 49
號」(1944.10.1), 『자료집성』5; 「調査報告書(Research Report) No. 120(1)」(1945.11.15),
『자료집성』5.
96) 1942년이라는 시기와, 부산→대만→싱가포르→랭군으로 이어지는 항로는 이용
녀 할머니의 경험과 매우 흡사하다(한국정신대문제대책협의회·정신대연구회
엮음, 『강제로 끌려간 조선인 군위안부들 1』, 한울, 1993, 218-219쪽).

위안소를 구성했다. 기타무라 부부는 보병 제114연대에 배속되어, 부대를 따라 타운지, 메이치크라, 메이묘에서 몇 달을 보내고 난 뒤, 1943년 1월경 미치나에 도착했다(이후 계속 체재). 미치나에는 이미 킨스이 위안소(조선인 20명), 모모야(중국인 21명) 위안소가 있었고, 기타무라의 위안소는 쿄에이라 불리웠다. 전선 지역에는 일본인 위안소가 없었다.

다음은 문옥주 할머니의 경우이다.[97] 1942년 7월 초, 만주 동안성에서 같이 위안부 생활을 했던 사람에게서 일본군 식당에 '군속'으로 취직하러 가자는 권유를 받고 부산으로 갔다. 부두에는 150 내지 200명 정도가 있었으며, 7월 10일 배를 탔다. 도중에 대만, 사이공, 싱가포르를 거쳐 최종 목적지 랭군에 도착했다. 항해는 2개월 정도 걸렸다.

부두에는 트럭이 대기하고 있었고, 장교들은 '추첨'에 의해 행선지를 결정했다.[98] 인솔자와 대구에서 간 17명은 만다레로 배정되었다. 위안소는 다테(楯) 8400 부대, 즉 제55사단 사단사령부 소속이었다.

이렇게 태평양전쟁기에 들어와 조선·대만에서 위안부를 조달할 경우, 조선군과 대만군이 주도적으로 나서서 업자를 선정하고 모집시키며 필요한 편의를 제공하여 군용선으로 도항시켰다. 따라서 보충인원의 조달이나 중국에서 위안소를 거느리던 부대가 이전 배치되는 경우를 제외하면, 수송의 문제도 관련되어 초기의 경우 대개 그 규모는 수 백 명에 달했다. 주둔 최상급 부대가 체계적으로 통제에 나섰다는 사실은 또 있다. 1942년 7월 상해

---

97) 森川萬智子 解說, 『文玉珠 ビルマ戰線 楯師團の「慰安婦」だった私』, (有)梨の木舍, 1996.
98) 제56사단 한 참모(田中篤)는, "먼저 업자가 위안부를 데리고 참모부에 옵니다. 어디서 영업하면 좋은가의 지시를 받으려는 것입니다. 그러면 참모부에서는, 가령 만다레에는 아직 위안소가 하나밖에 없다. 앞으로 두 곳이 필요하니, 당신은 만다레에 가서 56연대를 맡아라는 식으로, 배속하는 것입니다. 병사의 수에 맞도록 조정해야 하는 거죠"라고 회상하고 있다. 西野留美子, 『從軍慰安婦と一五年戰爭』, 明石書店, 1993, 107쪽.

에서 1,300명(8할 조선인)을 태워 8월에 싱가포르에서 각지로 할당된 위안소 업자의 증언에 의하면, "남방파견군 총사령부의 요청에 의해 지나파견군 총사령부가 이를 알선했다"고 한다.99)

4. 조선에서의 위안부 동원

조선에서의 위안부 동원에 관련해서는 연구성과와 자료 모두 미흡한 상태이다. 무엇보다 관련 자료는 양과 질에서 절대적으로 부족하다. 패망 직전의 식민지 당국에 의한 조직적인 자료 폐기는 진상 규명에 결정적인 장애가 되었고, 남아 있는 자료는 앞에서 확인했듯이 위안소에 배치되기 전후의 상황을 증언하고 있을 따름이다. 이러한 자료적 한계는 연구성과의 진척에 어려움을 겪게 하고 있으며, 연구성과의 저조함은 동시에 연구의 활성화와 새로운 자료의 발굴에 걸림돌이 되는 악순환이 반복된다.

이하에서는 이런 상황을 참작하여 현재 이용 가능한 자료를 통해 대략적이나마 조선에서의 위안부 동원체계를 재구성해보고, 그 결과 향후 위안부 동원의 전체상 규명을 위해 돌파구가 될 만한 착안점을 제시해 보고자 한다. 이를 위해 현재까지 채록된 위안부의 증언을 참고로 삼았다.

1) 조선에서의 위안부 동원

(1) 도항과 관련한 조선총독부의 동향

제2절에서 살펴본 중국으로의 도항과 관련된 기본방침은 조선에도 그대로 적용되었다. 조선총독부는 1937년 9월 3일(8월 31일자 외무차관의 통첩

---

99) 앞의 책, 『從軍慰安婦と一五年戰爭』, 82쪽.

과 동일)과 17일에 경무국 보안과에서 통첩「불량분자의 도지 취체에 관한
건」[100]을 각 도지사에게 발했다.

조선총독부의 도항통제 실상은 화북지방에 파견된 사무관이 위안부의
도항상황을 조사하여 보낸 보고서를 통해 엿볼 수 있다.[101] 1937년 12월 초
순부터 제남 방면의 여행을 금지시켰던 일본군은 다음해 1월 14일부터 2월
말까지 일반 여객의 허가를 허가했다. 이는 특무기관의 엄중한 신원 심사
를 통과한 사람에 한해 천진(天津) 영사관에 주재하던 제남 영사관의 파견
원이 허가증을 발급하는 방식으로, 앞서의 외무차관 통첩보다 훨씬 강화된
내용이다. 허가증 발급자의 구성은 일본인 731명(여자 173명), 조선인 176명
(여자 115명)으로, 일본인 여자 중 예기·여급은 76명이고, 조선인 여자 중
작부·여급은 101명이며, 101명 중 "9할은 작부"로 "직업별로 볼 때 특수부
인이 다수를 점하고 있다"고 되어 있다. 조선총독부가 위안부의 이동상황
을 면밀히 파악·통제하고 있었다는 것을 말해 준다.

나아가 조선총독부는 위안부의 도항 그 자체에도 관여했다. 1938년 12월
7일「한구 및 광동 방면 도항자의 통제에 관한 건」, 1939년 2월 6일「방인
의 한구 도항에 관한 건」, 동 3월 10일「한구 도항자 취체에 관한 건」등의
3건의 통첩이 각도 경찰부장 앞으로 발해지고 있다.[102] 특히 3월 10일자 통
첩은 한구 쪽의 "군위안소가 포화상태"이므로 도항을 제한해 줄 것을 요청
하는 내용으로, 이미 2월 20일 척무성 조선부장 하기와라 히코조(萩原彦三)

---

100) 앞의 자료,『高等外事月報』제1호, 64쪽. 중국도항통제는 1937년 8월 25일자 통
　　　첩「북지에 무직 불량분자 유입저지취체에 관한 건」이 최초이다(앞의 자료, 67
　　　쪽). 조선군 참모장과 관동군 참모장의 통보에 따라, 북중국으로 갈 경우에는
　　　경찰서장의 신분증명서를 발급 받도록 했다.
101) 北支派遣事務官宮田寅雄(1938.3.1),「濟南旅行客ノ制限撤廢ニ關スル件」, 한국정
　　　부기록보존소 소장(전쟁 11).
102) 朝鮮總督府警務局保安課(1938.12.7),「漢口及廣東方面渡航者ノ統制ニ關スル件」,
　　　동(1939.2.6),「邦人ノ漢口渡航ニ關スル件」, 동(1939.3.10),「漢口渡航者取締ニ關
　　　スル件」, 앞의 자료,『高等外事月報』, 70~71쪽.

가 조선총독부 외무부장 마쓰자와 다쓰오(松澤龍雄)에게 보낸 「한구로의 도항자 취체에 관한 건」이라는 문서를 받아, 3월 3일 조선총독부 외무부장 이 경무국장에게 조치를 해줄 것을 요망하여, 각도 경찰부장에게 하달된 것이다.[103] 또한 이 통첩에 적혀 있는 내용의 최초 발신자는 한구 총영사이 며, 그가 1939년 2월 3일 외무성 본성으로 발송한 「한구로의 도항자 취체에 관한 건」이 2월 7일 외무성 아메리카 국장의 명의로 관계기관에 송부된 것 이다.[104] 이로써 식민지 당국자는 중국 현지의 영사관→외무성 본성→척무 성 조선부→조선총독부 외무부→경무국→각 경찰관서의 경로를 통해 위안 부 도항을 통제·조절하고 있었다는 사실이 명확해진다.[105]

조선총독부가 중일전쟁 이후 중국방면 도항에 대해 각별한 주의를 기울 였던 배경에는 독립운동과 관련한 치안확보의 문제도 있었다. 1938년 7월 26일자 경무국장이 각 도의 경찰부장에게 보낸 통첩 「조선인 특수부녀의 하문(厦門) 도항취체에 관한 건」[106]에는, 다음과 같은 구절이 있다.

조선인 중에는 수많은 불령분자가 있다는 것은 1932년 상해에서의 시라카

---

103) 拓務省朝鮮部長萩原彦三(1939.2.20), 「漢口ヘノ渡航者取締ニ關スル件」, 한국정
    부기록보존소 소장(전쟁 11). 外務部長(1939.3.3), 「廣東及漢口ヘノ渡航者取締ニ
    關スル件」, 한국정부기록보존소 소장(전쟁 11).
104) 在漢口總領事(1939.2.3), 「漢口ヘノ渡航者取締ニ關スル件」, 『자료집성』1. 外務省
    亞米利加局長(1939.2.7), 「漢口ヘノ渡航者取締ニ關スル件」, 『자료집성』1.
105) 1940년 9월 19일 현재, 총독부 경무국 보안과에서는 중국 각지(상해, 북경, 천진,
    목단강, 신경, 봉천, 장가구, 하얼빈, 연길, 혼춘)와 일본 본토(동경, 오사카, 시모
    노세키)에 파견원을 두고 있었다. 앞의 자료, 『高等外事月報』제13호, 13쪽.
106) 朝鮮總督府警務局長(1938.7.26)「朝鮮人特殊婦女ノ厦門渡航取締ノ件」, 한국정부
    기록보존소 소장(전쟁 11). 요시미 요시아키(吉見義明) 씨는 우선도항이 인정되
    고 있지 않으므로 '특수부녀'를 위안부가 아니라 매춘부로 추정하고 있다. 하지
    만 하문 총영사관이 1937년 8월 28일 철수해서 다음해인 1938년 5월 27일 다시
    총영사가 임명되었다는 사실을 고려하면, 영사관 재개설 직후의 혼란기에 치안
    상의 이유로 조선인 '특수부녀'의 유입을 제한한 것이므로, '특수부녀'를 매춘
    부라고 보기에는 그 근거가 박약하다 할 것이다.

와 대장, 시게미쓰 공사의 조난 사례(윤봉길 의사의 의거를 가리킴 — 인용자주)
에 비추어도 부정하기 어려운 사실로서 상당한 경계를 요할 뿐만 아니라, 특
수부녀의 도래는 남성이 뒤를 이어 모여드는 요인을 초래할 염려도 있다.

하문 총영사가 조선인의 유입을 엄중히 단속한다는 방침을 외무성에 전
달하여 이를 외무성이 총독부에 보낸 것이다. 총독부는 6월 9일과 23일에도
하문 방면 도항자의 취체에 대해 각도 경찰부장에 통첩을 발하고 있었다.
앞서 상해파견군 육군위안소의 위안부 동원을 계기로 1938년 2월 23일
내무성 경보국장 이름으로 「지나도항부녀의 취급에 관한 건」이라는 통첩
을 내렸다고 했지만, 이것은 어디까지나 일본 본토의 경우에만 해당하며
조선에는 적용되지 않았다. 만 21세 이상의 조항만 보더라도, 피해자들의
증언이나 발굴된 자료에서 볼 때 위반된 예가 너무 많기 때문이다. 그런 면
에서 당시 일본 정부가 식민지에는 21세 이하의 매춘금지 조항이 적용되지
않는다는 것을 숙지하고 있었다는 지적은 조선 여성이 동원된 이유를 밝히
는 데 매우 중요하다.[107)
마찬가지로 2장 4절에서 논한 1940년 5월 7일의 각의결정에 따른 중국도
항의 통제는 조선에서도 5월 20일부터 적용되었다.[108) 위안부 도항의 경우,
중국 현지 영사관 경찰서에서 발급하는 '도지사유증명서'와 더불어 거주지
관할 경찰서에서 발급하는 '신분증명서'가 필요했다.

(4) 증언에서 보이는 동원의 단면

조선에서의 위안부 동원실태를 파악하는 데는 사실상 피해자의 증언이
유일한 자료일 뿐 공식적인 문서는 거의 전무하다. 그러나 피해자의 증언
도 시간이 많이 경과해서 내용이 충분하지 못하다는 점은 제쳐두더라도,

---

107) 앞의 책, 『從軍慰安婦』, 165-166쪽.
108) 앞의 자료, 『高等外事月報』제13호, 35-42쪽.

피해자의 처지에서 기억에 남는 것은 연행 당시의 정황, 직접 끌고 간 사람, 연행된 장소, 위안소의 실태에 관한 것 정도이다. 핵심적이면서도 현재까지 명확하게 밝혀져 있지 않은 식민지 내에서의 동원체계, 즉 연행자측의 제반 움직임을 알 수 있는 정보가 들어 있지 않다는 것이다. 실례를 들어보자.

제3절에서 살펴본 버마의 위안소 업자 기타무라 부부의 경우는 위안부가 대규모로 필요했기 때문에, 추측컨대 군의 명령체계를 통해 남방군에서 직접 조선군 사령부에 '모집'의 지시가 내려졌던 것으로 보이며, 연행과정상 식민지 당국과 일본군의 직접 관여는 명확하게 드러나지 않는다.

버마로 가기 전 처음 만주 동안성으로 강제로 끌려갔던 문옥주 할머니의 경우도 마찬가지이다.[109] 일본인 헌병과 조선인 헌병, 조선인 형사가 길에서 불러 세웠던 것에서 시작되어, 헌병대로 가서 하루 밤을 새고는 다음 날 대구 역에서 기차를 타고 만주로 가게 되었지만, 문 할머니의 증언으로는 직접 가해자인 헌병과 형사만이 등장할 뿐이다. 그들의 명령체계를 파악할 수 있는 길은 현재로서는 없다.

증언에서 부분적으로 확인 가능한 사실도 있다. 가령 앞에서 위안부의 중국 도항에는 경찰서에서 발행하는 신분증명서가 필요하다고 했는데, 이와 관련된 것으로 보이는 증언이 있다. 강무자 할머니의 경우는, "한 번은 경찰서에서 서류작업을 하기 위해 우리를 불렀다. 여자들은 두 줄로 서서 경찰서로 갔다"는 내용에서, 경찰서의 서류작업은 다름 아닌 신분증명서의 작성일 것이다.[110] "그 사람들(인솔자—인용자 주)은 우리를 어느 음식점에 남겨 두고 수산경찰서를 바삐 왕래하였다"라는 것은 손판임 할머니의 증언이다.[111] 문옥주 할머니도 헌병대에서 주소·이름·가족 등의 질문을 받았다고 하는데, 이것도 마찬가지일 것이다.

---

109) 앞의 책, 『文玉珠 ビルマ戰線 楯師團の「慰安婦」だった私』, 28-29쪽.
110) 앞의 책, 『강제로 끌려간 조선인 군위안부들 2』, 48쪽.
111) 같은 책, 71쪽.

진경팽 할머니는 "원피스를 얻어 입고, 이발소에서 단발을 한 후 사진을 찍었다. 왜 사진을 찍는지는 알 수 없었다"고 증언하지만, 이 사진은 신분증명서에 첨부될 것이었다.112) 중국 한구 적경리 위안소 위안계장의 회고록을 보면, "위안부가 한구에 도착하면 루주와 함께 필요 서류를 갖추어 병참위안계에 출두한다. 위안계 하사관은 그녀들 본인의 사진, 호적등본, 서약서, 부모의 승락서, 경찰의 허가서, 시정촌장의 신분증명서 등을 조사"에 서 있는 사진이 여기에 해당한다고 보인다.113)

2) 노동력 동원과 위안부 동원

(1) 위안부 동원과 관련되는 노동력 동원

현재 위안부를 둘러싸고 전개되는 논란 중의 하나는 과연 '강제연행'이 있었는가에 대해서이다. 사실 강제연행의 유무는 그 자체가 위안부=공창 논쟁의 향배를 결정하는 핵심적인 사안이 된다. 강제연행의 부정론 가운데 가장 실증적인 태도를 보이는 것은 하타의 주장이다. "평시와 마찬가지로 인신매매 방식으로 여성을 모을 수 있다면, 식민지 통치가 붕괴될지 모르는 위험성을 지닌 '강제연행'에 관헌이 나설 이유가 없다고 생각된다"114) 는 것이 그의 견해의 골자이다. 이를 어떻게 볼 것인가가 본고의 마지막 과제이다.

강제연행의 증거로 이용할 수 있는 무기로서도 지금 상황에서는 피해자의 증언이 가장 강력하다. 그렇기 때문에 강제연행을 부정하는 방식도 증

---

112) 위의 책, 18쪽.

113) 山田淸吉, 『武漢兵站』, 圖書出版社, 1978, 86쪽. 앞의 자료, 和歌山縣知事(1938. 2.7), 「時局利用婦女誘拐被疑事件ニ關スル件」에 보면, 위안부 관련 서류 중에 '본인의 사진 2매를 첨부한 임시작부영업허가원'이라는 것이 있다.

114) 앞의 책, 秦郁彦, 『慰安婦と戰場の性』, 380쪽.

언의 신빙성을 떨어뜨리는 데 초점이 맞춰져 왔다. 증언에서 알 수 있듯이 강제연행에는 대부분 헌병과 형사, 순사 등의 '공권력'이 등장한다. 따라서 이들이 왜 위안부의 강제연행에 등장하지 않으면 안되는가, 바꿔 말하면 강제연행의 필연성을 논증할 수 있다면 논의는 더욱 진척될 수 있을 것이다. 구체적으로는 위안부 동원과 일반적인 노동력 동원과의 상관성이 중요한 단서가 된다.

먼저 일본 본토의 경우를 빌어 그 이유를 보충하기로 하자. 한편 일본 본토의 경우 위안부의 모집과 도항에는 새로이 발령된 노동력 통제법령이 관여하게 된다.115)

2절 4항에서 기술했듯이 1940년 5월 7일의 각의결정 직후인 5월 27일 이미 내무성 경보국에서는 「청소년고입제한령의 적용을 받는 자의 도지 취체방법의 건」이라는 통첩을 발했다.116) 여기서 '청소년고입제한령'은 일본 본토의 경우 1940년 3월부터 시행되었으며, 12세 이상 20세 미만의 여자의 경우 군수산업 이외의 분야에 고용될 경우에는 지방장관 또는 직업소개소장의 허가가 있어야 한다고 정해졌다. 따라서 20세 미만의 여성이 '접객업' 종사자로서 중국에 건너가기 위해서는, 즉 도지신분증명서를 발급 받기 위해서는 청소년고입제한령의 조항을 준수해야 했다.117) 마찬가지로 고용관계가 없더라도 12세 이상 20세 미만의 여자는 청소년고입제한령과 관련 법령의 적용 여부를 조사하도록 정하고 있다. 게다가 1941년 12월 이후 '노무

---

115) 일본에서의 전시 노동력 동원에 관해서는 논문, 『戰時勞働力政策の展開─動員のロジック、動員機構、勞働力需給狀況を中心に─』, 東京大學日本史學研究室, 1996을 참조.

116) 앞의 자료, 內務省警保局長, 「渡支邦人暫定處理ニ關スル件」. 이하 별도의 언급이 없는 한 같다.

117) 1941년 12월 이후 '노무조정령'이 청소년고입제한령을 대체하게 되면서 노무조정령으로 고쳐져 있고, 지방장관 또는 직업소개소장은 국민직업지도소장으로 고쳐져 있다. 이 사실은 그 이후에도 중국 도항과 관련해서 이 규정이 적용되었다는 것을 의미한다.

조정령'이 청소년고입제한령을 대체하게 되는 것을 반영하여, 청소년고입제한령은 노무조정령(대상 연령을 14세 이상 25세 미만을 확대)으로, 지방장관 또는 직업소개소장은 국민직업지도소장으로 각각 수정되고 있다. 이 사실은 그 이후에도 중국 도항과 관련해서 이 규정이 적용되었다는 것을 의미한다.

이 점은 패전이 가까워지는 시점에서도 확인된다. 1944년 일본은 여러 가지 행정절차를 간소화하는 조치를 취하는데, 이와 관련되는 후생성의 조치를 보면, 노무조정령에 의해 군위안소에서의 작부 여급 등의 고용·취직의 인가를 후생대신에게 '품사(稟伺)'하던 것을 폐지하고 지방장관이 대신하도록 했다.118) 그리고 "위안소적 필요에 의해 작부 여급을 고용한 경우" 현에서 후생대신에게 '품의(稟議)'하던 것을 현 내에 한해 폐지했다.119) 이는 일본 본토에서의 위안부 동원 절차를 간소화한 것으로, 일본 본토에서는 위안부의 동원과 노동력 동원이 적어도 제도상으로는 철저하게 연계되어 있었다는 것을 말해 준다.

중일전쟁 이후 조선에서도 국가총동원법에 의거하여 노동력 동원을 위한 각종 법령이 제정·실시되었다. 위안부 동원과 관련성이 있는 주요 법령으로는 국민직업능력신고령(1939년 6월 시행)과 국민징용령(1939년 10월 시행), 청소년고입제한령(1940년 9월 시행)과 노무조정령(1942년 1월 시행) 등이 있다. 국민직업능력신고령은 노동력의 현황에 대한 파악이 목적이며, 그 대상자에 대한 징용을 규정한 것이 국민징용령이다.

그러나 여자의 경우 일본과 달리 조선에서는 노동력 동원의 대상으로 엄격히 파악·관리되지 않았다. 무엇보다 여자는 직업능력신고의 대상이 아니었고, 청소년고입제한령이나 노무조정령 어느 쪽도 12세 이상 20세 미만의

---

118) 閣議決定(1943.12.14), 「行政事務ノ整理簡捷化及中央官廳ノ權限ノ地方委讓等ニ關スル件」, 『자료집성』4.
119) 閣議決定(1944.1.6), 「第二次許可認可等行政事務簡捷化ニ關スル件」, 『자료집성』4.

여자를 동원 대상에서 포함하고 있지 않다. 따라서 태평양전쟁 말기에 이르러서도 여자 노동력의 파악은 결코 체계적이지 않았다고 보는 것이 타당하다. 여자근로정신대의 파악 및 동원이 주로 학교를 단위로 이루어졌던 것도 이 때문이다.

노동력 관리의 측면에서 일본 본토에서의 철저함과 조선에서의 '느슨함'은 위안부 동원과 무슨 관련을 갖는가? 그것은 조선인 여성이 위안부로 동원될 수밖에 없는 상황과 관련이 있다. 중일전쟁 초기에는 일본인 창부를 염두에 두었지만,[120] 2절에서 지적한 문제점이 발생하면서 점차 모집이 어려워져 갔다. 게다가 노동력 동원의 필요성이 강조되었고, 군수산업 이외의 분야에의 취업이 통제되는 연령도 높아졌다. 일본군인들의 증언에 나오듯이 일본인 위안부의 연령이 높은 것은 이런 노동력 동원체계와 무관하지 않을 것이다. 성병 감염의 염려가 없는 젊은 위안부의 대체 공급원은 어디에서 구할 것인가? 그것은 필연적으로 조선이 아니었을까. 증언이 채록된 피해자들의 연행 시기가 고루 분포하는 것은 이 때문일 것이다

(2) 강제동원의 필연성

조선인 여성의 동원이 갈수록 비중을 더해갔다면, 일반적인 노동력 동원과 관련해서 위안부 대상자는 어떻게 파악되고 끌려갔을까. 주지하다시피 위안부의 동원과 위안소의 설치는 이미 군의 일상적인 작전 속에 결부되어 신속하게 수행되어야 했던 사안이다. 하지만 위안부로 동원할 대상자의 소재는 일본과는 달리 거의 파악되어 있지 않다. 그렇다면 손쉽게 의존할 수 있는 곳은 당연히 대상 지역의 경찰을 포함한 일반행정 라인이었을 것이다. 특히 경찰은 해당 지역 내에서 가장 강력하고도 상세한 정보망을 갖고 있었다. 아래의 회상이 그 실상을 짐작하게 한다.[121]

---

120) 앞의 책, 『共同研究 日本軍慰安婦』, 88쪽.
121) 앞서 나온 정읍 경찰서장의 증언. 앞의 책, 『元兵士たちの證言　從軍慰安婦』,

경찰의 일은 치안유지입니다만, 위생에도 상당히 힘을 쏟았습니다. 전염
병의 예방 등이죠. 1년에 두 번 종두(種痘) 명부를 경찰이 만들었습니다. 그
명부의 토대가 되는 것이 호구조사부입니다. 경찰이 한 집 한 집을 돌면서
주민의 생년월일부터 성격, 가족구성, 전력, 사생활에 이르기까지 자세하게
조사를 했습니다. 주재소는 3명이 근무합니다만, 그 중 두 명은 매일 외근하
면서, 주민들에게 특이사항은 없는가, 이동은 없는가 조사하며 다니는 것입
니다. 호구조사부만 본다면, 한 눈에 주민들이 파악될 수 있도록 되어 있었
습니다.

이러한 상황을 위안부 동원의 계기와 결부시켜 고찰해보자. 위안부 동원
의 계기는 크게 다음의 두 가지로 나눌 수 있다. 하나는 현지 부대의 필요
에 따라 직접 위안소 업자가 파견되는 경우이고, 다른 하나는 조선총독부
혹은 조선군 사령부 등의 식민지 최상층 조직을 통해 위안부 동원이 의뢰
된 경우이다. 전자는 많아서 수십 명 정도의 소규모일 것이며, 후자는 수백
명을 넘는 대규모의 동원일 것이다. 어느 쪽이든 위안부 동원은 군의 의사
에 의해 촉발된다는 점을 잊어서는 안된다. 군의 사전 승낙 없이 민간업자
가 먼저 움직인다는 것은 전쟁상황 하에서 있을 수 없는 일이기 때문이다.
　전자의 경우, 위안소 업자는 군의 증명서를 휴대하고 자신의 연고지나
지식이 있는 지역에 가서 일반행정 라인, 그것도 가장 민첩하고 강제력을
갖춘 경찰 내지는 헌병 조직을 찾아갈 수밖에 없다. 무한 적경리의 위안소
업자 박경도의 경우가 이에 해당된다고 생각한다
　그 개요를 살펴보자.[122] 박경도는 위안소의 권리를 샀으나 위안부와 마
찰을 거듭하게 되어, 급기야 병참에서는 그가 "잠시 고향에 돌아가 새로 위
안부를 데리고 오고 싶다고 해서, 공무 여행의 증명서를 줘서 조선에 보냈

212쪽.
122) 앞의 책, 『武漢兵站』, 116~118쪽. 이하 별도의 언급이 없는 한 마찬가지이다.

다." 1943년 말의 일이다. 해가 바뀌어 1944년 1월 남경에서 박경도 일행 11명이 승선해서 한구로 간다는 전보가 병참에 도착했다. 뒤이어 이번에는 승선한 배가 구강(九江) 부근에서 미 공군기의 폭격을 받아 침몰했고, 전원 행방불명이라는 소식이 들어왔다. 전원 사망한 것이다.

이상에서 박경도가 조선에서 구체적으로 누구의 도움을 받았는가는 밝혀져 있지 않다. 단지 병참에서 발행해 준 '공무여행의 증명서'[123)는 조선의 고향에서 위안부를 물색하고 동원하는 일에 유용하게 쓰였을 것이며, 이동할 때마다 병참에 연락이 간다는 사실도 군과 위안소·위안부의 관계를 파악하는 데 중요한 시사점을 제공해 준다.

박경도의 경우도 추측컨대 고향의 경찰조직을 이용했을 것이고, 아니면 대도시의 통상적인 직업소개소 네트워크(인신매매에 가까운)를 이용하든지 했을 것이다. 물론 앞서 지적했듯이 경찰서가 발행하는 도항증명서를 발급받기 위해서도 경찰의 도움은 절대적으로 필요했다.

조선인 업자만이 조선에서 위안부를 동원한 것은 물론 아니다. 중국 해남도(海南島)의 위안소가 이를 증명해 준다.[124) 군위안소 아사히테이(朝日亭)의 경영자 코이즈미(小泉)는 제대병이었다. 그는 군복무 중에 드나들던 조선계 위안소 후쿠야마(福山)에 관리인으로 취직했다가, 조선인 위안부와 동거하여 아기까지 두었다. 이윽고 독립을 작심하여 당시 주둔부대였던 대만군 병참부의 환심을 사서 영업허가의 전제라고 할 수 있는 '작부초치증명서'를 얻었다. 당시 군위안소의 영업허가는 형식적으로는 지구헌병대장을 경유하여 지역경비부대장의 허가였지만, 실질적으로는 헌병대장을 통한 경우는 무조건 허가되었다고 한다. 그가 조선, 대만 등지를 돌아다니며, 겨

---

123) 공무여행의 증명서 외에 경우에 따라서 군속의 자격까지 부여되었다고 한다. 長澤健一, 『漢口慰安所』, 圖書出版社, 1983, 223쪽의 관련 기술을 참조.
124) 鈴木卓四郎, 『憲兵餘錄』, 圖書出版社, 1984, 78쪽. 아사히테이는 각지에서 위안소가 어떻게 '자기증식'을 하는가를 보여주는 예이기도 하다.

우 10명 정도의 '작부'를 모아 해남도에 돌아온 것은 1942년 6월경이었다.

일개 제대병에 지나지 않는 코이즈미가 조선과 대만에 가서 어떻게 위안부를 모을 수 있었을까. 먼저 조선인 동거녀의 연고를 이용했다고도 가정할 수 있다. 그리고 10명을 데려오는데 필요한 전차금이 있었다면 별개지만 보통의 제대병이라면 어림도 없었을 일이고, 자본금이 부족했다면 모집방법은 보다 강제적으로 될 수밖에 없었을 것이다.

두 번째의 경우는 1941년의 '관동군특별대연습(통칭 관특연)'을 계기로 관동군이 2만 명의 위안부를 모집해 주도록 조선총독부에 요청했다는 데서 잘 나타난다.[125] 8천 명[126]을 모집하여 보냈다고 되어 있지만, 그 모집에는 부도군읍면의 행정계통과 경찰의 적극적·조직적 개입이 없이는 도저히 불가능하다. 다시 반복하지만, 버마의 위안소 업자 기타무라의 경우도 마찬가지로, 1942년 7월 그는 조선군 사령부의 요청과 전폭적인 지원에 힘입어 22명의 위안부를 모집하여 남방으로 갔던 것이다. 게다가 2절 3항에서 확인했듯이, 일본 본토의 경우는 육군성 휼병부에서 위안소에 대한 업무를 통괄했으나, 조선의 경우는 명확하지 않다. 추측컨대 조선총독부 혹은 조선군의 어떤 부서가 전담하지 않았을까 싶다.

어떤 경우이든 위안부의 대상이 되었던 연령대의 여성을 식민지 당국이 사전에 완전히 파악하고 있지 못했다는 사실을 고려할 때, 그 동원에 헌병과 경찰 등의 말단 '공권력'이 개입되는 것은 자명하다 할 것이다. 실제로 전쟁 말기에는 아래와 같은 '유언비어'가 돌았다고 한다.[127]

---

125) 島田俊彦, 『關東軍』, 中公新書, 1965, 176쪽. 千田夏光, 『從軍慰安婦』正編, 三一新書, 1978, 103~104쪽.

126) 하라(原)의 부하였던 무라카미 사다오(村上貞夫)의 증언에 의하면, 실제로 모집된 인원은 3,000명 정도였다고 한다.

127) 「朝鮮總督府內臨時職員設置制中改正ノ件」(1944.7.12), 『자료집성』4.

(전략) 미혼여자의 징용은 필지의 일이며 그 중에는 이들을 위안부로 만든다는 황당무계한 유언비어가 항간에 전해지고 있다. 이런 악질적인 유언비어와 더불어 노무사정은 앞으로 점점 곤란해질 것으로 예상된다. (하략)

따라서 증언에서 나타나는 사기, 인신매매, 강제연행 등의 폭력적 동원은 이런 상황과 밀접하게 관련된다고 보아야 한다.

이상에서 알 수 있듯이 위안부의 동원과 도항, 위안소의 설치와 관리에 이르기까지 일본 정부의 관련 성청(육군성, 해군성, 외무성, 내무성, 척무성, 대동아성), 군부대, 그리고 식민지 기구가 적극적으로 주도하고 통제했다는 것은 의심의 여지가 없다. 사실 현재까지 공개된 자료들을 통해서 살펴보더라도 전시상황 하에서의 위안소는 후방이든 최전방이든 군부대 내부에 이미 편입된 사실상의 군의 기구 중 하나였다. 위안부 동원과 위안소 운용에 대한 일본 정부와 일본군의 책임은 자명하다 할 것이다.

중일전쟁 초기에는 위안부를 대량으로 동원했던 사례에서 나타나듯이 관련부처의 관여가 적극적이고 치밀한 대응을 하고 있었다. 이에 비해 태평양전쟁 이후는 군을 제외한 행정관청의 관여가 사료에 그다지 자세하게 드러나지 않는다. 하지만 이것은 위안부 동원 및 위안소 설치·운용이 사실상 체계화되고 정착되어 있었다는 사실과, 전쟁 말기의 자료의 조직적 소각·폐기를 역으로 증명해 주는 것이 아닐까 싶다.

마지막으로 향후 과제의 내용들을 지적하면서 이 글을 맺기로 한다. 위안부·위안소의 연구에 있어 자료상의 한계는 항상 지적되어 왔던 사안이다. 현재 남아 있는 관련기록의 대부분은 중일전쟁기의 자료이며, 태평양전쟁기의 자료는 미군이 압수한 일선부대의 기록을 제외하고 별로 없다. 하지만 현재 이용 가능한 자료를 통해서도 밝힐 수 있는 부분이 적지 않다.

먼저 각각의 단위부대와 위안소의 관계를 시계열적으로 추적하는 연구가 필요하다. 가령 독립혼성 제4여단과 독립보병 제14대대의 경우 중국의 산서성에 주둔하면서 성폭력 사건을 빈번하게 저질렀는데, 이 부대가 나중에 오키나와로 이동하여 제62사단에 편입되어 위안소 설치와 운용으로 이어진다는 것이 밝혀져 있다.[128] 초기부터 위안소 설치에 적극적이었던 몇 개의 부대를 선정하여 위안소의 관계를 밝히는 것도 한 방법일 것이다.

동시에 위안소가 해당 부대의 작전 수행과 관련하여 과연 어떻게 운용·관리되는 존재였는가에 대한 내용도 규명되어야 한다. 예를 들어 위안소 관리 규정의 경우, 각 단위 부대의 주둔 규정과 밀접하게 관련되어 있다. 병참 부대의 경우는 병참시설의 일부로 위안소를 규정하고 있으니, 이는 군수물자의 관리상 필요한 사안이다. 마찬가지로 위안부의 신분은 과연 무엇이었나에 대해서도 여전히 확실하지 않다. 일부 자료에서는 군속으로 분류되고 있기도 하다.[129]

그리고 조선에서의 위안부 동원체계에 당시 경찰·헌병 등의 말단 기관이 어떻게 결부되어 있었는가도 밝혀져야 한다. 이를 위해서는 특히 중일전쟁 이후 전시동원체제가 펼쳐지는 와중에서 경찰과 헌병의 구체적인 역할을 총체적으로 밝히는 작업이 요청된다 할 것이다.

---

128) 石田米子, 「戰爭·國家權力と性暴力-中國山西省における日本軍性暴力を事例として-」, 『第3回國際シンポジウム東アジア平和と人權沖繩大會發表文』, 1999.
129) 문옥주 할머니의 경우, 자신이 '다테(楯) 8400부대의 군속이었다'고 얘기하고 있으며(앞의 책, 『文玉珠 ビルマ戰線 楯師團の「慰安婦」だった私』, 178쪽), 1945년 3·4월 당시 북부방면군 제91사단 제1포병대 예하부대(최북단인 캄차카 반도 남단의 占守島에 주둔)의 경우 '군속의 신분을 지닌 10명 가량의 위안부가 있었다'고 한나(操上賴行, 『悲傷と榮光の第六區隊』, 1987, 330쪽).

일본국 위안소에서의 범죄적 행위와 피해사실

조최혜란
한국정신대연구소 연구원

1. 들어가며

1991년 김학순 할머니가 일본군'위안부'로 자신을 신고한 이래 많은 피해자들이 일본군에게 당했던 자신의 피해를 밝혀 왔다. 이들은 수십년 만에야 추정과 소문 속에서 벗어나 공공연하게 자신들의 경험을 말하기 시작했던 것이다. 따라서 이제 우리 사회에서 이들은 역사적·사회적 실체, 즉 일본군'위안부' 피해자로서 존재하게 되었다. 여전히 여성의 성이 금기시되는 풍토에서 피해자가 스스로 자신의 그 상처와 아픔을 밝히기까지에는 그들 각 개인의 용기 있는 결단이 크게 작용했을 것이다.

우리나라를 강점했던 일제는 현모양처 사상에 입각한 여성교육을 강화하고, 이를 정책적으로 사회적으로 장려하고 고무하였다. 일제는 이러한 이념형과 여성 또한 국가에 필요한 국민의 일원이라는 미명하에 여성들을 도구화·예속화하며, 건강한 아들을 많이 낳아 잘 키워야 하는 다산(多産)과 양육의 무한한 책임을 지게 했던 것이다.[1] 그러나 이 이념형은 이미 우리 사회의 전통적인 가부장제하에서 여성의 미덕이었으며, 일제는 이를 더욱 강화시켰을 뿐이었다. 따라서 이것은 계층을 망라하여 당시 여성들이 추구하는 모델이었으며, 일본군'위안부' 피해자들에게도 예외 없이 적용되었던 것이다.

여성의 행복과 불행에 대한 평가는 그 이념형에 의해 좌우되었으며, 여성의 몸과 성 또한 이 틀에 맞추어져 있었다. 즉 행복한 여성이란 나를 앞세우지 않으며, 성에 개의하지 않고, 오직 가족생활을 위해 헌신해야 하며, 그러기 위해서는 혼전순결이 마땅히 지켜져야 한다는 것이다. 여기에는 여성 개인이 인간으로서의 존엄성이나 주체적 삶이 존재할 수 없다. 어쨌든 일제는 한편으로는 여성들에게 이와 같이 가족생활에서 현모양처로서의 역할을 중시하면서도 또 다른 한편으로는 식민지 조선 여성들을 이른바 일본군'위안부'로서 차출하였다. 일본군'위안부' 피해자들은 또한 이 이념형을 내면화한 채로 일본군에 의한 지속적인 성폭력 피해에 고스란히 노출되어야만 했다. 뿐만 아니라 해방 이후에도 그 이념형이 여전히 유지되는 한국사회에서 피해자들은 고난한 삶을 벗어날 수가 없었다. 피해자들이 자신의 피해를 밝히고 당당하게 살기에는 우리 사회가 여전히 여성차별과 여성의 성에 대한 비하, 그리고 이에 따른 성적 피해자에 대한 냉대가 심했던 것이다. 따라서 이 문제는 가부장제적 시각에서 벗어나 여성 자신의 입장에서 특히 여성의 몸과 성의 보호 및 표현은 곧 여성의 인권임을 표명하는 최근에야 부각될 수밖에 없었던 것이다.

1990년 초, 나는 『한겨레신문』에 연재된 윤정옥 선생의 「정신대 발자취를 찾아서」를 매우 감명 깊게 읽었다. 그 글을 보면서 느꼈던 그 가슴 답답함, 슬픔 등이 지금도 내 안에서 맴돌고 있는 듯하다. 더욱이 나이가 들어서야 나타나신 피해자들의 증언을 들을 때면, 10대 어린 소녀가 겪어야 했

---

1) 신영숙, 1999, 「일제시기 현모양처론과 그 실상 연구」, 『여성연구논총』 제14권, 115쪽.

을 그 아픔이 떠오르며, 그리고 할머니가 된 지금도 여전히 그 후유증으로 인해 육체적·정신적으로 고통을 겪고 있는 모습을 볼 때마다 분노가 참을 수 없이 솟구쳐 오르곤 했다. 어쩌면 인간이 그렇게도 잔혹할 수 있을까? 어떻게 해야 피해자들이 여성으로서의 자존심을 회복할 것인가? 피해자들은 속출하는데 가해자는 어디에 있는가? 아니, 이미 공공연하게 알려진 가해자임에도 자신 스스로가 그 범죄사실을 인정한다는 것이 그렇게 어려운 것일까? 일본정부는 반성하고 사죄하기 힘들 정도로 약한 것인가 아니면 오만한 것인가? 이런 감정과 의문들은 비단 나에게만 그치지 않고, 이 문제 해결을 위해 노력해 온 사람들 대부분이 공유해 온 것들이었다고 본다.

우리의 몸과 성은 생리학적 측면 외에 인간으로서의 존엄성을 나타내고 있다. 이것은 어떤 이유로도 유린되거나 침해될 수 없는 고귀하고 소중한 것이다. 이를 통해 우리는 스스로 주체적으로 살 수 있으며, 동시에 외부와의 관계에서도 자신의 인격을 표현할 수가 있다. 따라서 이에 대한 유린과 훼손은 타인에 대한 육체적, 성적, 그리고 정신적인 피해만이 아니라 그 사람의 인격적 가치를 부정하고 인간의 존엄을 침해하는 행위인 것이다. 일본정부는 이와 같은 여성피해의 극치를 조직적으로 그리고 제도적으로 보여주는 일본군'위안부' 정책을 입안한 책임자였음에도 불구하고 여전히 이 문제 해결을 위해 어떠한 진지한 태도도 보여주지 않고 있다. 따라서 우리는 가해자 일본군이 피해자들에게 위안소에서 어떻게 범죄를 자행했는가를 검토해볼 필요가 있는 것이다. 동시에 피해자들이 이 피해로 인해 겪어 온 심리적 상처와 좌절 등을 치유하고 이 경험으로부터 조금이나마 자유롭게 되기 위해서는, 또한 앞으로 이와 같은 성범죄가 발생하지 않기 위해서는 당시 상황을 정면에서 직시하는 것이 불가피하다고 본다.

본고에서는 이른바 위안소에서 우리나라 피해자들이 일본군에 의해 인간 여성으로서의 존엄성이 어떻게 파괴되며 몸과 성을 착취당했는가? 피해자들의 노동, 출산 및 양육권이 어떻게 왜곡·훼손되었는가? 또한 피해자들이 어떤 질병 등으로 인해 고통을 겪게 되었는가? 그리고 그런 현실을 어떻게 적응해갔는가 등을 검토해보고자 한다.

원칙적으로 일본군은 이른바 위안소의 관리·운영에는 위안소 규정 등을 기준으로 하였다. 그러나 지금까지 밝혀진 바로는 실제 피해자들의 일본군 '위안부'로서의 생활은 이와 같지만은 않았다. 즉 피해자들은 군(軍)의 편의에 맞추어, 예컨대 전투 중이거나 군부대가 이동하거나 혹은 후방에 주둔하느냐에 따라 혹은 군이 위안소를 직접 운영하는가 혹은 민간관리자에게 위탁했느냐 등에 따라 사물화되고 대상화되어 극심한 인격적 모독을 받아야 했던 것이다. 따라서 그 피해실상은 피해자 각자마다 다양하게 나타나고 있다. 여기에서는 이런 제한점을 고려하며 우리나라 여성들이, 이른바 위안소에서 겪은 피해들을 몇 주제로 분류하여 검토해보았다.

구체적인 분석자료로 이제까지 나온 직접 관련자 즉 피해자와 군인 그리고 목격자들의 증언, 군문서 등을 사용하였다. 일본군의 관계문서들은 아직까지 전면적으로 밝혀지지 않았다. 그러나 현재의 것만으로도 우리는 충분히 일제가 위안소 설치목적 등을 피해자나 군인들을 대상으로 어떻게 실현시키려 했던가를 확인해볼 수가 있다. 또한 증언자료로는 피해자들의 일상적 피해현실을 추적해볼 수가 있다. 피해사례는 주로 이제까지 본 한국정신대연구소·한국정신대문제대책협의회에서 간행한 증언집 『강제로 끌려간 조선인군위안부들』1·2·3권과 『중국으로 끌려간 조선인군위안부들』에서 나오는 증언을 참고하였다. 특히 본문의 표는 이들 책에 나온 피해자 59명의 피해사례를 근거로 하였다.

2. 피해실태

1) 여성으로서의 피해
(1) 몸과 성의 착취

우리 사회의 전통적 가부장제 하에서 여성의 몸과 성은 자녀를 낳고 양육하기 위해서 혹은 남성의 쾌락을 위해서만 중요시되었다. 여성의 몸과 성은 외부노출을 할 수 없었을 뿐만 아니라, 이에 대한 담론은 공공연하게 금기시되었다. 여성의 그것은 순결해야 한다는 사회적 규범 하에 여성의 목숨보다 더 소중하게 취급되기도 했다. 따라서 여성들은 자신의 몸과 성에 대해서 주체적으로 대처하기보다는 주어진 상황에 적응해 가는 소극적인 삶을 살아왔다. 즉 여성들은 자신의 성과 몸을 감추고 숨겨야 하는 은밀한 것으로서 이해하며, 사회적으로는 여성이 그것에 무지할수록 순진한 그리고 윤리적인 존재로 높은 평가를 받아왔던 것이다.[2]

이것은 특히 일제에게 강점당한 조선사회에서 성장한 피해자들에게도 예외는 아니었다. 따라서 피해자들은 자신의 몸과 성에 무지한 채로 갑작스런 상황에 대책 없이 노출되어 심리적·육체적 충격을 채 추스리지도 못하고 이른바 일본군'위안부'란 이름 하에 성노예로서 지속적인 성적 착취를 당할 수밖에 없었던 것이다.

피해자들은 이른바 일본군'위안부'로서 생활하기 위해서 우선적으로 성병검사를 받았다.[3] 이를 예상하지 않고 있던 피해자들은 두려움과 당혹감

---

2) 이와 같은 가부장적 여성육체에 대한 해석은 현재까지도 우리 사회에서 여성들에게 심각한 영향을 미치고 있다. 김진명은 최근 농촌사회에서 어느 결혼한 여성이 낯선 남자를 보고 단지 웃었다는 이유로 동네에서 따돌림받다가 급기야는 자살했다는 연구보고를 발표한 바 있다. 이에 비추어 피해 당시 우리 사회가 여성의 몸과 성을 어떻게 했을까 등은 쉽게 유추해볼 수 있겠다. 김진명, 1993, 『굴레 속의 한국여성』, 집문당, 72쪽.
3) 이른바 일본군'위안부'의 영업조건은 군에 의해서 규제되고, 규칙은 엄격히 실

을 감추지 못하였다. 피해자 김복동은 성에 대해 "아무것도 모르는 열다섯 살의 아이인 나에게 군의관이 아랫도리 전부를 벗고 나무판 위에 올라가서 다리를 벌리라고 했다. 생전 남자 앞에서 옷을 벗어본 적이 없는 나는 너무나 놀라고 무서웠다. 나무판 위에 올라가지 않으려고 발버둥치자, 군의관은 강제로 내 옷을 벗기고 아래를 검사했다"[4] 또한 피해자 김옥주는 처음 보는 군의관에게 자신의 성기를 드러내놓은 채로 있으며, 그가 들이미는 성병검사기에 방어하지 못하고 무력하게 자신을 맡겨야 했다. 그럴 때 "겁이 나 어떻게 할 줄 모리고 벌벌 떨리고 눈물이 쏟아졌다"[5]고 무섭고 두렵던 당시 심정을 밝히고 있다. 이처럼 피해자들은 수십년이 지난 지금도 처음 강요받은 당시의 성병검사에 대한 충격을 기억하고 있다. 따라서 예상하지 못한 상태에서 강요받은 첫 번째 성병검사는 피해자들에게는 그 자체로서도 이미 가혹한 성폭력일 수밖에 없었던 것이다.

최초의 성병검사 후 피해자들은 이로 인한 수치감, 심리적 위축감 등을 회복하지도 못한 채로 갑자기 들이닥친 군인에게 혹은 군인 특히 장교의 숙소로 끌려나가 봉변을 당했다. 피해자 김학순은 군장교로부터 "처녀를 뺏겼다… 같이 간 언니하고 둘이 한심하고 기가 막혀 부둥켜 앉고 통곡했다"[6] 또는 일본의 방직공장으로 가는 줄 알고 위안소에 왔던 피해자 김은

시되고 있다. 피해자들은 위안소에 도착 즉시 관리자와 같이 군 위안담당계에 출두하여 사진을 붙인 신분증명서를 신원조사서와 함께 작성하도록 하였으며, 이후 상벌, 病歷, 특징들을 추가 기재하도록 하였다고 한다. 자료집·종군위안부, 자료 99번, 요시미 요시아키(吉見義明), 김순호 역, 1993, 339쪽. 그러나 실제 피해자들은 이런 절차조차 받지 않았다고 증언하고 있다.

4) 한국정신대문제대책협의회·한국정신대연구소 편, 1997, 『강제로 끌려간 조선인 군위안부들 증언집 2』, 한울 88쪽. 이후로는 『증언집 2』로 표기.

5) 한국정신대연구소·한국정신대문제대책협의회 편, 1999, 『강제로 끌려간 조선인 군위안부들 증언집 3』, 102쪽. 이후로는 『증언집 3』으로 표기.

6) 한국정신대문제대책협의회·정신대연구회 편, 1993, 『강제로 끌려간 조선인군위안부들 증언집 1』, 37쪽. 이후로는 『증언집 1』로 표기.

레는 처음 장교에게 당한 후 "생구녕(멍)을 뚫리는 듯"[7]했던 당시의 비참한 상황을 토로하고 있다.

군문서에는 군인을 '간부가 직영위안소로 인솔할 것'을 지시하고 있다.[8] 위안소는 군부대 실정에 따라 군이 직접 운영하거나 민간관리자가 고용되었으며,[9] 장교용·일반병사와 하사관용으로 분리되거나[10] 혹은 계급에 상관없이 설치되어[11] 있었다. 해군위안소가 설치된 라바울에서는 사관용, 하사관용, 병사용, 상급관리용(군속), 판임관(군속)용, 노무자용 등의 6개소로 다양하게 분리되어 있었다.[12] 또는 육군용 위안소와 해군용 위안소가 별도[13]로 있었으며, 또는 위안소가 없는 경비지역이나 전선에는 피해자들이 순회하며 군인을 상대하였다.[14] 이와 같이 군문서에 나타나듯 피해자들은 군이 처한 상황에 따라 배치되었다. 뿐만 아니라 피해자들의 증언에 따르면 군문서에 나타난 형태보다 다양한 방식으로 이른바 위안을 했던 것으로 나타난다.

한편으로 장교는 솔선해서 위안소를 출입하였으며,[15] 특히 피해자들은 처음에 가면 일정 기간 동안 주로 장교들만 상대했다고 증언하고 있다. 장교·사병이 함께 한 위안소에서는 기본적으로 군부가, 군인들이 피해자들을 접할 수 있는 이른바 위안소 사용시간을 계급별로·시간별로 책정해주고 있다. 즉 상대시간을 한 사람당 30분 내지 1시간으로 할 것과, 일반사병들은 오전 8시나 혹은 9시에서 오후 5시까지, 이후 오후 9시까지 하사관, 그리고

---

7)『증언집 3』, 127쪽.
8) 요시미 요시아키(吉見義明), 자료39번, 앞의 책, 189, 244쪽 등.
9) 요시미 요시아키, 앞의 책, 56, 91쪽.
10) 요시미 요시아키, 앞의 책, 101쪽.
11) 요시미 요시아키, 앞의 책, 92쪽.
12) 요시미 요시아키, 앞의 책, 113쪽.
13) 요시미 요시아키, 앞의 책, 55쪽.
14) 요시미 요시아키, 앞의 책, 96쪽.
15) 요시미 요시아키, 앞의 책, 216쪽.

그 이후 밤 시간은 장교가 위안소를 이용하도록 정하고 있다.[16] 따라서 피해자들은 군인을 상대하기 위해 24시간 항상 대기생활을 해야 했다. 그러나 군부가 책정해놓은 이 시간편성은 계급별로 분류한 것 외에는 별다른 의미가 없었다. 군의 규정상 책정인 일인(一人) 상대시간을 30분으로 할 경우 한 피해자는 하루 20명 이상의 군인을 상대할 수가 없다. 실제 피해자들은 더욱 가혹한 상태에 있었다.

<표 1>[17]에서 12사례가 하루 20명 이상을 상대했다고 밝히고 있다. 특히 토벌하고 돌아온 날이나 주말에는 군인들이 많이 왔으며, 심하게는 40~50명의 군인을 겪어내야 했다. 피해자들은 이럴 경우 실제로 군인이 얼마나 오느냐에 따라 때로는 시각을 다투어 군인을 받았던 것이다. 하루 40~50명을 상대했던 피해자 문필기는 군인들이 줄 서 있다가 차례로 들어왔는데 서로 먼저 들어오려고 군인들끼리 싸우거나, 앞사람이 위안소 안에 오래 있으면 줄 서 있는 뒤 군인들이 문을 두드리며 심하게 재촉했고, 머무는 시간은 대개 시간은 5분 내외였다고 증언하고 있다.[18]

특히 주말이나 군인이 전장에서 귀대하거나, 또는 피해자들이 전투중인 지역을 순회할 때면 상대했던 군인이 얼마였는가, 그들이 몇 분이나 머물었는가 등은 파악할 수조차 없었다.

---

16) 이제까지 밝혀진 일본군부가 작성한 위안소 규정에는 구체적으로 대개 30분, 40분 혹은 한시간 간격으로 '위안소 사용시간'을 명시해놓고 있다.
17) 앞서 밝혔던 이 표는 이제까지 나온 한국정신대문제대책협의회·한국정신대연구회(소) 편 국내증언집, 『강제로 끌려간 조선인 군위안부들』1·2·3권과 중국증언집 『중국으로 끌려간 조선인 군위안부들』의 피해자 58명을 대상으로 하였다. 이후 표들은 모두 이 피해사례를 근거로 하였다. 그러나 각 표는 사례마다 각각의 주제별로 중복되기도 하여 피해자의 수는 그 이상으로 나타나기도 한다. 본 <표 1>에서는 피해가 총 66사례이다. 이는 평일, 주말에 군인의 수가 달랐다는 것을 포함시켰기 때문이다. 또 <표 6>을 예로 들면 실제 피해자 58명과는 달리 피해지역을 75곳인데, 이는 증언상 한 피해자가 거쳤던 여러 지역을 다 표시했기 때문이다.
18) 『증언집 1』, 115쪽.

<표 1>　　　　　　　　　　　　일일 상대군인

1일 상대 군인수	1인 이상	5인 이상	10인 이상	20인 이상	30인 이상	40인 이상	50인 이상	많이 왔다	모르 겠다	언급 없음	총계
피해자 수	9명	18명	8명	12명	9명	2명	1명	3명	1명	3명	66명

* 피해자 58명. 평일·주말이 중복됨.

또한 이들은 생리 때에도 성기를 세척하며 또는 질 속에 솜을 집어넣은 채로 군인을 받아야만 했다. 생리용품은 군에서 생리솜이나 거즈 등을 배급하기도 했지만 배급이 없으면 닥치는 대로 사용하였다. 피해자 황금주는 생리 배급품이 끊기자 군인이 버린, 떨어진 각반을 빨아 쓰기도 했다. 그러다가 군인에게 들키면 재수 없다고 맞기도 했다.[19] 이처럼 일본군은 피해자들의 생리조차 개의치 않고 폄하하며, 그들의 비인간적 야만성을 보여주고 있다.

위안소 설치 목적상 군부는 성병예방과 그 대책에 매우 엄격하였다. 특히 이것은 피해자들 위주로 세세한 사항, 예컨대 '성교전 뒷물'이나 사후 세척 등까지 지시하며, 또한 전담 군의를 지정하여 성병검사 등을 실시하였다. 일본군'위안부'가 군인에 의해 성병이 전염될 경우 전염자의 각 방마다 표시를 하고 매일 회보에 그 사실을 게재하여, 군인의 접근을 금지시키고 있다. 따라서 피해자들에게 이 지속적인 성병검사는 그들의 건강을 위해서가 아니라 일군용(日軍用) 도구로서 안전한가 여부를 점검하는 것에 지나지 않았던 것이다.

<표 2>에서 보듯 대다수는 성병검사를 받았다. 피해자들 49명이 매주 한 번, 매달 두세 번이나 한 번 혹은 부정기적으로 검사를 받았다. 이들은 함께 있는 동료들과 같이 군부대 내의 군병원으로 가거나 혹은 위안소를

---

19) 『증언집 1』, 102쪽.

<표 2>　　　　　　　　　　　　　성병검사

있었다	없었다	언급 없음	전체
49명	3명	6명	58명

<표 3>　　　　　　　　　　　　　콘돔 사용

했다	안 했다	언급 없음	전체
51명	2명	5명	58명

직접 방문한 군의관에게 성병유무를 검사받았다. 피해자들은 이 성병검사를 받는다는 것이 또한 부끄럽고 창피스러웠던 것으로 기억하고 있다.

또 한편 군부는 앞서의 정기검사 외에도 성병예방책으로써 삿쿠,[20] 즉 콘돔을 의무적으로 사용하도록 위안소 규정에 구체적으로 명시하여 놓았다. 피해자들에게도 군인들이 콘돔을 사용토록 하는 것에 만전을 기할 것을 지시했다. 군인들은 군부대에서 지급한 콘돔을 사용하거나, 피해자들이 관리자에게서 이를 받아 군인에게 넘겨주기도 하였다. <표 3>에서 보듯 피해자 51명은 원칙상 콘돔을 사용하였다. 그러나 이 가운데는 콘돔 착용을 원하지 않는 군인들이 있어 이를 사용할 수조차 없었으며, 피해자 2명은 아예 이것이 없었다고 증언하고 있다.

그러나 피해자들의 입장에서는 군부가 필수적으로 요구하는 이런 콘돔 사용이 그들에게 모멸감을 불러일으키는 것에 지나지 않았다. 콘돔 한 상자를 배당받았던 피해자 황금주는 그것이 없으면 군인이 오지 않을까라는 생각으로 이것을 버렸다가 관리자에게 혹독한 처벌을 받기도 했다.[21] 행위

---

20) 삿쿠는 남성용 피임 혹은 성병예방기구인 콘돔(condom)을 일컫는 말이다. 18세기 영국에서 발견한 이것을 대다수의 피해자들은 당시 일본군이 공공연하게 쓰던 이 용어로 기억하고 있다. 한편 삿쿠는 이것의 프랑스어인 사크(sac)로 추정된다. 또한 일본군부는 이를 방독면(防毒面)으로 일컫기도 했다. 요시미 요시야키, 1993, 「독립공성중포병 제2대대－상주 주둔간 내무규정」, 196쪽.

즉시 세척을 하여 최소한 자신의 몸을 돌본 피해자들도 있지만, 군인이 많이 오는 날에는 뒷수습은 하기가 거의 힘들었다. 또한 피해자들 중에는 자신의 성기에 콘돔 끼우기를 강요하는 군인이나 콘돔을 거부하는 군인에게 이를 끼워주면서, 혹은 성비고 등의 약을 군인의 성기에 발라주기도 하였다. 한편 군인이 많이 오는 날에는 사용한 콘돔을 버릴 사이도 없어 방안에는 이것이 쌓였으며, 때로 부족하면 피해자들은 이것을 세탁하여 다시 사용해야 했다. 피해자 김태선은 이럴 때 죽고 싶도록 비참했다고 당시 심정을 토로하고 있다.[22]

이와 같은 군부의 성병예방책에도 불구하고 군인들은 이를 무시하는 경향이 있었다. 전쟁이 극심해지면서 군인들은 언제 죽을지도 모른다는 그 불안감을 피해자들과의 관계에서 그대로 드러내기도 했다. 또는 콘돔 없이 군부대 차원에서 군상대를 요구하면 이것 없이도 군의 명령에 따라야 했다. 따라서 이럴 경우 피해자들은 이미 성병에 걸린 군인들에 의해 감염되기도 했다. 또는 도중에 삿쿠가 터져 성병에 그대로 노출되기도 했다. 군은 피해자들이 성병에 걸리면 군 회보를 통해 감염사실을 공개적으로 알려 군인들의 접근을 금지시켰다.[23]

피해자들 가운데 성병감염자는 12명이었다. 성병치료로는 일명 '육공육'이란 살바르산 606호 주사를 맞았는데, 이것을 피해자들이 한 번씩 맞으면 냄새가 지독하게 역하여 한동안 밥도 먹기 힘들 정도였다. 그외에도 피해자들은 지나친 성기접촉으로 인해 자궁부종, 방광염, 치질 등의 질병으로 고생하였다. 그러나 심지어는 경제적 이익만을 중시하는 민간인 관리자에 의해 성병감염 사실을 숨기고 군인을 상대한 피해자도 있었다. 민간인 관

---

21) 『증언집 1』, 101쪽.
22) 『증언집 1』, 235쪽.
23) 군문서, 센다가코오(千田夏光), 1973, 『증언─여자정신대 8만명의 고발』, 다물편집부 옮김, 1992, 83쪽.

리자들의 이런 행위는 군부에 들키면 용납되지 않았다. 군문서상으로는 장교가 성병에 감염되자 해당 위안소를 영업정지시켜버린 예도 있었다.[24]

어쨌든 여성들은 피해자로서 자신의 몸과 성으로부터 소외당한 채 가혹한 시련을 겪었다. 피해자들은 정해진 위안소에서 있어야 했거나 또는 강무자, 김복동, 김옥주, 김은례, 문옥주 등은 군의 이동과 함께 이리저리 끌려 다니며 군인들을 상대해야 했다.[25] 이들은 계속 이어지는 군인들을 상대하느라 아랫도리를 그대로 드러낸 채 누워 있어야 했고 끝나면 걸을 수도 없는 통증으로 고생하기도 했다. 피해자 홍강림은 "군인을 상대하고 나면 아파서 많이 울었다…군의관이 검사하여 밑이 작다고 질 입구를 칼로 찢었다"[26]고 증언하고 있다. 특히 군과 함께 이동했던 피해자들은 산 속으로 혹은 주변 섬으로 일주일, 보름씩 출장하여 천막을 이용해서 임시로 만든 칸막이 방에서, 굴이나 혹은 트럭 위해서 집중적으로 군인들을 받아야 했다.

뿐만 아니라 군인들 가운데는 개별적으로 군의 방침보다 더 피해자들을 가혹하게 취급하였다. 피해자 황순이는 군인들 세 명이 한꺼번에 들이닥쳐 서로 윤간하자 자궁이 훼손[27]되었으며, 열두 명의 군인에게 끌려나와 겁탈당한 피해자 박순이의 사례가 그 대표적인 예였다고 볼 수 있겠다.[28]

일본군부의 위안소 설치목적 가운데 하나는 점령지역 풍기문란 방지, 즉 점령지역 여성에 대한 일본군인들의 강간방지 대책이었다. 그러나 일군부

---

24) 방위청 관계자료 아시아 태평양 전쟁기 1940년 1월 2일 지나파견군 총사령부 육군성 관계자료.
25) 문옥주는 『증언집 1』, 159쪽; 강무자는 『증언집 1』, 57쪽; 김복동은 『증언집 1』, 93쪽; 김옥주는 『증언집 3』, 110쪽.
26) 정신대연구회·한국정신대문제대책협의회 편, 1995, 『중국으로 끌려간 조선인군위안부들』, 32쪽.
27) 『증언집 3』, 229쪽.
28) 『증언집 2』, 229쪽.

의 이것은 결국 또 다른 여성들에 대한 집단강간이자 성폭력으로 대치한 것에 지나지 않았던 것이다.

(2) 출산 및 양육권의 침해

피해자들은 출산과 양육을 할 수 있는 여성으로서의 권리를 심각하게 침해당했다. 이들은 생리조차 하지 않은 10대초의 어린 소녀들을 제외하고는 모두가 임신할 수 있는 가임기의 여성들이었다. 그러나 이들이 일본군의 성욕처리 도구였던 가혹한 상황에서 이와 같은 권리는 생각조차 할 수 없었다.

일제는 제국주의 침략전을 수행하는 과정에서 식민지 조선을 물자뿐만 아니라 인적 자원의 공급지로서 수탈을 자행하였다. 즉 조선인 여성들은 일본군'위안부' 외에도 근로정신대로, 남성들은 강제징용·징병으로 강제 차출해갔던 것이다. 따라서 일제로서는 조선인들의 자녀출산은 또 다른 자원으로서 대단히 중요한 것이었다.

일제는 자국뿐만 아니라 낙태금지를 식민지 조선에서도 법으로써 명시해놓고 있었다. 1940년 조선법령집람[29] 형사편 '제29장 타태의 죄' 제212조에서 216조까지에는 낙태가 엄격하게 금지되어 있다. 제212조에서는 "임신한 자가 약물 사용하거나 또는 기타의 방법으로 타태했을 때는 1년 이하 징역에 처한다"거나 또는 "부인의 위탁이나 동의로 타태를 시켰을 때"나 "타태시키려 했을 때" 그 행위들을 유죄로 단죄하고 있다.

그러나 이것은 피해자들과는 무관하였다. 피해자들은 일본군'위안부' 생활을 위해서 관리자들에게 낙태를 강요당했다. 사례에서 피해자 5명은 낙태를 했다. 특히 피해자 황금주는 처음 위안소에 도착하여 성병검사를 검사한 후 처녀라고 다른 동료들과 함께 한 보름 정도 장교들만 상대해야 했

---

29) 『조선법령집람: 제15집 민사·형사·감옥』 제2장 형사편, 제29장 제212-216조, 320쪽. 인공유산을 한국사회에서는 낙태(落胎)라고 하는 반면, 일본은 타태라고 부른다.

다. 이때 장교들은 콘돔을 사용하지 않아 임신한 여자들이 많았다고 한다.[30) 그리고 피해자들 중 6명은 위안소 동료들도 낙태를 강요당했다고 증언하고 있다. 또한 한 동료는 낙태수술을 받다가 죽었으며, 다른 한 사람은 만삭이 다 될 때까지 군인을 상대하다가 어느 날 없어져버렸다고 한다. 또 한편 피해자들의 동료 가운데에는 출산한 이가 6명 있었는데, 한 사례는 출산하자 아이가 곧 사망했고, 한 아이는 군인이 데려가 버렸다. 위안소의 목적과 구조상 피해자들이 출산한 아이를 키우기는 거의 힘들었던 것이다.

군부 규정상 피해자들의 출산과 양육에 관계된 조항은 전혀 없었다. 군부는 일본군'위안부' 설치 목적과 상관없는 이 문제에 대해서는 언급조차 하지 않고 있다. 결국 군부는 피해자들의 임신·출산·양육 등을 방치함으로써 당시의 형사법 조항에도 저촉되는 범죄를 자행했던 것이다.

이상으로 군부가 피해자들을 군인의 성욕처리를 위한 일본군'위안부'로 전락시킨 후 피해자들을 어떻게 취급하였는가, 그리고 피해자들의 출산 및 양육권을 어느 정도로 훼손시켰는가를 검토해보았다. 이와 같이 자신의 성과 몸을 착취당하는 극심한 상황에서 피해자들은 육체적·정신적으로 깊은 상처를 입었다. 현재까지도 피해자들은 가부장제도하의 순결이데올로기를 그대로 내면화한 채로 자신들을 '망가진 몸'[31) 혹은 '이미 버린 몸'을 가진 존재로서 스스로를 부정적으로 인식하는 것을 볼 수 있다.

2) 노동권의 훼손

당시 우리 사회에서 여성들의 사회참여는 공공연하게 이뤄지고 있었다. 여성들은 교육을 통해서 또는 노동현장에서 개인의 자아 실현을 위하거나 혹은 가족 경제생활을 위한 목적으로 사회참여의 기회를 넓혀 갔다. 따라

---

30)『증언집 1』, 100쪽.
31)『증언집 2』, 191쪽. 피해자 최일례 사례.

서 여성들의 교육이나 소득활동에 대한 욕구는 과거 전통사회에서와는 달리 개인적으로도 사회문화적으로도 자연스럽게 수용되고 있었다. 그런데 일본군'위안부' 모집은 이런 당시 사회적 추세를 교묘하게 악용하여 피해자들이 희망하는 노동에의 권리를 왜곡시키고 박탈했던 것이다.

우선 이것은 피해자들이 위안소에 가는 과정에서 그대로 드러난다. 59건의 사례 가운데 납치 17명과 이유를 모르는 캄보디아에서 생존했던 일명 '훈'할머니인 피해자 이남이 외 42건의 사례 모두는 유괴였다. <표 4>에서 보듯 피해자들은 자신이 공장취업 11명, 돈을 벌기 위한 취직 13명, 가사보조 4명, 간호보조일 2명 등으로 당시 여성들이 많이 진출하는 분야로 가는 것으로 알았다. 또한 납치된 사람 가운데 세 명은 유괴에서와 마찬가지로 동원자들이 그들을 취업을 미끼로 했다가 그들이 거절하자, 또는 한 사례는 공부시켜준다면서 납치했던 경우이다.

<표 4>　　　　　　　　　　　유괴시의 꾐

공장취업	취직	식당종업원	간호(원)보조	가사보조	군위문단	정신대	공부시켜준다	먹고입게해준다	집에데려다준다	아버지를찾아준다	납치	이유없이갔다	기타	전체
11명	13명	1명	2명	4명	1명	2명	1명	1명	1명	1명	17명	1명	3명	59명

하여튼 피해자 모두는 위안소에 도착해서야 혹은 군인이 방안에 들어와서야 자신이 해야 할 일이 무엇인가라는 사실을 알게 되었다. 군인 위문단으로 모집되어 갔던 피해자 박순애도 자신의 역할은 군에 가서 군 빨래나 부상병 치료인 줄 알았다는 것이다.[32] 피해자들은 자신들이 이런 일을 하리라고는 전혀 생각조차 하지 못한 상태에서 자신들의 의사와는 상관없이 일방적으로 강요당했던 것이다.

---

32) 『증언집 1』, 243쪽 박순애.

당시 형사법에는 약취(略取)·유괴 또한 유죄로서, "영리의 목적으로 납치하는 자"나 그 "미수자"는 징역에 처할 것을 명시하고 있다.[33] 따라서 취업이나 교육을 미끼로 한 일본군'위안부' 동원 또한 범법행위였던 것이다.

이런 조건 하에서 군은 일방적으로 군인을 대상으로 한 위안소 규정으로써 위안소 이용요금을 책정하고 있다. 이 요금액은 피해자가 일본여성인가 한국여성인가 혹은 기타 민족별로 차등을 두고 있다. 지불되는 요금은 일본이나 점령지의 화폐 혹은 계급별로 색깔이 다른 군표, 금액에 세금의 포함 비포함을 명시하거나, 혹은 군인에게 특별매전세면세표(特別賣錢稅免稅票)로 이른바 '위안'요금을 할인하기도 했다.[34] 그러나 이것은 피해자들에게는 상관없는 일이었다. 피해자들은 어떤 금액도 받지 않았으며, 단지 받았다고 증언하는 사람은 11명에 지나지 않는다. 이 피해자들 또한 그것을 받아 관리자에게 넘겨주었다. 즉 이 금액과 지불방식 책정은 우리나라 피해자들에게는 명목상일 뿐이었다. 오히려 이것은 일본군부가 자신들의 조직적 성폭력에 스스로 면책받고자 하는 비열한 자기위안이자 기만으로밖에 여겨지지 않는다.[35]

한편으로 군은 자신들의 명예실추[36] 등을 이유로 위안소 경영을 군직영에서 민영으로 즉 민간인에게 관리를 위임하고 있다. 군부는 이 민간관리인에게 위안소의 개·보수, 위생시설완비와 청결유지, 매일 위안부별로 받

---

33) 『조선법령집람』, 제33장 약취 및 유괴의 죄, 321쪽.

34) 금액에 대해 현재 군문서에서는 실시지역과 계급별 차이만이 밝혀져 있다. 그러나 일본여성과 조선여성의 금액의 차이에 대해서는 공공연한 사실로 밝혀지고 있다. 할인표는 金富子·梁澄子 外, 1995, 『'慰安婦'問題-性と民族の觀點で』, 35쪽 참조.

35) 예외적으로 문옥주 피해자 등 몇 사례는 그 당시 금액으로는 상당한 돈을 일본 야전우체국에 저축하기도 했으나 돈은 해방 이후 찾을 수 없었다. 막상 현재의 금전으로 환산하자 거의 금전으로서의 사용가치조차 없다는 것만이 판명되었다. 『증언집 1』, 162쪽.

36) 센다가코오, 앞의 책, 78쪽.

은 요금을 보고할 것 등을 지시하고 있다. 군부는 이와 같은 민간인들의 노동력의 대가로 그들에게 군인의 이용요금에서 일정 배당금을 책정하여 주었다. 따라서 민간관리인은 군부의 통제 하에서 군부에서 위임받은 사항을 준수하며 경제적 이득을 획책하였다. 즉 이들에게 위안소 경영은 어디까지나 경제활동을 위한 장사가 주된 이유였던 것이다. 이와 같은 민간관리자의 개입은 피해자들의 노동권을 더욱 왜곡시키고 여성으로서의 자신의 몸과 성을 상업적으로 인식하는 조건을 강화시켰다.

민간관리자가 있는 중국 상해의 강만진(江灣鎭) 위안소에는 입구에 "몸도 마음도 받드는… 서비스" 혹은 "성전(聖戰)…용사 대환영" 등을 붙이거나, 혹은 "살인적 올 서비스"란 현수막으로 '손님'인 군인을 유인하고 있다.37) 군인들은 이곳 여성들이 더 친절하였다고 한다. 더욱이 민간관리자들은 새로 온 여성에게 혹은 '손님'을 잘 받는 여성에게 친절하게 대하며, 군인 받은 군표 등을 모았다가 한 달에 한 번씩 그 전표가 많은 여성에게 포상하며 여성들끼리의 경쟁을 부추기기도 하였다. 피해자 김옥주는 중국 하이난도(海南島)에서, 피해자 문필기는 만주에서 얼마나 군인을 받았는가를 막대그래프로 표시하였으며 피해자들은 그들끼리 혹은 관리자는 관리자대로 눈금을 속지 않기 위해 "여자는 여자대로 밝히고 주인은 주인대로 밝히며" 서로 감시하였다고 증언하고 있다.38)

또한 <표 5>에서도 보듯 상당수의 피해자들은 민간인이 관리하는 위안소에 있었다. 이들 가운데에는 자신이 손님, 즉 군인에게 "몸을 팔았다"라고 증언하는 사람들이 있다. 18명의 피해자는 군인을 손님으로 불렀다고 한다. 그러나 이들이 받은 돈은 거의 없었다. 다만 당시 민간관리자가 경영하던 위안소의 분위기 속에서 저항 없이 자신을 그렇게 인식하였던 듯하

---

37) 입구 표시는 아쏘오테츠오(麻生徹男), 1993, 「寫眞集-戰線女人考」, 『上海へ上海で』, 石風社, 사진 화보에서. 현수막은 김일면의 증언.
38) 문필기 사례는 『증언집1』, 114쪽; 김옥주 사례는 『증언집 3』, 105쪽.

<표 5>   관리자

군	민간	언급 없음	잘 모름
16명	41명	1명	1명

다. 예외적으로 김끝순, 문옥주 등은 당시 상당한 금액을 모아 저축하였었다. 그러나 이 돈은 해방 이후 그들에게 무용지물이 되고 말았다.[39]

한편으로 군부는 "현재는 정욕을 채우는 데 불과하다. 정신적 위안도 줄 수 있도록"[40] 하라고 지시하고 있다. 이 반영인 듯 관리자들은 피해자들에게 가족적인 분위기를 연출하도록 요구하고 있다. 그 대표적인 예가 호칭에서 드러났다고 볼 수 있겠다. 피해자들은 민간인 관리자에게 오야지(주인)이라거나 아버지, 어머니, 오빠, 언니 혹은 할아버지 할머니 등의 가족용어로 불러야 했다. 심지어 피해자 김옥주는 10살 차이도 채 안되는 관리인을 아빠[41]라고 불렀다고 한다.

피해자들이 군을 위해 한 일은 여기에서 그치지 않았다. 피해자들은 군이 명령하는 다양한 노동을 시키는 대로 해야 했다. 피해자들은 군인들과 함께 훈련을 받거나 방공호 파기, 전쟁 나가는 군인 배웅과 환송, 신사참배, 군인취사, 군간호, 군인 뒷치닥거리 등을 해주고, 또한 군인을 위해 춤이나 노래 등을 불렀다. 이런 활동들은 모두 일본군과 긴밀하게 연관되어 있는 것이다. 따라서 피해자들은 군부에 전적으로 노예처럼 얽매인 이른바 일본 군부의 부속품에 지나지 않았던 것이다.

---

39) 김끝순은 당시 71,000 전시화폐를 저축했었다. 1973년 환산액은 한국돈 244원에 지나지 않았다. 『증언집 3』, 253쪽 주8) 참조.
40) 요시미 요시아키, 앞의 책, 205쪽.
41) 『증언집 3』, 103쪽.

<表 6>　　　　　　　　　　　　위안소 지역

중국	팔라우	대만	파퓨아 뉴기니아	보르네오	싱가포르	인도네 시아	말레이 지아	필리핀
35명	2명	7명	3명	1명	5명	6명	1명	1명

일본	캄보디아	몽고	미얀마	한국	사할린	홍콩	총	
4명	1명	1명	1명	2명	1명	1명	75명	

<표 7>　　　　　　　　　　　　피해자의 당시 나이

11세	12세	13세	14세	15세	16세	17세
1명	2명	3명	8명	4명	18명	7명
18세	19세	20세	21세	22세	잘모름	총
5명	4명	1명	1명	1명	4명	59명

3) 조선인으로서의 민족멸시

　군 문서상 우리나라 피해자들은 중국, 필리핀, 파퓨아뉴기니아, 미얀마 등에 있었다. 아직까지 군 문서의 자료 파악이 쉽지는 않지만 우리나라 피해자들이 여러 지역에 있었다는 사실은 쉽게 확인되고 있다. 뿐만 아니라 <표 6>에서 보듯 실제 피해자들은 국내 부산이나 웅기의 위안소에 있었던 피해자 각 한 사례를 제외하고는 동남아 각 지역에 다양하게 흩어져 있었다. 즉 일본군이 있는 곳에는 거의 우리나라 피해자들이 있었던 것이다.

　이 피해자들이 위안소에 도착했던 당시의 나이는 거의가 20세 이하의 어린 소녀들이었다(<표 7> 참조). 20세 이상은 잘 모름의 1명까지 포함하여 4명이었고, 그 외는 전부 20세 미만이었던 것이다. 그런데 일제는 1910년에 이미 「취업을 시키기 위해 부녀매매를 금지하는 국제조약」이나 1921년에 「부인, 아동의 매매를 금지하는 국제조약」에 가입하였다. 따라서 이른바

'매춘부' 여성은 21세 이상이어야 가능하였다. 그러나 일제는 우리나라와 대만 등 식민지역은 이 조약에서 제외시켜[42] 어린 우리나라 피해자들을 끌고 갔던 것이다. 더욱이 여기에는 우리나라 여성을 '이상적 위안부'로 간주한 일군부의 체계적 책략[43]이 있었던 것이다.

우선 우리나라 피해자들은 위안소에 가면서부터 전과는 전혀 다른 삶을 살아야 했다. 피해자들은 머리형태부터 크게 변화했다. 1895년 11월 단발령이 실시된 후에도 우리 사회에서는 이조시대 여성들처럼 전통적으로 기르던 긴 머리를 그대로 간직하였다. 피해자들 또한 그런 우리 사회의 여성의 머리형태에 익숙한 생활을 해왔던 것이다. 그러나 피해자들은 위안소 생활에 맞추어서 머리카락을 짧게 잘라야 했다. 피해자 황순이는 머리를 자르자 "가슴이 찡하고 섬뜩하고, 이 머리라는 거는 부모한테 다 얻는 것인디 싶으고"란 생각이 들었다고 한다. 또한 피해자들은 그 전에 입던 치마저고리를 벗고 기모노나 원피스로 양장을 했다. 화장을 하기도 했다. 이름은 일본식으로 바꾸거나 방번호로 불렸다. 식사도 현지 식품으로 대치되었다. 예컨대 바나나, 파파야로 때우기도 했고, 우메보시나 단무지, 주먹밥 등 간단한 일본식을 먹기도 했다.

한편으로 피해자들 사이에서의 우리말 사용이 금지되어 있었다. 일본말을 군인이나 관리자에게 배우기도 했지만 위안소에 있으면서 눈치껏 알아

---

42) 전쟁책임자료센터, 1993,『종군위안부 문제의 역사학적 구명』, II장 식민지·점령지의 여성이 '종군위안부'가 되었던 이유, 1쪽.

43) '이상적 위안부'란 센타가코오, 앞의 책, 71쪽에 실려 있다. 이는 아쏘오 데츠오의 보고서,「花柳病 / 積極的豫防方法」를 근거로 하고 있다. 아쏘오 데츠로, 앞의 책, 215-216쪽을 참고하면 1939년 군의관으로서 아쏘오씨는 중국 상하이 외곽에 근무 중 명령으로 창부의 성병검사를 실시한다. 여기에서 창부란 군위안부를 일컫는 것으로, 이때 100명이 검사를 받았다. 그 가운데 우리나라 여성이 80퍼센트였으며, 그들은 성병이 거의 없다고 검사결과를 발표하였다. 이로써 결국 우리나라 여성들이 군의 위안소 설치 목적과 합치되는 이상적인 위안부였다는 것이다.

들을 수가 있게 되기도 하였다. 피해자들끼리 한국말을 하면 벌금을 물어야 할 정도로 엄격하게 대했으며, 심지어 어느 일본군은 나이 어린 피해자가 우리말을 했다는 이유로 칼로 다른 피해자들이 보는 앞에서 목을 잘라 버렸다고 한다.[44] 그러나 위안소에서는 언어가 필요 없어 거의 말도 없이 생활한 피해자들 또한 있었다.

이처럼 피해자들은 군인의 욕구와 현지 실정에 따라, 특히 일본 군인의 정서에 맞추어서 일본식으로 꾸며야 했다. 그러나 피해자들이 일본식으로 변화했을지라도 그들은 민족적 모욕을 받기는 마찬가지였다. 특히 군인들은 구타하며, "조센삐", "조센징", "센징" 등으로 당시 우리나라 사람들을 비하시켜 일컫는 속어를 공공연하게 사용하였다. 또한 우리나라 피해자들은 드물게는 일본여성들 혹은 현지여성들과 같이 있기도 했지만 주로 우리나라 여성들과만 같이 있었다.

피해자들은 공간적으로도 과거와는 단절된 채로 의식주조차도 군의 상황과 욕구에 맞추면서, 또한 민족멸시를 겪으면서 이제까지와는 전혀 다른 모습으로 급격하게 변모했던 것이다.

4) 사적 영역의 침해

피해자들에게 부여된 이른바 일본군'위안부'로서의 임무에서 자신의 몸을 돌보거나 상황을 조절할 수 있는 자율권은 원칙적으로 불가능했다. 피해자들의 일거수일투족은 군의 상황에 좌우되며, 외출·휴식조차 맘대로 할 수 없는 피해자들은 예컨대 사적인 장소나 시간, 개인적 친밀관계 등에 기반하는 사적 생활은 심각하게 파괴되었던 것이다.

---

44) 成律子, 「북조선의 전'위안부'들」, 『世界』, 1993 3월호, 282쪽; 『종군위안부 문제의 역사학적 구명－일본의 전쟁책임자료센터』 중 Ⅵ장 일본인·백인·그외 아세아인 '종군위안부'의 이동(異同) 부분의 5쪽, 북한 김영실 피해자의 증언 참조.

<표 8>　　　　　　　　　　위안소와 거처

같음	분리	언급 없음
65명	11명	3명

　<표 8>에서 보듯 65사례가 군인들을 상대했던 바로 그 장소에서 거처했다. 또한 11사례는 위안소와 거처가 분리된 곳에 있었지만, 이 경우들도 다른 동료 피해자들과 집단적으로 기거하였다. 방은 아주 협소하여, 그 크기가 침대 한 대 있을 정도, 한 사람 혹은 두 사람 누울 정도거나 다다미 한 장이나 한 장 반이기도 했다. 또는 천막이나 학교 등의 공공건물을 개조한 곳에서 생활을 했다. 또한 방안의 가재도구들은 이 생활에 필요한 용품들, 즉 휴지, 세숫대야, 소독병이나 소독약 등이었다. 취사 또한 공동으로 하여 식사시간이 지나면 그나마 끼니도 거를 수밖에 없었다.

　한편으로 피해자들의 위안소 밖의 활동은 철저하게 통제 받았다. 따라서 피해자들이 밖으로 외출하는 것은 어려운 일이었으며, 외출군문서상에서도 피해자들의 외출이 제한[45]되거나, 지정[46]해주는 군부도 있었던 것이 드러난다. 실제로도 피해자 6명의 사례에서는 아예 외출 금지되었으며 25명의 사례는 제한적이거나 감시하는 외출의 형태를 띠었다. 뿐만 아니라 대부분 외출의 목적 또한 일본군'위안부'로서의 범위에서 벗어나지 못했다. 즉 그들은 병원입원이나 성병검사를 위해서, 혹은 군 장교의 연회에 참석하기 위해서, 신사참배 그리고 목욕 등을 하기 위해서 외출하는 정도에 그쳤던 것이다. 또는 헌병이 "원주민이 겁탈한다"고 공포감을 조성하여 여성들 스스로가 외출하는 것을 꺼리게 하였다.

　그외에도 피해자들의 사적생활에 대한 통제는 위안소 안에서뿐만 아니

---

45) 高崎隆治 編·解說, 1990, 『軍醫官戰場報告意見集』, 東京: 不二出版, 123쪽 이하, 부록3.
46) 요시미 요시아키, 앞의 책, 264쪽.

부대 안	부대 밖	언급 없음
9명	36명	4명

라 군부와의 공간적 배치에서도 잘 드러나고 있다. 피해자들이 있던 위안소는 대부분 부대 안과 밖으로 군인들과 가까이 위치해 있었다. <표 9>에서 보듯 피해자 9명의 사례가 부대 안에 있었고, 36명의 사례는 부대 밖에 있었다. 부대 밖 위안소는 주로 부대 주변을 끼고 설치되어 있었다. 또한 위안소 앞에는 헌병이 보초를 서는가 하면, 수시로 순찰을 돌며 피해자들을 감시하였다.

한편으로 군부에서는 군인과 피해자들이 개인적으로 친밀해지는 것을 금지하였다.47) 또는 앞서 밝혔듯 관리자들은 여성간에 경쟁을 조성하여 서로 긴장관계로 내몰기도 하였다. 이와 같은 상황에서 피해자들이 인간으로서 사적 생활을 하기란 거의 불가능했던 것이다.

3. 피해자들의 대처방안

군위안소에서 피해자들은 인격과 인간으로서의 존엄성을 극심하게 훼손당하였다. 심지어 자궁 질병으로 고생했던 피해자 이영숙, 또는 매독에 걸렸던 피해자 박순이는 이때가 오히려 군인들에게 시달리지 않고 쉴 수가 있어서 좋았던 것으로 기억하고 있다.48) 이런 증언들은 피해자가 인간 이하로 취급당하며 이른바 군인들을 '위안'해주기 위해 자신들이 얼마나 가

---

47) 高崎隆治, 앞의 책, 123쪽 이하, 부록3 '군인구락부에 관한 규정'.
48) 『증언집 1』, 66쪽의 이영숙 증언 사례; 『증언 2』, 230쪽의 박순이 사례.

혹한 고통을 겪어야 했던 것을 단적으로 보여주는 예라고 볼 수 있겠다.

그러나 피해자들이 감시와 통제로만 이루어진 이 상황에서 벗어나기란 거의 불가능했다. 다만 그들은 자신들의 삶에서 적극적인 생존방법들을 모색하고자 여러 노력을 다하였다. 피해자 강무자는 "처음부터 장교 두서너 명이 차례로 달려들어서 밑이 찢어져 피가 나고 따가웠다. 반항을 하니까 허리끈을 풀어 다리를 묶어놓기도 했다. 반항은 했지만 도망은 못 갔다 … 나도 인간이라고 소리질렀다."[49] 피해자들의 이와 같은 '인간선언'은 실제로 실현되기는 거의 불가능했으며, 생존한 피해자들은 군인에게 대항하다가 구타당하며 혹은 관리자에게 감금당하면서 이른바 위안소에 적응해갔던 것이다.

하여튼 이 충격으로 피해자 김복동은 너무 억울하여 동료들과 함께 자살을 기도하기도 했다.[50] 피해자 김군자는 처음 들어온 군인에게 반항하다가 구타당하여 한쪽 귀의 고막이 터져버리고 말았다.[51] 그리고 병원에서 붕대 감아주는 일인 줄 알고 다섯째 동생을 데려와 함께 고생했던 피해자 김소란의 큰언니는 줄기차게 관리자에게 항의했다. 그러나 도리가 없어 나중에는 지쳐 포기하며 살 수밖에 없었다 한다.

뿐만 아니라 피해자들이 군인 상대를 거부하면 군인이나 관리자들에게 감금·구타 등을 당하였다. 사례 가운데 피해자 9명이 군인이나 관리자에게 심각하게 구타를 당했고, 3명이 군인에게 칼질을 당하기도 했다. 피해자 황순이는 군인이 내려친 총대로 머리 정수리가 내려앉고 말았다. 피해자 김옥주·윤두리 등은 군인이 내리친 칼에 등 어깨에 상처를 입어 고생했으며, 그 상처는 이후에도 깊게 남아 그들을 힘들게 하고 있다.

이 현실이 힘들어 술을 마신 피해자들이 9명, 담배를 피운 이가 8명, 그

---

49) 『증언집』, 55쪽의 강무자 사례.
50) 『증언집 2』, 89쪽.
51) 『증언집 3』, 81쪽.

리고 아편을 하게 된 사람이 5명이 있었다. 특히 아편에 점점 중독이 되던 피해자 최일례는 먼저 아편을 피우던 동료가 죽게 되자 "이곳이 어디냐, 내가 왜 여기서 죽어야 하느냐, 이미 버린 몸이지만 몸이라도 부모님이 계시는 고향에서 묻혀야 하지 않느냐"며 마음을 다져 먹기도 하였다.

또는 군부가 군인들과의 친밀감을 통제함에도 불구하고 외로움을 덜기 위해 군인들과 친숙하게 지내려고 노력한 피해자도 있었다. 또는 동료들과 함께 친하게 지내며 어려움을 견뎌내는 피해자들도 15명이 있었다. 관리자들은 여성간의 친밀을 통제하였지만 관리자들 모르게 피해자들끼리 의형제를 맺으면서 시름을 달래었다. 더욱이 피해자들끼리 친해진 후 군인이 행패를 부리면 피해자들은 그 군인에 함께 맞서 대항하기도 하였다.

자살도 공공연하게 시도되었다. 피해자들에게 자살이란 그들이 할 수 있는 가장 극단적인 적응 가운데 하나였던 것이다. 피해자들은 8명이 자살을 기도했거나 혹은 피해자 12명은 동료가 자살하는 것을 목격하였다. 또는 동료들이 군인에 대항하다가 구타당하여, 폭격으로, 혹은 아편중독으로 23명이 사망하였다.

가족이 그리워 향수병에 걸리거나 정신병에 걸린 피해자들도 있었다. 그러나 소수의 피해자만이 가족에게 연락을 할 수 있었고, 대다수는 전혀 달라진 생활 속에서 고향·가족 등과 단절된 채로 살았다. 또한 풍토병인 말라리아에 걸려 시달렸던 피해자들도 5명이 있었다. 그렇지만 성병치료와는 달리 이런 질병들은 죽을 정도로 심각하지 않는 한, 피해자들 자신이 그 치료를 할 수밖에 없었다.

한편 위안소를 벗어나기 위해서 탈출을 시도하여 17명이 성공하였으며, 5명은 실패를 하였다. 당시 탈출은 군장교나 헌병 등의 협조 없이는 거의 불가능하였다. 또한 해방 이후에도 피해자들은 24명이 방치되었으며 13명이 수용되었다. 그리고 피해자들은 48명이 귀환하였고, 11명이 현지인 중국·캄보디아에서 잔류하였다. 이 가운데 피해자 이남이·박연이 등은 군장교가 해방 후에도 결혼 등을 이유로 귀국을 방해하여 현지에 남기도 했다. 이 가운데 박연이는 중간에 돌아올 수 있었지만, 이남이는 결국 캄보디아에 남아 수십년의 세월을 타국에서 살아왔던 것이다.

4. 맺음말

우리의 몸과 성은 어떤 이유로도 유린되거나 침해될 수 없는 고귀한 것이다. 이것은 마땅히 인권으로서 존중되고, 보호되어야 한다.

일본군'위안부' 제도는 일본군부가 여성의 소중한 성을 인격으로부터 분리하여 장병의 성처리 도구로 폄하시켰다는 데 그 문제가 컸다. 여성을 단순한 성기적 존재로 취급하며, 인간으로서의 존엄성을 훼손한 명백한 범죄행위였던 것이다.[52]

군문서에 의하면 '위안부'란 군종속자였다.[53] 또는 다른 명칭으로 특수요무, 군대위안부, 위안부, 접객부, 종업부, 특수부녀, 작부, 기생, 매음부, 기녀, 기(妓), 종군매춘부라고 기록되어 있다. 또는 군에서는 황군장병에게 주는 선물, 성전완수상의 병기(聖戰完遂上の兵器), 천황의 하사품이라 했다는 증언이 있는가 하면, 군인들은 도라지꽃, 창녀, 갈보, 살아 있는 만두로 부르기도 했고, 민간관리자들은 피해자들의 생각이 단순하다며, '고도모(子供, 아기의 일본말)'라고 부르기도 하였다고 한다.[54] 특히 일본군인들은 우리나라 피해자들에게 '조선삐'라고 부르며, 공공연하게 민족적으로 멸시하

---

52) 「소장: '재일 전 종군위안부' 사죄·보상 청구사건－피해자 송신도」.

53) 외무성 보관 1943년 자료.

54) 용어는 군문서상으로 요시미 요시아키, 앞의 책, 14, 183쪽. 임종국 편역, 1981, 『정신대』, 42쪽; 長澤建一, 1983, 『漢口慰安所』, 東京: 圖書出版社, 52쪽; 千田夏光, 1973, 51쪽·58쪽; 金一勉, 1977, 「軍隊慰安婦の實態」, 『戰爭と人間の記錄·軍隊慰安婦』, 70-71쪽 등 참조.

였다.55)

본고에서는 우리나라 피해자들이 위안소에서 겪었던 피해실태를 검토해 보았다. 피해자들은 군인에게 자신의 몸과 성을 제공하며, 군부가 요구하는 노동 및 훈련 등 기타 활동을 했다. 이로 인해 피해자들은 육체적·정신적으로 심각한 상처와 좌절을 겪었다. 특히 강요된 식민국가였던 우리나라 여성으로서 피해자들은 그 차별과 폐해를 감수해야 했던 것이다.

한편으로 앞서의 『조선법령집람』 형사편 제22장에는 "폭행 또는 협박으로 13세 이상의 부녀"(제177조), "항거불능자"(제178조)를 간음한 자나 그 "미수자"(제179)도 벌하여 징역에 처할 것56)을 명시하고 있다. 따라서 일본군은 당시 자신들이 식민지에 제정해 놓은 법을 위반하면서까지 범죄행위를 자행하며, 일본군'위안부' 피해자들에게 지속적인 범법을 하고 있었던 것이다.

일본군'위안부'제도는 위안소의 설치목적 즉 군의 성병예방과 사기진작, 그리고 점령지 내에서의 강간방지 등의 풍기단속을 이유로 일본국가가 조직적으로 자행하였다. 따라서 이것은 특히 일본군이 강간방지를 위해서 또 다른 여성들을 집단적으로 강간한 국가적 성범죄이자 피해여성들에게 몸과 성을 정신적·육체적으로 심각하게 훼손시킨 여성인권유린이었다.

위안소 이용규정상 군부는 군인을 사용자 혹은 이용자로 호칭하며, 군인이 일본군'위안부'들을 대할 때에는 사유(私有)가 아닌 공유(共有) 개념으로 대할 것, 키스금지 등을 명시하여 개인적 친밀감 및 신체적 접촉 범위에도 제한을 가하고 있다. 뿐만 아니라 위안소내 음주 등 기타행위를 금지하고

---

55) 한편 廣田和子은 『증언기록 종군위안부·간호부─戰場に 生きた 女の 痛哭』, 신인물왕래사, 1975에서 종군 위안부와 종군 간호부를 엄격히 구분하고, 종군위안부가 겪어야 하는 차별을 역설하고 있다. 그도 역시 군에 있어 위안부는 철포·탄환과 같은 필수품으로, 어떤 방법으로든 조달 가능하였음을 강조하였다.

56) 『조선법령집람』, 319-320쪽.

있다.[57] 따라서 군부가 사용자, 곧 군인에게 위안소에서 허용하는 범위는 피해자의 성기 특히 질에만 집중되어 있었다고 볼 수 있다. 결국 피해자들은 일본군인들에게 성적 서비스를 제공하는 성노예로 존재하며, 이른바 군위안소는 피해자들에게 가혹한 집단강간소에 지나지 않았다. 그리고 또 한편으로 이것은 피해국의 민족적 자존심을 크게 훼손시킨 범죄행위였던 것이다.

피해현실을 직시해본다는 것은 우리가 피해자들의 고통을 조금이나마 이해하며, 그럼으로써 그 고통의 해결책을 고민해볼 수 있다는 데 그 의의가 있을 것이다. 생존 피해자들이 어떻게 여성으로서의 자존감과 인간에 대한 믿음을 회복할 수 있는가는 중요한 과제임에 틀림없다. 그리고 현재 무엇보다도 중요한 것은 이를 통해 일본이 자국의 책임을 깊이 반성하며 법적, 도의적 책임을 지게 하기 위한 것이다. 더 이상 이와 같은 범죄가 인류사에서 발생하지 않도록 하기 위해서도 그리고 문제의 당사자 즉 일본이 진정으로 성숙한 국가로서 성장하기 위해서도, 일본은 자국이 자행한 이 피해를 반드시 올곧게 해결할 필요가 있을 것이다.

---

57) 高崎隆治, 앞의 책, 123쪽 이하, 부록3 "군인구락부에 관한 규정"; 요시미 요시아키, 앞의 책 참조.

일본 오키나와

강정숙
한국정신대연구소 연구원

조사일정

날짜	행선지	조사협조자
2000. 6/22	김포공항 출발/ 나하공항 도착 1)기노완(宜野灣)시 가카스(賀數)위령탑 2)기노완 연예오락관과 전형적인 위안소 탐방 3)오나하(小那覇)위안소 4)고완(小灣)위안소(구 尙왕가 별장자리. 현재 기름탱크)	통역: 藤岡羊子 차량: 大澤星一 설명: 河名惠子 *동행:류쿠신보사: 知花亞美
6/23	1)다마구스쿠촌(玉城村) 이토가즈(糸數)동굴과 성 2)다마구스쿠촌 후나코시 다마구스쿠 국민학교 분교 군위안소 3)다마구스쿠촌 후나코시 이조(上門)/조선인 군'위안부' 수용소 4)다마구스쿠촌 후사토 4거리 현 병원근방 군위안소	藤岡羊子 後藤聰 浦崎成子
6.24	1)현립도서관에서 자료 검토 2)슈리성 일본군사령부자리 3)평화자료관과 평화의 礎 방문	藤岡羊子 浦崎成子
6/25	1)하에바루(南風原)문화센터 방문 2)데루아(照屋103번지 현 민가) 위안소 3)야마카와교(山川橋) 위안소 (현 근방 라면집) 5)츠카장(津嘉山) 위안소1(현 공민관) 6)츠카장(津嘉山) 위안소2(현 남부농림고교) 7)기노완시립도서관에서 자료입수 8)홍종필 교수와 정보교류	藤岡羊子 後藤聰 浦崎成子 홍종필 교수

날짜	행선지	조사협조자
6/26	나하→이시가키섬→이리오모테섬 1)이리오모테(西表島)이시가키(石垣金星)댁에서 조사 일정 검토 2)우치바나리(內離) 군위안소터와 군사령부 자리/탄광 3)시라하마(白浜) 위안소터 4)우치바나리 나리야 원소유자 나라이(那良伊正伸) 등 증언. 5)소나이(祖納) 위안소터 확인	石垣金星: 차·배 제공 및 총체적 정보제공 藤岡羊子 浦崎成子
6/27	西表島→石垣島 배로 이동 1)이시가키섬 石垣 시사편찬실에서 현 지도 복사. 2)토린지(桃林寺) 부근의 위안소(기요여관 등지) 터 답사 3)이시가키(石垣)소학교 방문 4)시사편찬실에 다시 방문 자료 검토 5)산니(上里)위안소 6)오오하마(大浜孫常)씨 증언 7)南嶋의원 간호사였던 미야라(宮良利) 증언	松島昭司: 차 제공, 산니 위안소 안내 仲若裕子: 숙식제공 藤岡羊子 浦崎成子
6/28	石垣島->宮古島로 비행 1)시모키다(下北)마을 사탕수수밭 뒤에 위치한 위안소자리 2)가와미츠(川滿)하루 증언 3)野原(노바르)마을 나카자토(中里)키미 증언 4)요나하 히로토시(与那覇博敏)上野村字 野原 5)요나하(与那覇) 마쯔사/中里好勇 6)위안부들이 이용한 우물과 지요다 위안소자리 돌아봄 7)히라라(平良)시립도서관 회의실에서 특강	上里清美: 차 제공 및 안내 奧濱幸子: 안내, 미야코지마여성회 주도 藤岡羊子 浦崎成子
6/29	1)찌모리(地盛) 宮平토미 공항까지 와서 증언 2)게라마열도를 지나 나하까지 비행 3)자료 정리	藤岡羊子 浦崎成子
6/30	1)오키나와 현립 공문서관 방문. 2)자료 정리 3)류쿠신보사 知花亞美/松永勝利기자와 면담과 식사	吉濱忍 藤岡羊子 浦崎成子
7/1	1)츠보야(도자기거리)지역답사 2)서점에서 책 구입 3)영화「숨결」관람	
7/2	나하공항에서 김포공항으로	

1. 오키나와 조사의 동기와 오키나와전쟁 개관

오키나와로 가게 된 것은 2000년 12월 7일~12일까지 열렸던 '2000년 일본군성노예전범 국제법정' 준비를 위해서였다. 오키나와는 일본에서는 유일하게 일본군이 군위안소를 건축하고 관리·통제한 모습을 문서로 뚜렷이 볼 수 있고 위안소 흔적도 여러 군데 남아 있는 곳이다. 일본정부가 진상규명이나 사죄의 진정한 결과로서 배상의 의무를 다하지 않고 오히려 교과서에 군위안부 내용을 축소하거나 빼버리고 있는 이때 일본 바로 그 국내에서 군위안소가 어떻게 만들어지고 운영·감독되었던가를 보는 것은 일본군 '위안부' 문제의 범죄성을 드러내는 데 매우 효과적이다. 국제법상 확실하게 적용되는 일본의 국내에서 일본정부와 군의 관여하에 성노예제가 운영되고 있었음을 명확하게 보여 주는 것이기 때문이다. 그리고 이미 공개된 자료에서 충분히 해석할 수 없었던 군위안소 운영과 관련된 일본군 지휘계통을 오키나와에서 구할 자료로 확실히 할 수 있을 것이라는 기대도 있었다. 이를 통해 2000년 법정에서 꾀하는 일본의 책임, 반인도적 범죄자들의 책임을 구체적으로 밝힐 수 있을 것이기 때문이었다.

게다가 오키나와는 우리에게 처음으로 알려진 피해 생존자 배봉기 할머니가 있었던 곳이기도 하다. 지금도 어딘가에 또 다른 피해자들이 생존해 있을지도 모른다. 이번 조사는 오키나와로 연행된 조선인 군'위안부'의 참상을 구체적으로 들을 수 있는 기회가 될 것이라고 생각하였다.

그러나 오카나와 조사 준비는 쉽지 않았다. 오키나와 본섬만이 아니라 오키나와의 여러 섬을 거쳐야 하는 조사이기 때문에 비용[1]도, 일정 잡기도 만만치 않았다. 오키나와에 있던 활동가와 끊임없는 논의 끝에 처음 일정

---

1) 오키나와 조사에는 한국정신대문제대책협의회와 나눔의 집, 그리고 오키나와의 여러분의 경제적 지원으로 이루어졌다.

에 넣었던 다이토섬(大東島)은 포기하였다. 이것은 함께 간 명지대 홍종필 교수의 협조로 자료나 증언을 확보할 수 있을 것으로 기대하고 오키나와 본섬과 이리오모테섬(西表島), 이시가키섬(石垣島), 미야코섬(宮古島)으로 일정을 확정하였다.2)

오키나와와 그외의 조사 지역

2) 오키나와 본섬과 게라마열도 답사는 이미 윤정옥 교수에 의해 이루어졌으나 다른 섬들은 아직 군'위안부' 문제를 연구하는 한국인의 발길이 한번도 닿지 않은 곳이다.

1) 가장 치열한 육상전이 있었던 오키나와

오키나와는 태평양전쟁에서 일본군이 벌인 것 중 가장 격렬한 지상전이 있었던 곳이다. 오키나와 수비군은 대본영 예하 제32군이었다. 제32군이 편성된 시점인 1944년에는 이미 일본 상공은 거의 미군에 의해 점령되어 있었다. 천황을 위해 최후의 일인까지라도 싸우라는 명령에 따라 오키나와에는 기지 설치를 위해 국민학생까지 동원하였다. 1944년 여름부터 오키나와 본토는 일본 큐슈 남쪽 등지로, 대만 가까운 이시가키섬 등에서는 대만으로 여성과 아동이 소개(疏開)되기도 하였지만 많은 주민들은 소개를 원하지 않아 오키나와 본토 북쪽 해안가로 피난하였다.

1944년 10월 10일 공습은 오키나와에 심대한 타격을 입혔다. 본격적인 오키나와전쟁은 1945년 2월 19일에서 3월 25일에 걸친 유황도(硫黃島)에서의 격렬한 지상전이 있은 후에 있었다. 함선 1,500척, 54만여명의 대군으로 오키나와를 공격한 미군은 게라마열도에 1945년 3월 26일, 오키나와 본섬에 1945년 4월 1일 상륙하였다. 미군은 상륙하기 전 약 일주일 동안 오키나와섬들에 4만발의 포탄을 퍼부었다고 한다. 주민 94,754명, 현지에서 소집된 방위대원 28,228명, 학도대 등 전투협력자 55,246명으로 오키나와 인구 약 59만명 중 18만명의 사망자가 있었다. 이때 일본 정규군 전사자는 65,908명이었다. 일본군의 3배, 주민의 1/3이 사망한 것이다. 1945년 6월 23일 우시지마(牛島滿) 오키나와 사령관이 자살함으로써 일차적으로 오키나와전쟁이 끝났다.

2) 오키나와 본섬

바다를 바로 곁에 두고 있는 오키나와 나하 국제공항은 단일 게이트를 가진 아주 자그마한 곳이다. 비행기 속에선 그렇게까지 많다고 느끼지 못

했는데 비행기에서 내리니 미군과 그 가족으로 보이는 이들이 승객의 절반
이 넘는 듯하다. 이곳이 미군기지가 그토록 문제가 되고 있는 바로 그 오키
나와로구나 하는 생각이 확 든다.

공항에 들어서자마자 후지오카(藤岡羊子, 통역)씨와 오오사와(大澤星一)
목사, 류쿠신보사 지바나(知花亞美) 기자가 기다리고 있었다. 오오사와 목
사가 제공해 준 차로 곧장 기노완(宜野灣)시로 가서 기노완 활동가 가와나
(河名惠子) 씨를 만나 바로 답사에 들어갔다. 아래의 1·2·3 지역 답사는 기
노완의 활동가인 가와나 씨의 도움이 컸다.

(1) 기노완(宜野灣)시 가카스((賀數)고지와 위안소

미군 군함이 가카스시 해변에 까맣게 몰려 온 것은 1945년 4월이었다.
남부로 상륙할 것을 예상해서 슈리(首里)에 일본군사령부를 만들었으나 미
군은 북서부, 그리고 전체로 들어왔다. 이 지역은 바다가 얕아서 탱크가 바
로 상륙하여 대단한 혈전이 벌어졌다. 이 지역의 일본군은 가카스공원 지
역에서 다시 남부로 밀려 부대들은 하이바루쬬 등지로 옮겨갔고 슈리엔 일
본군 사령부만 남았다가 나중에 이도만(糸滿)시로 옮겨졌다.

이러한 까닭에 기노완시에는 아직 전쟁의 흔적이 많이 남아 있다. 치열
한 전투가 있었던 옛 가카스고지를 올라가는 길엔 아직도 도치카 자리가
남아 있다. 가카스공원 정상의 전망대에 올라가자 앞으로는 아름다운 오키
나와 해변이, 그 반대쪽엔 오키나와전쟁시 일본군이 후퇴할 때 기지로 삼
았다는 마에다묘지군이 보인다. 또 오른쪽으론 지금 미군 주둔하고 있음을
명확하게 느끼게 하는 후텐마(普天間) 비행기장이 보인다. 머리 위론 미군
기의 굉음이 들린다.

전망대를 내려오면 옛 고지 정상에는 전망대 가까이 따로 서 있는 청구
의 탑(靑丘之塔)[3]을 위시하여 각 현별로 비석들이 서 있다. 오키나와전쟁
당시 희생당한 한국인에 대한 위령탑은 이것만이 아니라 평화기념공원이

가카스공원 정상의 전망대
근처에 있는 '청구지탑'

있는 마부니(摩文仁)의 한국인위령탑, 도카시키섬(渡嘉敷島)의 백옥(白玉)의
탑이 있다. 청구의 탑을 세운 이는 일본 우익이다. 일반적으로 일본 우익들
이 일본의 침략전쟁에 희생당한 조선인 군인 군속과 군'위안부'에 대해 조
의를 표하는 이유는 일본의 전쟁에 희생해 주어서 불쌍하고 고맙다는 생각
때문이다. 이 탑만이 아니지만 영령(英靈)이라는 표현이 곳곳에 들어 가 있
는 것은 그들의 시각을 보여 준다. 이 탑을 세운 것도 사죄의 감정으로 세
운 것은 아닐 것임을 생각하니 쓸쓸한 느낌이 든다. 잃어버린 나라의 민족

---

3) 조선인 군속 386명, 군'위안부' 30인을 기린다고 하나 어떠한 근거에서 나온 수
   인가는 확인하지 못하였다.

사진과 같은 민가를 위안소로 사용하였다

으로 이름도 남기지 못하고 간 이들을 위해 이곳에도 우리의 손으로 위령비를 세워야 하지 않을까.

기노완시에는 두 종류의 위안소가 있었다. 연예오락관을 위안소라고 불렀다. '위안소'란 문제성 있는 이 용어가 일본인에게 강간센터로서의 의미만 사용되지 않았다는 것이다. 기노완의 옛 지도에 의하면 위안소라고 한 곳은 공연장이었다. 병사들에게 연극이나 음악을 보여주던 곳이었다. 원래 사탕수수 가공 장소를 개조하여 공연장으로 삼은 곳을 위안소로 불렀다는 것이다.

그것만은 아니고 강간센터인 군위안소도 6개나 있었다. 지도의 66번이 위안소였다. 일본군은 민가를 이용하여 위안소를 만들었다. 그러나 지금은 66번 건물은 없지만 65번 건물과 비슷하다고 기노완의 활동가 가와나 씨가 확인해 주었다.

오키나와에선 이미 1992년에 오키나와 전역에 걸쳐 여러 활동가들의 합심으로 위안소 지도가 작성된 바 있다. 옛 지도와 현 지도를 비교해가며 일일이 과거 위안소자리를 설명해 주는 모습에서 오키나와 분들의 노력을 볼 수 있었다.

(2) 오나하(小那覇) 위안소(현 병원자리)

기노완에서 조금 더 내륙으로 들어간 오나하에는 과거 오오쿠보(大久保) 병원을 위안소로 삼은 곳이 있다. 전쟁으로 지금은 그 흔적은 완전히 없어졌다. 오키나와전쟁 이전에 일본군이 와서 비행장을 만들었는데 그 옆에 있던 오오쿠보병원을 위안소로 만들고 당시 병원의 침대를 위안소 침대로 이용하였다고 한다.

(3) 니시하라정(西原町) 고완(小灣) 위안소

오키나와섬의 류쿠왕국의 구(舊) 상(尙) 왕가 별장을 위안소로 하였다. 바다가 가까이에 있어 갯벌냄새가 나는 이곳은 상 왕가 별장은 흔적도 없고 다만 큰 기름탱크만 넓은 들판을 차지하고 있다. 『서원정사(西原町史)』 자료집에 별장을 위안소로 한 것이 언급되어 있다고 한다. 일본에 의해 짓밟혀진 또 하나의 왕가의 모습을 보게 된다.

이후 볼품없어진 우치마우 등의 상 왕궁 내간 어전을 둘러보았다. 과거에는 앞서 본 별장에서 왕궁까지 마차길이 있었다고 하나 이제는 왕궁은 볼품 없는 모습으로 흔적만 남아 있고 관리자 집이 더 큰 것이 현실이었다.

주위에 일본군 숙소였다가 미군숙소가 되었던 건물들을 둘러보고 숙소를 제공해 준 요나바루정(與那原町) 후지오카 씨 댁으로 갔다가 우라사키(浦崎成子) 씨 댁에서 일정을 점검하였다. 다음날 6월 23일은 오키나와전쟁이 끝난 것을 기념한 행사들이 있었다. 원래 위령제에 참석하려고 하였으나 번거로움을 피해 시마지리군(島尻郡) 다마구스쿠촌(玉城村)를 답사하였다. 아래 기술은 현지에서 제공받은 자료들을 근거로 하였다.

위안소로 사용되었던 류쿠왕국의 왕가 별장터

(4) 시마지리군(島尻郡) 다마구스쿠촌(玉城村) — 이토가즈(糸數)동굴과 성

이 동굴은 높이 10미터를 넘고 길이는 약 270m에 달하는 종유석 자연동굴이다. 전쟁 초기에는 저장창고로 사용되었으나 전쟁 말기가 되어서는 하에바루(南風原) 육군병원의 이토가스 분실로, 독립혼성 제44여단 소속 공병대 등 주둔지로, 주민의 피난지로 사용되어졌다. 2,000여명이 넘는 이들이 이 어둡고 축축한 곳에서 숙식하며 생(生)과 사(死)를 오갔다.

여기 이 동굴 안에까지 이토가즈 마을의 빈집을 해체하여 만든 위안소가 있었다. 조선인 군위안부 6, 7명이 배치되었다. 처음에는 입구에서 얼마 안 되는 곳에 위안소가 있었으나 병원이 동굴로 들어오고 여학생들이 부상병을 간호하는 시점에 가서는 안쪽으로 이동하였다.

이 군위안소는 1945년 2월에서 6월초까지 있었는데 그 이후는 어떻게 되었는지 알려지지 않는다. 엄청난 피해를 받으며 패퇴하고 있던 일본군들이 얼마나 끝까지 군'위안부'를 끌고 다녔는지를 보여주는 예이다.

마을의 빈집을 해체하여 만든 위안소가 있었던 이토가즈 동굴 내부

　이 부근에 있는 이토가즈 성은 산호로 된 돌을 이용하여 만든 류쿠왕국의 성곽이다. 이 성곽을 전후하여 바다의 미군과 대치한 일본 부대가 있었다. 참으로 아름다운 이 곳이 당시는 바다가 핏빛으로 물들었다고 한다.
　다마구스쿠촌 후나코시(船越)에선 '위안부'에 대한 증언자를 만날 수 있었다. 와쿠가미 히로시는 두 가지 중요한 증언을 해 주었다. 다마구스쿠 국민학교 분교에 있었던 위안소와 종전 후 군'위안부'수용소에 대한 것이다. 와쿠가미 히로시(湧上洋. 1935년 생. 분교 근방이 집)의 증언을 들어보자.

　당시 국민학교 5학년생이었다. 다마구스쿠 국민학교는 일본군 미다(美田) 연대 주둔지였고, 1~3학년이 다니던 분교는 1944년 3월에 만들어졌는데 겨우 한 학기 마친 상태인 7월에 일본군이 들어왔다. 다케(武)부대였고 군위안소가 분교 내에 있었다. 위안소가 어느 부대와 관련이 있었던 것 같지는 않왔다. 위안부들은 일본 본토에서 온 것이 아닌가 했다. 그들이 물을 구하여서 보았다. 위안소는 2개월 정도만 있었다. 이후에는 다마(玉)부대 1중대가 주둔하였다.

다마구스쿠국민학교 분교위안소는 현재 자취는 없고 아파트가 들어서 있다. 와쿠가미 히로시는 이후에도 이 주변 지역에 대한 중요한 증언을 해주었다. 분교에서 좀 떨어진 곳에 아직 과거의 흔적이 많이 남아 있는 이죠(上門)라고 부른 곳은 일본군이 식량창고(미군이 와서도 이용)로 사용하였고 옆집(首里의 무사집. 이동하여 건축한 집)과 함께 주둔지로도 사용하였다고 한다. 이죠 뒤쪽으로 좀 떨어진 곳에는 꽤 큰 공터가 있다. 이 공터에 와쿠가미 증언에 의하면 조선인 군‘위안부’가 수용되어 있었다고 한다.
　다시 와쿠가미 히로시의 증언을 들어보자.

　이 공터에는 과거에 큰 집이 있었다. 여기는 조선인‘위안부’수용소였다. 전쟁 직후 여기서 조선인 여성 2명을 보았다. 후나코시지역 주민들은 햐크나(百名)라는 곳에 따로 수용되었다. 당시 여기에 있던 큰 집에 조선인‘위안부’ 2명만 수용되어 있었다. 당시 나는 직접 그 여성들을 보았다. 원피스 같은 것을 입고 있었는데 그들은 얼굴이 희고 예뻤다. 당시 어른들이 조센삐라고 하였기 때문에 아이들도 이들을 조센삐라고 놀렸다. 아이들이 욕하면 나무나 돌을 던졌다. 미군은 이들을 수용하였기 때문에 감시하기 위해 왔다. 여기는 1950년대까지 시넨시(志念市)로 불렸다. 당시 마을에서는 위안소, ‘위안부’라는 말을 썼다. 메도르마 동굴 근방에선 전쟁 이후 조선 여성이 남아서 결혼하였고 1972년경 사망하였다고 들었다.

이외에도 다마구스쿠촌에는 후사토(富里)의 삼거리 근처에 시키시마(敷島)회관이라는 건물을 위안소로 이용하였다는 등 증언자료가 많이 있다.

하루하루 날이가고 찬바람이 불고불어	세월은 흘러가고 새아침은 찾아왔어도
눈물도 말라버린	억눌린채 버림받은
녀자의 이름 도라지	불쌍한 꽃은 도라지
가슴에 사무치는 암흑의 그 나날	원한이 사무치는 남의 나라땅에서
그 언제 한시인들 잊어버리랴	상처를 숨기면서 혼자 울었네
눈물의 내 인생 짓밟힌 인생	가슴에 맺힌 한을 그 어이 풀라
마음속의 그 아픔 잊치를 못하네	이역에서 시들어버린 도라지꽃이여
아이고 아이고 잊지를 못하네	아이고 아이고 도라지꽃이여

우미세토가 지은 「도라지꽃」 악보의 일부

　바쁜 일정을 마치고 23일 밤에는 나하 시내로 가 배봉기 할머니를 추모
한 「도라지꽃」을 지은 우미세토 선생의 가게에서 환담을 하였다.
　6월 24일에는 여러 가지 정보와 도움을 주신 우라사키 씨가 국제적 모임인 '여성서미트'에서 활동하는 관계로 오키나와 현립도서관에서 이 지역 자료를 복사하고 오후에는 우라사키 씨 차로 평화자료관을 가기로 하였다. 후지오카 씨와 '여성서미트' 행사장에 잠깐 들렀는데 주한미군범죄근절운 동본부의 정유진 씨와 VAWW-Net Japan의 마쯔이 야요리, 재일동포 방청자 씨, 오키나와현 다카사토 스즈요(高里鈴代) 시의원 등을 만났다.

미련을 남긴 채 현립도서관에 갔다. 여기선 전쟁책임자료센터의 하야시(林博史) 교수를 만났다. 여성서미트 행사로 오키나와에 왔다가 짬을 이용하여 도서관에 들른 것이다. 연구자들이 움직이는 반경이 뻔한 것 같아 웃음을 금치 못했다. 역시 전사총서는 없었지만 이 지역자료 몇 가지를 검토하고 오후엔 평화자료관을 향하였다.

평화자료관은 오키나와 방문자이면 기본적으로 들리는 곳이고 방문할 시점에는 새로운 자료관을 개관하여 의욕 찬 시작을 알리고 있었다. 오키나와군에 관한 여러 자료가 있었지만 충분한 검토를 하지 못한 채 인파 속에서 줄줄이 길을 따라가는 방문객 이상이 되지는 못하였다. 가능하다면 다음엔 차근히 자료실 방문이 가능한지 확인하고 자료를 찬찬히 검토하리라는 결심만 한 채 자료관에서 튕겨져 나와 드디어 홍종필 교수로부터 많이 듣던 자료관 넓은 마당에 세워져 있는 평화의 초(礎), 한국인 비석 앞에 섰다. 창씨개명된 이들의 원(元)성명을 찾는 데 노력을 기울이고 있는 홍종필 교수 덕분에 생경하지 않은 한국인의 이름을 찾을 수 있었다는 데 만족해야 할까. 피해자들의 전체 수에 비해 아직도 태부족인 빈 공간을 보면서 이곳은 언제 다 메울 수 있을 것이며 여기에 언제 군'위안부' 피해자들도 이름이 적힐 수 있을까 생각하게 된다. 막막한 태평양을 향하여 서 있는 자료관과 평화의 초는 정말 이름 그대로 평화의 초석이 되어야 할 것인데….

그 다음으로 찾아간 곳은 류쿠왕국의 본성이 있었던 곳이 슈리성이다. 전쟁기에 일본군은 슈리성(首里城)에 제32군 사령부를 두었다. 1944년 10월 10일 미군 공습 이후에는 슈리성 지하에 인공동굴을 만들었다. 제32군사령

슈리성의 인공동굴

부에는 합동 무선통신소도 함께 있었다. 미군의 공세에 견딜 수 없게 되자 사령부는 이도만(糸灣)으로 옮겼고 더 이상 항전할 여지가 없게 되자 사령관 우시지마(牛島) 등이 1945년 6월 집단자결하였던 것이다.

이곳 슈리성 인공동굴은 나무넝쿨들 사이에 보존되어 있다. 인공적으로 손질한 콘크리트 흔적이 보인다. 당시엔 규모가 매우 컸으나 현재는 볼 수 없다. 미군 폭격이 있었기 때문에 지금은 위험해서 들어갈 수 없다. 제일 아래 동굴 입구 비켜 위에 또 하나의 동굴 입구가 있고 건너편 등나무 뒤에도 동굴 입구가 보인다. 현재도 세 개의 동굴 입구를 볼 수 있다. 이 인공동굴 속에 일본인 '위안부'가 있었다고 한다. 조선인 '위안부'는 확인되지 않았다. 이 비밀스런 곳에 누가 있다 한들 일반인들에게 알려질 수 있었을까.

그 뒤에 복원된 슈리성이 그 위용을 자랑하고 있다. 나오는 길 오른쪽 옆은 원각사터 왼쪽은 조선에서 가져간 대장경을 보관하였다는 곳, 류쿠왕국의 유적들이 과거의 류쿠왕국, 조선과 류쿠, 그리고 지금…. 나에게 많은 생각을 하게 한다.

(5) 하에바루정(南風原町)

하에바루정은 여러 가지 자료가 잘 갖춰진 것이 오키나와의 문화의 중심지 같다. 현립 공민관도 하에바루정에 있다. 문화센터에 방문하여 여러 가지 전시물과 군위안소에 대한 정보를 확인하였다. 정(町) 단위지만 문화센터 안에 과거 육군병원을 재연해 놓고 다른 방은 전쟁 시기 일반적 물품을 전시해 두고 있었다.

이 문화센터에서 만난 할머니도 이름은 모르지만 다마구스쿠의 메도르마 마을의 한 조선인 여성이 몸이 더럽혀져서 고향에 못 가겠다며 오키나와 남자와 살다가 죽었다는 이야기를 들은 적이 있다고 했다.

현재 하에바루 소학교에는 당시 일본군부대가 주둔하였고 일본군 육군병원도 있었다.

하에바루정의 츠카잔(津嘉山) 지구에는 요새건축 제7중대, 유선전신 제36연대 제 1중대, 야전화물창 본부 등이 배치되었다. 이 츠카잔 지구에는 사무소(현재 츠카잔 공민관), 공장(현 남부농림고교), 야마카와(山川) 역 부근의 민가를 포함하여 3곳에 위안소가 있었다.[4] 당시 사무소는 군이 위안소로 사용하기 위해 옮겨졌고 그 자리에 위안소를 설치했으며 오키나와 츠지 유곽에서 데려온 '위안부'들을 십 수명 두었다.

그리고 또 다른 위안소였던 공장 자리에는 현재 남부농림고교가 있다. 이곳 관사에 조선여성이 일본군'위안부'로 있었다고 한다.

야마카와교(山川橋) 근방 위안소(현 야마카와교 근방 라면집)는 처음엔 장교전용위안소로서 '우치세기'를 개조하였는데 지역 주민들이 "길 옆에 있기 때문에 풍기상 나쁘다"고 반대해서 야마카와역 근처의 민가 목욕탕집

---

4) 吉濱忍 편, 『南風原町 전재조사4』, 남풍원정 교육위원회, 1990년, 8-9, 19-20쪽.

현재 남부농림고교가 있는 이곳에도 조선여성 위안소가 있었다

으로 위안소를 삼았다. 조선인 '위안부'가 있었다고 하나 수는 확인되지 않았다.[5]

이곳에 주둔한 일본군은 오오시마(大島隊)로 불리는 독립자동차 제259중대(제32군 병참부에 소속 중대장은 大島賢二 중위)이고 이외 병기창부대, 야전중포23연대 가네코(金子隊)도 영향을 미치고 있었다. 여기에 조선인 군부 약 50인이 탄약운반 등의 일을 하고 있었다.

테루야(照屋)에는 병기창근무대가 배치되어 있었고 조선인 군부와 '위안부'가 확인된다. 테루야 103번지(현 오오시로 시에신 大城盛眞 민가)가 구체적으로 위안소로 지목되는데 이곳에 오키나와 여성들이 '위안부'로 있었다고도 한다.[6]

---

5) 앞글 20쪽, 南風原町史戰災調査 部會, 南風原町史編輯 委員會, 『山川が語る沖繩戰』, 1994년, 9-10쪽.

6) 沖繩縣南風原町史 편집위원회, 『照屋が語る沖繩戰』, 『南風原が語る.』, 1994년,

(6) 기노완시립도서관 자료조사와 홍종필 교수 면담

하에바루 지역을 바쁘게 돈 후 기노완시립도서관에서 자료조사를 하였다. 다음 날 떠날 이시가키섬, 이리오모테, 미야코섬과 다이토섬에 대한 정보를 알아야 했기 때문이다.

밤에는 후지호텔에서 홍종필교수, 오키나와 지역 활동가들과 함께 앞으로 할 지역에 대한 정보교류 시간을 가졌다. 한국에서도 여러모로 질문하고 도움을 받았지만 오키나와 현지사정이 어둡기 때문에 이번 조사를 충실하게 하기 위해, 그리고 앞으로의 교류를 위해 홍 선생님과 지역 활동가 연구자의 만남은 중요한 의미가 있을 것으로 생각되어 제안하였다. 고토(後藤聰) 목사, 후지오카 씨, 여성서미트의 바쁜 일정을 끝낸 우라사키 씨와 함께 하였다.

오키나와는 산호섬이고 기후가 고온다습한 까닭인지 건물들이 한국으로 말하면 시멘트로 세운 벌거숭이 건물 같다. 타일이나 기타 장식재가 붙어 있지 않은 채 시멘트 벽 그대로가 노출되어 있다. 오키나와를 처음 와 차창을 통해 열심히 오키나와를 관찰하는데 건물을 보면서 무엇인가 다르다 뭔가 허전하다는 느낌을 계속 받다가 드디어 차이점을 발견한 것이다. 이외에도 오키나와 자연의 뚜렷한 특징은 높은 하늘이다. 높은 산이 거의 없어서 하늘은 지평선 위 반원을 그대로 드러내고 있다는 점이다. 여름의 작열하는 태양과 바다를 조금만 움직이면 볼 수 있다. 산호섬이어서 바다의 변화, 바다색의 다양함을 잘 드러내고 있었다. 옥색과 파랑 검푸른 바다색이 층층이….

오키나와는 원래 장마가 5월초인데 올해(2000년)는 늦어져서 5월 19일에서 약 한 달간 장마였다고 한다. 날이 더우니 비가 한줄기 올 만도 한데 올 때까지 한 방울의 비도 오지 않았다. 밤까지 뜨끈한 바람은 정말 싫다.

12-13쪽.

6월 26일은 뜻 있는 날이 될 것이다. 지금까지 한국 사람으로서 군위안소에 대한 조사를 위해 가본 적이 없는 이리오모테섬에 들어간다. 그러나 이리오모테와 이시가키, 미야코로 출발하려는 전날 JTA비행기 파업 소문에 전전긍긍하였다. 어쨌든 아침 일찍 비행장에 가야 한다고 해서 준비하고 다음 날 공항으로 나갔다. 다행히 파업은 없어 일정대로 움직일 수 있었다.

3) 이리오모테섬(西表島)

이리오모테는 나하공항에서 이시가키섬으로 비행한 후 다시 배를 타야 한다. 나하에서 오전 8시 35분에 출발하여 이시가키에는 9시 25분에 도착하였다. 이시가키섬은 상공에서 보니 길쭉하고 제법 큰 섬이다. 비행기를 내리자마자 가까이 있는 선착장에서 택시로 옮겨 탔다. 배는 10시 정각에 있었다. 10시에 안영환(安榮丸)이라는 배를 타고 가는데 곧 저곳이 이리오모테라고 해서 금방 도착할 것 같더니 가까운 것 같아도, 시간이 꽤 걸려 10시 40분에서야 하선하였다. 우리를 안내하고 여러 가지 정보를 주시기로 한 분은 선착장에 보이지 않았다. 11시 20분이 되어서 봉고차에서 자그마한 몸집을 가진 분이 내렸다. 이시가키 킨세이(石垣金星)씨는 1946년 생이고 이리오모테 소나이 출신으로서 의복이나 식생활도 이리오모테식을 추구한다. 부인 이시가키 아키코(石垣照子) 씨는 이리오모테의 자연 섬유에다 자연 염료로 물들이고 섬유를 직조하는 분이다. 작품을 동경에 전시하여 호평을 받았다고 한다. 한산 모시직조 등을 보기 위해 한국을 방문할 예정이라고 하였다.

이시가키 킨세이 댁에서 식사하고 섬의 상황과 조사 일정에 대해 논의하였다. 군'위안부'만이 아니라 탄광에도 '위안부'가 있었다는 홍종필 교수의 설명이 있었기 때문에 이에 대한 질문에 집중하였다. 이시가키 킨세이는 다음과 같은 말을 전해주었다.

이리오모테 탄광은 2년마다 자주 바꾸어야 할 정도로 질이나 양이 좋지 않다. 탄광 사무소 흔적은 지금 없다. 광부를 위한 '위안부'는 없었다. 광부들은 먹을 것도 없고 말라리아모기와 엄한 감시 때문에 매우 열악한 상태에 있었다. 우타라 탄광에는 역장이 있다. 군표 비슷한 것을 광부에게 지불하였다. 이리오모테 사람은 탄광일을 하지 않고 운반 정도만 하였다. 탄광에 대해 증언할 수 있는 분은 거의 사망하였다. 앞으로 자료를 근거로 확인해 보겠다.

소나이(祖納), 우치바나리(內離)섬에 위안소가 있다는 것은 확인하였다. 우치바나리는 참모본부가 있었는데 그 일본군 주둔지 밑에 위안소와 소나이 두 군데 모두 조선인 '위안부'가 있었다. 소나이에 있었던, 예명이 츠루짱이라는 군'위안부'를 기억한다. 1945년 종전까지 있었다. 소나이에서 이름을 확인한 것은 단 1명뿐이다. 70세 정도 주민들이 모두 다 안다. 그러나 종전 후 사라졌다. 소나이는 1941년 일본군 요새가 되었다. 일본군은 자신들의 요새를 만들기 위해 주민들의 땅을 빼앗았다. 현재도 대장성의 토지가 되어 있다. 원래 사유지이다.

우치바나리의 3만평이나 되는 땅도 일본군이 모두 빼앗았다. 이후 우치바나리는 민간인 출입금지 지역이 되었고 감시병이 늘 섬 입구에 서 있었다. 원소유자도 출입금지 당하였고 빼앗은 땅에 요새 만들고, 요새를 만들기 위해 먼 곳 미야코지마에서 징용자들을 데리고 왔다. 우치바나리에서는 1년 동안 병사(兵舍) 가까이 15~16세 소년 한 명이 일하였고 우치바나리 요새 밑에 위안소가 있었다는 증언이 있다(아래 나라이[那良伊正伸] 증언 참고).

이곳으로 온 일본군은 1941년 10월 7일 오오사카를 출발하여 10월 12일 후나우키(船浮)항에 도착하여 요새를 만들기 시작하였다. 그곳이 출입금지 구역이었고, 엄격한 관리하에 있었기 때문에 언제 일본군'위안부'가 왔었는지는 알지 못한다. 군인들은 육군이 주였고, 해군도 있었다. 지금도 빼앗긴 땅 주민이 반환을 요청하나 무시하고 있다. 해군요지라는 표식은 후나

우키 석비에 아직 남아 있다.

이시가키 씨는 와카야마(和歌山) 출신의 데츠다(鐵田義司) 중위의 미간행 수기를 보여주었다. 여기엔 난카이(南海) 위안소와 소노다 위안대에 대한 언급이 있다. 데츠다(鐵田) 중위는 수첩에 정리한 수기를 일본에 돌아가 정리하였으나 사망하고 부인이 소유하였던 것을 출판 준비에 있었다. 이것은 1941~43년간의 수기이다. 시라하마와 우치바나리 군'위안부'에 대해 아래와 같은 기술이 있다.

> 1943년 3월, 하순 시라하마(白濱)에 있던 南海 위안소가 배편으로 대만 쪽으로 간다는 소문이 있다. 지금 본부 장교들도 아쉽게 생각했는지 밤이 되어 비번이 되면 본부의 건물에는 혼자 남아 (모두 위안소에 가느라) 조용하다.… (주: 南海위안소는 시라하마[白濱]에 있던 장교가 사용한 위안소로, 대만에서 온 일본인 여성이 위안부로서 접객을 담당하고 있었다.)[7]

이 미간행 수기 41쪽엔 우치바나리의 '위안부'를 '소노다(園田) 위안대 우치바나리섬에 있었던 하사관과 일반병사를 상대로 한 '위안부'들에 의해 만들어진 집단'이라고 주가 달려 있다.

이시가키씨 집에서 나와 소나이에서 이시가키 씨의 보트로 우치바나리 섬으로 항하였다. 우치바나리섬에 내려 조금 들어가자 나리야라는 신을 숭배하는 온타케(御嶽)가 있다. 그 안쪽은 제법 풀이 우거진 곳이어서 이시가키 선생이 낫을 휘두르며 나무와 풀을 쳐가며 겨우 이동하였다. 위안소는 참모본부 아래에 있는 나무로 만든 긴 건물이었다고 하나 지금은 벽돌 등 건물이 있었던 흔적만 남아 있었다.

산 위의 참모본부 자리는 큰 나무 옆에 움푹 파진 곳 근방이었다. 지금은

---

7) 데츠다(鐵田義司) 중위의 미간행 수기 109쪽 참고.

나무가 너무 우거져 잘 보이지 않았지만 50년 전 잘 정리되었다면 바다 쪽
을 잘 볼 수 있는 곳이었다.

바다를 잘 볼 수 있는 곳에 자리한 참모본부 자리

참모본부 아래에 있던
위안소 자리

그곳을 나와 다시 해안가를 조금 더 가면 안도마루(安東丸)가 좌초된 곳에 다다른다. 안도마루 사건(안도마루란 배가 이곳에 자초되자 그 배에 타고 있던 조선인들을 귀가시키기는커녕 탄광에 배치하거나 주민이 거의 살고 있지 않은 말라리아가 성한 이리오모테섬 밀림지역으로 격리시켜 많은 이들이 사망한 사건)에 대해선 조선인에 대한 차별정책의 예로서 이 지역 주민들에게도 아주 잘 알려져 있다. 그 안쪽으론 탄광이 있다. 탄광은 당시 조선인 대만인 등을 광부로 하여 채탄작업을 하였는데 지금은 탄광 입구까지 물만 차 있었다.

소나이 선착장으로 되돌아와 자동차로 이리오모테 터널을 지나자 길은 끝나고 바로 바다로 이어졌다. 그곳에서 오른쪽엔 우치바나리섬이 보였다. 이곳 시라하마 해변가에서 오오시로 세이조우(大成淸三. 1924년 생) 씨를 만나서 증언을 들었다.

나는 소화 16년(1941년) 중반까지밖에 시라하마에 있지 않았다. 1941년 10월 일본군이 시라하마에 왔다. 위안소 건물은 1941년에 보았다.

난 군속으로서 19세에 지원하여 군인이 되었다. 타이완의 현지에서 생활할 때 징병되었다. 위안소는 이미 1941년 이전에 있었다. 1941년 10월에 일본군 축성부대도 와 있었다. 위안소는 요정 '나리야'의 건물이 사용되었으나 '위안부'가 몇 명이었는지는 알 수 없었다. '위안부' 중에 조선인 여성도 있었다. 종전 후 위안소는 없어졌고 위안소는 요정도 하면서 위안소로서의 기능도 하였다. '위안부' 여성은 대부분 조선인이고 경영자는 누군가 알 수 없지만 조선인이 아닐까? 위안소 부근의 주민이 요정 '사카나야'를 위안소라고 불렀다. 주민들은 조선삐야라고도 불렀다. 위안소는 일본군이 관할하고 있었기 때문에 일반인은 출입금지였다.

소나이의 현 진찰소자리는 병사(兵舍)이고 현 역사자료관이 키타무라 봇

소나이 위안소가 있던 곳

카쿠(北村杢角) 대위가 한 명의 일본인 여성을 첩으로 삼아 있었던 곳이며 현 관측소 직원관사 자리가 소나이 위안소였다. 소나이 위안소는 원래 슬레트 지붕이고 목조로 된 가옥이었다. 위안소 바로 앞엔 논이 뒤편은 푸른 바다가 있는 아름다운 곳이다.

2000년 6월 26일 밤, 나라이 아사노부(那良伊正伸. 1926년 1월 생)씨의 증언을 그의 집에서 들을 수 있었다.

1939년 2월 고등과를 졸업하였다. 군령을 받아 청년학교에서 2년간 훈련 받고 서부 4014부대 시모나가 겐지(下永) 부대에 입대하였다. 당시 시라하마 남해탄광 일대에는 콘크리트집 숙사가 있었다. 나리야 부대 주둔을 위한 준비는 1940년경 시작된 것 같다. 나는 시모나가 사령부에서 고용 모집해서 입대한 것인데 시모나가 겐지 대좌의 사관으로 일했다. 나리야 본부 밑에는 위안소가 있었다. 삐야라고 했는데 그곳에 가는 것 보는 것이 금지되어 군'위안부' 수는 잘 모르고 다만 여러 명이 있었다는 것은 알고 있다. 당시 부대는 부관, 하사관, 병사로 구분되어 있었으니까 위안소 이용도 그렇게 했는지는 정확히 모른다.

시모나가 겐지의 숙소는 시라하마 남해탄광(현 중학교 체육관) 있는 곳에 따로 있었다. 서부 4014부대에 1941년에 고용되어 1942년, 1943년 해군 입대 전까지, 고용원으로는 3년 정도 있었다. 당번병 3명과 같이 숙박하며 심부름, 운반, 청소 등을 하였다. 병사숙소는 나리야 가까운 데 있었다. 휴일도 없고 나리야 병사 생활이 어려웠다. 고용인은 부관 식사운반이나 청소 일이 전부였다. 참모본부는 1944년 공습으로 다 타버렸다고 한다. 난 1942년 해군지원병 시험—수학 국어 역사—을 보아 합격되었기 때문에 1943년 해군에 입대하여 일등수병이 되었다. 1945년 8·15 당시에 난 사세보에 있었다. 1946년에 해군을 제대하였다.

방문 당시 이 댁에는 여러 할머니들이 모여 환담 중이었다. 그분들도 많은 것을 증언해 줄 수 있었을 것으로 생각되었으나 이미 방문시간도 늦은 데다가 할아버지 이야기 후엔 더 머무르기엔 너무 늦은 시간이었다. 후일에 다시 방문한다는 것도 장담할 수 없었지만 자리를 정리할 수밖에 없었다. 아래는 간단한 증언정리이다.

나라이씨 부인: 탄광'위안부'는 없었다. 모두 군'위안부' 뿐이다.

마사 할머니(1920년 생): 1942~44년 사이에 군'위안부' 모습을 보았다. 일본군이 온 후 군'위안부'가 왔다. '위안부'라고 부르기도 하고 혹은 조센삐, 삐라고도 불렀다. 시라하마 위안소는 미 공습으로 완전 폐허가 되고 위안소 건물도 부락도 모두 불탔다. 삐 여성들은 오키나와 다른 지역 여성이거나 조선인·대만에서 온 여성들이었다. 여기 부인들은 본격적인 전쟁 전에 대만으로 피난하였고 피난 전에 군'위안부'를 보았다. 남편이 경찰관이었는데 소화

19년(1944년)에 위안소에 들렀다. 그 '위안부'는 어렸는데 우리 집에 와서 아이들과 놀이한 적이 있었다. 난 1944~45년 대만으로 피신해 있었다.

홍종필 교수가 이미 들어서 알고 제보한 탄광'위안부'에 대해서는 재차 이시가키 씨에게 문의하니 정확하지 않지만 우타라(宇多良) 탄광인 듯하다고 하였다. 이 탄광은 호시오카(星岡) 소유인데 그 안에는 식당도 크고 학교도 있었다고 한다. 이시가키 씨는 답사할 경우 도와주겠다고 했으나 6월 28일 미야코지마에서의 일정이 있어 우타라 탄광 답사는 포기하였다.
그리고 앞서 증언한 오오시로(大成淸三)씨 부인의 동생 남편은 조선인(현재는 일본에 귀화)으로 다카다 사브로라는 조선 출신 남성이라는 것이다. 어떻게 이 멀리까지 와서 여기에 남게 되었을까 하는 의문은 남겨 놓았다.
이 날은 늦은 밤까지 이사가키(石垣) 씨의 안내와 도움 말씀이 절대적인 하루였다.
6월 27일 아침 8시30분 安榮丸 승객전용버스를 무료로 타고 후나우라(船浦)항에 도착하였다. 답사지와 증언자, 선착장 버스정류장과도 멀지 않은 곳에 숙박장소를 구해 준 이시가키 씨의 배려를 가슴 깊이 느끼면서 이리오모테에서 이시가키섬으로 향하였다.
선착장을 떠났을 때, 처음에는 이리 저리 섬들이 배를 호위한다. 그러나 이를 벗어나자 망망대해이다. 지금은 할머니가 되었을 그들, 아니면 젊은 나이에 남의 전쟁의 희생자가 되었을 그들은 자신이 무엇 때문에 여기로 왔는가를 알았을까? 여기가 어디쯤 되는지는 알았을까? 과연 이들은 고향으로 돌아갔을까, 아니 돌아갈 수 있었을까? 이런저런 생각에 마음이 무겁다.

4) 이시가키섬(石垣島)

이시가키섬에선 우선 이시가키 시청 시사편찬실을 방문하였다. 과거 자

다모토야 위안소가 있던 기요여관

료와 현재 지리를 확인하기 위해서였다. 시사편찬실에서 오타(大田靜男) 책
(『八重山諸島の戰爭の全貌』)을 놓고 옛 위안소 자리와 현재 위치를 하나하
나 대조하고 현재 지도를 복사하였다. 그리고 출타중이라 만나지 못했던
시사편찬 담당자와 의논하기 위해 1시 다시 오기로 약속하고 시청을 나와
현재와 과거 지도를 비교하며 위안소자리를 훑었다.

먼저 토린지(桃林寺) 부근의 위안소(기요여관 등지)에 대해 알아보았다.
토린지 옆 곤겐도우(權現堂) 맞은 편은 지금도 여관거리이다. 이 지역이 과
거 요정골목이고 그중에 위안소가 있었다.

南鷲館의 주인 糸數用一(1942년 생) 증언

기요여관은 과거 요정이다. 다모토야 위안소가 기요여관이다. 매춘하는
곳이라고 '18번지'라는 별명을 이 지역인들이 붙였다. 더럽고 여자를 사는
곳이란 차별적 의미가 있는 것이다. 요정이 많았던 곳이고 위안소가 있던 곳

이다. 요정에는 대개 게이샤가 거주하였고, 여관과 함께 경영한 곳이 많다. 南鷲館은 예전에 시역소(市役所)와 같은 곳이었다.

南鷲館, 이 집은 오키나와 전통주택의 모습을 갖추고 있는 가옥으로 대문 앞 빈뿅(가리개가 있고 조그마한 연못이 있음)은 오키나와의 전통적 모습 그대로이다. 그 주위에 대부분 크고 작은 여관들이 이어져 있다. 우라사키 씨가 이를 확인하기 위해 기요여관 주인과 인터뷰하려 했으나 거절당하였다.

그 부근에 우리나라 서낭당과 같이 토착신앙신을 모시는 곳이 있었다. 이시가키시마 출신인 우라사키 씨는 이곳을 설명하면서, 앞쪽은 남녀 모두 접근 가능하지만 뒤로는 여자만 갈 수 있다고 설명했다. 이런 것을 보아 이 지역의 민속신앙 중에는 여성숭배라고 할 만한 것들이 나타난다.

다시 시청을 방문하여 이시가키시청 시사편찬실에 계신 분들에게 도움을 받았다. 마츠시마(松島) 씨는 산니 위안소를 직접 안내하였다. 비공식적으로 오타 선생과 함께 위안소 자리를 조사했고 산니 위안소도 간 적이 있다고 하였다. 이 지역의 전문가인 오타 선생은 심포지엄 준비로 시간을 낼 수 없는 상태여서 안내자가 없으면 가기 어려운 그곳에 가는 것을 반쯤 포기 상태였는데 이분을 만나 갈 수 있었다.

그리고 마츠무라(松村) 씨를 통해서 이리오모테 동부 쪽에 살고 있다는 군‘위안부’ 피해자로 추정되는 조선인 여성 한 명에 대한 정보를 들었다. 확실하진 않지만 지금도 독신자로 살고 있는데 몸에 총상 등이 있는 것이 분명 피해자일 것이라고 추측된다는 것이다.

마츠시마 선생의 설명에 의하면 산니 위안소 부근에 이시가키지마 해군 경비대가 있었다. 경비대 본부 부근의 위안소는 이곳밖에 확인되지 않는다. 조선인‘위안부’가 있었다고 하나 나이나 수도 모른다고 한다. 산니 위안소에 있던 군‘위안부’는 이시가키(石垣)국민학교 부근의 위안소에 있던 이들과 같은 사람들이어서 전쟁이 심해지면서 여기로 옮겨온 것 같다고 한다.

미군 포로 3명을 일본해군이 재판도 거치지 않고 총살한 곳이라는 곳을 지나 우간주(기도하는 곳) 등을 지나쳐 목장지역으로 갔다. 목장 부근 돌담을 넘어서 낫을 가지고 풀과 나무를 헤치며 평지로 10분 정도 가니 제법 넓은 곳이 나온다. 이곳에는 다이니뽕(dai nippon) 등 당시를 알리는 영어로 쓰인 맥주병들이 이리저리 딩굴고 벽돌, 기와조각들이 흩어져 있다. 이곳 육군부대와 위안소는 국민학교 지붕을 잇던 기와로 지었다고 한다. 근방에는 피해여성들이 이용하였을 시내가 흐르고, 좀 떨어진 곳에는 공습시 피했을 만한 자연 동굴이 있었다.

당시 이시가키국민학교에도 위안소가 있었고 군'위안부'는 조선인과 오키나와 일본 여성 5~6명이었다고 한다. 마츠시마 씨가 이 지역에 대한 증언을 해 줄만한 주민이라고 소개한 분이 바로 오오하마(大浜孫常. 1922년 4월 생) 씨인데, 이 댁에 바로 위안소가 있었다고 증언하였다. 이것은 오타 씨 책에도 없는 정보였다.

난 입대하기 전 대만의 담배전매국에 취직한 상태였고, 전쟁이 난 이후 징집당하였다. 대만에서는 타이페이에 만카(万華), 류큐정, 조선정 등의 이름의 유곽이 있었다. 21세였던 1942년 7월, 대만에서 해남 4부대로 입대하였다. 1942년 제4부대에 입대하여 臺南에서 티모르섬으로 갔다. 종전까지 3년 동안 티모르섬에 있었다. 야야대 오오야마(大山)부대는 오오야마 쇼우쇼우(大山少將) 부대였는데 1945년 종전후 티모르에서 무장해제 당하고 나고야→가고시마→오키나와로 돌아왔다.

대만의 2배 크기의 섬인 티모르에는 포로수용소가 없었다. 티모르에서 일본으로 올 때 말라리아 등으로 다수의 사람들이 사망하였다. 귀국 후 식권을 이용하여 먹을 것을 먹었다. 구마모토 가고시마까지 가서 군수공장에서 오키나와 사람들이 모여 귀향하였다. 구마모토 체재시에는 구마모토성에는 징병자 생존자들이 모여 있었다(티모르에서 위안부나 야전부대 간호사들은 기억하는가에 대한 질문에는 '자세히 모른다. 자신의 부대는 따로 아주 멀리 있었다. 오지여서 위안소에 대한 이야기 들어보지 못했다'라고 답하였다).

이 집에 양친이 살고 집 뒤에 위안소가 있었다. 내가 군에 나가고 나서 마키군이 들어와 훌륭하고 좋은 나무로 된 집을 망치고 다수의 군병사 건물을 지었다. 주차장, 이발소로 되어 있는 지금의 이 집은 모두 한 집이었다. 위안소 길이는 50미터나 되는 것이 두 동이나 있었고 목욕탕·부엌은 끝부분에 있었다. 이 근방의 위안소는 이곳밖에 없었다. 내가 귀국할 당시 우리집터 안의 위안소 건물만 남아 있었다.

고쿠바구미(國場組)가 군에 의뢰받아 군위안소를 지었으나 돈이 없어 건축비를 받지 못하였고 전쟁 후는 군이 줄 수 없는 상태여서 소유자인 나와 소유권 문제로 마찰이 있었다. 결국 이시가키(石垣) 영업소 국장조 등기관리 보존자가 되었다. 국장조가 건물에 대한 등기 책임자가 되었다. 1957~59년 동안 소유권 분쟁이 있었다. 건물도 1959년까지 남아 있었으나, 이후 철거하였다(재판자료가 남아 있는가란 질문에 없을 것이라고 답하였다).

위안소와 달리 장교 숙소로 장교 집회소가 2개 있었다. 전통적인 붉은 기와를 얹은 집이었고 뒤에 일층짜리 긴 건물이 군위안소였다.

오오카와(大川)에 군대가 주둔(이시가키의 동쪽 마을)하고 있었고 유키는 오키나와 본토 사람이 많았다. 유곽 18번지였다.

오오하마 씨 집에서 나와 다음 장소로 가려는데 몸과 마음이 다 무겁다. 모든 짐을 들고 움직였더니 이제는 조사보다 짐을 어디 처리하는 것이 우선이다. 다시 민폐를 끼치기로 하였다. 꽃집과 다도회를 이끄는 우라사키 씨 친구 나카와카(仲若裕子) 씨에게 집을 맡기고 홀가분하게 나와서 젠자이라는 빙수 한 그릇을 해치우고 새로운 마음으로 출발하였다.

홍종필 교수가 말해준 육군병원을 찾기 위해 우왕좌왕하였으나 장소가 정확하게 확인되지는 않았다. 육군병원 자리라고 추측한 자리는 바로 앞에 우강이 있었다. 육군병원 자리는 찾지 못한 채 골목을 나오는데 남산사(南山舍)란 출판사가 나왔다. 이곳은 오타 선생의 책을 간행한 곳이다. 입구에서 출판사 사장과 민속학자 이시가키(石垣) 선생을 만났다. 여기서 관련 책을 구입하였지만 육군병원 터에 대한 정보를 구할 수는 없었다.

더 이상 증언자를 찾을 수 없었다. 벌써 남도(南嶋)의원 간호사였던 미야라 토시(宮良利. 1926년 생) 씨를 만날 시간이 되었던 것이다.

미야라 토시의 증언이다.

1942년 남도의원의 간호사가 되었다. 심상고등소학교를 졸업한 후 1941년 남도의원에 남도의원 부속 간호부 양성소가 있어 그곳에서 1년간 교육을 받고 오키나와 본섬에 가서 시험을 치러 합격되어 남도의원에서 간호사가 되었다. 양성소에는 9명의 학생이 있었다. 양성소는 1916~18년까지만 있었다. 이후는 전쟁이 심해서 남도의원 요시다(吉野) 선생은 내과, 외과, 산부인과를 함께 하였는데 당시 조산부도 직원으로 있었다. 1944년에 조선인 군속이 피부병에 걸려와서 진찰한 적은 있지만, 당시 성병진찰은 없었다. 병원은 침대 14개, 방 4개 정도의 규모였다. 남도의원 간호사는 오전8시~오후5시까지, 의사는 오전9시~오후4시까지 진료하였다. 당시 간호사는 3~4명이었고 방 1개에 간호사가 숙박하였다. 입원환자는 특별히 심할 경우가 아니면 없었다. 병원 외출은 자기 집 돌아가는 정도였고 보통 야간환자를 위해 병원에 숙박하고 다른 외출은 별로 없었다. 당시 이곳에 병원은 7개 정도가 있었다.

요정에 위안소가 있다는 것은 기억하지만 다른 위안소에 대한 기억은 없다. 육군병원이나 일본군 관련 내용은 자세히 모른다. 남도병원과 육군병원 피난소는 기억한다. 오모토다케산으로 피난한 적이 있었다. 오모토다케로 주민을 진찰하러 간 적도 있다. 이시가키 피난명령은 이시가키 공습이 심한 1944년이었다. 남도병원도 피난지로 피난하였다. 전쟁 말기에는 군속에 수

술실만 빌려주어 군의관이 수술한 적은 있다. 자동차나 자전거를 타고 먼 곳으로 진찰 가기도 하였다. 병원장 요시다는 기생충 특히 촌충 연구자였다. 요시다 선생은 수기를 내었고 부인이 가지고 있다(吉野高善, 『ふる里と共に』, 금강출판주식회사, 1967).

1942년 이리오모테(西表)섬에 우치비나리(內離) 일본군이 들어갔고 이시가키섬(石垣島)은 전쟁말 강제적으로 주민소개가 대대적으로 있었다. 피난 장소와 담당의사 지역을 이시가키(石垣)시청이 정해 명령하였다.

전후 나는 간호사를 그만두었다. 복귀한 것은 소화 22년 1947년이다. 미군 정시대 군도정부 밑의 병원에서 다시 일을 시작하였다(당시는 위생부라고 불렀다. 양성한 간호사는 대만 종군간호사로 보내진 이가 많았다고 하였으며, 자신은 종군간호사 멋있다고 생각하며 간호사가 되었다고 했다).

비싼 차를 호텔에서 마시고 10시가 다 되어서 겨우 저녁식사를 하게 되었다. 숙박은 원래 우라사키 씨 친정에서 하기로 했는데 짐을 맡긴 나카와카 씨가 숙식을 제공하는 호의를 베풀어주었다.

우라사키 씨는 몇 가지 이야기를 해 주었다. 이시가키지마 비행기장은 한국인을 강제 연행하여 만들어졌고, 근방에 병원이 있었는데 그곳에서는 병사가 많이 사망하여 어른들이 어렸을 때 유령이 나온다고 하였다고 한다. 우라사키 선생은 생가와 가깝고 관련자들이 많아 증언자들을 확보할 수 있다고 한다.

일본정부가 제공한 자료 중에 남방병원에서 사망한 군'위안부' 이름을 확인하였다. 그러나 구체적인 현장자료는 결국 확보하지 못하였다. 그토록 당시 육군병원과 이와 관련된 위안소에 대한 정보를 알려고 하였으나 제대로 알지 못한 것에 대해 안타까운 마음이 든다. 게다가 이 지역 전문가 오타(大田靜男. 『八重山の戰爭』의 필자) 씨를 만나지 못한 것도 이시가키지마 방문에서 아쉬웠던 점이다.

5) 미야코섬(宮古島)

6월 28일 이시가키섬 공항에서 미야코섬에 도착하니 역시 그곳 활동가들이 마중 나와 있었다. 향토여성사가인 오쿠하마 사츠코(奧濱幸子) 씨와 우에자토 키요미(上里清美) 씨였다. 바로 현장을 향하였다. 가는 도중 노바르(野原) 지역에 항공자위대 기지가 있다. 이 지역은 당시에도 기지의 거리라 할 정도로 일본군이 다수 주둔해 있었다. 2차 대전 중에는 일본군이, 전후에는 미군이, 미군 철수 수에는 다시 일본군의 기지로 되었다는 이야기는 용산 미군기지를 생각하게 한다. 게다가 이 미야코섬은 1945년 3월 하역작업 중인 조선인 군부들이 미군 공습으로 수장된 곳이다.

시모키다(下北)의 위안소는 지금은 사탕수수밭인데 그 뒷부분이 위안소였다고 한다. 이곳 노인은 야생고추를 찾아다니는 조선인 여성과 군부를 보았고, 위안소 앞에 줄을 선 군인들도 보았다고 했다.

가와미츠(川滿 하루, 1924년 생): 타이완삐라고 불렀다. 군인의 감독 감시 심해서 몇 명 있었는지는 알 수 없다. 여성은 본 적도 없다. 다만 타이완 삐야라고 했다. 무서운 일본군 분위기로 가까이 갈 수가 없었다.

요쿠하마(奧濱)씨는 이번에 만나지 못한 스나카와 지로우 씨가 이곳에 일본군'위안부'가 있었다는 증언을 하였다고 전해주었다.

노바르고시 위안소에 대해선 나카자토(中里) 키미(활동가 우에자토 키요미: 上里清美씨의 어머니, 1935.12월생)씨가 당시 일을 아래와 같이 들려주었다.

집 근방에 조센삐가 있었다. 옷은 특별하지 않았고 부락 가까이를 걸어다니는 여성을 보았다. 나이는 젊었고 마을 노바르고시 마을 동쪽에 위안소가 있었다. 9~10세 정도 때 위문단의 자격으로 교사와 함께 학생복을 입고 부대에 갔다. 노래 춤. 아리랑 노래는 어떻게 배웠는지는 기억이 나지 않는데 어머니가 그 노래를 좋아했고 나도 좋아했다("아리랑 아리랑 아라아리요 아리랑 고개를 넘어간다. '나를 버리고 가시는 님은 십리도 못가서 발병난다'"→'와다시오 스테테 유쿠히도와 이치리모 유카즈모 아시가 이타무'라고 일역하여 불렀다).

노바르(野原) 위안소에 대해선 요나하 히로토시씨가 알려주었다. 그는 중학교에서 일하다가 퇴직 후 육우(肉牛)를 자영업하고 있었는데 근방에 아리랑정원을 만들고 싶어했다. 그의 말에 의하면 바로 근방에 위안소가 있었다고 한다.

요나하 히로토시(与那覇博敏: 1933.6.13 생)

노바르 근방에는 위안소가 있었다. 어렸을 때 '위안부'들이 길을 지나다닌 것을 보았다. 2~3명이 함께 우물가로 세탁하러 가거나 물을 길러 가는 것을 보았다.

전체로는 7~8명 정도가 아니었을까 한다. 군위안소 근방에 레크레이션을 하는 장소가 있었다. 지금은 밭이었다가 풀만 있는 빈 공터가 바로 그곳이다. 푸른 치마를 입었고 몸뻬를 입었던 것 같다. 조선여성은 우리를 보고 "보짱"하면서 고추를 사겠다고 하였다. 고추만 이야기 한 것을 들었지만 당시 자주 병사들이 식량이 부족해서 민가에 요구하였던 것을 기억한다. 나이는 16-17세가 아닌가 했고 일본어가 유창하였다. 위안부들은 표정이 거의 없었다. 병사가 아는 척해도 무표정하였고 애교 같은 것은 없었다. 내가 어렸어도 강제성을 느낄 수 있었다. 위안소가 있는 곳에서 우물로 가는 길은 멀었고 우물은 지금은 말라버렸지만 당시만 해도 물이 많아 주민들이 와서 빨래도 하였다고 한다.

노바르 위안소가 있던 곳

　　이곳에는 일본 육군 연대사령부가 있었다. 5620연대 사단장은 이도다무로였고, 대좌도 있었으나 이름은 잘 모르겠다. 주변에 특공대도 있었다. 긴 집을 삐야라고 불렀다.

　　일본군은 1941~43년경 비행기장을 만들기 위해 주둔하였는데 1944년 이후 공습이 있으면 '위안부'들은 위안소 옆에 피난소가 있어 대피하였다. 피난소는 원래 산이었으나 일본군이 산에 동굴을 파서 피난소를 만들었다. 현재 사탕수수 밭이 일본군 주둔지였고 그 옆에 위안소는 긴 건물로 동쪽으로 표 내는 곳이 있었고 서쪽으로 군인이 줄을 섰다.

　　위안소 건물은 전쟁 직후에도 있었다. '위안부'들은 1945년 8월 이전에 없어진 것 같다. 1945년 8월 15일 이후 일본군이 잠시 있었다. 근방에 민가건물은 없었다. 전쟁 후 군대시설은 민가로 바뀌었고, 위안소 건물은 비워져 있었다. 미군은 상륙하지 않고 1947년경 미군에 의해 레이더 기지가 만들어졌고 나중에는 일본이 통신소로 사용하였다.

노바르 근처의 치요다(千代田)공민관 부근에도 위안소가 있었다. 요나하 마쯔사(1922년 생. 78세) 씨와 나카자토 요시유우(中里好勇. 1924년생) 증언 은 아래와 같다.

조선인 군부와 같이 징용으로 일했다. 조선인 군속은 군복을 입지 않았고 항구에서 시멘트를 운반하였다. 조선인 군속 군부와 함께 일했다. 식사는 세 끼중 주먹밥 하나로 때웠고, 군속 일당이 20수전 정도인데 받은 돈은 없었 다. 왜냐하면 강제적으로 저금하였기 때문이다. 일본군 비행기장을 만드는 일을 하였고 지역 남성도 둘 중 한 명 정도가 강제적으로 징용되었다. 부락 은 군사령부 명령을 받아 야쿠바에서 동원되었다. 714부대 요시오카(吉岡)부 대 비행장 설영대가 있었다. 7~8명의 '위안부'가 있었는데 민가에 가서 고 추를 먹는 것을 보았다. 위안부는 치마저고리에 빨간 구두라서 예쁘다고 여 겼다. 나이는 20세 전후였다. 전쟁 직후 어느새 일본군보다 먼저 없어졌다. 일본병사들이 조센삐라고 불렀다. 이곳 주둔부대는 중국에서 관동군이 온 부대라고 들었다. 일본군들은 일본제국 군인이 한 일에 대해서 항의를 왜하 냐며 심하게 굴었다.

미야코섬은 1944년 10월 공습이 심했고 이후도 심했지만 종전 후에 미군 이 잠시 상륙하여 일본군 동굴을 발견하고 무기를 수합하고 폭발물을 폭파 시켰다. 일본군 32군은 중부 미군 수용소에 있었다.

점심식사 시간에 오카하마 씨는 미야코섬에선 역사보다 경제적인 면에 관심이 크고 자신은 오키나와 근방섬 시나 정신세계도 같이 조사하고 있다 고 하였다. 일본의 다른 지역에 비해 이곳에서의 조선인에 대한 인간적인 기억들은 부락의 신앙과 공동체적 신앙 등에서 비롯되는 것이라고 본다고 말하였다.

나하를 떠날 때 이미 우라사키 씨가 미야코섬에서의 특강계획이 있다고 귀띔해 주고 강의 주제를 말해주었다. 저녁 모임은 전쟁 등에 대한 문제인식을 심어주기 위해 마련한 것이라고 한다. 20명 이하 정도가 될 것이고 나이 분포도 다양하다고 했다.

그러나 빡빡한 조사일정으로 미야코섬에서도 억지로 조사를 일단락하다시피 한 오후 3~4시경이 되어서야 정해진 숙소에서 짐을 풀었다. 강의 초안을 만들 짬도 없이 움직이다가 짐을 푸니 피로가 엄습해 오지만 한국인이 강의하기는 처음이라는 이곳에서의 나의 책임을 절감하면서 겨우 강의 초안은 만들었다. 하지만 시간이 없어 통역자는 전체를 제대로 읽지도 못한 채 강의장소인 미야코섬의 히라라(平良)시립도서관 회의실로 향하였다.

강의 주제는 '한국에서 왜 위안부 문제가 제기되었는가', '문제제기 후 한국에서의 활동', '현재 연구소의 활동', '국제법정을 한국에서는 어떻게 준비하고 있나'였다. 각 주제가 가볍지 않고 통역시간도 있어 30분 정도의 분량으로 간단하고 쉽게 다루기로 하였다.

오쿠하마 씨가 사회를 맡고, 강의는 통역을 포함하여 1시간, 질의응답을 1시간 정도 하여 밤 10시 가까이 되어 끝났다. 워낙 20명 정도라던 것이 30명이 넘어 자리에 앉지 못해 서서 듣는 이들도 있었다. 우라사키 씨는 한국어로 강의를 듣는 것 자체가 미야코섬 사상 처음일 것이며, 한국어 강의 자체가 미야코인들에겐 의미가 클 것이다라고 말하였다. 강의 내용은 겨우 한두 시간의 휴식시간을 내어 끄적인 것이었고 통역자가 제대로 보지 못한 것이 걱정이었으나, 잘 된 셈이었다. 후지오카 씨는 좋은 통역자의 기질이 보인다.

특강을 마치고 활동가들과 함께 저녁식사를 하였다. 한 남성이 우리가 누구란 것을 소개받더니 호탕하게 웃곤 식사비용을 외상으로라도 자신이 대겠다며 호언하고 먼저 나갔다. 이에 모두 즐겁게 웃으며 식사하였다.

가메하마(龜濱) 시의원은 한국인 군부가 돌아가지 못하고 미야코 사람처럼 살려고 했으나 나중에 정신이 이상해져서 "나는 조선인이다. 나는 조선인이다” 하면서 거리를 다니다가 죽음을 맞이했다는 말을 전하며 울먹였다.

6월 29일 미야코섬 비행장에서 증언자를 한 명 더 만났다. 어제 밤 모임에 다른 일이 있어 참가하지 못했다며 아침에 공항까지 나와 기다리신 분은 가메하마 의원 어머니 宮平 토미 할머니이다. 할머니는 울먹이는 목소리로 이야기하며 짧은 시간에 많은 것을 말해 주려고 무척 애를 썼다. 이 분들의 정성을 어떻게 말로 다 표현할 수 있을까.

宮平토미(1926년 생) 증언

나이 18세경 찌모리(地盛)에 집이 있었는데 근방에 조선인‘위안부’가 10명 정도 있었다. 집이 위안소에서 가까웠는데 어머니는 “어느 나라 사람이라도 불쌍하다”라고 말하면서 매운 것을 좋아하니까 ‘위안부’에게 과자도 주고 고추도 주었다. ‘위안부’ 여성들이 자주 왔었다. 친정엄마는 그 사람들을 자주 도와 주었다. 위안소는 소나무숲 안쪽에 있었다. 지금은 소나무가 조금 남아 있다. 위안소는 평일에는 장교들이 다니고 주말에는 병사들이 드나들었다. 친정의 밭 옆에 위안소가 있었고 아리랑 노래는 한국어 일본어 모두 기억한다. ‘위안부’들은 고추를 그냥 먹었다.

나도 징용되어 여자청년단으로 고구마, 인공동굴 만드는 데 가야 되어서 일본군위안소가 만들어진 시기는 잘 모른다. ‘위안부’ 인상은 피부가 하얗고 아주 젊었다. 20세 전후로 보였다. 말이 통하지 않았지만 집에 오면 차, 고추를 주었다. 옷차림은 특별하지는 않았고 마을인과 비슷하였다. 위안소 관리자는 기억하지 못한다. 식량은 일본군이 주었을 것이다. 그러니까 나중에 식량부족이 되어 고추를 먹었던 것은 아닐까? ‘위안부’들이 언제 없어졌는지도 기억하지 못하겠다. 부대가 없어지고 어느새 ‘위안부’도 없어졌다. 긴 집에 작게 위안소가 있었고 주말에는 병사들이 줄지어 있었다.

당시 미야코섬에는 육·해군이 모두 주둔하였다. 육군은 562부대였다. 집 가까운데 위생병원, 의무실이 있었다. 의무실은 텐트 같은 것으로 만들었다.

오키나와 본섬 요바르에서 나하공항으로 가는 택시를 탔는데 그 안에서 후지오카씨가 택시기사와 대화를 나누던 중 그 분이 미야코섬 출신임을 알고 군'위안부'에 대해 물어 들은 이야기이다.

사와다 게이쯔(택시기사): 위안소는 소나무가 집중되어 있는ㅡ송림ㅡ안에 위안소를 만들고 미군(일본군?) 병사가 출입하였다. 내가 본 것은 40명 정도 줄을 서서 기다리고 있는 것이었다. 장소는 미야코섬 쿠스쿠베(城邊町) 아자 시모난(字下南) 60번지였고 위안소는 마을 안에 있었고 오래된 전통적 민가를 이용해서 만들었다. 주민들은 그 민가를 '오란다야'라고 불렀다. 민가 뒤 언덕 송림에 있었는데 현재는 밭이 되었다. 50~60명 정도 '위안부'가 있었고 일본인 여성이 있었는지는 모르겠다. 여자들은 10~20대라고 생각한다. 주위 사람은 이들을 조센삐라고 불렀다. 옷차림은 야했다. (하테닷다)마을 가까운 길을 다녔다. 마을 주민은 위안소 근방에 갈 수 없었다. 출입금지지역 군인이 관할하는 지역이었기 때문이다. 미군의 공습이 심하였지만 미야코에 미군의 공격적 상륙은 없었다.

미야코섬에서 나하행 10시 10분 비행기로 날아가던 도중 게라마열도가 보인다. 저것이 아마 도카시키섬일 것이라고 생각했지만, 나중에 확인하니 아니었다. 배봉기 할머니가 계셨던 곳, 이번엔 가지 못하였지만 공중에서나마 사진을 찍어 두었다. 섬 두개가 산호초로 덮여 수영으로 건널 수 있을 정도로 가깝게 보였다.

6월 26일, 27일, 28일 오늘 아침까지 너무나 많은 것을 보고 들어 머리는 터질 것 같으나 오히려 가슴은 무겁고 충분히 느끼지 못한 듯하다. 미야코섬의 기요미씨의 어머니 노래와 그 우물이 마음을 울리긴 했지만 미야코섬 텔레비젼 카메라가 감동을 주게 했다. 이 망망대해에서 지금은 비행기라도 움직인다. 당시는 그곳에 한번 떨어뜨려 놓으면 전혀 오도가도 못했을 것이다. 노예적 생활을 강요하면 당할 수 밖에 없었을 피해자들의 아픔이 비행기에 오르고, 거친 현장 조사의 일과가 끝난다고 생각되는 이 시점에서 밀려들어오는 것은 왜일까. 제3자라는 것, 그것 때문일까?

7. 오키나와 현립 공문서관 방문

6월 30일, 오랫동안 여러 사람들이 말하던 공문서관 그리고 요시마 씨를 만났다. 내가 가지고 있는 자료 속의 부대의 군지휘계통도, 어디에 속하며 어디에 주둔하고 있었는지가 밝혀진다면 참 좋겠다. 또 오키나와에서 귀국한 여성들에 대한 새로운 자료가 있다면….

하에바루(南風原)정에 있는 공문서관의 모습은 오키나와의 전통 기와를 얹었고 따로 단아하게 세워져 있었다. 현대식 건물 속에 다른 관공서랑 뒤엉켜 있는 대전의 정부기록보존소 본소를 생각하게 한다. 부산 분소는 좀 낫지만. 일개 현립 공문서관의 당당한 모습을 보면서 조금은 침울해진다.

공문서관에선 가장 중요한 것이 오키나와 주둔군 계통도와 군위안소, '위안부' 자료, 그 담당 부대 등을 상세히 파악하는 일이다. 우선 이미 들은 정보대로 라사섬 수비대 중대 진중일지를 보기로 하였다. 진중일지 중 조선인 '위안부' 명단이 있는 부분은 정부 시책상 절대로 보여줄 수 없다는 것이 관장의 말이었다. 실제 조사하니 진중일지에서 그 부분은 이미 따로 처리되어 있었다. 이곳에선 라사섬 수비대장 모리타(森田芳雄)의 자서전 『ラサ島 守備隊』를 구하였다.

1946년 11월 30일 당시, 오키나와의 한국인 포로는 약 1,800명이었다. 이것은 한국으로 보낸 사람 수이다. 오키나와에 있던 조선인 군부, 군인, 군위안부의 전체 수에 대해선 오키나와 공문서관에서도 파악하지 못하고 있었다. 포로수는 오키나와 해군 군제보고에 의한 것이었다. 그중 1945~48년까지 자료는 송환 귀국 전 미국측이 작성한 자료이다. 오키나와현 공문서관 요시하마 선생은 오키나와의 포로수용소 등에 대한 자료가 있을 것으로 보고 일본정부의 오키나와 개발청에 자료를 요청해 놓은 상태라고 하였다. 그는 전체 부대 구성표 등 몇 가지 자료를 복사하도록 도와주었다.

새로 공개된 진중일지는 라사섬 수비대장 (森田芳雄)가 오키나와현에 기증한 것이라고 한다. 라사섬은 회사라곤 인(燐)광석 회사만 있던 작은 섬인데 전쟁이 말기인 1944년 일본군 1중대(大東島 支隊 제4중대, 약 50명)가 주둔하게 되었고 1944년 11월 7명의 조선인 '위안부'가 왔다는 등의 내용이 있다.

바쁜 일정 속에 가능한 대로 많은 자료를 입수하기 위해 노력하였지만 역시 이 작업은 하루 이틀 작업은 아닌 것 같다. 긴 답사일정 속의 긴장으로 이제 몸과 정신의 한계가 드러나기 시작하였다. 자료 입수 후 여관방에서 같이 자료를 정리하다가 저녁 7시 류쿠신보사 마츠나가(松永勝利), 지바나 기자와 인터뷰를 하고 함께 저녁식사를 하였다.

이곳이 작은 지역이기 때문인지, 아니면 주위 안내를 해 주신 분들의 후광 때문인지 모르지만 이곳은 기자들이 잘 움직인다. 필자가 오키나와에 온 첫날 답사에도 기자와 함께 하고 미야코섬에선 TV와 신문 기자가 따르고 답사 후엔 다시 처음의 류쿠신보사 기자가 다시 인터뷰를 요청한 것이었다. 중요한 자료도 구해주고 또 필자에게 오키나와와 관련된 연구가 진척되면 연락해 달라는 요청도 잊지 않았다.

7월 1일, 빠듯한 일정이 끝나갈 즈음 갑자기 하루가 자유로워졌다. 오키나와와 서울간의 직항편이 자주 있지 않았던 까닭이다. 오전에는 조선과 관련이 깊다는 오키나와 도자기를 보기 위해 나하의 도자기박물관 방문하였다. 오후에는 久茂地 시민극장에서 영화제가 있었다. 같이 답사하였던 우라사키 씨, 후지오카 씨 모두가 이제 일상으로 돌아가 영화제의 분위기를 만끽하고 있었다. 한국 영화는 「낮은 목소리 2」와 「숨결」, 「태백산맥」 등이

상영되었다. 오키나와인의 한국 영화에 대한 관심은 컸다. 영화제 후 참석자들과 함께 이전에 방문한 우미세토 씨 가게로 갔다. 우미세토 씨가 이번 영화제를 여는 데 주도적인 역할을 했다고 한다. 재일동포 여러분과 미리 온 변영주 감독 팀과 다시 만나게 되었다.

7월 2일 뜨거운 오키나와 공기보다 서울이 나을 것이란 약간의 기대와 못 다한 조사에 대한 안타까움을 느끼며 나하공항으로 왔다. 우라사키 씨는 필자를 위해 일부러 와 주셨다. 공항에서는 오키나와에서 열린 회의에 참석하였던 효성가톨릭대 이정옥 교수, 가톨릭대 이삼성 교수 등 여러분을 만났다. 일제시기에 연행된 군인·군속·군부 등 유족, 여성서미트, 변영주 감독 등 6월 23일을 전후한 많은 행사에 한국인들이 매우 많이 참석하였음을 확인하였다. 이러한 유대들이 앞으로 오키나와 관련연구의 토대가 될 수 있으리라.

8. 남기고 싶은 말

이번 오키나와 조사는 꽤 무리한 점이 있었다. 일단 한국에서 혼자 왔다는 것이 첫 번째 이유이고 두 번째는 조사비 문제였다. 그 두 가지 모두 연관되는 것이지만. 조사과정에서 녹음기·사진기·비디오카메라 작동하랴, 통역자의 말을 적으랴 중간중간 집중력이 떨어지곤 하였다. 나만의 경험이 되어서는 안된다는 다짐으로 열심히 한다는 것이 오히려 역효과가 나는 점이 많았다. 우리측 조사자가 한 명이라도 더 갔다면, 통역자라도 같이 활동하였던 사람이라면 미리 일의 분담을 할 수 있을 테인데 이런 생각은 우리 형편에 사치스런 것일까. 더 많은 것을 보고 얻어오지 못한 것에 안타까움이 있다.

이번 답사는 정대협과 나눔의집, 오키나와 분들의 지원이 컸다. 오키나와 분들은 금전적인 면만이 아니라 안내와 통역 등에서 자비를 들이면서 최선을 다해 도와 주었다. 오기만 하라며 무리한 답사를 기꺼이 응해 주었고 각 지역활동가와 연결하여 짧은 시간에 많은 것을 얻게 해 준 우라사키 씨와 숙소를 제공하고 그림자같이 동행하며 필자보다 두 배 이상의 말을 해야만 했던 통역 후지오카 씨 등 여러분께 진심으로 감사 드린다. 이러한 헌신성에 답하는 것은 한국의 연구와 활동을 심화시켜 가고, 앞으로도 잦은 교류를 통해 서로의 관심사를 확장시켜 가는 것이 아닐까 생각한다.

앞에서도 말했듯이 오키나와 조사는 위안소 답사만을 위한 것은 아니었다. 군위안소를 설치하고 감독한 책임이 분명하게 보이는 오키나와 지역의 군관계자 전범들을 확인하기 위한 것이었다. 직접 오키나와 땅을 밟으면서 느낀 것은 우리측의 연구성과를 제공하고 현지의 연구성과를 흡수해 내는 과정이 군'위안부'문제만이 아니라 군인·군속·군부·징용피해자들에 대한 실태 파악과 일본 책임을 드러내는 데도 매우 중요한 일임을 인식하였다. 다만 이러한 연구를 한국에서 이곳으로 와서 한다는 것 자체의 어려움이 있으므로 오키나와 연구자와 연대하여 연구해 나가는 것이 필요함을 절실하게 느낀다. 방문 전부터 적극적으로 오키나와 조사를 주선해 준 우라사키 씨도 오키나와 정신대연구소를 만들어야 하겠다고 할 정도로 앞으로의 연구에 관심을 보였다.

오키나와 군'위안부' 조사는 그 어느 지역보다 앞섰다고 생각된다. 그것은 배봉기 할머니의 존재라는 특수조건이 이를 가능하게 하였다. 오키나와 활동가들은 1992년 오키나와지역의 군위안소에 대한 조사와 위안소 지도를 만들어 내었다. 당시는 요시미 교수의 책이 겨우 나온 정도이고 1993년 일본정부자료나 국민기금 자료는 나오지 않았던 시점이기에 군과 관련하여 군위안소 연구를 하지는 못하였다. 이제 다시 군과 연결하여 연구할 필요가 있지 않을까 하는 나의 지적에 우라사키 씨도 공감하였다.

그리고 구체적 과제로 남겨진 것은 일차로 이리오모테 동부지역의 조선인 할머니, 그리고 오오시로(大成淸三) 부인의 동생 남편 다카다 사브로라는 조선출신 남성을 더 알아보는 것이다. 두 번째는 이시가키섬 육군병원 남방병원의 정체를 밝히고 여기서 어떻게 군위안부가 사망하였는가를 밝혀내는 것이 중요하다. 세 번째는 역시 오키나와 군과 군'위안부', 징용자 등과의 관련성을 좀더 구체화하는 것이다.

사할린

여순주
한국정신대연구소 연구원

1. 조사 일정

1999년 7월 31일부터 8월 7일까지 러시아 사할린 조사를 다녀왔다. 7월 31일부터 8월 3일까지는 유즈노사할린스크에서 문서관, 이산가족회, 한인회, 일본인협회 등을 방문해서 관련자를 물색하고 몇 명 인터뷰를 했다. 통역은 사할린 이산가족회 김명열 회장의 처제인 서순애 씨가 수고했다. 8월 4일부터 5일은 포로나이스크에서 여러 한인들과 만났다. 포로나이스크 한인회 회장 김진명 씨가 안내를 맡아주었고, 부회장인 김호연 씨 집에서 숙식을 해결했다. 8월 6일 유즈노사할린스크로 돌아와 홈스크로 다녀온 후 8월 7일 귀국하였다.

이번 조사의 일차적인 목적은 그곳에서 일제의 패전 후 '위안부'들을 학살한 사건을 확인하기 위한 것이었다. 이 학살사건은 김일면의 『정신대』(일월서각, 1981)와 三田英彬의 『恨맺힌 사할린 同胞 望鄉 40년』(성정출판사, 1983)에서 확인되었고 윤정옥 선생님이 일본에서 만난 국회의원에게 같은 증언을 듣기도 하였다. 그 사건의 내용은 다음과 같다. 포로나이스크에

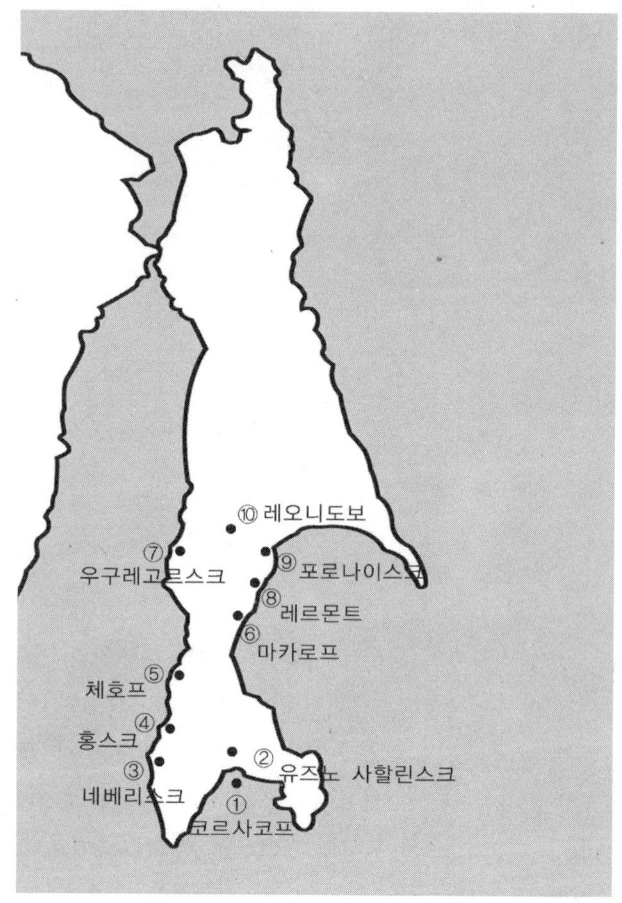

사할린의 조사지역

위안소가 5~6개가 있었는데 1945년 8월 10일 소련군이 내려오자 업주들이 일본군'위안부'들에게 알리지 않고 자기들끼리 피난을 떠났다. 나중에 이를 알게 된 일본군'위안부'들 20여명이 역으로 달려갔지만 이미 기차를 떠나기 시작했고 세워달라고 기관차 앞으로 달려드는 여자들을 그대로 치고 지나간 것이다.

이를 위해 국내에 영주귀국한 사할린 동포들을 상대로 사전조사를 한 결

과, 1944년 가미시스카(上敷香)에 일본 군대 속에 위안소가 있었고 일본군 '위안부' 학살이 있었던 포로나이스크에 청루(요리점)이 두서너 군데 있었고 탄광마다 요리집이 있었다는 것을 파악했다. 그리고 일본의 스즈키 유코에 의하면, 당시 사할린에 88사단이 주둔했고 사령관이었던 스즈키 야스오가는 『樺太防衛の思い出』라는 책을 남겼는데 거기에 '쯔와나미소'가 있었고 현재의 박물관이 당시의 사령부 건물이라는 것이다. 또 1942년 『과장회보』에 사할린에 10개의 위안소를 지을 것을 계획하고 있다는 것을 알려주었다. 이것은 자료를 뒤져보니 당시 육군성의무국 의사과장이었던 金原節三 업무일지 摘錄(적록)에 관련 기록이 있었다(문헌자료 참조).

2. 조사 결과

우선 당시 '위안부' 학살을 기억하거나 소문이라도 들은 사람은 만날 수 없어서 실망스러웠다. 학살이 있었다는 기차역에는 현재 시뻘겋게 녹슨 화물차만이 남아 있었다. 그렇지만 거의 대부분의 한인들이 탄광에서 감금상태에서 일했기 때문에 일본군이 관련한 것을 알지 못하는 것이 당연한 것인지도 모른다. 또한 위안소라든가 '위안부'라는 말을 안다고 하는 사람들이 몇 사람 되지도 않았는데 그것도 책을 통해서 최근에 알았다고 하는 경우였다. 대신에 청루 혹은 요리집 얘기는 알고 있는 경우가 많았다. 혹시 관련 문서가 남아 있을까 하는 기대를 가지고 문서관을 찾아갔는데 젊은 러시아 여성인 사서가 하는 말이 '일본군이 패전하고 중요한 문서는 다 태웠다'고 했다. 한국에서와 마찬가지로 사할린에서도 자신들에게 불리한 자료를 소각한 것을 알 수 있었다. 흔히들, 기록을 잘 만들고 보관하는 것이 일본의 자랑이라고 알고 있지만, 일본 자신에게 불리한 자료는 없애는 관행이 있다는 것을 지적해야겠다.

　7박 8일간의 사할린 조사 중에서 학살이 있었던 포로나이스크에서 보낸 이틀이 수확이 가장 많았다. 기업위안소인 요리집에 있었다는 피해자를 만나려고 시도했지만 계속 거절해서 결국 만나지 못하고 그분 이야기를 잘 알고 있는 분으로부터 간접 증언을 듣는 것에 만족해야 했다. 그 와중에 요리집에 간 경험을 이야기해주시면서 직접 그 요리점이 있었던 장소까지 안내해 준 이경훈 씨를 만난 것은 참으로 다행이었다. 그분은 사할린 레르몬트에 요리집 2곳이 있었고 하나는 일본인 여자가 다른 하나에는 한국인 여자가 각각 6명이 있었다고 알려주셨다. 할아버지는 사사키구미에 속해서 탄광노동을 했는데 일을 잘 한다고 뽑혀서 한 달에 한 번 요리집으로 갔다고 했다. 여자들 사진을 보고 여자를 하나 골라 방으로 들어갔는데 너무 말랐고 그 여자가 여러 명의 남자들 상대하는 것을 힘들어했다고 증언해주셨다. 이용요금은 사사키구미에서 지불하고 나중에 월급에서 제했다고 하고 있어 기업이 노동자들 통제하는데 위안소제도를 이용했음을 확인할 수 있었다. 또 다른 증언자 양선동·이홍자 부부는 이웃에 살던 아주머니(현재 사망)의 이야기를 들려주었다. 그분은 홈스크 요리점에 있었는데 평소에는 한국인들이 들어왔지만 토요일에 군인들이 외출 나와 줄서서 5분마다 들어와서 너무 힘들었다고 했단다. 이것은 일본군이 산업위안소를 이용한 사례라고 할 수 있다.

　홈스크에서 만난 박연동 씨도 당시 미쯔비시 재벌이 청루와 여관에 투자했다고 알려줬고 체호프(일본식 지명 野田) 서쪽에 요리집 6채가 있었음을 알려줬다. 또한 당시 에스토루(惠須取, 우구레고르스크)에는 하마도리 10리 전체가 청루였다고 하는 애기를 들은 적이 있다고 알려주셨다.

3. 산업위안소와 군위안소

이번 조사로 사할린에 군위안소가 있었다는 증언과 자료가 나온 지역은 도요하라(유즈노사할린스크)와 시스카, 가미시스카뿐이었다. 사할린의 경우는 탄광이 많았고 탄광에 주로 조선인 남성들이 연행되어 왔기 때문에 이들을 상대로 한 요리점이 성황을 이루었고 여기에 있던 '산업위안부'들이 대다수였던 것으로 생각된다. 여기서 쓰는 '산업위안부'란 강제연행된 노동자와 일본인 노동자를 상대로 회사에서 마련한 위안시설에서 있었던 성노예를 말한다. 그동안 일본이 저지른 대표적인 전쟁범죄로 일본군'위안부'가 부각되어 온 반면 '산업위안부'의 경우는 잘 드러나지 않았다.

윤정옥은 홋카이도 조사에서 1920년에 삿포로에 조선인 노동자를 상대하는 위안부를 둔 조선요리점을 개설[1]했던 것을 지적하였다. 강제연행을 연구해 온 하야시 에이다이는 한국인 여성의 강제연행을 설정, 요리점에 종사했던 조선인 여성을 소개하였다.[2] 여기에 보면 홋카이도의 경우 "1939년 8,000명의 조선인이 광산으로 오는데 이들 노동자의 위문방법이 문제화되어 결국 조선인여성들의 구원이 요망되어 홋카이도 석탄광업회로부터 도청보안과에 대해 조선인을 사용하게 된 18개 탄광에 26개소의 조선요리옥 개설을 인정하도록 요망하여 왔다"(1939년 10월 13일 北海道『小樽新聞』). 주로 1931년 만주사변 이후 사할린으로 많은 조선인이 강제연행되었다. 당시 사할린 석탄산업은 미츠이, 미쓰비시 등 재벌회사에 의해 운영되었다. 1940년에는 심각한 노동력부족으로 6,000인의 조선인 노동자가 신설 탄광노동력으로 연행되었다.[3] 이 자료는 당시 군수산업이었던 탄광산업이

---

1) 윤정옥, 「연꽃으로 다시 태어나고파—홋카이도 편」, 『한겨레신문』, 1990년 1월.
2) 하야시 에이다이, 1982, 『일제의 조선인노동강제수탈사』, 신정식 역, 비봉출판사, 281-294.
3) 朝鮮人 强制連行眞相調査團 編, 1974, 『朝鮮人强制連行, 强制勞動の記錄—北海

국가와 연계하여 요리점을 개설하였음을 보여주고 여기에 종사할 성노예로서 여성의 동원에도 관과 회사가 연결되었으므로 일본정부가 책임져야 하리라 생각한다.

그리고 정갑수 씨의 다음 증언은 산업위안소 업자가 군위안소 업자로 변신을 보여주는 것으로 산업위안소와 군위안소 관계도 계속 연구되어야 할 과제임을 제시해준다.

1974년 삿포로시에 살고 있던 정갑수 씨는 다음과 같이 증언하였다.

그런 점포가 눈에 뜨이기 시작한 것은 만주사변이 시작된 때부터라고 생각됩니다. 그 당시 도요히라(豊平), 미나미이지죠오(南一條), 스스키노(薄野) 근처에 약 20개소 정도가 생겼습니다. 삿포로에 가까운 야요히(彌生)광산, 도요바네(豊羽)광산, 찌도세(千歲)광산 등에는 조선인이 많았죠. 그때는 아직 감옥식의 합숙소 소속이 아닌 사람들이 많았으므로 비교적 자유가 있어서 휴일에는 삿뽀로에 놀러 외출했습니다. 그것을 노리고 '조선 요리점'이 생긴 것이죠…'요리점'이라고는 해도 그것은 간판뿐입니다.

그들은 모두가 조선 농촌으로 가서 식량이 떨어진 약점을 노려서 부모에게 좁쌀이나 보리쌀 등을 두세 가마니 사서 주고는 잔돈푼 좀 주고, '딸아이를 홋카이도에 데리고 가서 좋은 직업을 알선해 주고 돈벌이를 시켜 부모에게 송금하도록 해준다'고 속여 여자들을 홋카이도에 데리고 와서는 '요리점'에서 일을 시킨 것이죠. 이것은 사람 고기의 불할판매라고나 할까요. 형편없는 짓이죠. 추운 밤에도 밖에 나가 서서 손님을 끌어야 하죠. 목욕도 제대로 못 나가니까요… 절대로 도망칠 방법이 없습니다. 도망해서 경찰에 달려가 보아도, 순사들은 업자에게 매수되어 한통속이 되어 있으니까 잔뜩 훈계만 해서 점포로 되돌려 보냅니다… 일본군이 중국에 대한 침략을 확대하게 되

道·千島 樺太篇』, 現代史出版會, 355.

자, 그렇게 해서 돈푼 번 패거리들 중에서도 세력 있는 자들을 협화회가 소개해서 일본군이 관리하는 전쟁터로 데려간 것입니다. 물론 일본인 업자도 갔지요. 이들은 일본군이 점령한 도시에다가 점포를 내는 것이죠(필자가 내용을 강조하기 위해 진하게 함).

그런데 조선인 업자들은 최전방까지 종군했다는 것입니다. 군에서 모든 편리를 보아주니까 여자를 5, 6명 데리고 가면 돈벌이가 좋았다고 합니다. 여자에게는 정말 고된 일이어서, 병사들이 주욱 줄서서 차례를 기다리는 상태였다고 합니다. 그런 못된 장사를 해서 돈을 번 놈들이 고향에 가서 땅이나 산을 사기도 했다는 것입니다.[4]

사할린의 경우 요리점이 있었던 곳으로 파악되는 곳은 시스카(敷香, 포로나이스크), 가미시스카(上敷香, 레오니도보), 도마리키시(泊岸, 레르몬트), 마오카(眞岡, 홈스크), 기따오자와(北小澤, 쩰리높스크), 에스토루(惠須取, 우구레고르스크), 시루토루(知取, 마카로프), 오오도마리(大泊, 코르사코프), 노다(野田, 체호프), 혼도(本斗, 네베리스크)가 확인되었다. 증언 중에 탄광마다 요리점이 있었다고 하고 있어 사실상 거의 모든 탄광에서 요리점을 개설했던 것으로 추측된다.

현지 조사에 의하면 이들 산업위안소 중에서 군위안소를 겸하기도 했다는 새로운 사실이 밝혀졌다. 평일에는 주로 조선인 남성들이 왔으나 주말에 근처 부대에서 일본인 군인들이 이용했다는 것이다.

사할린 조사에서 군'위안부'에 가려서 잘 부각되지 않았지만 산업위안소 역시 탄광 등을 중심으로 상당수 있었음을 확인할 수 있었다. 보다 더 포괄적인 진상을 알아내기 위해 본격적인 조사가 필요하다고 생각한다.

---

4) 하야시 에이다이, 1982: 288-290.

4. 주요 증언자의 증언

1) 이경훈-요리집 출입 경험자

　　1921년 생 수원 출신. 소화 18년(1943)에 징용으로 왔다. 일본이 손든 뒤에도 계속 탄광에서 일했다. 지금도 사니까. 일본이 경영할 때 그때야 징역산 거지. 한방에 들여다 놓으면 아침부터 저녁까지. 백연탄산이라는 데서 일했어. 나중에는 나빠도 하이(좋다), 좋아도 하이, 죽는 데도 하이 해야지.

　　당시 도마리키시(泊岸, 레르몬트)에 청루가 2곳 있었다. 일본여자 6명, 조선여자 6명이 각기 있었지. 영업이니까, 요리집. 하시뎅이라 그러나 청루관이라 그랬는데 이름은 기억 못하지. 지금은 풀만 우거져 있다.

　　내가 속한 사사키구미에서 차로 청루에 데려다 줬다. 일 잘한 노동자들을 보내주는데 안 갈 수 없었다. 하루도 안 빠지고 일하면 한 달에 한 번 차 태워서 보내주고 어떤 사람은 일 년에 한 번도 못 가고 그래요. 한인여성 청루에 들어가 사진 보고 어떤 여자가 마음에 있는가? 누가 마음에 있다. 양쪽에 보면 여기에 여자들 얼굴은 잘 생겼어 그런데 바짝 말랐잖아. 캉가에(명태같이 바짝 마른 물고기 이름) 같이 바짝 마른 여자였다. 칸칸마다 여자들이 있지. 이름이나 번호는 없어. 일본여자들이 있는 청루관이 따로 있지. 주인이 따로 있었고 딴 집에 살았다. 조선여자는 조선인이 관리했다. 일본여자는 일본인이 관리했지. 일본여자 있는 집에는 말 모르니까. 내가 만난 여자는 몸빼를 입고 있었고 연령은 25, 6살에서 30살 정도. 여자들과 한국말 했지. 여자들은 말할 수 없죠, 하루 저녁에 남자를 적어도 여섯, 다섯, 일곱을 치는데 자기가 우는 모습이 아닐 수 있는가. 보통 여자들이 마른 편이었다. 방은 6개. 다다미 두 쪽이라 뭐 하나 깔고 병풍이 있어. 콘돔 없이 했고 여자들은 바로 앞 병원에서 검사했다. 구미에서 다 알아서 하지. 만약 병이 있으면 여러 명이 다 병에 걸리는데 어떻게 일을 하나? 돈은 구미에서 내고 나중에 월급에서 제했다. 하루 저녁에 그 여자 하나 하는데 25원이거든 하루 일당이 3원 50전이었다. 그 사람들이 가라고 하니까 가야 지요(이경훈 씨는 1999년 12월 한국으로 영주귀국했다).

2) 보조 증언-정용송

(전직 회장으로 그 동네를 잘 알고 계셨다)

철도 침목 하나 하나가 조선 남자 하나라고 생각하면 된다. 한국인 노동 자는 군대식이지. 군대들 요리집은 포로나이스크에 있었어. 요리집 주인은 일본사람이지. 서너 군데 있었지. 여자들은 일본여자지. 그 요리집에 있던 여자가 여기 포로나이스크에 하나 있지.

여관이 여러 개 있었다. 일본여성도 있고 한국여성도 있었다. 여기 지명 은 레르몬트, 도마리키시는 마지막 정거장이라는 뜻이다. 지금 흔적이 없거 든. 일본인 마을에 구락부라고 활동사진 보는 데도 있고 병원, 진자, 공동묘 지, 학교, 큰 함바도 있었지.

3) 김양례(가명)에 대한 조광자 증언

(피해자 본인은 계속 우리와 만나기를 거부했다. 딸의 친구인 조광자 씨 가 몇 번이나 부탁했음에도 불구하고 거절당하자 우리는 조광자 씨에게 언 론에 비공개를 조건으로 아주 어렵게 다음과 같은 간접 증언을 들을 수 있 었다)

1921년 생. 열여섯 살 때 나이를 속여서 여기로 왔다고 했다. 본인이 세 살 올려서 왔답니다. 19세라야 만 18세로 성년으로 된다고 해서. 1937년 경. 포로나이스크에 계속 있었다. 원래는 양자 어머니가 팔려왔대요. 누가 팔았 는지는 모르지만 본인도 마음이 있으니까 그렇게 왔지요. 알고 왔지요. 양자 어머니가 고우셨으니까 그런데 팔려왔지요. 주로 한인들이 다니던 포로나이스크 요리점에 있었지. 거기서 이름이 아께미라고 했다. 그 양자 어머니를 양자 아버지가 거기 드나드시다가 돈을 주고 빼냈지. 양자 아버지는 한인치고는 좀 살았지. 그래서 병들어 돌아가실 때까지 같이 살았지. 양자 어머니가 음식대접하고 잘해요. 양자 아버지는 일제 때 산판에서 일을 했고 일제 망하고는 자기 것은 아니지만 가게를 운영했다. 공장에 있는 상점을 경영했지. 쌀·콩 같은 식료품을 취급했다. 이(李)가였다. 양자 어머니는 한번도 직장생활은 안 했어요. 자식은 아들과 딸이 있었다. 데려온 아이들. 양녀와 양자. 그런데 양자 어머니가 양자한테 아주 잘 해서 양자 친어머니가 여기 있지만 친어머니로 생각 안 해요. 자기 길러준 엄마를 그렇게 좋아하지. 양자 아버지 죽고는 재가했지요. 거기서 남편에게 아들이 2명 있었어요. 두 번째 남편과 10년 넘게 살았지요.

나는 1974년에 여기로 왔고 옆집에 살아서 양자 어머니를 알게 되었고 혼자 사시니까 불쌍해서 돌봐드리고 있지요. 딸도 어머니가 피해 입은 거 알지. 지금 시집 따라서 수도가 두샴베인 중앙아시아(타지키스탄)에서 살아요. 거기에도 한인들이 많아요. 1년에 한 번 보러 오지요(세 번째 결혼해서 2000년 영주귀국 예정이다).

4) 양선동·이홍자 부부(39년생)가 들은 피해자

포로나이스크로 이사와서 살던 중 이웃에 살던 여자였는데 친해져서 이야기를 듣게 되었다. 성함은 모르겠다. 내가 24살에 첫 애를 낳는데 그 아주머니는 셋째 아이를 낳았다. 피해자는 29년생 쯤으로 추정 가능하다.

평안도 여자로 어려서 홈스크(마오카) 요리점에 왔다. 처음에는 손님을 안 받다가 열여섯 살 먹어서 손님을 받게 했다. 아버지 노름빚에 팔려서 부잣집 아이 봐주기로 해서 왔다. 다른 여자들은 아기도 있는데 돈 벌러 온 여자도 있고 그랬다. 이 분은 빚에 팔려와서 빚 갚느라고 돈을 못 벌었다. 요리집 주인이 한인으로 주인 부부 어머니가 민며느리고 갔다가 신랑이 죽고 나중에 친척 아들을 수양아들로 삼아 같이 온 것. 주인의 어머니는 처녀 몸이어서 요리집에서 일어나는 일을 잘 몰랐다. 그 어머니가 불쌍한 여자라고 이야기했다.

그 집에서 외출의 자유가 없었다. 보통 날은 한인이 왔다. 탄광에서 일하는 사람도 오지만 돈 있는 사람들이 와요. 예전에 마오카는 통조림 만드는 공장이 있었다.

근데 일주일에 한 번씩 토요일에 군인들이 왔다. 군인들이 목욕하러 나온 길에 요리점에 들렀다. 기다리느라고 줄을 쭉 서 있었고 5분마다 들어와서 무척 힘들었다고 했다. 5분이면 5분, 시간 되면 군인들이 나가야 한대요. 마지막에 장교가 들어왔다.

할머니는 한 번 임신을 했었는데 606호 맞아 유산했다. 한 달에 1번 검사했고 성병이 있으면 파란 도장. 자기는 늘 빨간 도장 받았지 파란 도장을 받은 적 없다. 어떤 조선인이 거기 와서 결혼하자고 했는데 일본으로 이주하면서 병원에 부탁을 하고 갔다. 그래서 몸이 건강했다. 꼭 주사 맞으라고 했다. 자기가 데리러 오겠다고 했다. 다음에 그 사람 형이 와서 같이 가자고 했는데 내 몸이 더러워졌다고 안 갔다. 나중에 그 일을 후회하는 듯했다. 1년 반 있다가 패전해서 해방되었다.

서쪽 어느 지방에서 처음 결혼했는데 시아버지와 외아들이 둘이 있는 집에 갔다. 아이가 안 생겨서 10년 만에 이혼했다. 남편은 여자가 마음씨가 좋고 하니까 같이 살려고 하는데 시아버지가 아이 못 낳는다고 해서 나왔다고 한다. 코르사코프로 와서 박각금 씨와 재혼해서 아들을 셋 두었다. 박각금 씨는 부인이 과거 일을 알고도 결혼했다. 포로나이스크로 이사왔다가 코르사코프로 가서 죽었다.

5) O백화 외 2인(조광자·김호연이 증언)

기따고자와(쩰리높스크)에서 요리집에 있었다. 거기서 나왔던 여자들이 많았다. 3명이 있었는데 한국사람들이 돈을 내서 빼냈다. 한 분은 레소고르스크에서 살다가 쩰리높스크로 가서 죽고, 다른 한 분은 레소고르스크에서 사시다가 돌아가시고 나머지 한 분은 유즈노사할린스크로 갔다. 지금은 다 돌아가셨다. 자손들은 있다. 자손들한테 절대로 말을 안 할테니까 자손들은 어머니의 피해사실을 모를 것이다. 연세는 1917, 18년 생 정도였다. 장구 잘 치고 춤 잘 추고 하니까 티가 나지. 60년도 정도에 레소고르스크 마을이 없어졌다. 새로 아파트, 공장 짓고 해서 없어지는 거지.

6) 김진명

1937년 생. 포로나이스크 한인회장 겸 노인회장. 고향이 마까로시. 아버지가 1926년 만주로 해서 금장사로 원동(블라디보스톡)으로 해서 사할린까지 왔다. 살기가 어려우니까 온 거지요. 아버지는 마까로에서 제지공장 했다.

내가 어릴 때 조선 여자들이 요리집에서 일하는 거 많이 봤어요. 그 사람 마까로 많이 있어요. 그리고 해방 후에 마까로에서 전부 이사가서 시집간단 말여, 모르게. 제자리에서는 시집 못 갈 거 아녀. 그런 여자들이 시집 가가지고 아이 놓고 작년에 영주귀국한 사람 있어요. 지금 인천 아니면 서울에 있을까요.

한국에 세 번 나갔다 왔어요. 전에 소련이 있었을 때 한국이 못 산다고 그랬어요.

7) 박연동

1925년 생. 1942년에 모집으로 가와가미(시네고르스크)탄산으로 들어옴. 탄광에서 쓰는 목재를 생산하는 체호로 옮겼다. 시네고르스크에 온천이 있고 여기서 6키로 너 가면 체호가 있다. 체호에 일본말로 우라도리에 카페가 많았고 100미터 떨어져 요리집이 여섯 집 있었다. 1층짜리 건물로 여관에 붙었으니까 크지요. 오야가다는 같은 거리 2층 건물에 있었다. 한국인 부인도 있고 알궁달궁한 게 일본 기모노 입은 여자도 있었다. 지나가면서 보면 연령이 서른 살 이상, 20대 여섯 살로 보였다. 조선 저고리 곱게 입은 여자가 고운 옷 입고 밖에 쭉 나와 다녔다. 혼자 있는 분들은 그런 데 댕기다 보니까 알게 되었지. 요리집 이름은 마루치, 마루이카훼, 마루주 등등. 그런 이름의 여관도 있었다. 오야가다가 그런 카페 차려놓고 있다보니까. 오야가다는 일본사람. 여관 차린 자본가들이 다방, 식당 차려놓고. 시시한 놈은 못 간다. 건달이나 돈 많은 사람, 돈 없으면 못 간다.

탄광은 곳곳에 청루 없는 집이 없다. 군대는 모르지만 헌병이야 곳곳에 있고 경찰은 물론 있고, 내가 살지는 않았지만 에스토루(우고르고르토르)에 하마도리라고 바닷가 쪽에 10리 거기가 전체 청루라고 한다. 전부 영업하는 데만 있다고. 그때 나는 조그만 배 선장질을 해서 부두에 들어가 보니 거기 사는 분에게 그렇게 들었다.

고르노자이스크 나이호로 탄광에 모집자가 제일 많이 들어왔다. 화태는 오지(王子), 미쯔비시(三菱) 탄광 자본가가 돈을 합해서 투자했다. 미쯔비시는 청루, 여관에 오지는 공업에 합자했다.

우즈노에 요리점에서 살아나온 분이 유즈노에 어디 있을텐데. 나는 75년에 홈스크로 이사했고 2000년에 영주귀국할 예정이다.

8) 변덕만

고향은 합천군 초기면 신촌리. 1918년생 현재 81세. 내 놓고 나서 어머니가 죽었어. 그때 우유도 없고 없는 게 많아서 (내가) 죽는다고 명부에 안올렸답니다. 동냥젖을 얻어먹어 석 달 동안 안 죽고 있다는 거라. 그래 석 달 후에 명부에 올렸지. 주민등록이 석 달 늦어졌어. 4월에 낳는데 8월로 되가 있지.

26살 때 결혼한 지 2년 만에 강제연행당했다. 남의 집 살다가 더 이상 하기 싫어서 나왔어. 그래서 얼른 와 버렸지. 모집이 있다는 것은 사할린에서 모집하러 왔어. 마을에서 5명인가 6명이 다 같이 수속했단 말이야. 면에 가서 수속을 다 했는데 그 사람들 사할린 지도를 보고 그 사람들 공부를 했으니까 난 안 가겠다는 거야. 우린 안 가겠다는 거야. 인제 한 달만 있으면 일본서 큐슈 죠요(징용)이 나온다고 큐슈는 가깝잖아요. 나보고도 가지 말라는 거지. 나는 그때 아버지가 7, 80 다 돼 갔어. 도저히 허락을 받을 수 없어. 어디가 돈 좀 벌어가 살아보겠다고. 한 번 허락 받은 다음에는 떠나버려야지. 혼자 왔지. 부인은 한국에 있고. 내가 여기 와서 있다가 91년에 한국에 가 가지고 내가 물어봤어요. 시집을 갔는가 죽었는가 찾아볼라고 하니 (본처가) 다시 시집 가가지고 죽었다 해요.

사할린 와서 이 양반(부인) 아들 딸이가 6명이야. 자기 남편이 죽었어. 가만히 보니까네 혼자서 아(애)들을 어떻게 먹여살려. 내가 가만히 보니 남의 자식이라고 내가 잘 키우면 내 자식이다 싶어서 결혼했지. 그후 아이 3명이 더 태어나 모두 9명을 내가 길러냈지. 결혼생활이 40년이 넘었어요. 온갖 일을 다했어요. 상점에서 물건 갖다 나르고, 광산일도 하고 공사판에도 일하고 철도도 놓고.

포로나이스크에 군대가 있었지. 육군도 있고 해군도 있었지. 비행장도 여기 있지. 탱크, 대포도 있고. 하지만 위안소가 있다는 소리는 듣지 못했다. 요리집 같은 것은 많이 있었지. 네다섯 곳. 군대들 상대 요리집은 포로나이스크에 있었지. 요리집 주인은 일본사람들이고 요리집이 서너 군데 있는데 여자들은 일본여자들이었지.

여기 김길순의 아버지와 오빠가 패전 후 순사들한테 학살당했지. 총살시켰지. 몇 명인지는 몰라도 대략 20명 정도. 다리를 건너오는 사람은 모두 주재소에 집어넣고 죽였다. 총살하고 불질렀다. 그 중 한 사람이 시체를 쌓아올리고 높이 붙어 있는 창으로 도망 나와 살아 나왔다는 소리를 들었어. 북조선으로 나갔다고 한다(관련 기사는 하야시 에이다이 책과 시사저널 기사 참조).

김길순이 몇 년 전에 아버지 유골이라도 찾겠다고 학살이 있었던 땅을 팠는데 포크레인으로 하는 바람도 다 부숴졌지.

9) 조광자

1939년 생. 나요시 레소고르스키에 있었다. 아버지는 탄광에 있었는데 그 탄광이 문을 닫았다. 보스나코워에서 초등·중학교 졸업.

8·15 때 나요시에서 일본경찰, 일본인들이 한국인들을 학교와 탄광에 몰아넣고 학살했다. 사촌형님의 둘째아들이 있었는데 그의 눈에 모래를 많이 넣어 죽였다. 소련군, 내려오면 첩자질 한다고 그런 것이다.

보스나코워에서는 해방 후 일본인들이 조선인들을 탄광에 넣어 불질러 죽이려고 했다가 소련군이 와서 미처 죽이지 못했다. 한인과 한인 사이를 분열시켰다. 서로 도끼 들고 죽인다고 하면서 그래서 한인들을 더 무서워했다.

함흥에서 의대를 졸업했다. 북한에 살았는데 러시아 국적을 유지하고 있다가 남편 죽고 다시 사할린으로 나왔다. 현재 여동생 하나가 함흥에서 살고 있다.

5. 사전조사

1) 고령의 대창양로원 방문

1999년 3월 28일 윤정옥(정대협 명예대표)와 이정선(정신대할머니와 함께 하는 대구 시민의 모임 실행위원장 겸 정신대연구소 연구원)과 함께 방문하였다. 양로원 측에서는 극구 방문을 사양하였으나 위문 가는 것으로 하여 갔다. 대부분은 종전 후 유즈노사할린스크에서의 심각한 피해 상황을 잘 몰랐다.

한 명의 남자 분(올해 78세)은 1944년에 징용되어 일본과 러시아 영토의 국경도시인 가미시스카에서 강제노동을 했던 분인데 위안소가 군대 속에 있었다고 증언하였다. 20명의 여자가 있었는데 19살 정도로 보였다. 한 사람 이름이 강씨 다마코(본명 영순)였고 다른 사람 성은 최씨로 하나코였다. 한복을 입고 있었다.

2) 인천 사할린 복지회관

관장 주경자로서 남자 24명, 여자 69명 등이 살고 있는데, 대개 환자들이었다. 1999년 4월 12일 윤정옥 공동대표와 필자가 함께 방문했다.

유전윤(74세, 여) : 빠라나이스키에 2, 3군데 청루관이 있었다. 해방 후 감옥에 불을 질러 죽였는데 청년 한 명이 변소에 빠져 살아 나와 군대에서도 조선사람을 죽이고 저희(일본인)만 살았다고 한다.

권준달(1925년 생, 75세, 남) : 당시 탄광마다 조선요리점이 있었다. 이중에도(인천 사할린 복지회관) 그렇게 돈을 번 남자와 거기서 일했던 여자들이 있다.

최규성(1920년 생, 남) : 본적이 진주. 1944년 사할린 고로노사호스키 탄산으로 45명이 잡혀왔다. 15~16세. 다 죽고 30명만 살아남았다. 진주제일국민학교에서 훈련받는 여자들을 보았다. 18~19세 정도의 처녀들이 연단 위에 올려놓고 일본국민이라고 칭찬했다. 이들이 정신대라고 위안부가 된 것이다.

서기문(85세, 남) : 논 산출생. 31살에 사할린 기타가시오로 감. 동네에 어떤 처자가 끌려갔다고 소문이 나는데 그 다음에 보면 정말 그 처자가 없어졌다. 주로 밤에 없어졌다.

3) 국내 다른 사할린 동포 조사

태평양전쟁희생자유족회에 등록한 생존자들은 전화로 인터뷰했다.

김성곤 : 사할린 에스토르군탄광, 일본인 여자근로정신대 50명 정도가 가벼운 일을 하는 것을 보았다. 소화 18년(1943년)에 가서 해방되기 전에 규슈로 이동해서 1년 만에 해방되었다.

김은수 : 사할린에서 아오모리로 이동. 일본여자들이 낡은 지게를 지고 일하는 것을 본 적이 있다.

4) 문헌조사

三田英彬, 『恨맺힌 사할린 同胞 望鄕 40년』(박재영 역, 성정출판사, 1983) 그중 4장에 주요 내용을 소개한다.

제4장 패전과 혼란의 나날
한국인 위안부 처참한 죽음(78-80쪽)
오오즈카 마사오(大塚政夫, 아사히가와시 거주)'사할린 억류귀한 한국인회' 고문인 장재술 앞으로 보낸 편지.
당시 포로나이스쿠에 한국인 부녀자를 모여 놓고 있는 소위 유곽이라는 것이 5~6개소가 있었다. 1945년 8월 10일의 일이었다. 소련군 전차 포성이 가까이 들려 시내 주민들은 이미 피난을 시작하였고, 업주들이 자기들만 버리고 간 것을 알아차린 한국 출신 위안부들도 뒤늦게나마 필사적으로 역으로 달려갔다. 그때는 이미 포로나이스쿠에서 남하하는 최종열차가 떼지어 모여드는 피난민을 차버리듯이 서서히 움직이기 시작했다… 한국인 위안부 20여명은 순간적으로 행동을 일으켰다. 그녀들은 기관차가 있는 방향으로 달려가기 시작했다. 기차는 그녀들의 존재와는 아무런 관계도 없는 듯이 그녀들의 몸 위를 그대로 지나가고 말았다. 살아남은 4~5명의 여자는 떨어진 벼랑 아래서 잡초를 헤치며 잡아당기면서 기어오르고 있었다.

이것이 일본제국의 꾀임에 속고 있었던 위안부들의 말로였다. 한국의 시골에서 간악한 늙은 포주들의 감언이설에 속아 머나먼 사할린까지 온 그녀들 앞에는 횡포한 권력과 금력이 그녀들의 육체를 희롱하려고 기다리고 있었던 것이다. 포주들은 그녀들을 끊임없이 혹사함으로써 사복을 채우고 그 돈으로 자기들의 장래를 편하게 지내기 위해서 옥답을 사들였다.

죽지 못하고 살아남은 그녀들은 그후 대개 소련군 장교의 애완물이 되어 그 권력의 그늘에서 일본인을 괴롭혔다.

金原節三, 「業務日誌摘錄」, 1942 9. 3

과장회보에 은상(恩賞)과장 발언으로서 '장교 이하의 위안시설을 다음과 같이 만들 것임. 북지(중국 북부) 100개소, 중지(중국 중부) 140개소, 남지(중국 남부) 40개소, 남방 100개소, 남해 10개호, 樺太(사할린) 10개소 계 400개소'.

朝鮮人 强制連行眞相調査團, 編, 1974, 『朝鮮人强制連行, 强制勞動の記録－北海道·千島 樺太篇』, 現代史出版會.

368쪽 증언자 강유복 : 도요하라에서 많이 들어간 소화광업소 나이부치(內淵) 탄광에 유곽이 하나 있어, 18~19세의 조선인 여성이 3명 끌려와, 손님을 받았다. 병에 걸려 얼굴도 보이지 못했다고 한다. 여기 주인이 나쁜 놈으로 전후 중죄에 처해졌다고 들었다.

374~3375쪽 증언자 이창섭 : 도요하라에서에서 기차로 1시간 정도 들어가면 있는 가와가미(川上)탄광에 조선에서 여자를 7, 8인 속여서 데려와 매춘을 하게 한 가게가 한 채 있었다. 일본인 여성을 둔 집은 3, 4채 있었다. 그런 집은 오오도마리(大泊)에도 3, 4채 있었다. 가와가미의 가게는 종전 후 주인이 도망가 버렸고 여성들은 모두 결혼했다.

오오도마리의 3, 4채는 한 채에 15, 6명씩 조선인 여성만 있었지만 그외에도 일본인 집에도 조선인 여성이 많이 섞여 있었으므로 전부 상당히 많았다.

가라후토에는 어느 탄광에서도 조선인 여성이 끌려와 매춘을 강요당했지만, 그외에 혼도(本斗, 네베리스크), 시스카(敷香, 포로나이스크), 도요하라(豊原, 유즈노사할린스크), 어디서나 주요한 도시에 상당한 인원이 끌려왔다. 오오도마리에 있던 여성은 1945년 8월 종전되기 전에 부모에게 돌아갈 수 있다는 편지를 보냈지만, 과연 무사히 돌아갈 수 있었을까?

참고문헌

고려대 아세아문제연구소, 1994,『사할린 잔류 한국 조선인 문제와 일본의 정치』, 한일친선협회.

김일면, 1981,『정신대』, 일월서각.

남대희, 1992,「'사할린 조선인 학살' 진상 밝혔다'」,『시사저널』, 8월 6일.

북해도신문사 편, 1990,『오! 사할린의 하늘이여 조국의 흙냄새여』, 신해진 역, 사할린동포귀국후원회.

쓰노다 후사코, 1995,『슬픔의 섬 사할린의 한국인』, 김은숙 역, 조선일보사.

三田英彬, 『恨맺힌 사할린 同胞 望鄕 40년』, 박재영 역, 성정출판사, 1983.

이토 다카시, 1997, 『사할린 아리랑―카레이스키의 증언』, 김문규 옮김, 눈빛.

하야시 에이다이, 1982, 『일제의 조선인노동강제수탈사』, 신정식 역, 비봉출판사.

林えいだい, 1991, 『證言―樺太朝鮮人虐殺事件』, 風媒社(번역본은 하야시 에이
　　다이, 1991, 『증언―사할린조선인의 학살사건』, 반민족문제연구소 옮
　　김, 계명문화사).

朝鮮人强制連行眞相調査團 編, 1974, 『朝鮮人强制連行, 强制勞動の記錄―北海
　　道·千島 樺太篇』, 現代史出版會.

樋口雄一, 1992, 「조선요리점여성と「산업위안부」, 『海峽』, 16 조선문제연구회.

조최혜란
한국정신대연구소 연구원

1. 조사지역 개황

1) 북마리아나 연방 일부(사이판과 티니안)

북마리아나 연방은 14개의 섬으로 구성되어 있다. 이 중 8개 섬에는 사람이 살고 있고 사이판, 티니안, 로타섬 등이 그에 속해 있다. 그리고 6개섬은 무인도이다. 사이판은 북마리아나 연방의 수도이며 현재 미국의 신탁통치를 받고 있다. 사이판은 준(準)자치주로서 미합중국으로부터 경제적 지원을 받고 있다. 모든 행정구조는 미국과 흡사하며 최고 책임자는 주지사이며 사이판 시에는 별도의 시장이 있다. 주지사와 시장은 주민이 직접 선출하며 임기는 4년이다.

태평양전쟁 당시 전투지역인 북마리아나 연방에는 사이판, 티니안, 로타 등에는 한국군뿐만 아니라 위안부 피해자들이 있었다고 추정되었으나, 이번 답사는 북마리아나 연방 가운데 사이판과 티니안 조사만으로 제한하였다.

사이판(SAIPAN)

사이판의 위치는 북위 14도 21분, 동경 144도 15분으로 서울에서 2,000마일의 거리이며 비행기로는 4시간 10분이 소요된다. 면적은 약 185㎢로 길이는 남북 23㎞, 폭은 동서로 약 10.5~25㎞이다. 인구는 4만여명으로 원주민 차모르인, 필리핀, 중국인, 한국인, 케롤라인인, 팔라우인, 트럭인, 일본인, 포나페인, 태국, 방글라데시, 스리랑카, 인도인등으로 구성되어 있다.

사이판은 탐험가 마젤란이 스페인의 지원 아래 1521년 사이판 섬을 들어왔으며, 이후 350년간 스페인이 통치하였다. 그후 1899년 독일이 매각하여 15년간 통치하다가 1914년부터 일본이 통치하게 되었다. 그리고 1944년 태평양전쟁 때 미군이 점령하여 1947년부터 미국의 신탁통치를 받다가 1978년 1월 9일 자체 정부를 수립하고 1986년 11월 3일 미국령이 되었다.

공용어는 영어이고 차모르인들에게는 별도의 차모르 언어가 있다. 오랜동안 스페인이 지배한 관계로 지명과 사람의 이름이 스페인에서 유래되었으며, 일본이 30년간 지배하여 나이든 원주민들은 일본어를 잘하고 있다. 산업은 주로 관광업이며 어업과 농업에 종사하는 사람이 다소 있고, 목축업을 하는 기업체도 있다.

사이판은 일제강점기 일제가 우리나라 항일 독립운동가들을 강제 이주시켜 사탕수수 재배농장이나 항만·도로·비행장 건설공사장에 투입시켜 혹사시켰던 곳이었다. 또한 일본이 민간 기업인 남방척산에서 취업이민으로 많은 한국인들을 사이판으로 데려와 농업에 종사시켰다. 특히 일제는 태평양전쟁 때는 사이판뿐만 아니라 티니안, 로타 섬에 한국인 약 1만 5,000명을 강제연행하여 군사시절 축성에 투입시켜 가혹하게 혹사시켰다. 또한 한국여성들을 위안부로 끌고 오기도 했다.

종전 후 한국인들은 사이판에 진출해 건설업, 식당, 서비스업, 관광여행사, 호텔을 경영하고 있다. 1981년 10월 1일 해외희생자동포추념사업회와 사이판 한인회가 태평양전쟁한국인위령평화탑을 건립하고 매년 추념사업을 하고 있다.

태평양전쟁 시기 미군의 반격이 격화되자 1943년 9월경부터 중남부 태평양 방면이 전황이 일본군에게 불리하게 전개되었다. 이에 10월 중순경부터 일본은 중국 본토 만주의 작전부대를 이 방면에 이동시키게 되었다. 1943년 1월 중순 관동군에서 차출한 선발대가 도착한 이후 3월경부터는 본격적으로 병력을 강화하여 방비하였다. 미군이 진주하기 직전 사이판 섬의 일본군 병력은 다음과 같다.

육군: 제31군사령부 제43단, 독립혼성 제47여단 등 43개 부대 29,431명
해군: 제55경비대, 요코하마 제1 특별육전대, 중부태평양함대 사령부 제14 항공함대 사령부 등 21개 부대 15,890명(이중 절반이 한국인 강제연행자였다)
군인: 총 4만 5,321명
민간인: 약 2만명

일본은 본격적으로 1944년 5월 중순 미군 상륙에 대비하여, 그해 7월 9일 미군이 사이판 섬을 점령할 때까지 저항하였다. 이때 일본군·민간인은 전사하거나 자결하는 자가 속출했고 '자살절벽', '만세절벽'에서 몸을 던져 자결하였다. 생존자 약 1만 5,000명은 미군이 수용하는 '스즛베노' 수용소에 수용되었다고 한다. 이때 한국인은 6,000여명이 희생되었다.

티니안(TINIAN)

태평양전쟁이 일어나기 전 이곳에는 한국인 취업이민자들 약 3,000명이 사탕수수밭에서 종사하였다. 그외에도 한국인들은 농업·어업·군부로서 비행장건설, 도로건설, 참호축성 공사장에서 일하였다. 특히 전쟁 발발 후 일본군으로서 한국인들이 들어와 한국인은 6,000명으로 증가하였다. 1977년 5월 14일 티니안 섬에서 발굴한 한국인 유골 5,000여위를 망향의 동산에 봉

환하였다. 이처럼 티니안 또한 태평양 전쟁시 우리나라 사람들이 징용·징병으로 많이 갔었던 것이다.

당시 티니안 섬의 일본 수비병력은 다음과 같다.

육군: 보병 제50연대, 제29사단 제1야전병원 등 3개 부대에 3, 971명

해군: 제1항공 함대사령부, 제 56경비대, 제 11항공 함대 사령부 등 15개 부대 6,750명

군인: 총 1만 721명

일본민간인(한국인 포함): 1만 700명

티니안의 전투도 치열하여, 연대장 이하 태반이 전사하였다. 특히 이곳은 원자폭탄이 보관되어 있어 중요 작전지역이었다.

2) 괌(GUAM)

괌은 위치상 북위 13도 30분 동경 145도 20으로, 면적은 541㎢로, 서울에서 2,100마일 정도의 거리이고 서부 태평양에 위치한다. 인구는 약 15만명으로 원주민은 차모르족이다. 사이판 등과 마찬가지로 괌은 탐험가 마젤란에 알려져 스페인에게 1556년부터 340년간 지배받았으며, 1898년 6월 20일 미국과 스페인간의 전쟁에서 미국의 승리로 미국령이 되었다. 1941년 태평양전쟁에서 일본에 점령당해 약 3년간 일본의 군사전략기지로 사용되었고 1944년 8월 10일 미국이 재탈환하여 1950년 미국의 속령으로 편입되었다.

생산물은 열대성 과일과 채소가 극소량 외 거의 없으며 미 공군과 해군의 주둔으로 얻어지는 수입과 관광수입이 주가 된다. 1950년 미국의 속령으로 괌 주민에게는 미국시민권이 주어졌으나 미합중국 대통령이나 상원의원 투표권 등은 없다고 한다. 미국에서는 괌 대표를 파견하고 있다.

태평양전쟁시 일본은 1941년 12월 10일 육·해군 부대로 괌을 공략하였다. 그후 괌을 오미야지마(大宮島)라고 개칭하여 불렀다. 일군은 괌에 작은 병력을 주둔하였으나 전세가 불리해지는 1943년 봄부터 방어를 강화하여 육·해군 부대를 증강하였다.

1944년 3월 일군은 육군 제 29사단, 독립혼성 제 48여단 등의 부대가 만주 등지로부터 이동해 왔다. 육군 제29사단장은 괌에 배치된 해군부대를 포함해 지휘하였으며 당시 총 병력수는 21,000명에 일본민간인은 약 460명이 있었다. 1944년 7월 21일 미군은 상륙을 감행하여 치열한 공방전을 벌였다. 일본군 피해는 육·해군 전부 약 2만여명이 전사하고 전쟁 후 귀환자는 1,000명 정도였다고 한다.

3) 팔라우(PALAU) 공화국

위치는 북위 7도 30, 동경134도 30, 거리로는 서울 기점 2,900마일이다. 300여개의 섬이 있으며 그 가운데 7개이 섬에 사람이 살고 있다. 전체 인구는 약 2만여명으로 원주민인 팔라완 약 15,000명에 그외는 외국인이다. 주산업은 관광업·농업·어업 등이며, 특산물로는 바나나, 파파야, 야자, 파인애플등이 생산되고 있다.

팔라우는 1,500년경 영국인 선장 윌슨에 의해 서구에 알려지고 난 후 스페인의 통치를 받았으며 로스파라오스로 일컬어졌다. 1889년 독일이 통치하다가 1914년 일본이 통치하였으며, 1946년 유엔의 신탁통치가 되며 미국이 위임통치를 하고 있다. 1981년 헌법이 제정되고 팔라우 공화국이란 독립공화국이 되어, 대통령 중심제와 양원제를 쓰고 있다. 16개 주지사와 추장이 있다. 원래는 모계사회이나 점차 가부장제로 바뀌고 있다.

우리나라사람들은 일제시기 (주)남양흥업에 의해 취업이민으로 이주하여 그곳에서 농업과 광업, 어업과 군속으로 일을 하였다. 또한 태평양전쟁

시기에는 강제징용 징병, 그리고 일본군위안부로서 약 3,000명에서 6,000명이 강제로 끌려갔다.

팔라우에는 일제의 남양청이 있었고, 전쟁 막바지에는 관동군 약 2만여 명이 이곳으로 급파되어 미군과 치열한 공방전을 벌였다. 특히 페레리유 섬(길이 남북 9㎞, 동서로 넓은 곳이 3㎞)은 일본 본토 방위를 위한 최남단으로서 수호(水戶) 2연대를 기간으로 하는 육·해군 장병 1만여명이 있었다. 1944년 9월 미군 4만여명이 포위하며 상륙전을 펼쳐 부근의 바다가 오렌지 핏빛으로 보일 정도였다 한다. 지금도 팔라우 지역 곳곳에는 여전히 당시의 전쟁 흔적이 남아 있다.[1]

2. 조사 결과

1) 사이판

카라베라 동굴(Karabera Cave)에 일본군과 '위안부'가 있었다는 간접 증언을 들었으나 위안소 터 '가르방마찌'를 구체적으로 확인할 수 없었다.[2]

2) 티니안

일본의 패전 후 섬 지역이 거의 소개되었다. 이로 인해 일제시기의 건물이 없었다. 우리가 보고자 했던 '송선마찌'[3] 역시 장소만 추정했을 뿐, 당

---

1) 이상의 조사지 개황은 사단법인 해외희생동포추념사업회,『중부태평양지역 희생자 무연고 유골현황조사 결과보고서』참조, 미간행.
2) 이태기 징용피해자 증언. 한국정신문화연구원,『1995년도 해외희생자유해현황조사 사업보고』, 259-263쪽, 비매품.

시의 흔적이 전혀 없었다. 티니안에 살고 있는 교민에 의하면 부둣가에 위
안소가 있었다고 한다. 피해자 복희 할머니를 봤던 교민을 만났다. 이미 돌
아가신 그분에게는 가족이 있다고 한다.

3) 괌

원주민들의 도움으로 우리나라 피해자들이 있었던 위안소 터를 확인했
다. 2곳은 시내에 있는 가옥이었고, 또 다른 한 곳은 동굴이었다.
피해자를 만난 적이 있는 현지교민을 만났다. 이미 사망한 그 할머니는
어딘가 모르게 슬퍼 보였으며, 원주민과 결혼해 살았는데 우리나라 사람들
을 피했다고 한다.

4) 팔라우 공화국

코로로

원주민과 함께 한국, 일본, 오키나와 여자가 있었던 위안소를 확인했다.
코로로에는 위안소가 여기저기 산재해 있던 것으로 추정되었다. 모모코라
는 우리나라 피해자와 친구였다는 원주민 할머니를 만났다. 또한 전쟁 말
기 산으로 피해갔을 때 임신한 채로 먹을 것만 찾아 헤매던 우리나라 젊은
여자를 만났던 원주민 할아버지의 증언을 들었다.

페레리유

중국계 추장이 3곳의 위안소를 알려줘 장소를 확인할 수 있었다. 그곳
역시 덤불 무성한 숲 속에 있었다.

---

3) 이창석 징용피해자 증언, 같은 책, 264-267.

3. 일정 정리

1월 26일 수요일

오후 7시 김포국제 공항 1청사에서 윤 선생님과 만났다. 겨울 옷, 신발에 여름용 모자를 쓰고 계신 윤 선생님을 보고 계속 웃음이 나왔다. 여행사로부터 사이판은 지금 여름 날씨라고 여름용 옷·신발 등을 준비하여 가라는 제안을 들었지만 우리나라 밖을 별로 나가보지 않은 나로서는 실감이 나지 않았던 것이다. 영하 10도 안팎의 한겨울인 서울을 벗어나 사이판에 도착하고서야 같은 지구상에 추위와 더위가 공존한다는 사실이 무척이나 신기할 뿐이었다.

사이판에 도착하자 27일 새벽 2시가 넘었다(사이판이 한국보다 1시간 빠르다). 2시 30분쯤 임윤재 장로(사이판 교민신보지사장)는 부스스한 모습으로 나타나셨다. 시계를 1시에 맞춰놨는데 울리지 않았단다. 호텔 차가 픽업한다더니, 이렇게 일부러 새벽에 직접 나오셔서 너무 감사했다. 전혀 만나 뵌 적이 없이 정신문화연구원 권희영 교수님의 소개로 전화만 드렸을 뿐인데도 매우 친절하게 대해주셨다. 임 장로님은 180미터 넘어 보이는 키에 50대 중반으로 보이는 분으로 아주 선량하고 점잖게 보였다.

임윤재 장로님의 안내로 현지교민이 운영하는 코리아나호텔로 향하다. 사이판은 영상 26도라고 하였다. 승용차 안에서 임 장로님은 사이판에 대해서 말씀해주었다. 사이판은 북마리아나 공화국이나 실질 상 자원이 없고 거의 미국이 원조하고 있다. 현재 괌은 미국의 일부인데 이곳도 미국의 일부가 되려는 움직임이 있다. 사이판 크기는 우리나라 면 단위 규모이나 주지사도 있다. 특히 우리나라가 아이엠에프를 겪으면서 사이판 교민들 경제가 아주 힘들게 되었다고 했다. 현재 한국교민이 사이판에 2,000여명이 거주하고 있으며 이곳은 한국 같지 않고 여유로와 살기는 좋은 편이라고 했다. 또한 이곳에는 중국인이 많이 온다고 했다. 전에는 한국 교회만도 30여개가 있었다고 한다.

10분쯤 후 코리아나호텔에 도착하자 사장 등이 나와 기다리고 있었다. "푹 쉬고 11시 30분에 모시러 오겠다"며 임 장로님은 자리를 뜨셨다.

아침에 호텔 밖에서 닭울음소리가 끊임없이 들려왔다. 일어나 베란다에 나서자 100여미터 안에 있는 닭사육장이 눈에 띄었다. 닭들은 내 어린 시절 시골에서 듣던 소리와는 약간 다르게 소란스럽게 울어댔다. 일어나 호텔 밖으로 나갔다. 집들이 고즈넉한 채 정성스럽게 정리되어 보였고, 집집마다 남국의 꽃들이 어우러져 있었다. 아침녘이고 반소매를 입었지만 후덥지근한 바람이 벌써 몸에 베어왔다. 차도 반대쪽으로 조금 걷자 바다가 곧장 눈에 들어왔다. 바다와 인도 사이에는 큰 키의 이름 모를 나무들과 그 사이로 시멘트로 단장한 쉼터와 나무로 만든 의자들이 있었다. 고른 모래의 백사장이 넓게 펼쳐져 있고 수평선 쪽으로 섬이 눈에 들어왔다. 파도가 2, 3백여미터 바깥에서 고르게 펼쳐져 왔다갔다하였다.

아주 예쁘고 작은 꽃이 바닷가를 쭉 따라 피어 있었다. 쉼터에서 마주친 원주민 차모르족 남자가 그 꽃이 '할아이할라'라고 알려주었다. 키 크고 부메랑 같은 씨앗이 달려 있는 나무는 프레임트리라고 한다. 사이판에도 계절이 있어서 이곳은 여름에 아주 예쁘게 핀다고 하였다. 바다 저편의 눈에 띄는 섬이 티니안이라고 하였다.

12시쯤에 한마당식당에 도착하다. 한국인이 경영하는 그곳에는 각종 한식이 다양하게 있다. 우리는 콩비지를 시켰다. 아주 맛있었다. 임 장로는 "정신대 관계로 도움 줄 수 있는 사람을 아무리 생각해도 떠오르지 않는다. 마낭고(노인정)에 가보는 것이 좋겠다"라고 제안하였다. 임 장로님은 이후 안내를 도와줄 수 있다며 괌대학 출신의 유황제 씨를 추천해 주었다.

오후 2시쯤에 마낭고에 방문하자 이미 문이 닫혀 있었다. 이곳은 점심까지 문을 열어 나이든 원주민 차모르족과 우리나라 노인, 일본, 미국 노인 등이 낮에 와서 점심을 먹고 노는 데라고 한다. 모든 것이 다 무료로 운영되었다. 사무실에서는 30대쯤의 남자에게 노인들과의 면담을 요청하자 디렉터가 와야 한다며 한 20분쯤 기다리란다. 그리고 얼마를 기다렸을까. "이곳 사람들은 아주 느긋해요. 여기 있다가 한국에 가면 숨쉬기도 힘들어요. 제 집 사람도 며칠 전 서울 다녀왔는데 정신이 없었다죠"라는 임 장로님의 말씀이 있었다. 차모르 사람들이 말하는 20분은 2시간일 수도 있다는 유황제 씨의 이야기에 웃다. 기다리는 동안 남자는 자신의 할머니를 만나보겠느냐고 제안한다. 할머니에게는 일본인에게서 태어난 아이가 두 명이 있다고. 귀가 솔깃해져 만나기를 청하다. 88세인 그의 할머니를 말하며 남자는 약간 흥분하는 인상이었다. 관계자라는 뚱뚱한 여자가 오고, 그 여자는 "오늘 마낭고는 끝났고 내일 9시부터 사람들이 오니까 9시 30분쯤에 만나러 오라"고 허락을 해주었다.

남자는 할머니를 만나러 가려면 4시 30분은 넘어야겠다더니, 관계자와 상의한 후 선뜻 앞장을 섰다. 그는 할머니에 대해서 잘 모르는 듯하였다. 89세인 차모르족 자키 할머니는 일본어가 아주 유창하였다. 차모르족 남자와 결혼했고 아이가 9명이고 남편은 경찰이었다. 6년 전 남편은 사망하여 아이들과 함께 살고 있었다. 그는 5년 과정의 학교 졸업 후 일본 검사집의 식모로 10년 있었음을 몇 번이나 이야기하였다. 우리는 그 할머니의 자녀가 그 일본검사와 사이에 태어난 아이로 추정할 뿐이었다. 자키 할머니 집은 시원스럽게 보였다. 집 주위로는 여기저기 코코넛 등이 심어져 있었다. 임 장로님은 코코넛 열매를 깨어 그 두터운 껍질 속에 들어 있는 코코넛 물을 건네주었다.

자키 할머니 집에서 나오는 길에 어린 남학생들이 코코넛을 툭툭 쳐 그 안의 코코넛 물을 마시는 모습이 눈에 띄었다. 도로로 나서기 전에 옛날식 물저장고가 눈에 들어왔다. 이미 사용하지 않는 듯 그 안에는 흙 등으로 메워 있었다.

임 장로님의 안내로 일제시기 희생당한 우리나라 사람을 추모하는 한인

희생자추념탑을 시작으로 만세절벽, 일본군 마지막 총사령부가 있었다는 일군최후사령부가 있었던 동굴, 카라베라(Karabera)동굴, 자살절벽 등을 찾아보았다.

임 장로님은 원주민 차모르 족에게서 들었다며 카라베라 동굴에서 일본군인과 '위안부' 여자가 있었다고 전해주었다. 이 동굴은 30피트의 크기로 산 속에 들어있어 호젓한 편이었다. 동굴 앞은 울퉁불퉁한 돌로 이루어져 다니기에 위험스러워 보였으나 그 점이 오히려 이 동굴을 천연요새처럼 보이게 했다. 입구 아래로는 수십명이 족히 생활할 수 있을 정도의 바닥이 있었다. 그곳에서 사람들은 달팽이 등을 먹으면서 생활했다고 한다. 또한 이 동굴은 사이판이 스페인 통치시기 차모르족 죄수들을 가두어두는 곳이기도 했다고 한다.

한국인 추념탑이 있는 곳에는 우리나라 각종 사회단체들의 방문기념비가 세워져 있었다. 일군 최후 사령부는 산 속에 천연 동굴을 손질하여 만들어, 지금도 그 동굴에는 총구 입구가 있어 요새로 쓰였던 흔적이 여전히 남아있었다. 그 아래로는 당시의 여러 일군 무기, 작은 탱크 등이 전시되어 있었다. 자살절벽은 바다와는 조금 떨어져 험한 산으로 넓게 펼쳐져 있었다. 임윤재 장로님은 텔레비전에서 다큐멘터리로 상영되어 자살절벽 아래로 여성이 떨어지는 모습을 몇 번 본 적이 있다고 알려주었다. 자살절벽을 뒤로하여 현 일왕의 비문이 있었고, 그 아래로는 일본인들이 세운 여러 추념비가 크고 작게 놓여 있었다. 특히 일본 종교단체에서 기독교 불교를 함께 아울러 놓은 듯이 만들어놓은 평화위령상이 인상적이었다. 임 장로님은 일본인 학생들이 교육상인 듯 자주 이곳을 온다고 하였다.

바다를 향하여 넓게 펼쳐진 만세절벽은 일본을 향하여 있다고 하였다. 수평선이 마치 솥뚜껑처럼 그윽하게 눈에 들어왔다. 바위 아래로는 작은 꽃송이들이 약간은 널찍한 입 사이로 피어 있었다. 임 장로님은 그 꽃 이름을 투 러버스 포인트(Two Lovers Point)라고 하였다. 괌에서 있었던 스페인

병사와 차모르족 여성 사이의 사랑이야기가 실려 있다고 전해 주었다.

1월 28일 금요일

아침 10씨쯤 유황제 씨의 안내로 다시 마낭고에 갔다. 노인들은 머리에 빨간 꽃으로 둘러 장식하고 있었다. 레이라고 하며 남녀노소 할 것 없이 그 것을 머리에 자주 두른다고 했다. 결혼식 등 축제에도 사용한다고 했다. 이 곳에서는 장례식이 10일장으로 사람들은 그 동안 음식을 해가지고 와서 서로 나눠먹고 노는 풍습이 있다고 했다.

마낭고에서 만난 노인들은 '위안부'에 대해서 거의 말을 하지 안했다. 어느 일본인 할머니는 전쟁 중 남편은 죽고 계속 사이판에 거주하였다고 한다. 유족영주증이 있었다. 또 한 분의 한국인 할아버지를 만났다. 16년 전에 사이판에 이주하였으며 '위안부' 문제는 모른다고 했다. 그 대신에 티니안에 있는 산증인으로서 마쯔모도라는 할아버지를 추천해주었다. 징용 나와 원주민과 결혼한 사람이고 이런 문제에 대해 아주 잘 알 것이라는 것이었다. 마쯔모도란 이미 한국에서 사전 조사하면서부터 알고 있던 정경운 할아버지의 다른 이름이어서 정 노인에 대한 기대감을 다시 가지게 되었다. 차모르인 어느 할머니가 '위안부'에 대해 약간의 말을 비추었다. 자리를 옮겨 자세하게 물었더니 입을 다문다.

사전 조사시 채록한 증언에서 들었던 '가르방마찌'에 대해서도 아는 노인들은 없었다. 사이판에 오기 전부터 확인하고 싶었던 것은 이 '가르방마찌'였다. 현 대구 거주 이태기 할아버지(1928년 생)는 일제시기 사이판 비행장 옆에서 일했던 군속 출신이다. 이 할아버지는 "일 패전 후 포로수용소에 두 명의 조선인 '위안부'가 있었다. 두 분의 말로 가르방마찌에 위안소가 있었다는 것을 알았다"고 증언했다.[4] 그러나 이 할아버지는 비행장 근처를

---

4) 필자의 증언채록 외, 정신문화연구원, 『1995년도 해외희생자유해현황조사사업

벗어난 적이 없기 때문에 가르방마찌가 사이판인 것만은 확실한데 어디인 지 정확한 장소는 알지 못했다.

마낭고에서 나오는 길에 박물관에 들렀다. 그곳은 일제시기 병원터였다 고 한다. 박물관에는 당시 시내 중심가로 보이는 가라팡(Garapang) 지역 사 진이 걸려 있었다. 그 사진에는 원주민 차모로 족들이 전통가옥 사이를 소 와 함께 유유히 걷고 있었다. 괌대학 출신 유황제 씨의 안내로 차안에서 가 라팡지역 그 일대를 돌아보았다. 그러나 그곳은 이제 일본식 음식점과 술 집들이 늘어서 있을 뿐이었다. "우리가 너무 늦게 왔어" 라고 윤정옥 선생 님은 몇 번이나 되뇌이셨다.

아침에 연락이 된 김궐영 전 한인회부회장을 만나러 식당으로 갔다. 김 전부회장은 사이판으로 십오륙 전에 이주해왔으며 육군대령 예편이다. 현 한인회 부회장과 함께 우리를 기다렸다. 그 부회장이 운영하는 아리랑식당 또한 가라팡지역인 듯 싶었다. 된장찌개 등을 시켜먹었다. 그리고 나서 한 인회 사무실에 들러 이양훈 회장을 만났다. 한인회에서는 특별하게 이 문 제대해서 알지 못하는 듯하였다.

이후 마피에 있는 동굴에 임장로 부부, 송집사 부부가 동반으로 다녀왔 다. 그곳은 마른 산호초로 뒤덮여 있는 크고 작은 바위가 늘어서 상당히 위 험했다. 거기에는 카라베라 동굴보다는 크기나 공간이 조금 작은 동굴 3개 와 직경이 서 있는 사람 크기만한 몇 개의 작은 동굴들이 있었다. 동굴 하 나는 입구에서부터 이미 붕괴되어 있었다. 손 집사님은 지난 13년 전부터 밤낚시를 하기 위해 가끔 이곳을 들른다고 한다. 손집사님은 날씨가 흐릴 때, 그곳에서 한 밤중에 "아이고"나 "아빠 아빠"라고 흐느끼는 여자의 울음 소리를 듣거나 동굴 위쪽에서 누군가가 돌멩이를 던져, 섬찍 소름이 끼쳤 다고 말했다. 함께 온 일행 3명이 모두 다 들었으며 큰소리로 찬송가를 부

보고』 264-267쪽 참조, 비매품.

르고 기도하며 영혼을 달랬다고 한다. 가장 위쪽 동굴은 경사가 급격하게 이뤄진 천연동굴로 보였다. 아래 깊숙이는 자세히 볼 수 없었으나 바닥에는 병 등이 나뒹굴고 있고 그 바닥 가운데는 절구통 같은 모양새로 패어져 있었다. 사람이 살았던 흔적으로 보였다. 그곳에서 우리는 인간의 뼈(등뼈) 같은 뼈와 지까다비, 병 조각들을 주워왔다.

돌아오는 길에 임 장로님은 그 주변 도로에서 3년 전쯤에도 있었던 이야기를 들려주었다. 어떤 청년이 운전하다가 차가 엎어졌는데 마침 해골이 받쳐주어 밑으로 떨어지지 않고 살게되었다 한다. 또 다른 교포도 유골을 보고 고이 묻어드리기도 하였다고 한다. 한인이 운영하는 한식 'BG Garden' 뷔페식당에서 저녁식사를 한 후 임 장로님 댁에 들러 차를 마시고 나왔다.

1월 29일 토요일

사이판과 함께 북마리아나 제도인 티니안을 방문하였다. 코리아나호텔 지배인의 안내로 아침 7시 20분 티니안 행 선착장으로 나섰다. 8시에 출발하는 배를 타고 1시간 가량 지나 9시 즈음 티니안에 도착하였다. 티니안에서는 임 장로님이 소개해주신 유예숙 에벤에셀 목사님과 이양훈 사이판 한인회 회장님이 소개하신 신명구 티니안 한인회 회장님이 마중 나와 있었다. 신 회장님이 총지배인으로 있는 티니안호텔은 고즈넉하고 아담해 보였다. 신 회장님이 제공하는 아침 식사를 하며, 티니안 부둣가에 위안소가 있었다는 말을 전해듣다.

유예숙 목사님의 친절한 안내를 받았다. 먼저 중국인이 경영하는 다이너스티호텔을 찾았다. 호텔은 규모가 아주 컸다. 티니안 안내책자를 구입한 후, 그곳에서 근무하는 김 이사님을 만나보았다. 김 이사님은 티니안에 대해 애정이 많아 보였다. 인구 2,100명 중 30%가 한국인이 아버지라 한다. 성은 기요시(원래 한국에서는 강씨), 복희(박), 킹(김), 싱(신)씨이다. 티니안에는 전후 7인의 한인남자가 살았다. 이들은 화목계를 하며 같이 지냈고,

우리나라 사람들의 유골을 모아 한국으로 보내기도 하였다. 지금 티니안에 있는 위령탑에는 1/3의 유골이 모셔져 있고, 대전충혼탑, 망향의 동산에 각각 1/3이 모셔져 있다 한다.

유 목사님, 김 이사님은 마쯔모도인 정경운 할아버지에 대해 비판적으로 평가를 하였다. 원래 친일파로 이름조차도 일본식으로 사용하였다는 것이다. 일제시대 정씨는 남양흥발주식회사에 관리직으로 있었으며 티니안에는 전후에 왔다. 그래서 이곳에 대해서 잘 모른다. 우리나라 사람들을 만나면서부터 다시 이름을 한국이름을 쓰고 있다고 하였다. 그 외 김 이사님과 우리는 티니안에서 여행가이드를 하고 있는 박용운·서영애 님을 만났다. 박씨는, 일본인들이 자신들의 조상에게 제사를 지내기 위해 많이 온다고 하였다. 서씨는 '위안부' 출신 할머니의 자녀들을 본 적이 있다고 하였다.

유 목사님의 안내로 먼저 한국인 강씨와 결혼한 기요시(강) 할머니를 만나보았다. 92세인 기요시 할머니는 건강해 보였으며 남편은 사망하였다고 했다. 남편과는 결혼 후 사이판에서도 살았으며, 그후 티니안은 전쟁이 격해져서 사람이 많이 죽었다고 한다. 티니안은 전쟁 후 질병을 예방하기 위해 섬 전체를 미군이 불을 질러 태워 사람이 아무도 살 수 없었다 한다. 그리고 티니안은 3년 정도 무인도 상태였다. 그래서인지 지금의 티니안 도로나 집 그리고 나무들은 새롭게 단장한 듯 아주 말쑥해 보였다.

유 목사님의 교회에 들렀다. 예쁜 남국의 꽃들이 흐드러지게 피어 있었다. 목사님이 손수 돌보고 있다고 하신다. 티니안은 비가 적어 식수도 사먹어야 한단다.

그후 자살절벽으로 향했다. 그곳은 바다 쪽으로는 가파르게 경사져 있었지만 위로는 넓은 들이 펼쳐져 잔디가 곱게 깔려 있었다. "사람들이 벼랑 쪽으로 걸었다고 합니다. 먼저 벼랑에 닿은 한 줄의 사람들이 뒤로 돌아 바다를 등지고 서면, 그 사람 앞으로 계속 사람들이 걸어왔고, 앞에 서 있는 사람은 뒷사람들에 떠밀려 바다로 떨어져 죽었다고 합니다. 한 줄이 떨어지면 또 그 뒤에 줄이 앞으로 나가고요… 그 속에는 우리나라 사람들도 있었겠지요"라고 유 목사님은 설명하였다.

다음으로 당시의 원자폭탄 저장고에 들렀다. 이곳은 약간 산 속에 위치하였으며 비행기 이착륙이 가능할 정도의 타원형 공간이 널찍하게 펼쳐져 있었다. 일본인 신사와 일본공군지령소에도 들렀다. 그리고 무지개가 쉼 없이 위로 치솟는 자연분수가 있는 바다에 갔다. 모래가 작은 별 모양으로 생겨 희귀하였다.

티니안에 온 가장 큰 이유는 '송선마찌'를 찾아보기 위해서였다. 사전조사시 징용피해자 이창석 할아버지(1921년 생)는 그에 대해서 다음과 같이 알려주었다. 1월 16일 전북 전주에서 만난 이 할아버지는 "송선마찌는 티니안의 수도 같은 데였지요. 거기에 함석으로 말하자면 판자로 만든 단층집이 있었어요. 일본사람이 와서 지었는데 방이라고 할 수도 없고요, 마루나 한가지였어요 조그만 하꼬방이었어요. 서넛이 잘 수 있나? 화장대도 있고 군인용 모후(포)도 있고요. 여자들은 밥을 그 집에서 먹었지요. 여자들은 화장을 했습디다. 그런 집이 한 열 다섯 집은 될 것이요. 집들은 골목으로 마주허고. 문은 길 쪽으로 나고 대문 같은 것은 없었고요. 거그를 군인들이 트럭으로 몇 차 오는 것을 봤어요. 한 차에 한 50명쯤 있고 그 중에는 반장이 있어요. 계급이 말하자면 상사쯤 될까. 반장이 너는 요집, 너는 요집이서 놀다오니라고 군인한티 배정해주지요. 글먼 군인들이 줄을 서서 기다리지요. 내가 직접 봤어요. 군인들은 돈 안 줬을 것이요. 고것이 군인을 위해서 생긴 것이니까. 글고 또 군인이 돈이 어디가 있었것어요. 한 집에 여자들이 일고 여덟 명. 일본여자가 제일로 많고 오끼나와 여자, 조선여자가 있었어요. 조선여자는 네 명 있었어요. 내가 티니안 가기 전부터 있던 여자 두 명하고, 후에 온 여자 둘이었지요. 늦게 온 여자 둘은 형제지간이었는디, 이름이 고하나(小花)라데요. 일본이름이지요. 고향이 전남이라 헜는디. 군인들 노리개로 가라 하면 올 여자가 누가 있겄소? 고하나는 공장에 간다 히서 형제가 같이 온 것이라고 헙디다. 서른댓 명이 같이 오다가 배가 파산되야 다 죽어버리고 형제만 살아남았데요. 전쟁이 끝날 때쯤이는 비행기는 비행기끼리 싸우고 배는 배끼리 싸우고, 전장터라 실탄이 사람을 피혀 댕기야지 사람이 실탄을 피혀댕길 수가 없었어요. 폭격이 원체 심혔어요. 송선마찌, 지금도 있을랑가 모르겄소이"라고 증언해주었다.

송선마씨 또한 추정되는 곳을 찾을 수 있을 뿐이었다. 그곳에는 현재 단지 당시 사람이 살았다는 것을 알려주는 마을 지도가 표시된 비석과 티니안을 가르며 나 있는 전시용 도로, 그리고 나무들만이 서 있을 뿐이었다. 마을지도는 이 할아버지가 그려준 약도와 거의 일치하였다. 유 목사님은 그 맞은편으로는 마을이 있었다고 하였다.

평화기원한국인위령탑이 있는 곳에 가 보았다. 이곳은 김 이사가 먼저 말한 7인 외 우리나라 사람들의 노력으로 5천명이라고만 단지 추정할 뿐 정확한 수를 알 수 없는 우리나라 징용·징병자들의 유해 일부가 안치되어 있었다.

저녁식사를 교회에서 대접하고 싶었다며 안타까워하시는 목사님을 뒤로하고 6시 30분 지나 배에 올랐다. 배 안의 슈퍼에서 산 빵과 바나나로 저녁을 대신하였다. 밤 배여서인지, 파고가 심했던 탓인지 윤 선생님이 안색이 하얗게 변하신 채로 배멀미를 하였다. 안타까울 뿐이었다.

사이판으로 돌아오자 임 장로님이 선착장에서 나와 계셨다. 손학현 집사님, 그리고 또 다른 일행들이 함께 식사하려고 'BG Garden' 뷔페식당에서 기다리고 있다는 말을 듣고 그곳에 잠시 들렀다. 임장로님에게 괌에서의 숙소와 안내 등에 대해서 상의를 드리자 김춘섭 목사님과 그 목사님의 신도분이 운영하는 타무닝 프라자호텔을 소개해 주었다.

1월 30일 일요일

아침 식사는 임 장로님이 가져오신 죽으로 대신하였다. 김춘섭 목사님,

호텔, 그리고 토니 팔로모(Tony Palomo) 씨에게 오늘 가겠다고 전화를 한 후 괌으로 가려고 나서다. 12시 15분발이었다. 행장을 꾸려 여행사에서 제공한 항공티켓으로 가려 했지만, 비행기 사정으로 출국할 수 없어 다시 호텔로 돌아왔다. 괌에서 우리를 기다리는 분들께는 전화로 사정을 말씀드렸다.

1월 31일 월요일

아침 식사 후 공항내 아시아나 사무실에서 항공권의 일정을 수정하고 12시 15분 로타섬을 경유하는 괌행 비행기에 올랐다. 로타에도 자살절벽이 있었다고 한다.

괌에 도착하자 타무닝 프라자호텔에서 마중을 나와주었다. 괌은 사이판과 같은 마이크로네시아에 속하며, 현재 미국령이다. 공항에서부터 정비가 눈에 띄도록 깨끗하였다.

점심식사는 호텔 부근에서 했다. 저녁으로 마침 호텔 안에 우리나라 라면이 있어 구하여 먹었다. 김 목사님과는 내일 아침식사를 하기로 하고, 팔로모 씨와는 내일 아침 10시에 만나기로 약속을 정하였다. 팔라우행 현지 비행기표를 구입하려고 여러 가지로 알아보았다. 조사 일정이 길어질 듯 싶었다.

2월 1일 화요일

8시 김춘섭 목사님과 함께 타무닝호텔내의 캡틴식당에서 아침식사를 하다. 팔로모 씨는 괌대학에서 강의도 하고 있고 괌박물관장이라고 한다. 1931년에 출생하여 AP Daily News 기자출신으로 *In Island in Agony*를 썼다. 팔로모 씨가 기증한 그 책안에는 괌의 역사와 현실이 그리고 괌의 4개소에 위안소 등이 적혀 있다. 팔로모 씨는 '위안부'로는 한국여자, 일본인여자, 차모르여자가 있었다고 한다. 지역별로 아가나 구완(Agana Guan)에 한국여성이 2개소에 있었고, 셀리 구완(Celely Guan)에는 1개소에 일본인 여성이 피티구완(Pity Guan)에는 차모르 여성이 1개소 있었다고 한다. 팔로모 씨는 생존 피해자나 그 가족은 모르겠고 그 문제에 대해서 자신이 증언 받았던 가르시아 씨를 소개해주겠다고 제안하였다.

타무닝 프라자호텔의 한 사장님의 안내로 팔로모 씨와 함께 한국인 여성이 있있던 위안소 터를 방문하였다. 그곳은 주요도로인 마린드라이브(Marine Drive)의 엑슨(Exon)주유소 옆에 위치하였다. 한곳은 태풍으로 유실되었으나 그 위안소 건물의 형태는 보존되어 있었다. 작은 나무문이 있고, 시멘트 벽 등이 남아 있었다. 집 아래쪽으로는 작은 개천이 흘렀다. 또 다른 위안소는 이 집의 도로 건너편 맞은 편에 있었으며, 그곳은 현재 주요도로에 일부 포함이 되어 집은 흔적조차 없었다.

팔로모 씨가 돌아간 후 한 사장님의 안내로 괌 주지사 사무실을 찾았다. (사)해외희생동포추념사업회 기록으로는 당시 이곳은 일본군이 주둔하였던 곳으로 한국여성 6명이 '위안부'로 있었다고 하였다.

마린드라이브를 따라 차모르여성들이 '위안부'로 있었다는 피티 구완에 가보았다. 스페인 통치시기 남겨놓은 흔적들인 스페인 통치자의 집과 성당 주변을 찾아보았다.

점심은 코리안패리스(Korean Palace)에서 한 사장님이 제공하였다. 점심 후 일본군의 방공호를 둘러보았다. 시내의 중심가에 위치한 작은 산 밑에 땅굴로 두 군데가 20여 미터 사이로 두 문이 나있고 서로 연결되어 있었다. 인공굴이었다. 괌에는 이처럼 일군이 파놓은 땅굴들이 여러 군데 있다고 한다.

일군 최후 사령부를 찾아보았다. 조금씩 떨어져 4개의 동굴이 있었다. 작은 제단과 향로 등이 보였다. 그 굴을 조금 벗어나 인공 계단 아래로는 군인들의 식수터가 있어 지금도 쇠받침대가 남아 있고 쇠통으로 물이 흘러내렸다. 최후 사령부 근처에는 무아사(無我寺)란 절 형태의 전시실과 위령탑이 크게 있었다. 당시 유물이 전시된 전시실에는 자결하거나 사망한 중장

두 명의 사진 등이 있었다.

　한 사장님과 함께 팔라우 행 티켓(2월 3일 발), 한국 귀국 티켓도 구입하였다. 설연휴 때문인지 귀국행이 쉽지 않았다. 10일 한국행으로 일정을 정해야 했다. 시간적 여유가 생겨서인지 마음이 약간 한가로워졌다.

　귀가하여 김 목사님, 타무닝프라자 사모님과 함께 저녁식사를 하러 호텔가에 이르렀다. 호텔 밖으로 보이는 바다에서 낙조가 매우 아름다웠다.

2월 2일 수요일

　후안 가르시아(Juane Garcia, 1923 생), 토니 팔로모 씨와 함께 숙소 타무닝호텔 내 식당에서 아침식사를 하였다. 가르시아 씨는 아버지가 멕시코인, 어머니는 차모르인으로 아가나에서 살았다고 한다. 일본군이 들어오자 대부분 원주민들은 아가나를 떠났다. 아가나에는 빵빵야(위안소의 다른 이름)가 3곳이 있고 한곳은 15인의 한국여성이 있었다. 여자들은 양장을 하였으며, 신발은 게다 같은 것을 신었던 것 같다. 그 여자들은 어디를 자주 돌아다니지 않았다. 아디룩에도 위안소가 4곳 있었다. 가르시아 씨는 다음에 시간을 내어 위안소 터를 같이 가볼 수 있다고 허락하였다.

　진용근(1937년 생) 『괌교민신보』 사장님에게 전화연락을 하여, 점심식사 후에 만나볼 수 있었다. 진 사장님은 1970년대 중반에 데데도(Dededo)에서 원주민과 결혼하여 살았던 마흔 다섯이나 쉰쯤으로 보이는 피해자 둘을 만난 적이 있었다 한다. 당시 이 문제에 관심이 있던 기자가 어떻게 알았는지 연락을 하여 만났다고 한다. 찾아가자 그 아주머니는 어떻게 알았느냐고 깜짝 놀라며 우리를 피하였다. 그래서 한 분은 두 번인가 보고 한 분은 한 번밖에 보지 못하였다. 기억나는 인상으로는 크지 않은 키에 뚱뚱한 몸매로 초라하고 어딘가 모르게 슬퍼 보였다. 그 분이 언제 돌아가셨는지는 모르지만 돌아가셨다는 말을 3년 전쯤에 들었다. 그 외에도 진 사장님은 1950년 우리나라 전쟁에 참전했던 한국군참전용사회가 1986년부터 있어 약 20

여명 가량 매달 한 번씩 모인다고 하였다. 그곳에서 위안부 문제에 대해서 알아봐 주겠다는 제안을 하셨다.

김 목사님과 함께 데데도에 들렀다. 2만여명이 거주한다는 데데도는 아주 넓었다. 집들은 띄엄띄엄 눈에 띌 뿐이었다. Tumon Bay에 있는 투 러버스 포인트(Two Lovers Point, Pumpan Dos Amantes)에 들렀다. 바다를 끼고 있는 절벽으로 두 남녀의 애절한 사랑이야기가 담겨 있었다. 사이판에서 임윤재 장로님께서, 그리고 타무닝플라자의 한 사장님이나 김 목사님께서도 이미 알려주신 그곳이었다. 절벽 아래로는 아주 가파르게 경사가 져 있었다. 『영원으로의 여행』이란 안내판이 한국어뿐 아니라 영어·일어로도 있었다. 한국어 판에는 두 차모르족 남녀가 서로 사랑하였으며, 여자의 아버지가 딸에게 스페인 군사령관과 결혼을 요구하였다. 거절할 수 없어 사랑하는 두 남녀는 이곳에 와 서로 머리를 묶고 절벽 아래로 떨어져 영원으로 여행을 떠났다는 설명이 적혀 있었다. 그곳을 벗어나 남태평양이란 중학교 때 본 흑백영화의 배경지역을 찾아가 보았다.

2월 3일 목요일

아침은 캡틴식당에서 한 후 김 목사님과 그 일행인 정 전도사님과 함께 괌의 남부지역을 찾아가 보았다. 바다 바로 옆에 있는 원주민 마을을 찾다. 나무 잎과 나무로 얽겨 만든 집들은 남국의 정취를 그대로 간직하고 있었다.

니미트 힐(Nimit hill)에는 일본군이 파놓은 땅굴이 그대로 남아 있었다. 두 개의 굴은 서로 연결되어 있었다. 그 맞은편으로는 몇 년 전 우리나라 칼(KAL) 비행기 사고 현장이 있었다. 의외로 얕은 구릉지대였다. 당시 교민들이 많은 도움을 주었고, 애화도 있었다고 김 목사님은 말씀하였다. 일본 군인들의 반격지인 'War in the Pacific'에 들렀다. 총포들이 있고, 해안가로는 당시의 총격전을 했던 지역이나, 미군 상륙장면 등이 들어 있는 사진들이 탑으로 세워있었다. 이곳에서 1944년 7월 25일 격돌이 있었다고 한다.

그 맞은편으로는 아산만과 로타섬이었다.

이나라한(Inarajan)에서 바위로 스멀스멀 올라오는 파도를 구경하였다. 또한 스페인의 마젤란이 처음 착륙했던 우마탁(Umatac)에 들렀다. 언덕에서 보자 마을이 고즈넉해 보였다. 우마탁에도 땅굴이 있었다. 스타애플이란 별 모양의 과일이 시큼하고 달콤하였다. 커피숍에 들러 이야기 끝에 김 목사님은 목사님들과 물놀이 갔다가 어느 목사님이 성게가시에 찔려 온 몸이 부었고, 그래서 식초물로 부기를 내렸다는 이야기를 들려주었다. 또한 괌에 있는 일종의 아파트형 묘지에 찾아가 보았다. 칸칸이 작은 아파트형으로 되어있고 쇠파이프가 각 묘마다 있어 주검으로부터 나온 물기가 땅으로 스며든다고 했다. 꽃송이가 놓인 묘도 눈에 띄었다. 깔끔하게 단장된 모습이 아주 인상적이었다.

데로디엠거리(DeroDM St.)에 일제시기 한인강제징용자 숙소가 있었다고 한다. 그 주변으로 한인회관이 건축중이었다. 코로로 팔라우(KOROR PALAU)에 오후 7시 30분 발 컨티넨탈(CO 953) 비행기를 탔다. 팔라우에는 8시 40분 쯤 도착하여 교민의 안내로 호텔로 향하다.

2월 4일 금요일

11시 하순섭 한인회 회장님이 운영하는 식당 아리랑에서 한인여성들 8명이 모여 예배를 본다며 참석해달라는 초청을 받았다. 거기에서 윤정옥 선생님은 '위안부' 문제에 대해서 말씀하셨고 필자는 한인회 하회장님과 총무님과 함께 이야기를 나누었다. 팔라우에는 한국교민이 80여명이 있다. 팔라우 전체 주민은 2만여명이고 7, 8천은 외국인이다. 대학으로는 전문대가 있다고 하였다. 하 회장님은 오후에 한국인 2세인 노보루 킹 씨와 오끼야마 도요미 신게오 씨 등을 만나러 가기를 제안하였다. 예배 모임 후 모두는 설날 잔치 겸 떡국을 먹었다. 예배모임의 한 여성이 원주민에게서 조선인 위안부가 말을 안 들었다고 일본군인이 그 여자를 목매달았다는 말을 전해들었다고 알려주었다.

1시에 노보루 킹(1934년 생) 씨의 사무실에 들렀다. 하순섭 회장님은 노보루 킹 씨는 한국인 아버지와 페레리유의 원주민 사이에서 태어났으며, 건축, 건물임대업들은 하는 부자이며 한국인들을 많이 도와주고 있다고 한다. 노보루 킹 씨의 아버지 김씨는 이곳으로 징용으로 왔다가 이후 숯을 구워 팔았다. 노보루 킹 씨는 팔라우에는 집단자살터가 없다고 하였다. 그는 한국에 6번 방문하였다고 하였으며 '위안부' 문제에 대해서는 전혀 모른다고 하였다.

3시 30분 오키야마 도요미(1915년) 신게오 씨 댁을 방문하였다. 도요미 할머니는 일본인 아버지와 팔라우 원주민 어머니 사이에서 태어났으며 당시 일본 남양청장의 비서로서 암호문을 취급하였다고 한다. 내용은 노무자들의 이동상황, 근무일지, 팔라우 내왕 상황, 생산 등에 대한 것들이었다. 도요미 할머니는 말을 삼가하는 듯하였는데 마침 남편이 당시의 유곽에 대해 알려주었다. 신고간, 쓰루노야, 도구노야에는 일본인, 오키나와인이 있었고 한국인여성이 있던 유곽 이름은 미요시노로, 그외에도 미니노야, 스타라이가 있었다고 기억하였다. 신게오 할아버지는 아리랑을 기억하여 부르기도 하였다. 당시 페레리유에는 공습이 아주 심했으며, 사람이 많이 죽었다고 했다. 공습을 피해 사람들이 산으로 올랐다. 신게오 씨는 그 산에서 20대 중반쯤의 임신한 한국여성을 보았다. 그 여성은 먹을 것을 찾아 헤매었다. 3개월쯤 지나 산을 내려온 후 그 여성이 어떻게 되었는지 잘 모르겠다며 그때 기억을 말씀하셨다.

대통령 사저를 가보았는데, 경비병이 없고 소박하였다.

2월 5일 토요일

아침에 팔라우대학 도서관에 들러 팔라우 관련서적, 두 권을 빌렸다. 도서관 출입이 자유로웠으며 여행객임에도 불구하고 책 대출이 자유로웠다.

오전 10시, 10시 25분 6인승 경비행기로 페레리유에 가기 위해 공항을 향했다. 안내인 박상원씨는 동양식 석등이 두 곳 세워있는 곳을 보며 이곳이 바로 요정터였다고 하였다.

페레리유에는 코로르와는 달리 잔잎들이 우거진 덤불숲이 여기저기 눈에 띄었다. 페레리유에는 600여명의 원주민이 거주하고 있다. 이곳에서 한국교민이 여행안내도 하며 원주민 팔라완 여성과 결혼해 살고 있다고 하였다. 비행기에서 내리자 원주민인 듯 20대 초반의 남자가 대기하고 있었다. 그의 차를 타고 마을로 들어갔다. 작은 구멍가게가 있었다. 가게 옆에서 한 50대 뚱뚱하고 위풍당당한 여자에게 안내 예정자인 탄지 헤수스를 물었다. 그 여자의 이름은 마유미 게이코라고 하며 가게 옆에 있는 작은 여관을 운영하였다. 그는 막무가내로 다른 남자 안내자를 추천하였다. 박상원 씨는 "이곳은 여자의 파워가 대단한 곳"이라고 말한다.

다행히 탄지 헤수스(Tangie Hesus)를 만나 그의 안내를 받았다. 먼저 우메코라는 할머니를 만났으나 '위안부'에 대해서는 알지 못하였다. 중국계 추장 에티벡(Etibek shmull, 1919 생)을 만났다. 팔라우에는 추장이 현재 페레리유에 5명, 코로르에 4명이 있어 그 영향력은 크다고 한다. 에티벡 추장은 '빵빵걸'이 있던 곳이 4개소 있었다고 전해주었다. 한 곳에는 15~20인 이상이 있었다.

에티벡 추장이 알려준 위안소터는 덤불 숲 속에 가려져 있었다. 다만 인공 웅덩이인 듯한 곳에 물이 고여 있고, 그 주변에는 당시 소학교 등의 터가 남아 있을 뿐이었다.

미군 상륙지인 브러드릿지(Bloody Nose Ridge)에 가보았다. 기념비에는 영어, 일어로 그 내역이 써 있었다. 이곳은 당시 격전지로서 바닷물이 사람의 피로 오렌지 빛으로 변할 정도였다고 한다. 그 위에는 기념탑이 있었다. 이곳에서 당시 한 여성이 미군복을 입고 전투에 참여했으며, 그 여성은 한국인 '위안부' 출신으로 추정되고 있다는 기록이 있었다.[5] 그러나 실제 원주민들은 그 여성을 일본여성으로 알고 있었다.

내려오는 길에 인공굴 속에 고스란히 녹슨 채로 남아 있는 당시의 기관총을 보았다. 또한 일본의 최후 사령부 건물을 보았다.

안내자 헤수스 씨는 전체적으로 걸음걸이에서부터 웃음까지 부드럽고 유연해 보였다. 그의 부드럽고 유연한 몸놀림이나 높은 음으로 경쾌하게 웃는 모습은 우리나라 젊은 여성들의 분위기와 상당히 닮아 보였다. 그런데도 윤정옥 선생님이 "여기는 남녀 구별이 어떤가요?"라고 묻자, 그는 "엄격해요"라고 즉각 답한다. 박상원 씨는, 원래 모계사회였던 이곳이 점차 가부장 사회로 변해가고 있다고 한다. 탄지 씨의 대답은 요즘의 가부장제적 흐름을 반영한 것이겠다고 여겨졌다. 이 남자안내인과는 달리 안내자를 물색하는 우리를 이리저리 통제하려던 앞서의 50대 여자의 늠름하고 당당하던 모습이 비교되어 보였다.

오후 4시 무렵 경비행기를 타고 다시 코로르로 돌아왔다. 경비행기에서 보는 팔라우의 섬들이 마치 정성스럽게 가꿔놓은 정원처럼 고즈넉하고 매우 아름다웠다.

코로르에 도착하여 시내 공동묘지에 들렀다. 그곳에는 한국인 묘가 2개 있었다. 그리고 박상원씨가 알려준 요정터를 확인하여 보았다. 석등이 있는 도로가에는 서너 채의 집들이 있었다. 마침 한 집에 젊은 20대 청년이 있어 묻자 그 자신은 잘 모른다면서 그의 할머니인 케이디(Katey Giraked)를 추천하였다. 박상원씨는 그 집안이 코로르에서 상당한 부자라고 알려주었다.

'아이고'다리를 한눈으로 볼 수 있는 언덕에 가 보았다. 5리는 족히 되어 보이는 코로르 섬과 네르케베상 섬을 잇는 다리는 일제시기 끌려간 우리나라 노무자들이 완공했던 것으로 이들이 노동 도중 힘들어 "아이고 힘들어"를 연발했다 하여 지금도 속칭으로 '아이고다리'로 일컬어지고 있다 한다.

---

5) 해외희생자동포추념사업회, 12쪽; *Days Figure Japan*, 1989년 7월호, 128-131쪽.

2월 6일 일요일

아침 일찍 케이디 할머니에게 전화를 하였다. 오늘 생일 파티로 시간이 없다며 성당에 가보라고 제안하셨다. 성당에서 라모나(Ramona Balei, 77세) 할머니를 만났다. 케이디 할머니의 친구라고 하였다. 당시 라모나 할머니는 일본헌병대장 당번이었다고 한다. 그래서 라모나 할머니는 당시 여러 군데를 자유롭게 돌아다닐 수 있었다. 앞서의 케이디 할머니가 살고 있는 그곳은 요정이 아니었다고 하였다. 우리나라 여성들 위안부 즉 빵빵걸이 있는 곳도 갈 수 있었다.

라모나 할머니는 모모코란 우리나라 여성과 친구였던 적도 있었다. 모모코는 전쟁이 심해지며 사람들 대다수가 '힛수이잔';으로 도망갔을 때, 그 산 속에서 만났던 사람이다. 모모코는 한국이름도 있었는데 기억이 없다. 산 속에는 모모코 외에도 수백명의 여자들이 있었다. 라모나 할머니는 '아리랑', '가슴아프게', '아이고', '감사합니다' 등을 자연스럽게 했다. 라모나 할머니와 면담하는 동안 주위에서 서너 할머니가 아리랑을 흥얼거렸다.

라모나 할머니는 우리나라 여성들이 있었던 위안소, 즉 빵빵야를 직접 안내해주기도 하였다. 레롱 레뷰 거리(Dngeronger Lebuu St.)에 위치하였다. 우리나라 여성들이 있었던 위안소 터는 아주 컸으며, 일본여성들이 있던 건물이 있던 곳에서 가깝게 위치해 있었다. 일본인 위안소는 건물이 맞은 편으로 두 개소가 있었고 이름은 난가이로와 쓰루노야였다. 도로 조금 떨어져서 호시우로라는 오키나와인 '빵빵야'가 있었다. 이 건물들은 현재 남아 있지 않았다.

라모나 할머니를 따라 케이디 할머니의 생일 잔치에 가보았다. 공공건물 안에서 남녀 노인들이 모여 있었다. 성당에서와 마찬가지로 내가 한국인임을 알고 몇 할머니가 아리랑을 크게 불렀다. 짧은 동안에 받았던 느낌은 이곳 원주민들이 뭔가 말하기를 조심스러워하는 것 같다는 것이었다. 물론 사이판 등에서도 이런 느낌이 들었다.

　　지금 우리나라에는 당시 코로르의 위안소 생활에 대해 증언해준 두 분, 즉 '위안부' 피해자 강무자 할머니[6]와 강제징병당해 관동군으로 고생했던 홍종태 님[7]이 계신다. 가기 전까지만 해도 이 분들이 말한 위안소가 같은 장소일 것이라고 예상했었다. 그러나 막상 가보자 팔라우에는 당시 곳곳에 크고 작은 위안소, 즉 빵빵야가 있었음을 확인해볼 수 있었다. 따라서 두 분이 경험했던 곳은 각자 다른 장소라고 추정되었다.

　　팔라우에서도 생존 피해자를 만날 수는 없었다. 그러나 일본군 남양청이 있던 관계로 전쟁은 그만큼 치열했고, 군인들이 많았겠기에 나이든 원주민들과 신뢰를 쌓고 그들을 상대로 '위안부' 피해조사를 한다면 상당히 많은 이야기들을 들을 수도 있겠다는 생각이 들기도 했다.

　　노보루 킹 씨가 누군가와의 만남을 주선할 예정이어서 만나기로 하였다. 라모나 할머니를 만나 조금 지체하였다. 박상원 씨가 여러 곳을 수소문하여 노보루 킹 씨를 다시 만날 수 있었으나 주선했던 사람이 현재 없다고 하여 만날 수 없었다.

　　팔라우 퍼시픽 리조트(Palau Pacific Resort)에 갔다. 멀리 수평선의 낙조가 매우 아름다웠다. 이곳도 당시 격전지였다고 하였다. 하순섭 회장님을 만난 후 호텔에서 나와 안내인 박상원 씨 집에서 비행기 시간을 기다렸다.

2월 7일 월요일

코로로 팔라우(KOROR PALAU)에서 오전 2시 30분 발 컨티넨탈(CO 954) 비행기를 타고 괌의 타무닝플라자 호텔로 돌아왔다.

　　오전 11시 김춘섭 목사님을 만나 점심식사를 한 후 구암교회에 들러 정전도사님을 다시 만나다. 중국교포인 정전도사는 한의학, 신학을 공부한 분

---

6) 자세한 증언은 정신대연구소·정대협 편, 『강제로 끌려간 조선인군위안부들―증언2집』 참조.
7) 정신대연구소·정대협 편, 『강제로 끌려간 조선인군위안부들―증언3집』.

으로 할아버지도 한의사라고 하였다. 지난 번 만남에서 정 전도사님은 오상(烏相)집 근처에서 할아버지가 왕진했던 지역은 현재에도 조선족으로 살고 있는 노인들이 있는데, 그 노인 중에 위안부 피해자가 있을 것 같다는 말을 하였었다. 이번에는 수소문을 해달라고 부탁하였다. 김 목사님이 저녁 식사를 제공하였다.

2월 8일 화요일

9시에 가르시아 씨를 셜리 커피숍(Sherly coffee shop)에서 다시 만나 아침 식사를 같이 하였다. 가르시아 씨의 작은 트럭을 타고 그의 집을 안내받은 후 호젓한 곳에 위치한 레오파르트 리조트(Leopard Resort)를 돌아다보았다. 일본인이 지었다는 그곳은 규모도 크고 인공호수 등 다양한 시설이 꾸며져 있었다. 그곳을 벗어나 벨(E J Bell) 농장을 찾아갔다. 농장은 산 아래 위치하여 매우 고즈넉하고 아름다웠다. 각종 나무가 심어 있고, 잔디만 깔린 공간이 넓게 펼쳐져 있었다. 주인 벨(George R. Bell) 씨는 가르시아 씨의 사촌으로 그곳에서 날렵하게 생긴 닭들을 키우고 있었다. 집 뒤, 산 아래에는 인공 굴이 두개소 있었다. 두 굴은 10여미터를 사이로 파여 있었다. 벨 씨에 따르면 그 굴은 한국인남자와 차모르 남자가 만들었다고 한다. 그곳에서 일본인 10~15인이 있었고, 그들에게 밥하고 빨래하며 생활했던 한국여성이 4~5인이 있었다고 한다. 집에서 300여미터 떨어진 곳에 사람이 손질한 듯한 작은 댐 같은 물웅덩이가 있었다. 이 물을 당시 사용했던 것으로 여겨졌다. 벨 씨는 자신의 농장을 공공연하게 공개하고 싶어하는 것 같아 보였다.

가르시아 씨의 안내로 박물관에 들렀다.. 괌 주청사 안쪽으로 바다 쪽에 위치한 그곳에서 바라본 파도는 시리도록 아름다웠다. 전시관에는 차모르 족들에 관한 역사적 유물들이 있었고, 그 가운데에는 원주민 추장들에 대한 안내가 있었다. 가르시아 씨와 함께 타무닝프라자 호텔식당에서 점심식사를 하였다. 저녁식사는 김춘섭 목사님 부부가 제공하였다.

2월 9일 수요일

8시 캡틴식당에서 김 목사님과 함께 아침식사를 한 후, 김 목사님의 구암교회로 향했다. 10시 성경공부 시간에 윤정옥 선생님은 '위안부' 문제에 대해서, 그리고 나는 우리나라 여성운동의 흐름에 대해서 이야기하였다.

오후에는 김 목사님의 안내로 바다 밑 수족관(fish eye Marine Park)을 둘러보았다. 다양한 물고기들이 바다 속에서 유유하게 떼지어 다니는 모습이 인상적이었다. 오후 윤정옥 선생님은 다시 구암교회에서 말씀을 나누신 후 할아버지인 한 분이 윤 선생님에게 대학 시절부터 알고 있었다며 인사를 하였다. 감리교신학대학 시절 함께 성경공부를 하였다고 한다. 할아버지의 형님이 일제시대 때 독립군으로 싸우다 전사하였다고 하셨다. 또한 할아버지는 일제시대 학교 다닐 때 우리나라 말을 쓴다고 구타당하기도 하셨단다. 그분은 윤 선생님을 매우 반기며, '나는 이름이 없어요. 나는 잊혀진 사람이에요'라고 혼잣말을 되뇌셨다. 펜실베니아 주청사에 공무원으로 근무했다는 그분은 부인과 함께 괌으로 살러왔다고 하였다. 또 다른 한 여자 신도분은 윤 선생님에게 어떻게 일본사람을 대했으면 좋겠느냐고 진지하게 물었다. 그 분은 술집을 하다가 그만두고 교회를 열심히 다니고 있다고 하였다.

2월 10일 목요일

괌에서 오전 3시 10분에 출발하여 서울에 7시 10분에 도착하는 아시아나(OZ261) 비행기를 타고 돌아왔다. 김 목사님은 새벽인데도 끝까지 배웅을 해주어 감사하기 그지없었다.

제2부 일본군 위안부 피해자들의 후유증과 제2차 가해문제

일본 패전 후 타국에 남겨진 피해자의 삶/ 고혜정
피해자들의 귀국 후 삶/ 심영희
피해자들의 육체적 후유증/ 이수현
피해자들의 심리적 후유증/ 이철원
제2차 가해와 그 범죄사실/ 김민철
일본 역사 교과서에서 다룬 일본 위안부 문제/ 정재정
생존자 증언을 어떻게 들을 것인가: 증언4집이 나오기까지/ 김수진·양현아

일본 패전 후 타국에 남겨진 피해자의 삶

고혜정
한국정신대연구소 소장

1992년 김학순 할머니가 세상에 자신을 나타낸 것을 시작으로, 자신의 존재를 세상에 알리기 시작한 일본군'위안부' 피해자의 수는 2000년 3월 현재, 한국 보건복지부에 의해 확인된 수만 해도 197명에 이른다(이 원고는 2000년 5월에 완성된 원고임을 밝혀둔다). 전국 각지에 흩어져 있는 이들의 의료와 복지를 위해 1993년 「위안부 피해자 지원 특별법」이 제정되어 이들은 현재 기본적인 생존 조건은 해결이 되었지만, 아직까지 이들의 피해와 상처를 근본적으로 치유하는 데는 이르지 못했다. 이것은 일차적으로는 가해 당사자인 일본의 무성의와 책임회피에 있지만, 다른 한편으로는 국내인들의 관심과 진상규명 노력의 미진함에도 있다. 특히 중국을 비롯한 해외에 남겨져 돌아오지 못한 피해자들에게는—훈 할머니와 같은 센세이셔널한 언론의 조명은 예외이지만—정부 차원의 조사나 지원 노력이 없는 실정이다.

우리 사회의 주요 현안의 관심권 밖으로 밀려나 있는 일본군'위안부' 문제 중에서도 해외 거주 일본군'위안부' 문제는 특히나 사각지대에 있다. 필자는 이들의 존재에 주목하여, 1994년 중국 무한 조사로부터 시작하여, 중국 긴림성, 흑룡강성, 베이징, 상해 등지를 답사하거나 친척 초청 등을 통해서 국내 방문을 한 피해자들을 면담하면서 이들이 피해자로서 입은 피해와 그 피해가 현재까지도 지속되고 있는 실상을 조사하였다.

이 글은 피해자의 증언을 중심으로, 타국에 남겨진 피해자들이 왜 남겨지게 되었나, 그리고 지금까지 어떻게 살아왔나, 일본군'위안부' 경험이 그들에게 어떤 후유증을 남겨놓았나 등을 살펴봄으로써, 현재까지도 진행되고 있는 일본의 제국주의 전쟁 하에서의 일본군'위안부' 제도의 범죄성을 밝혀보려고 한다.

1. 어느 지역의 위안소에 있었는가

현재 생존자 중 이름이 알려지길 원치 않는 피해자는 명기하지 않았다. 또한 임신·출산 항목의 O는 조사 당시 자식과 함께 살고 있었던 경우이다.

피해자	위안소	임신·출산 경험	귀국 희망
1 홍강림	봉천, 상해, 남경, 장사(長沙)	O	O 사망
2 홍애진	상해, 하얼빈, 무한		O 사망
3 임금아	무한	당시 정신병	O 사망
4 장춘월	호북성 화남시 광수(廣水), 무한		사망
5 박필연	천진, 무한		O 사망
6 박막달	호남성 장사		O 사망
7 정학수	하얼빈, 산동성 조장(棗庄), 석가장, 산서성 임분(臨汾), 鄭州, 무한, 홍콩		귀국 후 사망
8	봉천, 무한		O
9	남경, 무한		O
10	동녕, 석문자(石門子)	O	O
11 지돌이	석문자	O	귀국
12	흑룡강성 아성(阿城), 동녕현 석문자		O
13	석문자	조선족과 결혼 O	O

피해자	위안소	임신·출산 경험	귀국 희망
14	길림성 훈춘시 춘화진		희망하지만 포기
15	길림성 훈춘시		O
16 이옥선	길림성 연길시	조선족과 결혼	귀국
17	도문	O	귀국
18 문명금	흑룡강성 손오(孫吳)현	조선족과 결혼	귀국
19	장춘, 목단강	O	O
20	내몽고 보우토우(包斗)		O
21	열하성(요녕성 능원)		O
22	무한	출산3개월 후 죽음	귀국
23	봉천, 한구	고향 그리워 정신분열증	O
24 정수재	호북성 무한시 한구	O	귀국 후 사망
25 강묘란			귀국 후 사망
26 박순옥 (천덕)	중국 산동성 덕주, 하북성 당산, 보정		사망 O
27 박금녀	중국 태원		사망
28 이보금			사망
29 이묘순	중국 태원		사망
30 최정자	중국 상해, 태원, 만주		사망
31 배봉기	일본 오키나와 도카시키섬		사망
32 송신도	중국 무창		
33 노수복	싱가포르, 말레이시아		
34 이남이(훈)	싱가포르, 캄보디아 프놈펜	O	귀국 후 방문
35	중국 심양		귀국
총 35명			9명 귀국/ 6명 한국생존

2. 전쟁이 끝난 후 일본군 혹은 위안소 관리자는 여자들을 어떻게 처리했나

일본이 항복함으로써 전쟁이 끝나자, 일본군들은 철수를 하고 일본군의 협력자였던 위안소관리자들도 제각기 살길을 찾아 떠나버린다.

피해자들은 그 당시 상황을 이렇게 표현한다.

"어느 날 갑자기 군인들이 오지 않았다."

피해자들은 군인들과 위안소 관리자들이 모두 떠난 후에야 전쟁이 끝났음을 실감하게 된다. 그들은 사지(死地)에 버려진 것이다. 일본군'위안부' 자체가 그들에게는 승전을 위한 방편이요, 성배설을 위한 도구에 지나지 않았으므로 전쟁이 끝나고 그 유용성이 없어진 마당에 폐기하거나 방치해버린 것이다. 동원을 할 때에도 속임수 폭력, 강압 등 비인간적인 방법을 사용한 것과 마찬가지로 전후 처리과정에서도 반인륜적인 태도를 보인 것이다.

일제의 만행에 치를 떨던 중국인들에게 피해자들은 '일본군의 갈보'라고 손가락질 당하며 갖고 있던 물건들을 빼앗겼고 구타당했다. 중국인들은 일본군에 대해서는 피해자이지만, 동시에 점령군인 일본군의 보호와 감시 속에 놓여 있었고 일본군의 관리 감독을 받고 있던 위안소 여자들을 일본군과 동일시했을 것이다. 그래서 일본이 패전하자 일본군과 함께 위안소의 여자들도 중국인들의 적개심의 대상이 되었다.

위안소에서의 성노예 생활은 괴롭고 견디기 힘든 일이었지만, 적어도 동료들과 위안소 관리자, 상대 군인들 이외의 사람들의 시선은 의식하지 않아도 되었다. 그러나 종전 후 그들은 아무런 보호막 없이 중국 사회에 방치되었다. 위안소 밖의 중국을 알지 못하고 중국어도 못하는 그들로서는 당장의 생존을 위협받는 상황이었다.

일본이 전쟁에서 진 뒤, (위안소) 주인은 보따리를 싸서 달아나 버렸다. 일본 사람들도 보따리를 싸서 차를 타고 가버렸다…중국 사람들은 우리가 일본 사람인 줄 알고 옷도 다 빼앗고 막 때렸다. 중국사람들이 덤벼들고 때리니 여자들은 겁이 나서 뿔뿔이 흩어졌다…그때는 중국말도 못하니 무서워서 벌벌 떨었다.(홍강림)

일본 패망 후, 그때 나는 일본옷을 입고 있었는데 중국인들이 나를 조선 갈보라고 욕하면서 돌멩이로 마구 때렸다.(홍애진)

패전 후 관리자는 차를 타고 떠났고, 일본이 망했다는 것은 다른 군인들이 알려줘서 알았다.(역영란)

어느 날 일본군인들이 모두 가버려서 일본이 패전한 것을 알았다.(박막달)

전쟁이 끝나자 모두 떠났는데, 난 다다쿠마가 와서 같이 있자고 지켜주겠다고 해서 가지 않았어요. 내가 몸을 지키지 못한 죄를 짓고 고향에 돌아갈 수도 없잖아요. 일본 사람은 나를 끝까지 돌보지 않고 도망가기에 바빴어요. 자기만 살려고.(이남이)

3. 왜 고향으로 돌아가지 못했는가

자신들의 필요에 의해서 부대 안과 인근 지역으로 일본군'위안부'를 끌어들였던 일본군은 일본군'위안부'들의 동원과 수송, 관리 등을 조직적으로 주도하거나 거기에 관여했다. 그러나 전쟁이 끝나자 그들은 여자들을 전지(戰地)에 그대로 방기하고 떠나버렸다. 그리고 일본은 그 이후 지금까지 오십여 년의 세월이 흐르도록 그들을 원상 회복시키려는 노력조차 없었음은 물론이고, 그들의 존재 자체를 잊어버렸다.

일본은 자국 병사와 거류민, 전쟁포로, 그리고 중국인 잔류 고아에 이르기까지 자국민 송환 조치는 종전 후 지금까지 계속하고 있지만, 성노예 피해자들에 대해서는 그 실태 파악은커녕 관심조차 보이지 않고 있다(운동이 활발한 국가의 피해자들에게 무마의 손짓을 내보이고 있는 국민기금 쪽조차 이들에겐 아무런 관심이 없다. 이것은 그들이 진정으로 피해자들의 문제를 해결하려하기보다는 자신들의 상처받은 자존심을 위안하려는 시도에 지나지 않는다는 반증이다).

돌아가지 못한 피해자들은 일본군에 의해 타살되거나 자살을 한 경우까지 포함한다. 그러나 이 글에서는 생존하여 증언한 피해자들은 중심으로 풀어보겠다.

그들을 도와준 것은 중국 내 조선인 즉 거류민, 혹은 징용·징병 당한 군인들이거나 같은 처지의 여자들, 혹은 '마음씨 좋은 중국인'이었다. 무한 인근의 여자들은 무한의 일정한 장소로 집결하기도 했으나, 그 이외의 지역에서는 뿔뿔이 흩어져 저마다 제 살길을 찾아야 했다.

피해자들의 증언에 의하면 그들의 동료들 중에는 강물에 빠져 자살하는 사람도 있었다. 그들 중 대다수는 고향으로 돌아갈 방도를 찾을 수 없었다. 일부는 고향에 돌아갈 기회가 있었지만, 일부는 극심한 정체성의 혼란에 시달리며 고향에 돌아가 떳떳하게 가족들을 만나고 과거를 털어버리고 살 자신이 없어 갈까 말까 망설였다. 그러는 사이에 시간이 흘러 귀향선이 끊겼고 냉전이 시작되면서 국교가 없는 중국과 한국간의 왕래는 불가능해졌다. 그래서 그 이후 그들은 고향에 돌아올 길이 막혀버린 것이다.

1) 선택이 원천 봉쇄된 경우

버려져 어찌할 바를 몰라서 남게 되었다.(홍강림, 이00, 지00)

돌아가고 싶어도 돌아갈 방도가 없지. 돈이 없고, 아는 사람이 없는데…
군인들이 다 돌아갔기 때문에 여자들이 남아서 무슨 애기를 할 곳이 없었다.(지돌이)

2) 선택할 수 있었으나, 잔류한 경우

한국에서의 가족관계가 이미 파탄된 경우: 배봉기·노수복·임금아

끌려갈 때 이미 가족과의 단절을 경험한 이들에게 있어서, 종전 후 돌아
오느냐, 마느냐는 선택사항이 될 수밖에 없었다. 돌아갈 가족도 없고 몸을
버린 자신을 누가 받아줄 것인가에 대해 불안해했고, 현지에서 누군가가
자신을 잡으면 그것에 다시 이끌리게 되는 것이었다. 그들은 고향에 돌아
가 떳떳하게 살아갈 자신이 없었던 것이다.

일본의 패전을 알았을 때 조선 위안부들은 서로 얼싸안고 울었다. 그러나
나는 고국의 땅을 밟을 수 없는 몸이라고 생각했다.(노수복)

조실부모하고 한 점 혈육인 오빠마저 죽었다.···"나는 돈도 없고 부모도
없는데, 가서 뭐하겠나?"(임금아)

1945년 8월 7일 일본의 투항발표가 나자, 일본군과 위안소 관리인은 모든
것을 챙겨 도망을 해버렸고, 중국어를 모르는 저는 거리에 버려진 나이 든
고아가 되어버렸습니다. 그러한 경황에서 고향집으로는 연락을 할 수 없었
으며 찢겨진 자신의 자존심과 굴욕감은 고향을 찾을 용기조차 없었습니다.
(정수재)

나는 조선에 안 간다고 했다. 이 몸으로 조선 가서 뭐 할까 하는 생각이
들어서였다.(하군자)

일본 패전 후 그곳을 빠져 나올 때, 광수 역전에서 돈과 이불과 옷가지가
든 짐상자들을 중국 사람에게 모두 다 빼앗겨 버리고 말았다. 중국사람들은

나를 몽둥이로 막 때렸다. 수중에는 돈이 한 푼도 없게 되어, 다시 다른 사람에게 의지할 수밖에 없었다.(장춘월)

고향에 가려 했으나 공산당과 국민당의 대치 속에서 잡혀 간첩으로 몰렸다. 그때 나는 고국에 돌아가고 싶었는데 주위에 있는 사람들이 '너 지금 나가면 밖에 있는 사람들이 너를 팔아버릴 것이다'라고 말해서 나는 나가는 것을 주저하고 있었다. 여태까지 겪어온 일을 생각하며 공포감에 젖어 어떻게 해야 좋을지 몰랐다. 그러나 결국 세상이 너무 무섭고 두려워서 그냥 그곳에 머물기로 작정했다.(정학수)

조선에 가면 더 고생한다는 요시에 언니의 말에 그냥 한구에 머물기로 했다. 그러나 갈 곳도 없고 생활이 막막해 다시 중국인이 경영하는 유곽에서 한 달 정도 생활했다.(홍애진)

3) 선택의 기로에 서 있다가 귀국이 좌절된 경우

일본이 항복하자 주인이 우리를 큰방에 모이게 했다. 조선으로 돌려보낸다는 말은 들었지만, 언제 집에 돌려보내 줄지도 모르고 해서 그때는 아무 생각 없이 그 집에서 도망쳤다. 그때는 어려서 아무 때나 돌아갈 수 있으려니 했다.(박필연)

해방되고 가자고 마음먹었으나 38선이 있어서 청진에서 못 간다고 해서 아무 데도 갈 데가 없어서 다시 여기 들어와 살았다.(조윤옥)

여기에서는 스스로 귀국을 포기한 경우에 주목한다. 피해자들은 '위안부' 동원과 위안소 도착, 처음의 강간과 지속적인 성노예 생활을 거치면서 무수한 자기 정체성의 혼란을 경험한다. 위안소에서 처음에는 저항했으나 생존을 위해 그 상황을 받아들여야했으며, 그것은 자기 인식이나 정체성을 또 한 번 흔들어야 가능했고, 자기 자신이 그 상황—자기 자신이 스스로 '매춘부'가 되는 것, 그리고 군표를 받고 군인을 상대하는 것—을 받아들여 야 했으며, 일정 기간동안 공범자—성을 사고 파는—의식 속에서 살아야 했다.

그들이 당시 그렇게 자기 정체성에 혼란을 느낀 것은 위안소 생활의 매춘구조 때문이다. 위안소의 운영과 생활의 내용은 성노예였지만, 외피는 일본의 공창제를 근간으로 하는 매춘구조를 가지고 있기 때문에 피해자들은 그들이 일본군에게 지속적인 강제 성폭행을 당했다는 피해의식보다는 일본군인들에게 몸을 판 더러운 여자이고 수치스러운 존재라고 자기 자신을 인식했다. 그 결과 피해자들은 자신을 '화류계에 있던 여자'라고 표현하기도 하며, 다른 사람들이 '조선 갈보', '일본 갈보'라고 손가락질하는 것을 가장 두려워하게 된다.

그리고 또 다시 종전으로 인해 그 구조 밖으로 내몰린 그들은 자기 존재의 무력감을 느끼게 되는데, 그들은 무언가 굉장히 억울하지만 그것을 말로 표현해 낼 도리가 없었고, 자기 자신이 겪은 경험이 지속적인 강간 피해인지, 일본군을 대상으로 한 매춘이었는지 판별하지 못했다. 사지에 내팽겨쳐진 그들은 생존의 위협과 함께 극심한 정체성의 혼란을 겪게 된다.

이때 수많은 자살자가 속출하고, 고국에 돌아갈 것이냐, 남을 것이냐의 선택의 기로에 서게 된다.

4. 피해자들은 타국에 남아 지금까지 어떻게 생활해 왔는가

중국에 남은 피해자들의 경우, 자신들의 문제를 한 번도 객관적으로 짚어 본 적이 없었고, 낯선 중국 사회에 적응하면서 이방인으로서의 소외감을 극복하며 살아나가기 위해서 삶을 소진하는 동안 위안부 시절 입력된 자신의 정체성을 거의 수정할 여유가 없었다. 특히 문맹인 경우, 그들은 위안부시절 내면화된 '일본 갈보'라는 자기 인식에서 한걸음도 나아갈 수 없었던 것이다.

나는 술 파는 집에서 반찬 만들고 설거지하는 일을 했다. 가난한 중국인과 결혼을 했다. 중국인 남편과 싸울 때, 남편은 내가 위안부였다는 사실을 들춰내며 때리곤 했다.(홍강림)

중국인과 결혼한 49년에도 중국말을 제대로 하지 못했다. 아이 낳지 못해 여자아이를 데려다 키웠다.(홍애진)

1) 생계·직업

종전 직후, 학력이 낮고 중국어에 능숙하지 못하고, 성노예 전력이 있고 중국 내 가족관계나 인맥이 없는 피해자들이 중국에 버려져 생존할 수 있는 일자리를 찾기란 어려운 일이었다. 식당의 설거지나 남의 집 빨래 등을 하거나 술집의 작부가 되거나 심지어는 중국인이 경영하는 매춘업소로 빠지는 경우도 있었다. (중화인민공화국이 수립되어 매춘정리를 할 때까지) 그들은 경제적으로나 사회적으로 최하층 생활을 할 수밖에 없었다.

그러나 시간이 지남에 따라 중국의 경우, 대다수의 피해자들은 공장 등에 일자리를 얻어 최소한의 생계는 이어갈 수 있었다. 경제적으로도 전반적인 중국인 노동자와 비슷한 수준의 생활을 할 수 있었기 때문에, 상대적인 빈곤감도 한국에 비해서는 덜 겪었다. 또한 공장 등에 공식적인 취업을 할 수 있었기 때문에 중국 사회에 적응하여 일정 기간이 지난 후에는 혼자 사는 것도 가능했다.

그러나 그것은 살아남아 증언을 해줄 수 있었던 피해자의 경우이고, 이미 고인이 된 피해자들의 경우 생계 해결이 어려운 경우가 상당수 있었으리라고 추측된다. 석가장에서 살았던 이보금 할머니의 경우, 쓰레기통을 뒤져 생활을 했으므로 언제나 몸에서 나쁜 냄새가 풍겨 똥할머니로 불렸다고 한다. 이토록 생계 해결이 어려운 열악한 환경이라면 몸과 마음이 모두 피폐된 피해자들이 오래 살아남을 수 있는 확률은 적을 것이기 때문이다.

철도에 뛰어들어 자살한 김용, 약을 먹고 자살한 김수반 할머니 등(무한)은 중국에서조차 뿌리내리지 못한 피해자의 또 다른 모습이다.

2) 결혼과 성, 출산

중화인민공화국 건국 후 중국의 매춘부 근절 정책과 매춘부교화정책은 한국인 피해자들에게도 영향을 미쳤다. 그들 중 대다수가 중국인 혹은 조선족들과 정식 결혼을 할 수 있었다. 피해자들이 내면적인 갈등은 물론 겪었겠지만, 공식적인 가족구성원이 됨으로써 평상인으로 살아갈 수 있는 객관적인 조건은 확보한 것이다.

일본군'위안부' 초기에 일어났던 강제적인 성폭력에 대한 두려움과 이후 싫지만 응하게 된 군인들과의 성관계 경험을 통해 이들은 성행위에 대해 부정적이고 혼란스러운 인식을 갖게 한다. 그리고 누구와의 성행위도 불결하고 두려운 것이라는 느낌을 평생 떨쳐버리지 못한다.

> 남편이 부부관계를 하자고 하면 내가 싫다고 한 적이 많았다. 나는 무서워서 그랬던 것 같다.(임금아)

중국에 남은 피해자들의 경우 거의 중국인과 결혼을 했다. 이것은 남자가 싫어 결혼을 하지 않고 혼자 살았다는 증언이 많은 귀국 피해자들과는 상당히 다르다. 고향에 돌아오지 못하는 상황 속에서 피해자들은 생존을 위하여 어떻게든 그 땅에 뿌리를 내려야 했고, 그러기 위해서는 혼인관계를 통한 정착 이외에 다른 길을 찾을 수가 없었다. 그들은 중국어도 잘 못했고 중국 상황이나 중국인에 대해서는 무지했기 때문이다. 어떻든 절박한 생존문제 앞에서 남자를 싫어하고 말고 할 선택의 여지가 없었던 것이다. 아무 것도 가진 것 없이 타국에 버려진 상황에서, 그들은 당장 먹을 음식과 잠잘 곳이 필요했고 그것을 해결할 수 있는 길은 결혼 이외에 별다른 뾰족한 방법이 없었다.

술 파는 집에서 반찬 만들고 설거지를 했다…어느 추운 날, 술집 앞에 나와 앉아서 가지도 오지도 못하는 내 신세를 생각하고 울고 있었다. 그때 지나가던 남자 하나가 왜 우는지, 어디서 왔는지를 물으며 불쌍하다고 나를 자기 집으로 데리고 갔다. 그의 집에 가보니 돈도 없고, 먹을 것도 없고, 심지어는 옷과 이불도 없고 아무 것도 없었다. 그래도 할 수 없지 않은가. 오지도 가지도 못하니 그 집에서 살 수밖에…나는 그와 곧 결혼했다.(홍강림)

그러나 그들의 결혼 상대자를 선택하는 일은 제한적일 수밖에 없었다. 부인과 사별하거나 이혼하여 전처 자식이 있는 남자, 혹은 지독히 가난하여 다른 중국여자와 결혼할 수 없었던 남자나 불구자를 만나 또 다시 가난과 정신적 고통에 시달려야 했다. 그들 중 일부는 남편의 이해와 본인의 필사적인 노력으로 남편의 가족에 편입했지만, 다른 일부는 성노예 피해자라기보다는 '갈보'로 천시되어 남편의 가족과 친척들에게 결혼 반대와 구박, 질시, 모멸에 시달렸다.

중국인 남편과 싸울 때, 남편은 내가 '위안부'였다는 사실을 들춰내며 때

리곤 했다.(홍강림)

일본이 항복하자…도망쳐서 술집에서 몇 년 정도 있었다…내가 다시 결혼을 하여 시집으로 들어가는 날, 시집식구들은 성을 내며 나에게 돌을 던졌다.(박필연)

그들은 중국에서의 생활에 정착하려고 노력했다. 그러나 근본적으로는 '뿌리뽑힌 자의 삶'을 살아야 했으며, 그들은 늘 그것을 의식하며 살 수밖에 없었다. 피해자 35명중 8명(23%)만이 출산을 했고, 나머지 27명(77%)은 모두 임신 출산을 하지 못하여, 남편의 자식이나 수양자식을 데려다 키웠다. 전처 자식이 있는 경우에는 그들이 임신 가능 여부가 그다지 문제되지 않았지만, 그렇지 않은 경우에는 남편에게 구타를 당하거나, 아이를 못 낳는 것이 가족관계 속에서 그들의 입지를 더욱 어렵게 만들었다.

한동안 아이가 생기지 않았는데, 남편은 애도 못 낳는다고 나를 때렸다. 생각해보니 고향에서도 고생하고 위안소에서도 고생하고 이 집에 와서도 고생하고 먹지도 못하니 이게 사람이 사는 것인가 싶어 죽으려고 집을 나와 강으로 나갔다. 살면 뭐하겠나 싶었다.(홍강림)

대화 혹은 의사소통이 원활하지 못하여 남편이나 그 가족과 사이가 원만치 못했다.

나는 벙어리처럼 말도 못했다. 밥을 먹으라고 하면 먹고, 앉으라면 앉고, 자라고 하면 잤다. 말을 못 알아듣고 어디가 어딘지 모르기 때문에 남편이 하라는 대로 그냥 할 뿐이었다. 그 고생은 말로 다 못한다.(홍강림)

하○○ 할머니는 전처 자식 셋을 키우며 다른 사람의 손가락질을 받지 않기 위해 더욱 잘하려고 노력했다고 한다. 또한 돈을 벌기 위해 다니던 공장에서도 남보다 일을 더 많이 하여 회사에서 우수 공원으로 표창까지 받았다. 그러면서 남몰래 흘린 눈물이 얼마나 헤아릴 수 없이 많았던가를 지금도 눈물을 글썽이며 털어놓고 있다.

중국의 동녕과 춘화에 사는 피해자의 경우는 자신이 있었던 옛 위안소 인근에 살고 있었다. 그 위안소는 지금은 헐리고 새로운 건물이 들어섰지만, 아직도 그 앞을 지나게 되면 옛 생각에 머리카락이 쭈뼛하게 솟아올라 그 앞을 멀리 돌아간다고 한다. 그럼에도 불구하고 50년이 넘는 세월 동안 자신이 중국에 와 처음 정착한 위안소 주변을 떠나지 못하고 살아온 것이다.

5. 그들의 후유증은 무엇인가

그들은 아직도 신경쇠약, 두통, 우울증, 어지럼증, 기억상실증, 자궁과 방광 이상 등 성노예 후유증에 시달리고 있다. 지속적인 강간으로 인한 성병과 불임은 곧 여성성의 파괴를 의미한다. 자식을 낳고 기르는 것이 여성으로서의 삶의 도리라고 생각하는 그 시대 여성들에게 자신이 불임여성이라는 사실은 곧 자신이 불구자라는 의식을 갖게 만들었다.

지속적인 강간 경험이 있는 성노예 피해자들은 사람에 따라 정도의 차이는 있지만 남성 기피증, 섹스기피증을 가지고 있다. 그러므로 이들 대부분은 남편과의 성생활이 원만치 못했다. 또한 성노예 경험과 이후의 사회생활에서 생긴 대인 기피증으로 그들은 사회에 쉽사리 적응하지 못했다.

그냥 인사를 하며 지내는 친구들은 있지만, 자신의 근원적인 고민과 어려움을 함께 나눌 친구는 없었다(특이하게도 전에 중국 무한지역에는 피해자들이 함께 모일 기회가 있었으나, 지금은 노령으로 거의 대부분 타계했다). 중국어에 능하지 못하고, '조선 갈보'라는 손가락질이 싫어서 사람들을 더욱 피하게 되고 그로 인해 사회 속에서 느끼는 고립감, 단절감이 컸다. 그들은 술, 담배로 자신의 우울함을 달래려하거나 일에 몰두하여 잊으려 했다. 피해자들은 '위안부' 후유증으로 인한 몸의 병 못지 않게 자기 정체성의 혼란 또한 정신적·심리적으로 심각한 문제이다. 영혼까지 파먹어 들어가는 병이다.

전후 이러한 자기 정체성의 불안과 방황은, 당장 생존과 생계의 문제에 부딪혀 유보되었다. 시간이 지남에 따라 정체성의 불안이 강화된 경우도 있고, 약화된 경우도 있다. 일본군'위안부' 당시에 이미 정신병을 앓은 경우도 있지만, 그 이후 정신병을 앓게 된 것은 현실에서 겪는 좌절이 과거 일본군'위안부' 경험이 있기 때문이라고 생각한 피해자들에게 자기 정체성 불안이 더욱 악화되어 나타난 모습이라고 볼 수 있다.

이봉화 할머니의 경우, 따뜻하고 사려 깊게 자신을 돌보는 남편이 있음에도 불구하고 고향에 돌아가고 싶어 미쳤다는 사실은 아무리 좋은 조건의 현실이라 하더라도 피해자의 의식 속에는 치명적인 상처로 자리잡고 있다는 사실을 확인해 주는 경우이다. "그렇게 남편이 잘해주었지만, 고향이 너무 그리워 정신분열증에 걸렸다. 식구들 이름만 대고 횡설수설했다. 고향에 돌아가 다시 보면 그냥 죽어도 좋다고 하며 울었다."

중국 사회가 갖는 개방화·현대화의 과정에서 일어나는 문제가 이 피해자들에게도 똑같이 영향을 미치고 있다. 전통적인 대가족→핵가족화/ 사회주의적 노동, 고용, 사회보장→자본주의적 고용관계, 사회보장제도의 와해, 물질만능적 사고 속에서 사회적으로 상대적 약자인 피해자들은 크고 작은 일상의 어려움이 부딪히게 된다.

6. 그들이 어떻게 말하게 되었나

중국에 살고 있는 피해자를 찾는 일은 사막에서 모래알을 가려내는 것만큼 어려웠다. 신문의 일단 기사에서 출발한 피해자 발굴작업으로 중국 각처에 흩어져 살고 있는 20여명의 한국 출신 피해자들을 만나게 되었다.

우리를 만난 피해자들은 한국인을 만난 기쁨과 자신들의 고통을 이해해 줄 수 있는 사람들을 만난 반가움에 감격했다. 그들은 자신들의 경험과 살아온 이야기를 며칠에 걸쳐서 쏟아냈다. 그러나 대부분은 자신의 존재가 중국사회에 알려지길 원하지 않았다.

자신의 일생을 망치게 한 일본에 대한 강한 원망을 표현했다. 고국에 가고싶다는 강렬한 희망과 다 늙어서 고향에 뭐 하러 가냐는 체념의 교차했지만, 대다수의 피해자는 고국방문을 강렬하게 원했다.

일본에 대한 원망이 크다. 일본이 없었으면 중국에도 오지 않았고, 일본이 전쟁을 하지 않았으면 조선인 주인들도 돈을 벌어볼까 하고 우리를 사가지고 위안소를 하지도 않았을 것이다. 주인을 원망하지 않는다. 일본 사람을 원망한다.(장춘월)

7. 새로운 후유증은 무엇인가

일본군 성노예였다는 자신의 과거가 세상에 알려져 언론 취재를 당하게 되고, 그로 인해 중국 공안국의 사찰을 받게 되었다. 피해자들은 그것을 자신들에 대한 당국의 간섭과 감시라고 여겨 상당한 스트레스를 느끼고 있다. 또한 자신의 과거가 알려짐으로써 이웃들에게 또 다시 소외당하지 않을까 하는 불안감에 싸여 있다.

고향에 가고 싶다는 간절한 소망은 곧 실현될 것으로 기대되지만, 실제로 해결해야 할 복잡한 과제(국적 문제 등)들이 있다. 그 결과 피해자들의 향수병이 더욱 깊어졌다.

8. 현재는 어떻게 생활하고 있는가

가족과 함께 사는 경우는 수양 자식들과의 갈등, 단절감, 고립감을 느낀다. 혼자 사는 경우는 병 수발을 해줄 사람이 없어 고생을 겪고 있다. 연금(중국 인민폐 200~400위안) 등으로 생계 해결은 되지만, 병이 생겼을 때 치료비는 턱없이 부족하다.

성노예 후유증으로 인한 몸의 병도 치료하기 어려운 실정이고 더구나 정신적 상처는 치료할 엄두도 내지 못하고 있는 실정이다.

9. 한국에서는 어떤 노력을 기울이고 있는가

민간단체들의 노력으로 조사발굴, 실태파악, 이후 방문하여 피해자들을 돕고 있다. '중국거주 위안부 할머니 돕기 모임'에서 매달 300위안을 전해드리고 있다. 그리고 한국국적으로 회복과 귀국을 원하는 분들의 귀국 추진을 돕고 있다. 현재 국적을 회복하여 고향에 돌아온 사람은 9명이고 그중 2명은 사망했고, 1명(이남이)은 가족을 만나기 위해 캄보디아로 다시 돌아갔으며(캄보디아에서 가족을 만나신 할머니는, 다시 한국에 오시지 못하고 지난 2001년 2월 18일 타국 땅에서 타계하셨다), 현재 6명이 한국에서 생존하고 있다.

중국 거주 피해자들은 국적 문제로—그들은 거의 중국이나 조선의 국적

을 갖고 있다—인해, 한국의 「위안부 피해자 지원 특별법」에 의한 생계지
원을 받을 수가 없는 실정이다. 민간 차원의 생활지원으로는 한계가 있다.

10. 그들이 현재 바라는 것은 무엇인가

중국 거주 피해자들의 경우, 우선적인 희망 사항은 고향에 돌아가는 것
이다. "죽어서라도 고향에 가고 싶다. 상해 앞 바다, 천진 앞 바다에 뼈를
뿌려달라"고 유언한다.

조선에 가고 싶다. 조선에 가서라면 죽어도 좋다.(임금아)

이제라도 남은 희망이 있다면 고향에 가서 친척을 만나고 싶은 것뿐이다.
(박필연)

끌어간 것이 일본이니, 고향에 갈 수 있도록 원상회복시켜야 할 책임도
일본에 있다.(하군자)

한국사람들은 전통적으로 죽을 때는 고향에 돌아가 죽고 싶다고 말한다.
그렇지 못하면 죽어서 뼈라도 고향에 묻히고 싶어한다. 죽어서라도 고향땅
에 가고 싶다는 간절한 소망에서 우리는 이들이 50여 년 넘게 타국에 버려
져 얼마나 고향을 그리며 살아왔는가를 알 수 있다.

일본군 성노예 한국인 피해자들이 일본 패전 직후 혹은 그 이후 지금까
지도 고향에 돌아가지 못한 것은 일차적으로 일본의 책임이다. 50년이 넘
는 세월 동안 이들로 하여금 가족들과 생이별을 하게 만들었고, 부모 형제

의 생사도 모르게 했다. 이들은 지금 이중의 고통에 시달리고 있다. 이들은 식민지 여성으로서 희생자였으며, 지금도 계속되는 한반도 분단의 희생자들이다.

좌우 이데올로기의 대립과 냉전의 결과 이들의 고통은 더욱 가중되었다. 그러므로 그들은 한국 역사뿐 아니라 더 나아가서는 20세기 세계사의 희생자들이다. 이들은 아직도 향수병에 시달리며 타국에서 고생하고 있다. 고향에 돌아가지 못하고 남아 있는 이들의 불행은 단순히 과거의 문제가 아니라 현재 진행형이다. 그러므로 일본군'위안부'정책을 입안하고 시행한 일본의 반인륜·반인권 범죄행위는 아직도 지속되고 있는 것이다.

일본 정부는 이들의 원상 회복의 책임을 져야 한다. 그리고 우리들은 일본에 대해 이들을 연행하여 성노예화한 범죄 위에 종전 후 이들을 방기한 죄, 또한 지금까지도 이들의 원상 회복을 위해 노력하지 않고 태만히 한 죄까지 엄중하게 물어야 한다.

피해자들의 귀국 후 삶[*]

심영희
한양대학교 사회학과

1. 50년간의 침묵

소위 일본군'위안부'의 문제는 역사상에 유례 없는, 여성에 대한 체계적 폭력이자 여성의 인권에 대한 위반일 뿐 아니라 일본정부와 군대라고 하는 국가권력에 의한 집합적이고도 체계적인 위반으로서 충격적인 사례이다. 더욱 충격적인 것은 일본정부가 일본군'위안부'와 관련된 사실을 계속 부인해온 데다가 1992년에 와서야 그 관련을 시인했다는 것이다.

소위 일본군'위안부'─이는 일본군의 즐거움을 위해 성노예가 되도록 강요당했던 여성들에게 붙여진 이름인데─의 처지는 거의 50여년 동안 침묵 속에 묻혀 있다가 1991년에야 비로소 공식적인 쟁점으로 떠올랐다. 왜 그토록 긴 침묵이 있었을까?

---

* 이 연구는 1999~2000년도 한양대학교 교내연구비 지원으로 이루어진 것으로 1999년 9월 22~26일 스페인 오나티 국제법사회학연구소에서 개최된 '법제도와 집합기억' 국제워크샵에서 발표된 영문판 논문을 수정·보완한 것이다. 이후 2000년 3월 4일 2000년 법정 한국위원회 진상규명분과위원회에서 발표되었고, 본 논문집 발간을 위해 재편집되었다.

일본의 경우 정부나 국민 모두 이 문제를 제기하고 싶어하지 않았다. 왜냐하면 그들이 가해자이고 이 문제는 그들의 수치이기 때문이다. 이런 이유로 1945년 한국의 일본총독이 본국으로 철수할 때 그들은 전쟁범죄, 강제징집 등과 관련된 대부분의 자료들을 태워버려 현재 보존되어 있는 자료는 거의 없는 실정이다.

『뉴욕 타임즈』 기자에 의하면, 일본에서는 요즈음에까지도 기존 질서에 도전하지 못하게 하는 사회적 압력이 지배적이라고 한다. 전쟁범죄들은 특히 금기사항이라고 한다. 일본은 자신들이 히로시마와 나가사키 폭격의 희생자라는 데 초점을 두었고 자신의 행동에 대해 반성하는 보다 고통스러운 길은 포기해버렸다는 것이다. 하지만 일본인 가운데 이를 인정하는 사람들도 있다. 역사가인 요시미 씨는 이렇게 말했다. "나는 평생 동안 여기에 살아왔는데, 내가 알기로 일본은 역사의 절반에 대해서만 말한다. 일본이 피해자가 된 절반만을…"1)

이런 분위기는 한국에서도 비슷하였다. 다만 이유가 달랐다. 뒷받침해줄 자료가 남아 있지 않은 한국은 이 문제를 제기할 위치에 있지 않았던 것이다. 더욱이 한국은 강한 정절 이데올로기를 강조하는 가부장제사회로서, 태평양전쟁 당시 일본군'위안부'로 끌려갔다는 것에 대한 언급은 피해자인 생존자 스스로가 당황스럽고 수치스러울 수밖에 없었다. 그리고 이것은 많은 생존자들이 귀환했을 때 가족들이 이들을 피했다는 사실에서도 알 수 있다. 최근까지 한국의 학교 교과서는 일본 교과서와 비슷하게 이들 여성들의 처지에 대해 거의 언급하지 않았다. 심지어 피해자들도 당시 겪었던 일들에 대한 수치스러움을 드러내지 않았다.

그러나 '진주만 50주년 기념식'에 초점을 맞춘 기사가 게재되고 한국정신대문제대책협의회가 조직되면서 생존하는 몇몇 일본군'위안부'들은 자

---

1) *NYT*, Jan. 27, 1992.

신들이 겪은 일들을 은폐하려는 일본정부를 상대로 강력한 문제제기를 할 결심을 하게 되었다. 이들 중 3명이 1991년 12월 도쿄에 와서 일본정부를 상대로 손해배상소송을 제기했다. 그러나 일본정부의 주 대변인인 고이지 가토는 "일본은 한국에 모든 전쟁피해를 보상했다"는 말을 되풀이했고 군대가 위안소를 조직하고 운영했다는 것을 부인했다. 1992년 1월 일본수상 미야자와가 서울을 방문하면서 이러한 이슈는 한국인들의 의식을 들끓게 했고 곳곳에서 충격적인 반응이 쏟아져 나오기 시작했다. 일본군'위안부' 사례를 신고하는 전화가 개설되었고 피해자들은 입을 열어 자신들의 피해 사실을 말하기 시작했다. 한국정부는 뒤늦게서야 연구팀을 조직하고 피해 자들을 지원하려고 했다.

피해자들은 이제 와서야 비로소 치욕의 일생을 걷어버리고 자신의 이야기 를 말할 수 있게 되었다고 했다. 1992년 당시 69세였던 황금주 씨는 아직도 그녀의 경험에 대해 "그 이야기를 하면 아직도 치욕스러워요"[2]라고 했다.

소위 일본군'위안부'들은 50년간 침묵을 지키다가, 최근에서야 앞으로 나 서서 그들이 겪었던 전쟁 중 잔학행위의 고통에 대해 증언하기 시작했다. 왜 그들은 그토록 오랫동안 침묵을 지켰을까? 왜 그들이 말할 수 있기까지 그토록 오랜 시간이 걸렸을까? 그들은 어떻게 해서 앞으로 나서서 말하게 되었을까? 요즈음 그들은 집합기억을 회복하기 위해서 무엇을 하고 있을까?

이 연구는 소위 일본군'위안부'들이 한국에 귀국한 이후의 삶을 드러냄 으로써 이러한 질문들에 대답해보려는 시도이다. 보다 구체적으로 이 논문 은 두 부분으로 구성된다. 하나는 집합기억의 상실에 대한 것이고 다른 하 나는 집합기억의 복원에 대한 것이다. 여기에서 집합기억은 개인적 기억에 대비되어 사용하는 용어이다. 즉 집합기억은 개인적인 기억에서 역사로 가 는 과정에 있는 것으로서, 이는 기억뿐만 아니라 말하기라는 행위를 통해

---

2) *NYT*, Feb. 23, 1992.

집단에 공유되어야 한다는 점이 중요하다고 할 수 있다.[3]

"눈앞에 보이지 않으면 마음에서도 사라진다"라는 유명한 속담이 있다. 이것은 보는 것과 기억과의 관계를 보여주는 속담이다. 이와 비슷한 관계가 말하기와 기억 사이에 성립하는 것 같다. 어떤 사건을 기억하는가 혹은 잊는가 하는 것은 우리가 그것에 대해 말하는가 혹은 침묵하는가와 밀접하게 관련이 된다. 이것은 우리가 가지는 기억에 기반해서 어떤 사건에 대해서 말할 수 있을 뿐 아니라, 우리의 말하기나 인터뷰를 통해서 사라지고 있거나 죽어버린 기억을 다시 되살릴 수 있다는 것을 제시해준다. 이와 같이 한편으로 기억하기/잊기와 다른 편으로 말하기/침묵하기는 기억을 분석하는 두 개의 중요한 축이 된다.

기억하기/잊기와 말하기/침묵하기는 또한 개인적 차원에서뿐만 아니라 집단적·사회적 차원에서 작동할 수 있다. 잊기가 개인적 차원에서뿐만 아니라 집단적 차원에서 일어날 때 집합기억의 상실로 이어질 수 있으며, 기억하기가 개인적 차원에서뿐만 아니라 집단적·사회적 차원에서 일어날 때 이는 기념행사와 같은 기억의 사회적 생산으로 연결될 수 있다. 말하기/침묵하기도 마찬가지이다. 침묵하기가 개인적 차원에서뿐만 아니라 집단적 차원에서 일어날 때 이는 집합기억의 상실로 이어질 수 있으며, 개인적 차원에서 일어난 말하기가 다른 사람들에게 영향을 주어 새로운 말하기로 연결될 수 있고 이는 집합기억의 복원으로 연결될 수 있는 것이다.

어떻게 개인적 기억이 집합기억으로 연결될 수 있느냐와 관련해서는 무엇보다도 말하기의 중요성을 지적하지 않을 수 없을 것이다. 그러나 침묵으로부터 말하기를 끌어내는 데 관해서는 운동단체의 역할, 담론의 역할, 정부나 국가의 역할 등 다양한 지적·정치적 요인들이 작동할 수 있다.

기억하기과 말하기라는 두 변수 사이의 이러한 관계에 기반하여 우리는

---

3) Halbwachs, 1980; 김영범, 1998; 윤택림, 1992.

<표 1> 　　　　　　　　　　　　기억과 침묵의 관계

	침묵	말하기
기억하기	1. 기억하지만 침묵함	4. 신고, 증언 통해 말하면서 기억
잊기	2. 침묵하고 잊기로 함	3. 말하고도 잊는 경우

기억하기/잊기와 말하기/침묵하기의 두 축을 교차하여 다음과 같은 유형을 얻을 수 있다(<표 1> 참조). 이 표는 유형으로 사용할 수도 있고 변화의 단계로 사용할 수도 있다. 이때 변화는 대체로 I→ II→ III→ IV의 단계로 변할 것이라고 예측할 수 있다.

이러한 맥락에서 볼 때 일본군'위안부' 문제와 관련된 집합기억의 상실과 복원과정은 한편으로 기억−잊기−기억하기 과정과 다른 편으로는 침묵에서 증언으로 가는 과정의 뒤얽힘으로 해석될 수 있다. 필자는 이 문제를 기본적인 분석틀로 삼아 접근하려고 한다.

보다 구체적으로 집합기억의 상실과 관련해서 이 논문은 ① 귀국 이후의 삶은 어떠했고 후유증은 무엇이었는가? ② 피해자들이 왜 지난 50년간 침묵을 지켰는가? 왜 그토록 말하기가 어려웠는가? ③ 침묵의 효과는 무엇이었는가? ④ 피해자들은 침묵으로 인한 고통을 어떻게 해결하려고 했는가? 등에 초점을 두었다.

집합기억의 회복과 관련해서 이 연구는 ① 피해자들은 어떻게 대중 앞으로 나와서 증언할 수 있게 되었는가? ② 증언이 피해자들의 삶에 미친 영향은 무엇인가? ③ 피해자들은 집합기억의 회복을 위해 그들은 무엇을 하려고 했는가? 등에 초점을 두었다.

이 목적을 위해서 필자는 6명의 피해자들과 심층면접을 실시하였고, 필요한 경우에는 증언집의 사례들을 참고하였다. 참고로 2001년 9월 현재 총 신고자수는 203명이고(귀국 후 국적취득자, 사망자 포함), 이중 증언자수는 56명(증언집 1·2·3·4집에 증언 수록된 분 포함, 중국 거주자 증언집에 수록

<표 2> 면접사례들의 특징

사례	나이(출생년도)	끌려갔을 때의 방법	성노예 장소 및 기간
1	79(1922)	강제연행	중국 길림
2	74(1925)	취업사기	중국 만주
3	73(1926)	취업사기	1년6개월
4	73(1926)	취업사기	버마
5	73(1926)	팔림	중국 훈춘 3년
6	76(1923)	취업사기	중국 해남도 5년

된 10명은 포함 않음)이다. 면접대상 6명은, 이들 중 서울이나 서울 근교에 살고 비교적 활발한 증언활동을 해온 피해자들이다. 면접은 1999년 3월부터 8월에 걸쳐 실시되었고, 면접시간은 보통 2시간 이상이 소요되었다. 면접대상자의 특징은 <표 2>와 같다.

그러면 면접대상자들은 누구인가? 이것은 귀국, 신고, 증언 등 이들의 삶의 중요한 전기를 중심으로 살펴보면 알 수 있다(<그림 1> 참조).

첫째, 이들은 일본군'위안부' 생활을 하고 다행히 귀국할 수 있었던 여성들이다. 물론 귀국시에 그들이 겪었을 물질적·신체적 고초와 정신적 갈등을 생각하면 이들의 귀국이 얼마나 어려웠을지 상상할 수 있다. 그러나 많은 다른 여성들이 사망하거나 귀국하지 못했음을 고려하면 이들은 그중 운이 좋은 경우라고 할 수 있다.

둘째, 귀국한 여성들 중에서도 이들은 일본군'위안부'라고 신고한 사람들이다. 신고 이유는 다양하겠지만 우리 사회와 같은 가부장제 사회에서 50년간의 침묵이 흐른 후에도 자신이 일본군'위안부'였다는 것을 드러내기가 쉽지 않았음을 알 수 있다. 물론 50년간의 침묵 속에 생활하면서 신고를 못하고 사망한 사람들도 있을 것이고, 아직도 살아 있지만 여러 가지 이유로 신고를 하지 않은 사람들도 있을 것이다.

셋째, 이들은 신고한 사람들 중에서도 증언을 한 사람들이다. 막상 신고는 했지만 증언을 못하고(안 하고) 사망했거나, 어떤 이유에서건 아직 증언

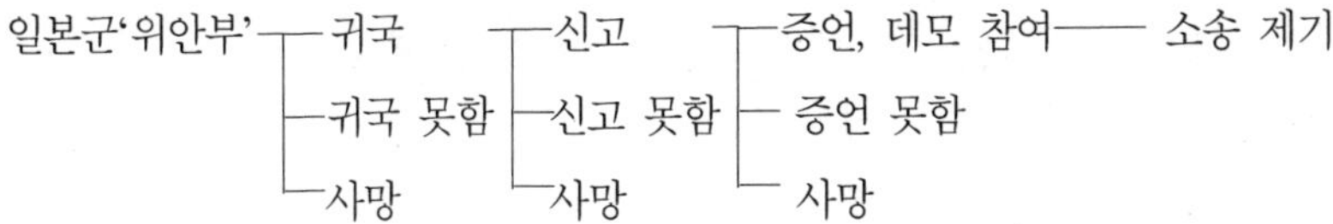

을 하지 않고 있는 여성들이다. 자신을 드러내기가 그처럼 어려운 것이다.

이렇게 볼 때 이들은 고비 때마다 어려움을 겪으면서 살아남은 그야말로 '생존자'라고 할 수 있다. 특히 귀국, 신고, 증언 때 겪었을 정신적 고통을 생각한다면 이들이 이렇게 살아남아서 올바른 정신으로 증언할 수 있다는 것은 역사 바로 세우기를 위한 역사의 필연인 것 같이 느껴지기도 한다.

위안부 할머니들의 귀국 후 삶에 대해 논의하기에 앞서 이들의 삶을 역사적·사회적으로 맥락화시키기 위해 전쟁중과 종전 직후 이들의 상황을 간단히 소개할 필요가 있다.

2. 전쟁 중 및 종전 후 군위안부 피해자의 상황

1) 무슨 일이 일어났는가

일본은 1930년대 중반에 '위안소'를 짓기 시작했고 1938년(중일전쟁)부터 1945년(제2차 세계대전)까지 1만명에서 2만여명의 여성이 중국, 동남아시아 및 섬 등 아시아 전역에 걸친 일본전선으로 유인되거나 끌려갔다. 이 여성들의 80%는 한국에서 온 여성들로서 그들의 대부분은 10대 소녀들이었다고 한다.[4]

이 여성들은 조그만 방에 갇혀 감시를 받으며 하루에 20~30명의 군인들과 성관계를 갖도록 강요되었다. 군인들이 밤낮으로 15분 간격으로 위안소들을 번갈아 가며 돌았으므로, 성병이 창궐하여 수 천명의 여성들이 죽을 수밖에 없었으며 다수의 여성들은 군인들에 의해 살해되기도 하였다.5)

(1) 피해자의 이야기

"그것은 매일 강간당하는 것 같았어요."

"그것은 인간의 삶이 아니었어요."

"일본인들은 우리를 개보다도 더 형편없이 취급했어요."

당시의 상황을 언급한 피해자 황금주 씨는 자신과 한반도 남부 시골에서 온 다른 10대 소녀들이 강제징용에 끌려간 수십 만명의 남자들과 같이 제조업을 하게 될 거라면서 기차에 태워졌음을 회상했다.6)

그러나 그 대신에 소녀들은—이중에는 12세짜리도 많이 있었는데—더러운 판잣집 같은 곳에 동물처럼 갇혀서 하루에 20~30명, 많게는 50명까지의 남자들을 받아야 했다고 한다. 성병에 걸린 여성들은 그냥 죽도록 내버려두거나 총살당했다. 남자들의 접근에 저항하는 여성은 누구든지 심하게 맞았다고 그녀는 말했다.

"30대의 젊은 여성들이 나에게 와서 '왜 갔어요?'라고 물어요. 어떻게 나에게 그런 질문을 할 수가 있어요? 누가 그런 말로 묘사하기도 어려운 상황 속으로 원해서 들어갈 수가 있겠어요?"

(2) 한 일본인 전 교사의 이야기

일본의 한 언론보도에 의하면 전쟁 중 한국에서 초등학교 6학년 교사였던 71세의 한 일본인 여성은, 당시 재직했던 학교의 교장으로부터 전쟁에

---

4) KCWD, 1991; 윤정옥, 1991; 정진성, 1993; *NYT*, Jan. 27, 1992.
5) KCWD, 1991; 윤정옥, 1991; 신영숙, 조혜란, 1995; *NYT*, January 27, 1992.
6) 정대협·정대연, 1993; *NYT*, Feb, 23, 1992.

봉사하기 위해 '신체적으로 잘 발달된' 소녀징집에 대한 명령을 받았다고 했다. 그녀는 8명의 소녀를 선발하였으며 그 소녀들이 비행기 부품공장에서 일하게 될 것이라고 생각했다고 말했다. 하지만 그녀는 몇 년 전 한국에 다시 와서 몇몇 다른 전 학생들을 방문했고, 그제서야 진실을 알고서는 "나는 그 여성들을 만날 수가 없었어요. 그들은 신체적으로나 정신적으로나 아직도 너무나 심하게 상처를 입고 있어요. 너무나 미안해요"7)라고 말했다.

(3) 일본 제대군인들과 관련인들의 고백

최근 1910년에서 1925년 사이에 태어난 고령의 일부 일본인들이, 침략전쟁에서 자기들이 한 역할에 대해 말하기 시작했다. 그들은 아마도 죽기 전에 죄를 고백해야 한다는 불교의 전통적 윤리 때문에 침묵을 깼는지도 모른다. 예컨대, 시모노세키 지부 동원부서의 전 책임자였던 요시다 기요지는 『나는 조선인들을 이렇게 끌고 갔다』라는 제목의 책을 출판했다. 더 나아가 도쿄에서는 1992년 1월 위안부를 지원하는 집단에 의해 전화가 설치되었는데, 일주일만에 230회의 통화횟수를 기록했다고 한다. 전화를 걸어온 사람들 중 대다수는 60대와 70대의 일본인 남자들로부터 온 것이었는데 이들은 일본 군부가 위안소를 설립하고 운영했음을 확인해주었고 이 위안소를 사용했음을 고백했다고 한다.8)

2) 전쟁 중 및 종전 후의 생활과 상황

쉽게 상상할 수 있겠지만 이들 일본군'위안부' 여성들의 생활조건은 가히 상상할 수 없을 정도로 비극적이었으며 참담하였다.

그들은 낮 12시부터 한밤중까지 남자를 받도록 강요되었는데 낮에는 졸

---

7) *NYT*, Jan. 27, 1992.
8) *NYT*, Jan. 27, 1992.

병을 받고 밤에는 장교를 받았다. 그들은 허름한 천막이나 판자로 만든 방 또는 커튼으로 가린 방에 갇혀서 살았고 담요 한두 개가 제공되었으며 시트는 없었다.[9]

또한 그들은 끊임없는 감시와 삼엄한 처벌하에 있었다. 그들은 울타리처진 구역 밖으로 나가는 것이 금지되어 있었고 소위 '군인 받기'를 거절하면 심하게 두드려 맞았다. 더욱이 일본인들은 이 여성들을 중국이나 다른 외국 등 언어도 지리도 모르는 곳으로 보냄으로써 이들이 도망하지 못하도록 미리 막아버렸다.

이들 여성들의 신체적 조건은 형편없었다. 정기적인 성병 검사가 있었지만 성병이 창궐했고 그들은 항상 키니네를 먹었으며 어떤 이들은 약물의 후유증으로 죽었다. 동시에 그들은 자신이 성적 욕망을 충족시키는 도구가 되어버린 상황에 치욕과 울분의 감정으로 고통을 겪었다. 더욱이 일본 군인들은 이 여성들을 경멸했고 이들을 공중변소로 간주했으며 이들을 한 번 쓰고 버리는 일회용품으로 공동 소유로 취급했다.[10]

그밖에도 그들은 보다 많은 군인들에게 봉사하도록 다른 장소로 수송되기도 하였고 때로는 탄약과 다른 군사자료들을 옮기는 데 동원되기도 하였으며, 심지어 전쟁에 싸우는 데 동원되기도 하였다.[11]

1945년 패전 후 일본 군대는 이 여성들에게 전쟁이 끝났고 일본이 패전했다는 사실을 통보하지 않았다. 그리고 일본 군대가 퇴각해야 했을 때 일본군'위안부'는 ① 버려져서 굶어 죽도록 내버려두거나 ② 군대와 함께 '영광의 죽음'을 하도록 강요되거나 ③ 동굴에 모여져서 폭탄을 터트려 죽임을 당하거나 ④ 연합군에게 넘겨져서 또다시 봉사하도록 강요되기도 하였다. 이런 식으로 군위안부는 일본군의 소비품으로 취급되었다.[12]

---

9) 정대협, 1991; KCWD, 1991; KBS, 1990.
10) 정대협, 1991; KCWD, 1991.
11) 정대협, 1991; KCWD, 1991.

운이 좋아 다행히 살아남은 여성들 중 일부는 한국으로 돌아갔고 일부는 돌아가지 않았다. 돌아가는 배에 탄 일부 여성들은 고향 땅을 보고 바다에 몸을 던져 자살을 했다. 왜냐하면 이들은 찢어진 몸과 상처받은 마음으로 집에 돌아가서 가족들을 볼 수 없다고 생각했기 때문이었다. 고향으로 돌아온 여성들은 따돌림을 받거나 사실을 말하지 않았다고 한다.[13]

이 여성들의 귀국 후의 삶은 숱한 고생으로 얼룩질 수밖에 없었으며, 여러 가지 심각한 증상과 후유증을 보여주었다. 신체적으로 이들 여성들의 대부분은 성병으로 고통을 받았으며 일부는 일찍 죽었고 일부는 임신을 할 수 없게 되었다. 심리적으로 일부는 사람들을 피하게 되었고 사람들에게 말을 하고 싶어하지 않았고 일부는 자신의 모국어까지도 잊어버렸다. 가족 관계의 면에서 보면 많은 여성들이 가족으로 돌아갈 수 없었고 대부분은 결혼할 수 없었다. 생활의 면에서 보면 대부분은 행상이나 가사일 보조 등을 하면서 가난한 생활을 하였다.[14]

3. 일본군'위안부' 피해자들의 귀국 후 생활

1) 고향으로부터의 단절과 뿌리뽑힌 삶

이들은 이렇게 어려운 과정을 거쳐서 귀국한 사람들이다. 그러나 귀국했다고 해서 문제가 해결된 것은 아니었다. 마찬가지로 어렵고 복잡한 문제가 기다리고 있었다.

그들은 귀국해서 어디로 갔나? 전쟁이 끝나서 다행히 귀국한 일본군'위

---

12) 정대협, 1991; KCWD, 1991.
13) 윤정옥, 1991.
14) KCWD, 1991.

<표 3>　　　　　　　　　　　면접사례들의 귀국 후 생활

	가족 및 고향	일	성
사례1	·귀국 후 서울로 돌아옴 (고향은 충남부여, 한때 이북에 거주) ·부모 없음	·식당, 막걸리장사 ·성냥장사, 담배장사 ·새마을일(여동생 1명)	·미혼, 아이 못 낳았음 ·6·25 때 5명의 아이를 데려다 키움. 최근 호적 갈라줌
사례2	·귀국 후 고향인 경상도. ·고향에 가족 있었지만 떠돌아다녔음	·식당, 술집 (마산) ·새마을일	·미혼, 아이 못 낳았음 ·3살 때부터 키운 증손자와 함께 거주
사례3	·귀국 후 부산 (고향은 이북 평양) ·남한에 무연고	·술집, 술장사 ·야채장사, 빵장사	·34세에 60세가 넘는 4명의 딸이 있는 할아버지와 결혼. ·남편과 딸 1명 둠.
사례4	·귀국 후 인천 (고향은 전남 광주) ·끌려갈 당시 부모는 없었고, 큰아버지 댁에 있다가 끌려갔음 ·현재 광주에 사촌들 거주	·식당일 10년(인천) ·가정부 25년 (서울 부부 교사 집)	·미혼 ·처가 있는 사람과 결혼하여 딸 둘 낳음
사례5	·귀국 후 강원도 철원 (철원은 고향은 아니고 전에 살던 곳) ·조실부모, 3자매 중 1명 사망, 1명 귀머거리	·술집 ·미제장사, 보따리장사 ·남의 집살이 ·절에 들어감	·미혼. 결혼하자는 사람 있었으나 처가 있었고, 남자는 자살했음. ·딸 하나 낳았으나 7개월 때 사망
사례6	·대구 고향집으로 돌아왔음 ·부모 9 남매 중 다섯째	·남편 고철장사, ·40년간 강원도에 들어가서 약초 캠	·기혼, 딸 다섯이 있는 상처한 남자와 결혼 ·남편과 자녀 돌보느라고 자기 자녀 안 낳음

안부'들을 중심으로 살펴보면, 그들은 귀국하면서 대부분 고향으로 돌아가지 않았다. 면접한 6명 중 4명이 고향으로 돌아가지 않았고 두 명만이 고향으로 돌아갔다(<표 3> 참조). 당시는 아직 전통적 농업사회로서 가족과 고향이 생활의 터전이고 젊은 여성이 타지나 도시에서 혼자 산다는 것은 상상하기 어려운 시절이었다. 그럼에도 많은 이들이 고향으로 돌아가지 않았다.

그들은 왜 고향으로 돌아가지 않았을까?

첫째, 고향에 가까운 가족이 없었던 사람들은 고향에 가봤자 먹고 사는 데 별 도움이 되지 않을 거라고 생각하여 고향에 돌아갈 필요를 느끼지 않았을 것이다. 둘째, 그들은 대부분 배로 부산에 도착했기 때문에 고향이 북한에 있는 사람들은 돌아가고 싶어도 현실적으로 돌아가기가 어려웠을 것이다(사례 1·3). 그러나 가장 중요한 것은 고향에 돌아가고 싶지 않았기 때문에, 고향이 아닌 타지로 갔다는 것이다(사례 1·3·4·5). 누군가 자신의 과거를 알아볼 사람을 만나는 것이 두려웠을 것이다.

그러면 고향으로 간 사람은 어떻게 되었나? 고향으로 돌아간 두 명(사례 2·6)도 고향에 머무르지 않고 떠돌아다녔다. 왜 그랬을까? 그들 중 일부는 찢어진 몸과 상처받은 마음으로 돌아왔는데 그것도 모르고 결혼하라는 가족들의 압력을 견딜 수 없었기 때문이었다(사례 2). 또 다른 사례에서는 '위안소'에서 만났던 사람들과 마주칠까봐 두려워했기 때문이라고 말했다(사례 6). 그리하여 자의반 타의반으로 이들 여성들은 여기저기 떠돌아다니며 사는 '뿌리뽑힌' 사람들이 되어버렸다. 그들의 전체적인 네트워크, 가족 연결망, 친구관계 등이 모두 단절되어 버린 것이다.

2) 가족 관계의 단절

고향으로 돌아가지 않은 사람들은 가족들과의 관계가 단절되어 버렸고 고향으로 돌아간 사람들도 가족들에게조차 자신의 과거를 털어놓지 못하는 경우가 많았다. 이런 상태에서 그들에게 가족은 더 이상 가족이 될 수 없었다.

그러나 어려울 때일수록 가족의 정은 더욱 소중하고 그리워지는 것이 인정인 모양이다. 어떤 일본군'위안부' 피해자의 경우에는 혼자서도 먹고 살기 힘든 상황이었지만 한국전쟁 때 버려진 아이들을 데려다 키운 사례도 있었고(사례 1), 어린 조카를 데려와 키워 친아들처럼 의지하고 지내는 사례도 있었다(사례 2). 특히 사례 1의 경우에는 젊은 여자로서 혼자 살기 무서워서 그랬을 수도 있겠지만 어린애들을 데려와 키운다는 것이 대단한 보살핌과 사랑이 필요한 일임에도 그리했음을 볼 때 이들이 얼마나 가족간의 사랑에 목말라 있었는지 알 수 있을 것 같다.

3) 생존조차 어려운 생활환경

오랜 식민지지배의 수탈과정으로 인해 당시 경제사정이나 생활환경이 전반적으로 몹시 피폐하고 열악한 상황에서 이들 여성들은 생존조차 어려운 생활환경에 있었다. 귀국 후 특히 고향으로 돌아가지 못한 피해자들의 신세는 넘실거리는 망망대해 위의 일엽편주처럼 의지할 곳 없이 가련할 뿐이었다. 그들은 먹고 살기 위해 닥치는 대로 아무 일이나 해야 했다. 당시 여성들의 사회경제활동이 극심하게 제약되어 있던 사회적 상황에서, 이들이 택할 수 있는 일은 별로 없었다. 1950년에 터져서 3년간 계속된 한국전쟁은 이들의 생활을 더욱 어렵게 했다.

그들이 생존을 위해 주로 했던 일을 보면 식당일, 술집 종업원, 식모 등과 같은 개인 서비스업, 행상 등과 같은 최소의 생계를 위한 일이었다. 보다 구체적으로 보면 이들은 식당에서 일하거나(사례 1·2·4), 술집에서 종업원으로 일하거나(사례 2·3·5), 장사나 행상을 하거나(사례 1·3·5), 가정부로 남의 집살이를 하거나(사례 4·5), 약초를 캐는 등 농사에 종사하였고(사례 6), 심지어 절에 들어간 사람도 있었다(사례 5).

4) 정상적인 여성으로서의 삶이 불가능

당시 여성들의 사회경제활동이 극심하게 제약되어 있던 사회적 상황에서, 대부분의 여성들은 결혼하여 아기를 낳고 사는 것이 정상적인 것으로 간주되었다. 그러나 이들 여성들 대부분은 다른 '정상적 여성들'처럼 결혼하거나 아기를 낳지 못했다. 면접대상자 6명 중 4명이 결혼하지 않은 것으로 나타났다. 그리고 몇 안되는 결혼한 피해자들은 면접결과에서도 보여지듯이 매우 나이가 많은 노인과 결혼하거나(사례 3), 이미 결혼해서 부인이 있거나 상처하고 애들이 딸린 사람과 결혼한 것(사례 6)으로 나타났다. 그리고 아이를 낳은 사람은 그 중 둘이었다.

이처럼 다른 보통 여성들처럼 결혼하고 아기 낳고 '정상적' 여성으로서 살지 못한 것은 피해자들에게는 가장 큰 한이었고 고통이었다고 말한다(사례 2). 가부장제 사회에서 결혼하는 것이 꼭 좋은 것이냐는 질문이 제기될 수도 있겠지만, 이러한 질문은 오늘날에도 일부에게 해당하는 것이라고 할 수 있는 만큼 당시에는 해당하지 않는 질문이라고 할 수 있다.

이렇게 볼 때 이들의 귀국 후 삶 전체가 일본군'위안부' 생활의 후유증이라고 볼 수 있다.

4. 후유증 — 침묵의 효과

위에서 논의한 귀국 후 삶은 넓은 의미에서 보았을 때 그 자체가 일본군 '위안부' 생활의 후유증이라고 볼 수 있다. 그러나 보다 좁은 의미에서 후유증을 이야기하자면 신체적·정신적·인간관계적 측면의 후유증을 지적할 수 있다. 인간관계적 측면의 후유증은 앞에서 가족관계망, 친구관계 등의 단절과 '정상적' 친밀성, 결혼관계를 이루지 못했다는 데서 논의하였으므로 생략하겠다.

신체적 후유증은 의학적 진단결과에서 보다 자세히 드러나겠지만 말로 듣고 눈으로 확인한 것만 적으면 다음 <표 4>와 같다. 이와 관련해서 특히

<표 4> 　　　　　　　　　사례별 외상과 후유증 유형

	신체적 후유증	정신적 후유증	인간관계 후유증
사례1	·하혈로 자궁수술 ·위안소에 있던 7명도 비슷한 증상으로 사망 (자궁이 썩음)	·배봉기－식음전폐, 말도 안하고 말아초만 피다 사망 ·남자 혐오	·결혼실패－자녀 없음 ·데려다 키운 자식의 호적정리. 며느리도 시집살이 거부.
사례2	·옆구리 인두로 지졌음	·악몽, 시집 안 가려고 가출	·미혼, ·아이도 낳지 못함.
사례3	·발길에 채여 어깨뼈가 틀어짐 ·등 굽었고, 귀 안 들림	·남자 싫다	·결혼은 했으나 34세에 60대 노인과 속아서 했음.
사례4	·오줌소태, 관절염		·결혼 안 했음
사례5	·몸이 성한 데가 없다 ·수술 7번이나 했다 ·고막 터져서 잘 안 들림	·내 운명은 왜 이리 기구할까 ·6번이나 자살 시도	·세상기피 ·절에 들어가 살았음
사례6	·칼 맞았음 ·10년 전 담석증으로 수술	·못 살아서 떠돌아다님 ·위안부 갔다와서 절단 났다	·상처한 사람과 결혼, 남편과 자녀 때문에 본인 자녀 미출생

*지면관계상 사례들의 증언을 많이 인용하기가 어려워 <표 3>, <표 4> 등 주로 표에 증언내용을 압축하여 제시하였음.

언급하고 싶은 것은 사례 1의 경우 자궁이 썩어서 죽을 뻔하다가 수술을 받고 살아났는데, 그 여성이 해방 후 위안소에서 탈출할 때 자궁이 썩어 도망도 나오지 못하고 누워서 죽기만을 기다리던 일본군'위안부' 피해자가 7명이나 있었다는 것이다. 여기에서는 정신적 후유증에 초점을 두도록 하겠다.

1) 초기의 후유증－기억하지만 침묵함

귀국 직후 초기의 후유증은 무엇인가? 그것은 아마도 본인들은 잘 의식하지 못할 수도 있겠지만 필자가 보기에는 모라토리움에서 현실세계로 돌아오는 것에 대한 공포라고 할 수 있을 것 같다. 이들 여성들은 대체로 외국에서 그리고 일본 군대 속에서 생활함으로써 한국의 사회관계와 담론으로부터 떨어져 있고 가치판단이 일시적으로 중지된 일종의 모라토리움에 살고 있었다고 할 수 있다. 그러다가 다시 예전의 생활과 관계로 되돌아온다고 했을 때, 이것이 주는 공포와 두려움은 대단했을 것이다. 위안소에서의 생활이 괴롭고 치욕적이긴 했지만 거기에서는 이에 대해 가치판단을 해줄 가족이나 친구들이 없었는데 이제는 주위의 눈을 의식해야 한다는 것이 이들에게는 엄청난 부담이자 고통이었을 것이다.

많은 여성들이 돌아오지 못하거나, 돌아오는 것을 포기하거나, 돌아오는 배에서 자살하거나, 돌아와서도 고향에 가지 못하거나, 고향에 가서도 사실을 말하지 못하거나 한 것은 바로 이 과정에서 그들이 겪은 고통을 말해주는 것이라고 할 수 있다.

그리하여 많은 여성들이 위안소 생활에 대하여 말하지 않기로 결심하고 가족에게조차 말하지 않고 침묵을 지킨 것으로 보인다. 실제로 면접대상자 6명 중 어느 누구도 신고할 때까지 말하지 않은 것으로 나타났다. 이것은 <표 1>의 기억과 침묵과의 관계 중 1단계, 즉 기억하나 침묵을 지키는 단계라고 할 수 있다.

2) 장기적 후유증: 침묵과 집합기억의 상실

그러나 기억을 억압하고 침묵을 지키면서 시간을 지내다보니 피해자들에게는 정신적으로 많은 억압이 싸여, 한의 응어리가 되어 내부에 차곡차곡 쌓여갔을 것이다. 피해자들의 이러한 마음의 고통과 갈등을 잠재우기 위해서 스스로 침묵하고 잊기로 마음먹었을 수도 있다. 다른 한편 침묵하고 살다보니 먹고 살기도 어려운 일상생활을 하면서 이를 조금씩 잊어갔을 수도 있다. 이것은 <표 1>의 2단계에 속한다고 할 수 있다.

침묵이 장기화됨에 따라 피해자들 개개인의 기억이 희미해졌을 가능성이 있을 뿐 아니라 일본군‘위안부’라는 문제가 사회문제로 부각되지 못하고 집합기억에서 사라져가게 되었다.

그러나 오랫동안의 침묵은 이들에게 여러 가지 형태의 후유증으로 나타났다. 이것은 크게 내향적 후유증과 외향적 후유증으로 나눌 수 있다. 내향적 후유증의 예는 말을 안 한다든지, 악몽을 꾸고 몸부림을 치다가 자기도 모르는 사이에 부엌에 가 있다든지(사례 2), 세상을 기피한다든지(사례 5), 극심한 경우 자살시도를 한다든지(사례 5) 하는 형태로 나타났다.

외향적 후유증은 주로 남자에 대한 혐오(사례 1·3), 인간에 대한 불신 등으로 나타나고, 고향에 뿌리박지 못하고 떠돌아다니는 현상(사례 2·6) 등으로 나타난다. 어떻게 보면 이들이 50년간의 오랜 침묵을 견디고 미치지 않고 산 것이 용하다고 할 수 있을 정도이다.

3) 침묵에서 오는 고통을 어떻게 해결하려 했나

그러면 침묵에서 오는 이러한 고통에도 불구하고 이들을 버틸 수 있게 해 준 것은 무엇이었을까? 다르게 말한다면 이들은 침묵에서 오는 고통을 어떻게 해결하려 했고 해결할 수 있었을까?

어떤 이들은 개인적으로는 술, 담배 등에 의존하거나 취해서 울거나 하는 방법(사례 3·6), 이웃·친구들을 사귀어 이들과 말하거나(사례 4·6), 불쌍한 애들을 데려다 키우거나 친척 애를 데려다 키워 가족관계를 맺어(사례 1·2) 이를 통해 마음속의 고통과 갈등을 해소하기도 하고, 또 다른 이들은 기도(사례 4)나 종교에의 몰입 통해(사례 5), 일에의 몰두를 통해 고통을 잊기도 했다(<표 5> 참조).

그리고 증언을 하고 난 후에는 증언 그 자체가 고통을 해소해주는 기제가 되기도 하고, 정대협 운동에 참여하거나 수요시위에 참여하는 것도 고통을 해결하는 데 도움이 되는 것으로 보인다.

<table>
<tr><td colspan="3"></td></tr>
</table>

대처방법	소극적	적극적
개인적	담배, 술, 울고	이웃, 친구들과 말하고
종교적	기도	종교에 귀의
사회적	증언	정대협 운동에 참여, 수요시위 참여 등

5. 침묵—왜 그토록 말하기 어려웠나

위에서도 지적했듯이 이들 대부분은 악몽, 자살시도 등 엄청난 고통을 겪으면서도 50년간 침묵을 지키고 말하지 않았다. 왜 그토록 말하기 어려웠을까? 이들이 침묵을 지키게 된 요인들은 무엇일까?

1) 생활환경의 요인: 가족관계 단절, 어려운 생활환경

우선 이들이 침묵을 지킨 것은 이야기할 기회가 없어서 혹은 그럴 수밖에 없었던 경우들이 대부분이다. 위에서 언급했듯이 이 여성들 대부분은 고향에 돌아가지 못하고 가족·친구 등으로부터 관계가 단절되어 아무에게도 말할 사람이 없었다는 것이다(사례 3). 그리고 고향과 가족에게 돌아가서 말할 기회가 있었던 경우에서조차도 말하기가 어려웠던 것으로 나타났다. 사회적으로 지배적이었던 정절이데올로기 때문에 심지어 자신의 가족에게조차 말할 수가 없었다. 그리고 일부 경우에는 1990년대 초기에 신고를 받을 때 친척들이 말하지 말라고 한 경우도 있었다고 한다(사례 4).

또한 당시에는 생존조차 어려운 생활환경으로서 매일 먹고 사는 것이 너무나도 어려웠기에 과거의 끔찍한 기억에 대해서는 생각할 틈도 없었다. 당시에는 해방만 되고 건국도 되지 않은 상황이었고, 건국 초기에는 한국

전쟁까지 터지는 통에 정부차원에서 재정지원·상담 등과 같은 사회복지제도는커녕, 이들을 구제하는 다른 법이나 제도적 지원체계도 기대할 수 없었다. 당시에는 이러한 제도들은 생각조차 할 수 없는 실정이었다.

특히 1950년에 터져서 3년간 계속된 한국전쟁 또한 끔찍한 파괴, 죽음, 고통, 악몽 같은 생활로 이어졌으며, 이것은 고향과 가족으로부터의 단절 등을 불러옴으로써 이전의 과거 경험을 희석화하는 효과가 있었을 것이다. 현재의 고통이 너무나 클 때 과거의 고통은 기억에서 희석화되는 경향이 있다는 것이다.

이런 상황에서도 일부 시민들은 일본군'위안부' 피해자들에게 따뜻한 온정의 손길을 내밀었다. 자궁이 썩어서 수술을 하여 간신히 목숨을 건진(사례 1)의 경우 어떤 병원의 원장이 무료로 수술을 해주고 보살펴주었는데, 피해자가 자신의 과거의 사실을 말하지 않았음에도 의사와 간호사들은 진단을 해보고 자신이 일본군'위안부' 피해자라는 것을 단번에 알더라는 것이었다. 젊은 여성이 어린 나이에 그런 병을 가지고 있다는 것은 위안부 같은 상황이 아니면 불가능하기 때문이었을 것이다. 이 여성들이 이처럼 적대적인 환경과 분위기에서도 살아남을 수 있었던 것은 주위의 이런 도움과 함께 그들이 삶에 대한 의지가 대단히 강했다는 것을 보여주는 것이다.

2) 문화적 요인—정절 이데올로기 및 반일정서

피해자들은 말할 기회가 있던 경우에서조차도 말하기가 어려웠다. 그것은 정절이데올로기 때문이었으며 심지어 자신의 가족에게조차 말할 수가 없었다. 정절이데올로기가 지배적인 가부장제 사회에서 일본군'위안부'라는 낙인은 여성으로서의 삶에 치명적이었기 때문이다. 어떤 일본군'위안부' 피해자는 (신고 후에도) 사람들이 자신을 '나병환자 보듯 했다'고 말했다(사례 6). 또한 어떤 이들은 가족·친구 등 의미 있는 타자로부터 소외를 당할까 우려하여 말하지 않았다고 한다.

또한 일본 식민지 치하에서 해방된 지 얼마 안되지 않아 반일정서가 강한 당시 한국에서 이들은 일본군에게 피해를 받았음에도 불구하고, 혹시나 일본에 협력한 친일파로 몰리지나 않을까 겁나서 말을 못했을 것이다.

3) 언어적 요인: 정체성 혼란과 언설화의 어려움

이들 여성들이 오랫동안 침묵을 지킬 수밖에 없었던 데는 정절이데올로기와 가부장제 사회라는 요인 외에 자신들이 경험한 것이 무엇인지 말로 표현하기 힘들었다는 언어적 요인이 컸으리라고 생각된다.[15] 무엇인가 커다란 피해를 당하기는 했는데 이것이 강간인지 매춘인지, 무엇인지 규정하기가 어려웠고, 이것을 제대로 표현할 언어가 없었다는 것이다. 다 알다시피 '성희롱'이란 용어가 생기기 전에는 성희롱 피해를 당하더라도 이를 성희롱으로 규정해서 대응할 수가 없었고, '아내구타'라는 용어가 생기기 전에는 그런 피해를 당하더라도 이를 아내구타나 가정폭력으로 규정해서 대응할 수가 없었던 것이다. 더구나 당시에는 모두들 이것을 쉬쉬하는 사회분위기에서 이를 담론화해서 논의할 수 있는 상황이 아니었다.

이런 언설화의 어려움은 그들의 정체성 혼란과도 관련이 되는데 그들은 자신이 처음에는 강간을 당했다고 하더라도 나중에는 매춘을 한다고 생각했을 수도 있고, 자신들이 식민지하에서 강제로 끌려온 조선인 피해자라고 생각했을 때도 있겠고 일본군과 동일시하여 황군에 봉사하는 애국자라고 생각했을 수도 있었을 것이다. 이러한 정체성 혼란 때문에 더더욱 이들은 자신들이 당한 것이 무엇인지 규정하기가 어려웠을 것이고 따라서 정체성

---

15) 이 소절에 사례인용이 없는 것은 언설화의 어려움 때문에 사례가 자신의 경험을 무엇이라고 규정해서 표현할 수 없었기 때문이다. 이것은 담론분석이 갖는 한계를 지적하는 것이기도 하다.

<그림 2>　　　　　　위안부 피해자의 정체성 및 의식변화 과정

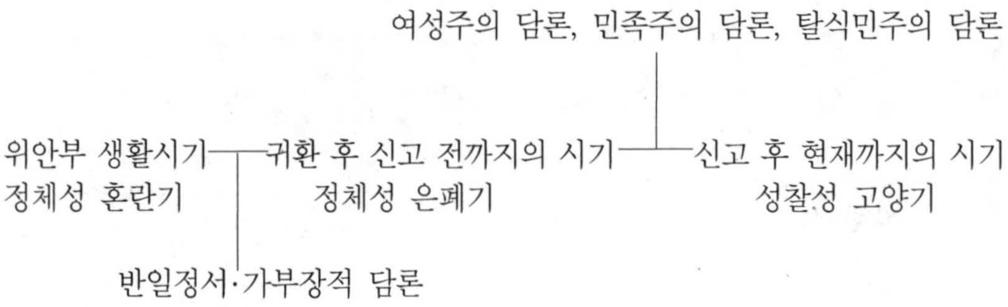

자료: 황은진, 1998.

을 은폐하고 침묵을 지키게 되었을 가능성이 크다(<그림 2> 참조).

　뭔가 알고 있다 해도 이를 말로 표현하지 않는 경우가 있고, 뭔가 말을 하고 싶은데 이를 표현할 수 있는 적절한 말이 없어서 표현을 하지 못하는 수도 있다. 일본군'위안부' 피해자의 경우에는 이 두 가지가 다 해당된다고 할 수 있다. 정절 이데올로기 때문에 자신의 피해를 알면서도 말하지 못한 면이 있을 것이고, 자신의 피해를 무엇인가로 규정해서 말하고 싶지만 이를 표현할 적합한 말이나 용어, 담론이 없어서 못했을 수도 있다. 그렇기 때문에 후에 정대협이나 여성학에서 이들의 입장을 대변해주는 담론이 언설화되자 그들의 말이 봇물처럼 터져 나오게 된 것이라고 볼 수 있다.[16]

6. 침묵에서 증언으로: 어떻게 말하게 되었는가

1) 신고의 계기

오랜 침묵을 벗어던지고 앞으로 나와서, 자신의 피해사실을 신고하고 증

____

16) 심영희, 1998.

언하게 되기까지 어떤 계기가 있었던 것일까? 먼저 어떻게 신고하게 되었
는지 살펴보자. 신고한 사람들은 자발적으로 신고한 사람들과 다른 사람들
이 신고해 준 경우로 크게 나눌 수 있고, 자발적으로 신고한 사람들 중에도
다시 그 이유에 따라 세분할 수 있다.

우선 자발적으로 신고한 사람들은 사례 1·2·4 등이다. 사례 1의 경우에
는 일본군'위안부' 피해자의 사실을 알리려고 애쓰다가 김학순 할머니가
TV에 나와서 증언하는 것을 보고 신고하게 되었고, 사례 2의 경우에는 '위
안부 신고 받는다'고 전봇대에 써붙인 것을 증손자가 보고 이야기해서 신고
하게 되었으며, 사례 4는 신문에 요시다 세이지(『나는 조선인을 이렇게 끌
고 갔다』의 저자)의 기사가 난 것을 보고 눈물을 흘리면서 신고하게 되었다.

자발적으로 신고하긴 했지만 가난한 생활환경 때문에 신고한 사람들도
있는데, 사례 6의 경우가 대표적인 경우다. 사례 6의 말에 의하면 '사는 게
하도 고달퍼서' 신고하게 되었다는 것이다. 신고하면 매달 지원금이 나오
기 때문에 생활이 좀 나아지지 않을까 하는 마음에서였다는 것이다.

자신이 자발적으로 또는 직접 신고하지 않고 다른 사람이 신고해 준 경
우들도 있는데 사례 3·5의 경우가 그러하다. 사례 3의 경우는 딸은 신고하
지 못하게 했지만 전셋집 여주인이 신청해 주었다고 했고, 사례 5의 경우에
는 산 속에 혼자 살다가 복지과 직원들이 수상하게 여기면서, 집요하게 물
어보던 중 복지과 직원들이 알게되어 신고가 되었다고 한다.

2) 증언동기 및 과정—어떻게 말하게 되었나

이들이 신고하고 증언하게 된 과정을 <표 1>에 제시한 기억과 침묵과
의 관계에 따라서 단계별로 재구성해본다면 다음의 <표 6>과 같은 과정
일 것이다.

첫 단계는 (기억하지만) 침묵하기로 하는 단계이다. 위안소에서의 생활

	침묵	말하기
기억하기	불만 1. 기억하나 침묵	저항 4. 신고, 증언 통해 말하면서 기억
잊기	순응 2. 침묵하고 잊기로 함	체념 3. 말하고도 잊는 경우

이 떠오르고 일본, 가난한 부모, 조국, 가부장제사회 등에 대해 불만을 느끼지만 분출할 통로가 없고, 만약 분출한다면 자신의 과거가 드러나기 때문에 계속 감추는 단계라고 할 수 있을 것이다.

두 번째 단계는 (침묵하면서) 잊으려고 노력하는 단계이다. '위안부'였다는 사실을 감추고, '정상적' 여자로 즉 결혼하고 애 낳고 하면서 살기를 바란다. 그러나 이 경우 뜻대로 되지 않는 현실과 부딪치게 된다.

세 번째 단계는 시간이 흐르면서 포기하고 체념하는 단계이다. 체념하고 오랫동안 침묵하면서 기억도 점차 희미해지게 된다고 할 수 있다.

마지막 네 번째 단계는 말하면서 다시 기억하는 단계이다. 정대협의 역할, 여성주의 민족주의 담론의 등장과 함께 신고하고, 증언하게 되는 단계이다.

3) 여건을 마련한 배경요인—정대협의 역할과 지원법 제정

일본군'위안부' 피해자들이 신고하고 증언하게 된 것은 결국 정부에서 그들을 위한 법제도를 만들고 신고·접수를 받게 되었다는 것이 큰 배경이 되었다고 볼 수 있는데, 정부가 그렇게 하게 된 것은 정대협의 10년간의 노력의 결과라고 할 수 있다.

이처럼 이들이 신고할 수 있도록 여건을 마련해준 것은 정대협, 언론, 여성주의 담론, 그리고 정부차원의 지원체계의 역할이 크다(<그림 3> 참조). 다음에서 이들의 역할을 간단히 살펴보겠다.

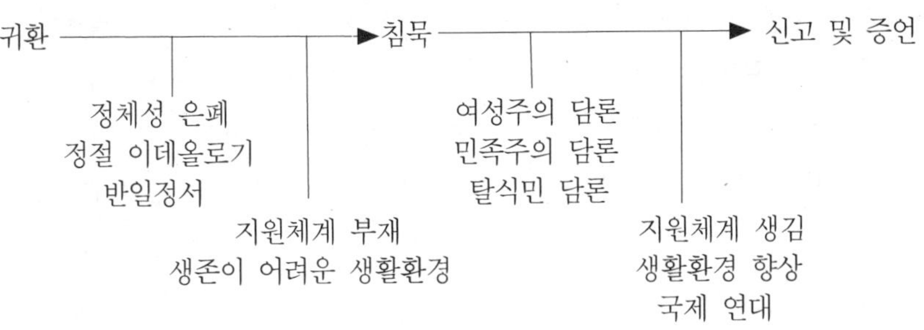

(1) 정대협 결성 및 활동: 법적 투쟁과 담론 확산

정대협은 1990년에 결성된 여성운동단체들의 연대기구로서 일본군'위안부' 피해자들을 대변하여 일본 정부와 국민, 우리나라 정부를 상대로 활발한 활동을 해오고 있다. 이들의 활동은 ① 일본군'위안부' 피해자문제를 사회문제로 부각시키고 ② 이들을 대변하여 일본정부와 국민을 상대로 진상규명 및 손해배상 등의 법적 담론적 투쟁을 전개하며 ③ 일본군'위안부' 피해자가 있는 다른 아시아 여러 나라 민간단체들과 연대하여 국제적인 연대활동을 하고 있다.

정대협이 일본정부에 요구하는 7가지 요구사항[17]을 보면 이들의 목표와 활동내용을 짐작할 수 있다. 여기에서는 정대협의 법적 투쟁과 담론 확산 운동만을 간단히 소개하겠다. 이 문제는 1991년 김학순 등 3명이 도쿄 지방법원에 손해배상소송을 제기하면서 세계 언론의 집중 조명을 받으며 중요한 국제문제로 떠올랐다. 물론 이들이 손해배상청구소송을 제기한 데에는 정대협의 도움과 대변이 중요한 역할을 했다. 그러나 이를 대대적으로 보도한 언론과 미디어의 역할 또한 막중했다고 할 수 있다. 즉 법적 투쟁을 통해 일본군'위안부' 피해자의 문제와 담론이 대대적으로 확산되었다고 할 수 있다.

---

17) 진상규명, 사실인정, 공식사죄, 피해자에 대한 법적 배상, 책임자에 대한 처벌, 역사교과서에 기록 교육, 추모비 사료관 건립

또한 정신대연구소가 결성되어 '위안부' 피해자들의 증언을 듣고 연구하여 출판하고 있다. 피해자들의 증언과 이들 증언집의 출판은 일본의 전쟁 잔학행위를 드러내고 역사를 새로 쓰는 데 결정적인 역할을 했다고 할 수 있다. 당시 사회적 상황은 책임자 단죄에 초점을 맞추면서 주로 일본군'위안부' 피해자 문제에 대해 실증주의 사학의 관점에서 접근하였고 민족주의 담론을 형성하고 있었다. 이에 정신대연구소도 이러한 경향으로 연구목적을 맞추었지만 우리사회에 탈식민지적 지적 경향이 담론으로 형성됨에 따라 정신대연구소의 연구에도 이런 관점을 가지고 역사복원의 담론을 담아내기 시작했다.

(2) 정부 차원의 지원체계 ─ 위안부 피해자 지원 특별법의 제정과 시행

피해자들의 손해배상소송 제소활동, 여성운동, 그리고 언론, 여성주의 담론 형성 등의 영향과 압력으로 1993년 「위안부 피해자 지원 특별법」이 국회를 통과하면서 정부 차원의 지원체계가 가능하게 되었다. 그리하여 보건복지부는 일본군'위안부' 피해자의 신고를 접수하기 시작했고 심의를 거친후, 공식적인 피해자 등록을 받고 재정 지원을 시작했다. 그리하여 보건복지부는 1993년부터 현재까지 피해자들에게 매달 월급과 일시금을 지급하고 있다.

일본군'위안부' 피해자들이 침묵에서 신고 그리고 증언을 하게 되기까지는, 이들의 정체성 (의식)변화가 결정적이라고 할 수 있겠는데, 이 정체성 (의식) 변화에 영향을 준 요인들을 간단히 정리하면, ① 정대협 활동에 의한 민족주의·여성주의 담론 확산, ② 「위안부 피해자 지원 특별법」 제정에 따른 지원체계 성립이 특히 중요했다고 볼 수 있다(<그림 3> 참조).

<표 7>	신고 이후의 정부지원
신고자의 수	203명(2001년 9월 현재)
정부지원	일시불 500만원 지급(영구임대주택 신청자에 한해) 매달 50만원 지급 고령자에 11만원 지급(지자체에서 별도 지급) 무료 건강진단
국회	국회의원의 90%가 일본의 아세아국민기금에 반대하고 일본국가차원의 배상을 요구하며 일본정부에 편지를 보냄

7. 말함으로써 오는 효과—새로운 생활과 새로운 후유증

그러면 말함으로써 오는 효과는 무엇인가? 이것을 물질적, 경제적 측면, 정신적 효과의 측면 및 관계적 사회적 측면으로 나누어 살펴보자.

1) 신고 및 증언 이후의 생활: 나아진 생활환경

우선 물질적·경제적으로 살아가기가 좀 나아졌다는 것이다. 1993년 「위안부 피해자 지원 특별법」이 제정·시행됨에 따라 보건복지부에서 위안부 피해자에 대한 신고 접수·등록을 실시하여 지원금 지급을 시작하였다. 이리하여 위안부 피해자였음을 밝히고 신고하는 사람의 수가 늘어났는데 2001년 9월 현재 203명에 이르렀다(<표 7> 참조). 정부의 지원금액은 <표 7>에 나타난 바와 같다. 이들은 대부분 생계에 극심한 곤란을 겪으면 살고 있었기 때문에 생계해결을 위해 신고한 사람들도 다수 있었을 것이다.

이와 관련하여 안타까운 현상은 위안부 피해자 할머니들의 돈에 대한 집착이 매우 크다는 것이다. 이들은 정부에서 돈을 받고도 일본의 아시아국민기금 관계자가 접근하여 유혹하면 이를 물리치지 못하고 숨어서 받거나 또 받고 싶어하는 경향이 있다. 이것도 어떻게 보면 피해의 한 현상이라고 볼 수 있다. 즉 한편으로 이것은 아마도 그들이 그동안 너무나도 어렵게 살아온 결과로 인한 후유증이라고 볼 수도 있겠다. 그리고 그들이 어렵게 살수밖에 없었던 것은 위에서 본 것처럼 그들이 일본군'위안부' 피해자였기때문인 점이 컸었다. 또한 다른 편에서 보면 보상을 물질적인 것에서 추구할 수밖에 없었던 것도 그 한 이유가 되리라고 볼 수 있겠다.

2) 정신적 효과—말하기, 기억회복과 새로운 후유증

다음으로 말함으로써 오는 정신적 효과 중 가장 중요한 것은 말함으로써기억을 회복한다는 것이다. 이것은 <표 1>의 4 단계에 해당하는 것이라고 할수 있다. 그러나 말함으로써 오는 정신적 효과는 사람에 따라 다양하게 나타나고 있다. 예컨대 어떤 일본군'위안부' 피해자는 말하고 나니까 모든 것을 쏟아내 놓은 듯 "시원하다"거나 후련하고 앙금이 남지 않는다고 했다(사례 5).

반면 다른 피해자들 중에는 "이야기하고 나니 불안하다"거나(사례 3), 일본 등으로 다니면서 증언을 한 피해자 중 어떤 사람은 "증언하면 가슴이쩡하고 머리가 아프다"(사례 4)고 호소하는 사람들도 있었다. 특히 침묵했던 동안 악몽에 시달렸던 사례의 경우 신고하고 나서 다시 악몽을 꾸는 경우도 있었다(사례 2). 이것은 말함으로써 기억이 다시 생생하게 살아났음을보여주는 사례라고 할 수 있다.

그리고 이들은 말함으로써 다시 기억을 회복하고 자신이 일본군'위안부'피해자로서의 정체성을 확인하면서 다시 한번 다양한 모습을 보여주는데, 이루어질 수 없는 소망을 기대하며 아직도 아쉬워하는가 하면, 세상에 대한 체념과 포기 그리고 이런 모든 욕망을 넘어서는 승화 등을 보여주기도한다. 예컨대 어떤 분은 이미 나이가 많아져서 아기를 낳을 수 없게 되었지만 지금도 "결혼하고 애 낳고 싶다"는 이루어질 수 없는 소망을 피력하기도 했고(사례 2), 또 어떤 분은 "다시 태어나고 싶지 않다"고 이 세상에 대한 미련이 없음을 단호하게 말하거나(사례 5), 이제 모든 것을 포기하고 "죽을 때 곱게 갔으면 좋겠다"거나(사례 5), "앞으로 꿈도 희망도 없고 우새(망신) 안 하고 죽어야지"(사례 6)라고 말하면서 체념하는 분도 있었다.

그러나 모든 욕망과 체념까지도 넘어서는 승화의 모습을 보여주는 이들도 있었는데 어떤 분은 자신이 조실부모해서 이런 기구한 인생을 살았기 때문에 자신의 어릴 때의 어려움을 오늘날의 소년소녀가장들이 겪지 않도록 "소년소녀가장을 돕고 싶다"(사례 5)고도 했다.

이것은 그들이 겪은 경험을 고려했을 때 정말 예상하기 어려웠던 반응으로서 이들이 지독한 고통을 겪으면서 오히려 세상을 달관한 면이 있음을 보여준다. 이렇게 볼 때 일본군'위안부' 피해의 문제는 현재도 지속되고 있는 후유증을 가지고 있으며 이런 의미에서 이것은 과거의 문제가 아니라 현재의 문제라고 할 수 있다.

3) 관계적·사회적 효과─집합기억 복원을 위한 활동

말함으로써 오는 후련함과 같은 정신적 효과는 일본군'위안부' 피해자들에게 자신의 인간 존엄성의 확인, 새로운 정체성 형성을 통해 새로운 삶을 시작하는 계기로 작용하는 것 같다.

인간관계적 측면에서 보면 긍정적 측면, 부정적 측면의 효과가 둘 다 있다고 할 수 있다. 우선 긍정적 측면에서 보면 새로운 인간관계를 형성, 새로운 네트워크를 형성하는 계기가 된다고 볼 수 있다. 특히 정대협과의 관계를 통해 보람을 느끼고 위안부 피해자 할머니들을 알게 됨으로써 서로 친밀한 인간관계를 형성할 수 있는 계기가 마련된 것 같다.

그러나 동시에 부정적 측면의 효과도 무시할 수 없다. 그중 중요한 것은 신고·증언과정을 통해 가족들이 이를 알게 됨으로써 오는 정신적 괴로움과 갈등이다. 또한 할머니들 사이에 강제연행의 정도나 위안소 생활의 비교

등을 통해 "나는 다른 할머니와 다르다"(사례 1)는 주장이 나오면서, 모두가 피해자임에도 불구하고, "진짜/가짜"를 구분하거나 서로를 비교·평가하는 안타까운 경향이 나타난다는 것이다. 이런 문제들도 위안부피해의 후유증이라고 볼 수 있는 것들이다.

또한 증언을 되풀이하면서 증언내용에 변화가 일어나는 현상도 나타나고 있다. 이것은 첫째, 너무 시간이 지나서 기억이 흐려져서 일어나는 비의도적 왜곡일 수도 있다. 둘째, 어떻게 말하는 것이 사람들에게 보다 강하게 어필하는지 감을 잡아서, 소위 "정답 시나리오"를 말하게 됨으로써 의도적으로 왜곡 과장하는 경우도 있을 수 있다. 셋째 그때의 기분과 느낌에 따라, 예컨대 일본이나 정대협과 관계가 좋거나 혹은 나쁠 때, 연구자와 래포 형성이 잘되었을 때 또는 잘 안되었을 때 등에 따라 달라질 수 있다. 이런 문제들도 결국 일본군'위안부' 피해의 또 하나의 후유증이라고 볼 수 있는 것들이다.

사회적 측면에서 보면 신고와 증언의 경험은 이들에게 새로운 정체성 형성을 통한 새로운 삶을 시작하는 계기로 작용한 것 같다. 특히 위안부 피해 문제에 대한 집합기억의 복원을 위해 남은 여생을 송두리째 바치고자 열정적으로 활동하는 분들이 많이 생겼다. 예컨대 사례 1의 경우 "신고 후 미쳐서 다닌다"고 할 정도로 열심히 증언을 하고, 그 외에도 정신대문제 해결을 위해 매주 수요일마다 하는 일본 대사관 앞에서 하는 시위에 빠지지 않고 참여하는 분들이 많이 있다.

이렇게 볼 때 이들은 증언을 통해 커다란 인식의 변화를 겪고 있다고 볼 수 있다. 증언을 통해 다시금 고통을 겪거나 증언내용을 바꾸는 등 부정적인 효과도 없지 않으나 긍정적인 효과가 보다 크다고 할 수 있다. 특히 자존감을 찾고 인격형성이 되어 가는 긍정적인 면이 많이 나타나고 있는 것은 그 중 다행한 일이라고 할 수 있다.

8. 맺음말

일본군'위안부' 피해자에 대한 대부분의 연구가 위안부제도의 성립, 위안부의 동원과정, 위안소에서의 생활 등에 초점을 둔 데 비해 이 글은 시간적으로 훨씬 오랜 기간에 걸쳐 있음에도 불구하고 그다지 초점이 되지 못한 피해자들의 귀국 후 생활이 어떠했는지에 초점을 두었다. 특히 50년간의 침묵이 이들에게 어떤 고통과 후유증을 가져왔으며 왜 그토록 오랫동안 침묵을 지켰는지 살펴보고, 이들이 어떻게 침묵을 깨고 신고 및 증언을 하게 되었으며 증언의 효과는 무엇인지 살펴보았다. 특히 신고 및 증언 후에도 피해자들이 여전히 후유증에 시달리고 있는 것을 볼 때 이 문제는 과거의 문제가 아니라 현재의 문제라고 할 수 있다.

할머니들의 증언은 집합기억을 복원시키고 나아가 역사를 다시 쓰게 하는 강력한 힘을 가지고 있다. 그 힘은 바로 그들이 피해자로서 극심한 고통을 당했을 뿐만 아니라 이에 대해 50년 동안이나 침묵할 수밖에 없었다는 바로 그 사실에서 나온다고 할 수 있다. 온갖 권력과 무력으로도 억누를 수 없는 진실의 힘, 그것을 우리는 일본군'위안부' 피해자들의 증언에서 볼 수 있는 것이다.

그리고 50년간의 침묵이 깨어지게 된 것은 결국 정부에서 일본군'위안부'를 위한 법제도를 만들고 신고접수를 하게 되었다는 것이 큰 배경이 되었고, 정부가 그렇게 하게 된 것은 정대협의 10년간의 노력의 결과 위안부 피해자에 대한 이해와 규정이 달라졌기 때문이라고 할 수 있다. 이렇게 볼 때 집합기억의 복원을 위해서는 법적인 제도와 장치가 매우 중요함을 알 수 있다. 그리고 이런 법적인 제도와 장치를 만들도록 추진력을 가하는 데는 시민운동을 통한 의식변화와 여론 및 담론형성이 매우 중요함을 알 수 있다.

20세기의 묵은 찌꺼기들을 털어 내고 정리하여 새로운 마음으로 새 천년을 맞기 위하여 준비했던 2000년 법정이 끝난 지 이제 1년이 되어간다. 이것은 그 자체로서 처벌이나 배상을 실질적으로 하는 데 목적을 두기보다 진실을 규명하는 것, 즉 일본의 이러한 만행을 세계에 알리고 여론을 환기함으로써 다시는 그러한 일이 발생하지 않도록 하려는 상징적 재판소를 만들자는 것이었다. 이러한 상징적인 재판소를 만드는 데도 법제도와 장치가 총동원되었다. 이렇게 볼 때 집합기억의 복원에 있어서는 여론형성과 함께 법적 제도가 매우 중요함을 할 수 있다.

현재 한국에서는 이 문제에 대해 민족주의와 여성주의 사이의 대치 또는 이들 둘 중 어느 쪽에 비중을 둘 것이냐의 문제로 논쟁이 일고 있다. 그러나 탈식민주의의 시각에서 이를 접근하여 일본 전범을 밝혀내어 처벌하는 것도 중요하지만 우리들 내에 있는 식민주의의 잔재를 극복하는 것도 필요하다.

참고문헌

강선미·야마시다 영애, 1993 「천황제 국가와 성폭력」, 『한국여성학』 9집.

김영범, 1998, 「집합기억의 사회사적 지평과 동학」, 『사회사연구의 이론과 실제』, 한국정신문화연구원 사회과학연구실 편, 157-211.

김일면, 1982, 『군대위안부』, 현대사출판회(일어).

백우암, 1989, 『여자정신대』, 1·2권" 청담문학사.

스즈끼 유우꼬, 1991, 「종군위안부 문제와 일본여성」, 정대협, 『정신대문제자료집』 1.

시바하라 다꾸지, 1980, 「근대 천황제 국가의 확립」, 『일본 근대사론』, 高橋幸八郎·永原慶二·大石嘉一郎 編, 차태석·김이진 역, 지식출판사, 1981, 180-195.

야마시다 영애, 1992, 「한국근대 공창제도 실시에 관한 연구」, 이화여대석사학위논문.

신영숙·조혜란, 1995, 「일제시기 조선인 군위안부의 실태 및 특성에 관한 연구」,

광복 50주년 기념사업위원회, 『일본식민지정책 연구논문집』, 한국학술
　　진흥재단.

심영희, 1998, 「여성의 인권」, 한상진 편, 『현대사회와 인권』, 나남.

요시다 세이지, 1990, 「나는 조선인을 이렇게 끌고 갔다」, 청계.

윤정옥, 1991, 「정신대, 무엇이 문제인가?」, 정대협, 『정신대문제 자료집』 1.

윤택림, 1992, 「기억에서 역사로: 구술사의 이론적·방법론적 쟁점들에 대한 고
　　찰」, 『한국문화인류학』 25집.

이상화, 1997, 「일본군 '위안부'의 귀국 후 삶의 경험」, 『일본군'위안부' 문제의
　　진상』, 역사비평사.

______, 1993 「군위안부 경험에 관한 연구ー결혼과정에서 나타나는 인식변화
　　를 중심으로」, 이화여대 여성학과 석사논문.

일본군'위안부'문제 연구모임 편, 1997, 『일본군'위안부' 문제의 현황과 해결방
　　안』, 의정활동자료집.

요시미 요시아끼, 1997, 『일본군 군대위안부』, 한림신서.

______, 1980, 「일본 파시즘의 성립」, 『일본근대사론』, 292-310.

정진성, 1993, 「일본군 위안부 정책의 형성과 변화」, 『한일 공동세미나 자료집』,
　　정대협.

한국방송공사, 1995, 「태평양의 원혼들」, 제2부 정신대 편, 비디오.

한국정신대문제대책협의회, 1991, 『정신대문제 자료집』 1.

______, 1992, 『국제인권협약과 강제종군위안부 문제: 반 보벤 교수 초청 세미
　　나 자료』.

______, 1993, 『정신대 자료집 4: 강제종군 위안부 문제와 일본의 법적 책임』.

______, 1997a, 『정신대 자료집 6: 일본군'위안부' 문제와 관련한 북한의 입장과
　　활동』.

______, 1997b, 『정신대 자료집 7: 일본 전범 입국금지 우리도 하자!』.

______, 1997c, 『정신대 자료집 8: 제5차 일본군'위안부'문제 아시아연대회의의

보고서』.

______, 1998,『정신대 자료집 10: 시모노세끼 재판 평석회』.

한국정신대문제대책협의회·정신대연구회 편, 1993,『강제로 끌려간 조선인 군
　위안부들』, 한울.

______, 1995,『중국으로 끌려간 조선인 군위안부들』, 한울.

______, 1997,『강제로 끌려간 조선인 군위안부들 2』, 한울.

______, 1999,『강제로 끌려간 조선인 군위안부들 3』, 한울.

한국정신대문제대책협의회·진상조사연구위원회 엮음, 1997,『일본군'위안부'
　문제의 진상』, 역사비평사.

황은진, 1998,「일본군 '위안부' 피해자의 의식변화과정에 관한 연구-여성주
　의 담론의 영향을 중심으로」, 한양대학교 대학원 석사논문.

Brownmiller, Susan, 1975, *Against Our Will: Men, Women and Rape*, Harmondsworth,
　Middlesex, England.

Coomaraswamy, Radhika, 1998, "Violence Against Women by the State and During
　Armed Conflict," *Commission on Human Rights*, April, 1998, reprinted in 한국정
　신대문제대책협의회 국회 일본군 '위안부' 문제 연구모임 편, 1998,
　『'여성과 인권' 관련 UN자료집』.

Choi, Chungmoo, 1993, "The Discourse of Decolonization and Popular Memory: South
　Korea," *Positions: East Asia Cultures Critique*, vol.1, no.1, Spring.

Chung, Chin Sung, 1997, "The Origin and Development of the Military Sexual Slavery
　Problem in Imperial Japan," *Positions: East Asia and Cultures Critique*, vol.5,
　no.1. Spring.

Galtung, Johan, 1990, "Cultural Violence," *Journal of Peace Research*, vol.27, no.3,
　pp.291-305.

______, 1998, "Human Rights: Universal, Occidental, Both or Neither," *The Korean
　Sociological Association, Human Rights and Social Movement in the Age of*

Globalization--Reflection on the Kwangju Democratic Movement, The Korea Press Center, Seoul, May 14.

Gillis, John, R.(ed.), *Commemorations: The Politics of National Identity*, Princeton Univ. Press.

Gugelberger, George and Kearney, Michael, 1991, "Voices for the Voiceless: Testimonial Literature in Latin America," *Latin American Perspectives*, vol.18, no.3, Issue 70, Summer.

Halbwachs, Maurice, 1980, *The Collective Memory*, tr. by Francis J. Ditter, Jr. and Vida Yazdi Ditter, Harper.

Hicks, George, 1995, *The Comfort Women*, Allen and Unwin, Austrailia(『위안부: 일본군대의 성노예로 끌려간 여성들』, 전경자·성은해 옮김, 창작과비평사, 1995).

Kim, Hyun Sook, 1997, "History and Memory: The 'Comfort Women' Controversy," *Positions: East Asia and Cultures Critique*, vol.5, no.1. Spring.

Kim-Gibson, Dai Sil, 1997, "They Are Our Grandmas," *Positions: East Asia and Cultures Critique*, vol.5, no.1. Spring.

KCWD, 1991, *Korean Women Drafted for Sexual Service by Japanese Imperial Army: Petition Against the Japanese Government*(in English).

McDougall, Gay, J., 1998, "Systematic Rape, Sexual Slavery and Slavery-like Practices during Armed Conflict," Commission on Human Rights Sub-commission on Prevention of Discrimination and Protection of Minorities, August(한국정신대문제대책협의회 국회 일본군 '위안부' 문제 연구모임 편, 1998, 『'여성과 인권' 관련 UN자료집』).

Nora, Pierre, 1989, "Between Memory and History: Les Lieux de Memoire," *Representations*, no.26(Spring), Special Issue Memory and Counter-Memory.

Park, Won Soon, 1997, "Japanese Reparations Policies and the 'Comfort Women' Question," *Positions: East Asia and Cultures Critique*, vol.5, no.1. Spring.

Popular Memory Group, 1982, "Popular Memory: Theory, Politics, Method," Centre for

Contemporary Cultural Studies, *Making Histories: Studies in History-Writing and Politics*, Hutchinson.

Sen, Gita, 1984, "Subordination and Sexual Control: A Comparative View of the Control of Women," *Review of Radical Political Economics*, vol.16, no.1.

Shim, Young-Hee, 1994, "Women as Sexual Slaves: the Case of Korean Military Comfort Women," *Journal of Social Sciences*, vol.13, Hanyang University.

Smart, C. and B. Smart, 1987, "Women and Social Control: An Introduction," C. Smart and B. Smart(eds.), *Women, Sexuality, and Social Control*, London: R.K.P.

Song, Youn-Ok, 1997, "Japanese Colonial Rule and State-Managed Prostitution: Korea's Licensed Prostitutions," *Positions: East Asia and Cultures Critique*, vol.5, no.1, Spring.

United Nations, Division for the Advancement of Women, Department of Economic and Social Affairs, 1998, *Women 2000, April Issue: Sexual Violence and Armed Conflict: United Nations Response.*

United Nations, Economic and Social Council, 1998, *Report of the Special Rapporteur on Violence Against Women, Its Cause and Consequences*, submitted by Ms. Radhika Coomaraswamy(유엔 경제사회이사회, 『여성에 대한 폭력, 그 원인과 결과에 관해 특별보고관이 제출한 예비보고서』, 한국정신대문제 대책협의회).

United Nations, Office of the High Commissioner for Human Rights, 1997, *Women's Rights, the Responsibility of All*, Basic Information Kit no.2, November 10.

Yang, Hyunah, 1997, "Revisiting the Issue of Korean Comfort Women: The Question of Truth and Positionality," *Positions: East Asia and Cultures Critique*, vol.5, no.1. Spring.

Yoshimi, Y., 1992, "Japan Battles Its Memories," *NYT*, March 11.

Yuki, Fujime, 1997, "The Licensed Prostitution System and the Prostitution Abolition Movement in Modern Japan," *Positions: East Asia and Cultures Critique*, vol.5, no.1. Spring.

The New York Times(NYT).

피해자들의 육체적 후유증[*]

이수현
서울대학교 대학원 사회학과 박사과정 수료. 현 연세대 의과대학 본과 2학년

1. 서론—육체적 피해의 의미

정신대 할머니의 입에서 '몸이 아프다'는 말이 나왔을 때의 의미와, 평소
에 운동을 하지 않던 젊은 청년이 등산을 다녀와서 '몸이 아프다'고 말하는
것과는 엄청나게 다른 의미를 갖는다. 할머니에게 아픔(pain)은, 특정 경험
을 떠올리고 그 이후의 삶과 자신의 인생에 펼쳐졌던 경험을 해석하게 하
는 모티브로 작용한다.

정신대 할머니 혹은 일본군'위안부', 혹은 일본군 성노예로 지칭되는 이

---

[*] 일본군'위안부'의 육체적 피해를 규명하기 위해 조사에 참여하고 자료를 제공해
주신 모든 분들께 감사드립니다. 서울중앙병원 가정의학과 선우성 선생님, 아주
대학교 정신과 임기영·황이삭·김남희·신윤미·이용석·문재석·원경아·김성수
선생님, 같은 과 소속의 심리사 박진희 선생님, 사랑이 꽃피는 마을 정신과 의
원 김현수 선생님, 인천사랑병원 정형외과 김태완 선생님, 같은 병원 산부인과
맹신숙 선생님, 보훈병원 재활의학과 유지연 선생님, 그리고 협조해주신 인천사
랑병원 관계자 여러분, 증언집 4집을 준비중이신 증언팀, 박영숙 선생님을 비롯
한 비디오 촬영팀과 검사진행을 위해 많은 자원봉사자들이 이 과정에 도움을
주셨음을 밝힙니다.

들이 경험하는 아픔은 단지 생물학적 노화와 신체의 기능적 이상으로 인한 비정상상태라는 서양의학적 관점으로는 설명되기 어려운 사회적 고통 (social suffering)이라는 사실을 인식할 필요가 있다. 이러한 시각에 동의한다면 이들의 몸에는 아픔을 경험하는 하나의 개인적 차원을 넘어, 우리 공동체의 과거와 역사적 사실들이 응축되어 있음에 동의할 수 있을 것이다.

한 사회내의 특정 개인에게 어떤 질병이 생기는 현상은 단순히 한 개인의 신체에 어떤 생물학적 변화가 나타났다는 것만을 의미하지 않는다. 질병이란 개인을 둘러싼 모든 사회, 역사, 정치, 문화, 경제, 종교, 교육, 복지, 일반인의 가치관 등의 최종적 산물로 발생하는 현상이라는 사실을 기억해야 한다. 이러한 큰 틀에 대한 이해가 없이 병에 걸린 그 신체 하나만에 주목한다면 그 질병에 대한 근본적인 이해도, 근본적 치료도 힘들다.[1]

필자는 이러한 관점을 수용하여 '정신대 할머니의 군위안부 생활이 현재 어떠한 육체적 피해로 드러나는가'의 문제를 설명하기 위해서 다음의 요인을 총체적으로 고려하는 것이 필요하다고 생각한다.

첫째, 역사적 측면에서 당시 한국은 일본의 식민지 국가였으며, 일본은 식민지 동원체제의 논리에 따라 한국 여성을 일본군'위안부'로 강제 동원할 수 있었기 때문에, 법적·제도적 제약 없이 이들을 마음껏 약탈했다. '군위안부로 끌려갔다'는 그 사실 자체에서부터 일본군'위안부' 여성의 각종 육체적 피해가 시작된다. 납치·사기 등의 형태로 강제 동원되어 일본군'위안부'로 끌려가는 시점에서부터 일본군'위안부' 시절 내내 구타, 성병, 낙태, 감염 등 몸을 침습하는 각종 위험요인에 노출되었으며 이에 대한 어떠한 보호조치도 취해지지 않았다.

---

1) 전우택, 2000: 316.

둘째, 경제적 측면에서 일본군'위안부'로 동원된 여성들은 생존을 위해 집을 떠나 돈을 벌어야만 했던 극빈층에 속하는 경우가 대부분이었다. 일본에 가면 돈을 벌 수 있다는 소문에 기대어 자신의 미래를 전혀 짐작하지 못한 채, 가족의 압력이나 동네 이장의 강요, 돈 많은 집 딸을 대신하여, 때론 스스로 밥벌이를 위해 일본군'위안부'의 길로 접어들었다. 혹은 납치와 사기의 대상이 될만한 낮은 사회적 계층에 속한 이들이 대부분이다. 또한 일본군'위안부' 여성들은 귀국 후에도 최소한의 생존을 위해 하루하루를 연명할 수밖에 없는 극빈층의 삶이 반복되고 있다. 교육·취업·결혼 등 정상적인 삶의 궤적을 밟지 못하고, 평생을 낙인처럼 따라다니는 일본군'위안부' 출신 여성으로서 싸늘한 이웃의 시선과 사회의 냉대, 열악한 생존조건을 감수하며 그 삶을 연명하고 있는 것이다.

셋째, 사회·문화적 측면에서 이들은 귀국 후 흡연과 음주 등 자신의 건강을 가해하면서까지 생존을 위해 투쟁해야만 했던 개인사를 갖고 있다. 공적 지원체계는 물론이요, 가족을 비롯한 모든 사적인 인간관계로부터 단절된 삶을 살 수밖에 없었다. 자신이 일본군'위안부' 출신이라는 사실이 공개적으로 밝혀지는 것은 이들에게 사회적 사망선고와 다름없었다. 일본군'위안부' 당시의 경험으로 인해 정상적인 결혼생활을 할 수 없었고, 여성으로서의 삶을 출산과 양육으로 직결시키는 사회적 분위기 속에서 이들의 '여성으로서의 삶'은 보장되지 않았다.

넷째, 생물학적 측면에서 이들의 육체는 이미 완전히 피폐화되어 있다. 당시의 구타가 남긴 후유증, 정신신체적 장애들, 불임, 잠복 매독 등 몸에 각인되어 있는 당시 폭력의 흔적들은 심리적·정신적 피해와 함께 노화과정에서 발생하는 각종 만성질환들과 겹쳐 이들의 육체를 정상적으로 회복할 수 없는 '살덩어리'로 남겨 놓았다.

일본군'위안부' 여성들에게 있어서 현재의 육체적 고통과 후유증은 단지 질병(disease)의 형태로 존재하는 것뿐만 아니라 병경험(illness)과 함께 일생을 지배하고 있다. 이들은 생물학적 이상이나 질병 그 자체와 상관없이 사회적인 측면에서 그리고 심지어 의료의 도움을 받는 과정에서조차 지속적으로 고통받고 있다.

이 글의 목적은 일차적으로 일본군'위안부' 경험으로 인해 발생한 육체적 피해의 구체적인 증거를 제시하는 것이다. 그러나 50년 이상 드러나지 못했던 피해자의 존재, 육체적 피해의 사실을 지금에 와서야 입증해야 하는 것에는 한계가 있다. 따라서 일본군'위안부'로 신고한 사람 중 한국정신대문제대책협의회를 통해 증언한 48명 일본군'위안부' 여성들의 증언에 입각해, 당시 이들이 처해 있었던 위험상황을 분석하고 지금까지 남아 있는 현재적 피해사실을 구성하고자 한다. 궁극적으로 이는 일본군'위안부' 여성의 '몸'을 매개로 하여 망각된 우리 역사를 다시 쓰는 작업이자, 인간 고통의 본질을 다루려고 하는 의학적 노력의 일환이 되어야 할 것이다.

2. 육체적 피해의 구체적인 증거들

1) 일본군'위안부' 당시의 육체적 피해

한국정신대문제대책협의회·한국정신대연구회가 엮은 『강제로 끌려간 조선인 군위안부들』 3권에 수록된 48명 증언자들의 증언에 입각해 당시 신체적 학대와 피해의 사실을 재구성하고자 한다.

(1) 고문

강제적 성관계에 협조하지 않을 경우, 일본군은 고문을 자행하는 것조차 서슴지 않았다. 식민지 피지배계급 하에서의 인권을 보호해주는 장치는 전무하였으며, 민간인에 대한 고문의 책임을 묻는 그 누구도 없었기 때문에 일본군의 고문행위는 자유롭게 이루어질 수 있었다.

행동이 마음에 들지 않으면 쇠꼬챙이를 손가락 사이에 끼워서 고문을 하며 학대하거나…(이영숙, 증언집 1집: 62).

시뻘겋게 달구어진 인두 모양의 불쑤시개를 가지고 들어와 겨드랑이를 지져서, 그 상처로 석달 동안 고생했고…(문필기, 증언집 1집: 114).

전화코드를 잡아 빼서 손목, 발목을 감아 전기고문을 했다(이용수, 증언집 1집: 127).

(2) 구타 및 총검을 이용한 폭력

위안부를 관리하는 위안소 주인이나 성관계를 요구하는 일본군은 일본군'위안부' 여성을 대상으로 일상적인 폭력과 구타를 일삼았다. 가시적인 폭력은 일본군'위안부' 여성들로 하여금 탈출이나 저항 등의 자의식을 갖지 못하게 만들었고, 전시 위안소의 엄격한 규율체계를 유지하는 수단으로 작용하였다. 증언한 모든 일본군'위안부' 여성들은 당시 폭력에 의한 피해 사실을 언급하고 있다.

(위안소) 주인이 곤봉으로 머리를 때려 15cm의 흉터로 남아 있다(하순녀, 증언집 1집: 80).

반항이 심했던 경우 더 많이 맞았고, 하도 맞아서 지금도 갑자기 귀가 멍해지며 귀가 안 들릴 때가 있다(황금주, 증언집 1집: 102).

말을 안 들으면 심하게 때렸다. 나도 아랫도리를 많이 맞았다. 관동에 간지 얼마 안돼서 그런 군인들 중 하나에게 나는 허벅다리를 칼에 찔렸다. 몇 번이나 달려드는 것을 내가 거부하자 그렇게 된 것이다. 군인병원에 다니며 치료를 받으면서도 손님은 계속 받아야 했다(이순옥, 증언집 1집: 174).

군인을 받다가 못 견디어 도망가다 붙잡혀서 매도 숱하게 맞았다. 그때 하도 맞아서 오른쪽 귀가 잘 안 들리고 몸뚱이에 성한 곳이 없다(이상옥, 증언집 1집: 189).

한 번은 못된 육군 졸병이 내 가슴, 팔, 발을 칼로 찔러서 병원에 입원하여 치료했는데, 그 상처자국은 지금도 있다(이상옥, 증언집 1집: 192).

일본인 매매상은 우악스럽게 나를 때렸는데 지금도 이마에 그때의 흉터가 남아 있다(이득남, 증언집 1집: 202쪽).

나에게 뭐라고 말하면서 따귀를 때리고는 손을 잡아 꺾었다. 그때 꺾인 상처 때문에 지금도 손마디가 툭 불거져 있다(최명순, 증언집 1집: 259).

하라는 대로 안 한다고 맞기도 엄청 맞고 기절도 숱하게 했다. 그러면 주사 놔줘서 다시 깨어나고, 오줌을 질질 싸고 피범벅이 되어 누워 있으면 어떤 놈은 냅다 발길질을 하고…(최명순, 증언집 1집: 264).

잡힌 후에 총 끝으로 엉치를 세 대나 얻어맞고 앞으로 고꾸라져 입에서 피를 쏟으며 쓰러졌다. 맞아서 푹 패인 엉치의 상처가 곪아서 열이 펄펄 나 똑바로 드러눕지도 못했다. 그런데도 군인들을 계속 받게 하였다. 살은 자꾸 곪아서 썩어들어갔다(윤두리, 증언집 1집: 294).

그 집에서는 한 명이 잘못하면 군대식으로 전부 맞았다. 무릎을 꿇어앉으라고 했고 주인과 우리를 관리하는 일본 여자가 허벅지 위를 몽둥이로 때렸다. 손님한테 보이지 않도록 그 부위를 때린 것이다. 너무 아팠다. 까맣게 줄이 생겼다. 내가 잘못해서 맞는 게 아니라 여자들 중에서 한 명이라도 술을 많이 먹고 장사를 못하겠다고 하면 열이고 스물이고 모두 때렸다. 지금 귀가 멀게 된 것도 그때 맞은 것 때문이라고 생각한다(박두리, 증언집 2집: 37).

나중에는 다섯 명 이상 달려들어 코에서 피가 나고 입에서도 피가 나고 전신이 마비가 될 정도였다. 내가 악바리 같이 달려들고 욕을 하면서 너희 엄마에게 가서 그러라고 하면 그 말을 들은 군인이 나를 때려서 이가 부러졌다. 그래서 귀국할 때 이가 거의 없었다(강무자, 증언집 2집: 56).

남자를 받지 않은 여자들을 세워놓고 작대기로 때렸다. 아파서 엎드리면 이곳저곳 가리지 않고 막 때렸다. 하도 두드려 맞아서 지금도 팔도 아프고 허리를 못 쓴다. 죽을 만큼 두드려 맞으면서 울기도 많이 울었다(김분선, 증언집 2집: 104).

내가 그에게 들어오지 말라고 했더니 총대로 내 왼쪽 어깻죽지를 때리는 것이었다. 지금도 왼팔을 높이 올리지 못하고 종종 아프다. 거기서 생활한 지 5~6개월쯤 지났을 무렵 한 졸병이 삿쿠를 안 끼려고 했다. 내가 병이 걸린다고 끼라고 했더니 그 군인이 단도로 내 오른쪽 사타구니 부근을 찔렀다(여복실, 증언집 2집: 202).

거절해서 두드려 맞았지. 귀퉁백이를 얻어맞았어. 그래서 고막이 터졌어. 한 두어 번 때렸나 봐. 이쪽 저쪽 양쪽을 때렸는데 오른쪽 귀가 터졌어. 안 들려, 지금도. 귀에서 피가 나오는데 그냥 말았지. 아팠지만 병원에 가지 않았어. 피가 나오고 그냥 아문거지(김군자, 증언집 3집: 81).

아래가 하도 아파서 제대로 상대를 못 해주면 짐승 때리듯 나를 패는 거야. 그 때 머리를 하도 맞아서 지금도 머리가 자주 아픈가봐(김은례, 증언집 3집: 128).

거 갔다온 사람치고 정신 말똥말똥한 사람은 내 희한하다 싶으다카이. 뚜드려 맞는 것만 해도 뚜드려 맞고 나믄 정신이 하나도 없어예. 나는 뚜드려 맞아 가지고 하룻밤씩 죽었다가 깨나기도 하고 이랬다카는데 뭐. 그라니까 죽은 줄 알고 병원에 끌고 갔다가 숨쉬고 안 죽었다카만 또 끌고 오는기라(심달연, 증언집 3집: 148-149).

내가 몇 대 맞고 뻗으니께 까무라친 나를 창고에 갖다 넣은 거야. 나중에 정신을 차려보니 낮이었는데 내가 울면서 소리를 지르니까 군인들이 왔어. 그리고 나서 보니 오른팔이 이렇게 부었더라구. 뼈가 가죽을 뚫지는 않았지만 튀어나오고 딴 데도 멍투성이였지. 거기 있는 언니들이 얘기하는데 이틀만에 내가 살아났더래. 뼈가 다 으스러진 걸 그대로 갖다 붙여서 시방 다 나았는데도 이렇게 됐지. 오른쪽 팔이 지금도 얼마나 아픈지. 나이가 드니까 아파요. 팔이 이 끝까지 아 안 올라가(최화선, 증언집 3집: 201-202).

총대로 막 사정없이 내 머리를 쥐 박아뿌린기라. 나는 팩 쓰러져버렸지요. 나는 머리가 다 떨어져나간 줄 알았어. 주인이 중국약국에 나를 데리고 갔는데 그냥 내버려줬어. 거기는 병원이 없었어요(황순이, 증언집 3집: 224-225).

구타와 폭력에 관한 증언을 상세히 나열하는 이유는 고문과 마찬가지로 구타와 폭력에 의한 피해 증거가 당시 곧바로 진단·조사되지 않았기 때문

에 현재 시점에서는 '상처'나 '방치된 골절'의 형태로 발견될 수밖에 없다
는 한계를 극복하기 위해서이다. 누구에 의해, 어떤 상황에서 폭력이 자행
되었는가, 이는 어느 정도 인간의 육체를 망가뜨렸는가, 피해자는 폭력의
강도를 어느 정도로 인식하였는가에 대한 당시의 모든 정보는, 증언을 통
해 제공될 수밖에 없다. 일본군에게 맞아 치아가 남아 있지 않다거나 귀가
들리지 않게 되었다는 등 직접적이고 공격적으로 인체 침습이 가해졌다는
진술을 통해, 당시 여성들은 인간이라기보다는 오로지 성노예로서의 기능
을 수행해야 하는 도구로 전락했음을 짐작할 수 있다.

(3) 생식기 관련 질병

수년에 걸쳐 셀 수 없이 많은 일본군이 10대 초·중반의 어린 소녀들을 성
적으로 착취하였다. 그 과정에서 임질이나 매독 등 성병(Sexual Transmitted
Disease)에 걸리는 경우가 빈번하였으나, 이에 대한 치료조차 제대로 받을
수 없었다. 단기적 치료를 위해 사용되었던 '606호 주사(salvarsan)' 역시 주
사 직후 구토와 오한 등의 부작용을 초래하였다.

어린 시절 성적 학대의 경험은 당시의 육체적 피해뿐만 아니라 장기간에
걸친 육체적·정신적인 후유증을 남긴다. 성병에 걸린 상태에서 의도치 않
은 임신을 할 경우 유산할 수 있으며, 매독균이 다음 세대로 유전되어 정신
질환을 초래하는 등 세대에 걸친 피해로 연결되기도 한다.

성병에 자주 걸렸고, 군인을 많이 상대해서 밑이 퉁퉁 부으면 병원에 갔
는데 병원에 갈 때는 아랫배가 터져나올 것 같이 아팠다(이영숙, 증언집 1집:
65-66).

폭격으로 무너진 집을 다시 짓고 다시 군인을 받았다. 그러다가 성병에
걸렸다. 다 낫지 않았는데도 남자를 받아야 하니 잘 낫지 않았다(이용수, 증

언집 1집: 129).

하도 많은 남자들을 상대하다 보니 얼마 안되어 몹쓸 병이 들었는지 밑이
시뻘겋게 퉁퉁 붓고 고약한 냄새가 났다. 병든 상태에서 계속 군인을 받았
다. 한번은 어떤 놈이 바지를 내리고 덤벼들려고 하다가 시뻘겋게 된 내 밑
을 보고 뭐라 욕지거리를 하고는 못 같이 뾰족한 것을 가지고 밑을 찔러버
렸다. 거기에 병균이 옮아 번져서 고름과 피가 범벅이 되었는데도 그냥 누워
군인을 받았다(최명순, 증언집 1집: 265).

병원에 가서 진찰을 받으니 아이가 이미 뱃속에서 죽었다고 했다. 꺼내보
니 사내아이인데 얼굴부터 몸 반쪽이 이미 썩어 있었다. 의사는 병균 때문에
아이가 그렇게 됐다고 했다(최명순, 증언집 1집: 267).

위안소에서 임질에 옮은 일이 있었다. 병원에 다니며 주사를 맞고 약을
많이 먹었다. 그런데도 위안소를 나온 후 몸이 약해지면 다시 재발하곤 했다
(윤두리, 증언집 1집: 293).

6개월이 지나 매독에 걸렸다. 일본말로 '요코네'라 하여, 그 증상이 사타
구니에 몽아리가 섰고 눈알까지 가려웠는데 일본약으로 삭아내려 다 나았다
(진경팽, 증언집 2집: 23).

일어나려고 하는데 몸이 말을 듣지 않고 사타구니 양쪽이 툭 터져서 그냥
피고름이 나왔는데, 자궁 내에 생긴 고름이 썩은 후 부풀어서 저절로 터진
것이다. 다리도 부었다. 밑이 뒤집어져서 대소변도 못 봤다(강무자, 증언집 2
집: 59-60).

한 반년 정도 있으니까 바이도쿠(매독)에 걸렸어요. 그래서 로쿠로쿠(606
호) 주사를 맞았는데 그거 맞으니까 목구녕서 파아 하는 느낌이 올라오더라
고. 또 한 번은 질 안에 염증이 생겼는지 근질근질하다가 퉁퉁 부어서 무척
아팠던 적이 있었어요. 그 여자가 질 속을 들여다보더니 "아직 괜찮다, 며칠
더 있다 째면 되겠다"며 그냥 군인들을 받게 했어요. 내가 아래가 아파서 못
하겠다고 그 여자에게 애걸을 하는데도 계속 군인을 받게 하데요. 그러다가
그냥 까무라쳐버렸어요(김은례, 증언집 3집: 130).

가족에게조차 자신의 일본군'위안부' 경험을 숨겼던 한 여성은 혼인한
딸이 산전검사를 하다가 매독균이 발견되어 심각한 심리적 갈등을 경험하
였고, 다른 여성은 자신의 매독균이 유전된 아들이 지금까지도 정신질환으
로 고생하고 있다고 털어놓았다.

(4) 낙태

자연유산이나 임신중절수술을 거듭하면서 일본군'위안부' 여성들은 귀
국 후 임신할 수 없는 처지가 되었다. 물론 당시의 반복적 낙태와 유산으로
인해 불임상태가 초래된 것인지에 대해서는 의학적으로 의문의 여지가 있
다. 일본군'위안부' 출신의 여성과 그렇지 않은 여성의 집단을 비교하여 과
연 성병 발병에 유의한 차이가 있는지를 밝힐 수 있어야 하며, 10대 여성이
다수의 성적 파트너와 수년의 성관계를 맺을 경우 그것이 장기적으로 불임
에 이르게 할 확률이 어느 정도 되는지를 밝히는 연구과정이 필요할 것이다.
그럼에도 불구하고, 당시 일본군'위안부' 여성은 건강한 여성으로서 가
임기간 내 정상적인 임신과 출산이라는 행위를 할 수 없도록 강제한 반인
권적 상황에 처해 있었다. 따라서 혼인 및 가임기를 비정상적으로 보낸 일
본군'위안부' 여성들이 귀국 후의 삶에서도 정상적인 결혼생활을 하지 못
하게 만든 것만큼은 명백하다.

장교들은 콘돔을 사용하지 않으므로 이 기간 동안 임신한 여자들이 많았다. 임신이 된 줄도 모르고 있다고 606호 주사를 맞으면 몸이 붓고 으시시 추우면서 하혈을 했다. 그러면 병원에 데려가서 의사가 자궁 속을 긁어냈다. 이렇게 서너 번 긁어내면 임신은 더 이상 되지 않았다. 여자들은 1년만 있으면 성한 사람이 없게 된다. 대개 임신을 두세 번하고 병도 많이 걸렸다.(황금주, 증언집 1집: 99-101).

위안부 생활로 애를 못 낳게 된 것이 가장 깊은 한이다(이순옥, 증언집 1집: 180).

의사는 자궁에 염증이 생겨서 애를 못 낳겠다고 했다(김분선, 증언집 2집: 114).

만주에 가서 한 일 년쯤 지난 후 한번 임신했는데 3~4개월 무렵 주사를 놔서 떨어뜨렸다. 사람 모양 같은 핏덩어리가 나왔다. 그리고 나서는 임신하지 않았다(김춘자, 증언집 2집: 156).

임신하면 주인이 유산시켰지(김군자, 증언집 3집: 82).

임신했지. 많이 뗐어. 주인이 나를 민간 병원에 데리고 가서 떼내야 눈치 안 나게 떼내. 낳으면 자기 손해잖아. 니 애 낳아 갖고 어떻게 살 낀데 그래. 많이 뗐어. 여자 중에 임신 안 한 사람 하나도 없어(김옥주, 증언집 3집: 103).

그때나 지금이나 한국 사회는 여성이 자신의 의지와 선택에 입각해 아이를 낳지 않는 것이 용인되는 사회가 아니다. 하물며 일본군'위안부' 여성들이 당시 경험으로 인해 남성을 대하는 태도, 성관계에 대한 가치관 등 경직

된 심리상태나 생식기 관련 질병이나 낙태의 경력을 가진 신체적 상태가 결합되어, 정상적인 임신과 출산에 어려움을 겪을 확률은 매우 높다고 판단된다.

(5) 자살시도 및 그 후유증

비인간적 생존조건을 견디지 못하고 개인적·집단적으로 자살을 시도한 경우가 종종 발견된다. 자살한 사람들의 정확한 통계는 없지만, 미수에 그쳐 살아남은 이들의 증언을 통해 당시 정황을 짐작하고 그로 인한 후유증의 정도를 파악해 보겠다.

한 번은 술을 먹고 내 신세가 처량하여 3층에 올라가 투신한 적도 있다. 팔로 머리를 감싸쥔 채 떨어졌는지 왼쪽 팔과 어깨죽지뼈를 심하게 다쳤다(문옥주, 증언집 1집: 161).

우리 중에 누가 "술이다, 술도 많이 먹으면 죽는다더라. 우리 한번 먹어보자"고 해서 우리는 그 빼갈을 나눠 마셨다. 술로 엉망이 된 우리들은 사흘 동안 의식불명상태로 있다가 깨어났다. 머리는 깨질 듯이 아프고 속은 헤져서 밥을 제대로 먹을 수가 없었다. 이런 상태가 석 달 동안이나 계속되었다. 이 때 속을 버린 것 때문에 지금까지도 소화가 제대로 안 된다(김복동, 증언집 2집: 90).

함께 있던 동료 '가네코'는 소독하라고 나눠준 과망간산칼리를 먹고 자살을 하려고 했다. 가네코가 신음하고 있는 것을 다행히 내가 발견하여 먹은 것을 토하게 하고 군병원에 연락하였다. 일주일쯤 병원에서 치료를 받고 나온 가네코는 그 뒤 목구멍이 쪼그라들어 일 년 정도는 밥을 잘 넘기지 못할 정도로 고생을 하였다(박연이, 증언집 2집: 131).

자꾸 여러 사람을 상대하니까 휴 몸서리가 나고 소름이 끼치고, 아이고 차리라 내 이리 사느니 죽는기 나아. 약도 사러 갈 수도 없는기고, 말라리아 약이라고 거 말라리아 예방약을 먹거든. 말라리아 약을 많이 줘. 한 번에 두 개 먹는, 그것을 사오십 개 먹어버렸어(김옥주, 증언집 3집: 108).

어린 시절 성적학대의 경험이 있는 피해자가 자살을 시도할 확률이 높다는 연구는 많다.[2] 이들 연구결과에 의하면, 아동기 성적 학대를 당한 피해자는 반사회적 행동장애를 보이거나 반복적으로 자살을 시도하고, 자학적인 행동을 하게 될 가능성이 높다고 한다. 일부 일본군'위안부' 여성들은 어떤 사회적 지지체계도 없는 상태에서 스스로의 절망과 굴욕을 견디지 못한 채 자살을 시도했던 것으로 생각된다.

(6) 전시 상황의 위협

일본군'위안부' 여성들은 전쟁을 수행 중이던 일본군의 이동에 따라 이주했고, 많은 경우 전쟁터 인근에 위안소가 존재했기 때문에 전쟁 그 자체가 야기하는 각종 위협으로부터 자유로울 수 없었다. 비행기 폭격은 집단학살을 초래할 수도 있는, 그러나 전혀 대비할 수 없는 위협요인이었다.

폭격을 피해 도망 다니는 와중에서도 강간하는 군인이 있었다. 그때 어떤 군인이 입술을 깨물어서 입술이 부르텄다. 지금도 아랫입술에 자국이 거무스름하게 남아 있다(이상옥, 증언집 1집: 194).

미국 비행기가 폭탄을 떠트리는 통에 나도 뼈가 보일 정도로 엉덩이를 다쳤다. 아직도 이 때의 흉터가 남아 있다. 무언가 파편이 스치고 지나가 살이

---

2) Bedsley L S. et al., 1999; Santa Mina E. E., et al., 1998.

칼에 베인 것처럼 아파 1주일간은 군인을 못 받았는데, 군의관이 치료를 해 줘 새 살이 돋고 대충 나았지만 지금도 비가 오면 쑤시고 아프다(진경팽, 증언집 2집: 25).

폭격을 피하기 위해 굴 안으로 들어가다 엉덩이에 폭탄 파편을 맞아서 상처가 많이 나기도 했다(강무자, 증언집 2집: 60).

군인들을 받은 지 6개월쯤 지나 방안의 세숫대야 물을 버리러 나왔다가 폭탄 파편에 맞았다. 양쪽 종아리를 다쳐 석 달 동안 병원 신세를 져야 했다. 다리를 다쳤기 때문에 병원에서 퇴원하고 나서도 걸음을 걷지 못해서 줄을 매어 놓고 왔다갔다 걷는 연습을 했다. 이때의 흉터가 아직도 남아 있다(여복실, 증언집 2집: 203-204).

그 섬에 있을 때 유엔군의 폭격이 심했어. 비행장에서 가까운 데여서 폭격이 된 거야. 폭탄이 터져서 한 쪽 귀가 멀었어. 그 귀는 지금도 하나도 안 들려(김유감, 증언집 3집: 328).

일본군'위안부' 여성들은 자신의 신변안전을 위해 어떤 자구책을 마련할 수 없는 무기력한 상황에서 전쟁의 위협에 직접적으로 노출되어 있었다. 일본군으로부터도, 유엔군으로부터도 이들은 보호받지 못하는 존재였다.

(7) 전염병과 풍토병 감염의 위협

일본군'위안부' 여성이 배치되었던 지역은 일본뿐만 아니라 중국 전 지역, 대만, 사할린, 당시 프랑스령 인도차이나 지역(베트남, 라오스, 캄보디아), 타이, 미얀마, 필리핀, 말레이시아, 싱가포르, 인도네시아, 마리아나, 캐롤라인, 마셜, 뉴브리튼섬 등 태평양 도서지역에 이르기까지 광범하게 분포한다. 갑작스럽게 바뀐 식생활과 주거환경 등의 영향, 영양실조에 걸릴 만큼 굶주린 상태에서 전염병이나 풍토병에 대한 면역력이 저하된 상태에서 예방접종은 물론이고, 발병 후 치료조차 제대로 받을 수 없었다.

위안부 생활을 시작한 지 2년쯤 지나서 학질에 걸렸을 때 키니네를 많이 먹었더니 얼굴이 붓고 황달이 되었다(이용녀, 증언집 1집: 220).

나에게도 죽을 고비가 있었다. 남방에서 자칫하면 걸릴 수 있는 학질에 걸린 것이다. 열이 나고 몸이 심하게 떨리는 이 병은 여러 날이 지나도 떨어지질 않았다. 키니네를 오래 계속 먹으니 나중에는 얼굴이 노랗게 될 정도였다. 게다가 주사 놓은 자리가 곪으면서 썩어 들어가기 시작하였다(박연이, 증언집 2집: 126).

난 거기서 말라리아에도 걸렸어요. 저녁이 되면 막 춥고 열이 나고 며칠 앓다가 병원에 다녀 나았지요(김소란, 증언집 3집: 55).

(6개월간 도피생활을 했던) 산에서 내려오니까 피부병같이 막 돋고 영 형편없더라고요. 내 팔에는 좁쌀 같은 것이 돋아 미군들이 병원에 데리고 다니고 그랬어요(김소란, 증언집 3집: 61).

이렇게 밥도 안 먹고 난리를 피우다가 간 지 한 달쯤 돼 말라리아에 걸려 혼이 났어. 병원에 한 달 정도 입원했어. 불란서병원이야. 위 아래로 피를 쏟으니 주인이 거기로 입원을 시키더라고.(김옥주, 증언집 3집: 102).

한데서(추운데서) 자니까 말라리아에 걸려. 나도 그때 아파가지고 꼭 죽을 거인디. 설사병, 그거 얻어가지면 일본사람들이 밥도 안 줘. 그때 우리 한국

사람들이 많이 죽었어요. 밥을 굶어 갖고도 많이 죽고 말라리아에 걸려 갖고 많이 죽고, 죽은 사람을 배에 싣고 가다가 물에다 던져버리고…(황순이, 증언집 3집: 231).

(8) 살바르산(salvarsan) 주사의 후유증

일본군'위안부'의 증언에 의하면, 매독 등 성병치료를 위해 '606호 주사(salvarsan)'를 정기적으로 맞았다고 한다. 비소(arsenics)는 1940년대까지 성병 등의 치료제로 사용되었는데, '606호 주사(salvarsan)'를 투여한 직후 급성구토, 오심, 복통, 피가 섞이는 심한 설사, 근육경련, 안면부종 등을 초래할 수 있다.[3]

이는 당시 매독에 걸려 '606호 주사(salvarsan)'를 맞은 후 "사흘 동안 하늘이 뱅뱅 돌고 속도 메스껍고, 월경도 한 달씩 건너했다"(진경팽 증언), "그걸 맞고 나서 너무 아파서 죽으려고 하는 것을 여러 번 보았다"(손판임 증언), "이 주사를 맞고 나면 코에서 이상한 냄새가 나고 어질어질했다"(김복동 증언), "606호 주사(salvarsan)를 맞으면 몸이 붓고 으시시 추우면서 하혈을 했다"(황금주 증언), "한 번 맞고 나면 속이 울렁울렁하고 입과 코에 냄새가 올라와 역겨웠다"(최명순 증언) 등 일본군'위안부'의 증언과 일치하는 것으로, 당시 '606호 주사(salvarsan)' 주사의 후유증을 짐작할 수 있다.

2) 현재 남아 있는 육체적 피해

일본군'위안부'여성에게 현재 남아 있는 육체적 피해를 입증하기 위해 사용된 자료는 1995년부터 1999년까지 서울중앙병원에서 실시한 건강검진 자료와 이에 대한 담당의사의 진단서 그리고 2000년 9월 인천사랑병원에서

---

3) 대한예방의학회, 1995: 307; Andrew M. P., eds, 1995: 131-161.

실시한 정신과, 정형외과 및 재활의학과, 산부인과적 검사에 대한 담당 의사의 소견서 등이다.

(1) 잠복 매독

1995년부터 1999년까지 서울중앙병원에서 실시한 건강검진 결과 전체 53명 가운데 19명(35.9%)이 매독균에 대한 혈청검사에서 양성반응을 나타냈다. 우리나라 헌혈자의 양성률이 0.3%, 신체검사자의 양성률이 0.8% 정도로 매우 낮고, 성병관리 대상자들의 양성률 역시 9~15%에 불과하다는 점을 감안하더라도 이는 매우 높은 수치임을 알 수 있다. 이는 당시 10대 초반 혹은 중반에 시작된 일본군'위안부'의 성경험이 비위생적인 환경에서 다수의 성적 파트너와 반복적으로 지속된 것의 결과로 보인다. 매독은 음부궤양(genital ulcer)이나 서혜부 임파선이상(Inguinal lymphadenopathy)을 동반하기도 한다.

장기적으로 치료를 요하는 매독이거나 치료된 잠복 매독이라 하더라도, 이는 혈액검사를 수행할 때마다 매독양성반응으로 나타나기 때문에 군위안부 개인에게 사회적 낙인의 효과를 초래한다.

(2) 외상

2000년 9월 인천사랑병원 정형외과에서 실시한 검진 결과, 조사대상 14명 가운데 7명이 당시의 구타 및 외상으로 인한 후유증을 앓고 있었다. 이에 대한 정형외과 전문의의 소견서는 앞서 살펴본 증언자들의 증언 내용과 유사한 부분이 많아, 증언의 타당성을 간접적으로 입증하고 있다.

사례	병명	한국질병 분류번호	비고
A	방치된 오른쪽 어깨 관절의 탈구, 양쪽 난청	S430 H919	어깨 탈구는 군위안부 시절(18세) 팔을 비틀리고 총검으로 맞아서 발생하였으며, 난청 역시 군위안부 시절 귀를 맞아 생김.

B	왼쪽 사타구니 흉터 오른쪽 무릎 흉터 B형 간염 보균자	S710 S810 K729	사타구니 상처는 군위안부 시절 당시 칼로 찔린 부위이고, 무릎의 상처는 총알과 칼자국에 의한 것이며, B형 간염 보균 상태는 군위안부 당시 감염되었을 가능성을 배제할 수 없음.
C	왼쪽 둔부의 흉터	S710	왼쪽 둔부의 흉터는 군위안부 당시 칼로 찔리고 발로 채여서 생겼다고 함.
D	좌측 제4수지 중위지골 절단 상태	S681	왼쪽 손가락의 손상은 군위안부 당시 얻은 것이라고 함
E	오른쪽 정강이의 상처(피부함몰)	S817	이 상처는 종군위안부 시절, 도망가려다 붙잡혀 2주 동안 묶여 있었던 부위의 상처로 당시 혁대 등으로 구타당하기도 했음.
F	두피 상처 (두정엽 부위)	S010	두피 상처는 군위안부 시절 칼집 씌운 군도로 머리를 맞아 생긴 상처라고 함.
G	난청	H919	난청은 군위안부 당시 온몸을 구타당할 때 귀를 맞아 생겼다고 함.

(3) 정신신체적 장애(psychosomatic disorder)

인천사랑병원에서 조사한 14명 가운데 11명은 DSM-Ⅳ의 진단기준에 의한 만성적 외상 후 스트레스성 장애(Post Traumatic Stress Disorder, Chronic)에 해당하였다. 이러한 진단을 내리기 위해 GAAB, Stream of Mental activity, Contents of thought, Emotional Reaction, Mental grasp and capacity, MMSE 등 Mental Status Examination 등을 비롯, 표준화된 임상면접, 그리고 간이정신진단검사(SCL-90-R)와 Impact of Event Scale, Rorschach 등의 심리검사를 수행하였다. PTSD로 진단한 근거는 다음과 같다.

A. ① 일본군'위안부' 시절 직접적으로 구타를 당하거나 혹은 총과 칼을 가진 군인이나 군속들이 주위 동료를 구타하는 모습을 목격하면서 죽음의 위협을 느꼈고 ② 이에 대한 무력감과 공포를 경험했으며

B. 일본군'위안부' 시절 후에도 남자 특히 군인을 보면 두려워하였고, 가슴이 두근거리는 신체적 반응이 있었다고 하며

C. ① 당시의 경험을 생각하지 않으려 애쓰고, ② 그런 경험을 떠올리게 하는 남자들과의 접촉을 피했으며, ③ 당시 경험의 많은 부분을 기억하지 못하고 ④ 결혼과 같은 정상적인 삶에 대해 기대하지 않으면서 살아왔고

D. ① 귀국 후에도 잠을 잘 이루지 못할 때가 있었고 ② 남자나 군인을 보면 깜짝깜짝 놀랐었다고 한다.

E. 위의 증상들이 수십년간 반복·지속되었고

F. 환자는 상술한 장애로 인해 정상적인 사회적·직업적인 기능에 심각한 장애를 보여왔다.

당시의 충격적 외상(trauma)으로 인한 후유증은 심리적·정신적 피해를 포함하여 만성적 두통이나 소화불량, 가슴 두근거림, 수면장애 등의 신체적 피해로 나타나고 있다. 외상적 사건이 신체화 증상을 포함한 인간의 원초적 방어기제를 촉발하는 기제로 작용하는 것이다.

아동기 성적 학대의 경험이 초래한 장기적 후유증(long-term sequelae)에 관한 연구문헌을 검토해보면, 성적 학대의 정도가 심할수록 생애과정에서 주요 우울장애(Major Depression Disorder)나 공황 장애(panic disorder), 공포(phobia), 신체화장애(somatization disorder), 약물남용(drug abuse)에 노출될 가능성이 높고, 단기적으로 주요우울장애나 신체화통증장애(somatoform pain disorder)로 진단 받을 가능성이 성적학대의 경험이 없거나 정도가 약한 사람에 비해 매우 높은 것으로 나타남을 알 수 있다.[4]

유태인 대학살 생존자의 경우, 대학살 이후 40년이 지난 후에도 정서적 고통(emotional distress)이나 삶에 대한 만족감, 정신·신체적 증상의 측면에서 제2차 세계대전 당시 나찌 지배하에 있지 않았던 통제집단과 비교했을 때, 훨씬 높은 정서적 고통을 느끼고 있고 이와 관련된 신체화 증상을 호소하고 있다.[5]

---

4) Walker E. A. et al, 1992.
5) Carmil D., 1986.

외상의 후유증에 의한 신체화 증상의 발현, 특히 성적 학대와 만성골반통(chronic pelvic pain)의 연관성을 제시하는 많은 연구 가운데, 신경학적 관점에서 접근하는 한 연구에 의하면 만성적 스트레스나 성적 및 육체적 학대와 같은 외상적 삶의 사건을 경험한 여성의 경우, 만성골반통을 경험하는 이유 중 하나로 시상하부 뇌하수체의 아드레날 중추(hypothalamic-pituitary-adrenal axis)의 특정 부위가 대체되는 것과 관계가 있을 수 있다고 주장하기도 한다.6)

14명 중 확실하게 PTSD로 진단내리기 어려운 3명의 경우, 정확한 진단을 위해 필요한 대화를 피하는 경향이 있고, 최근 수년 동안 약물 치료로 잘 호전되지 않고 원인이 잘 설명되지 않는 소화기 증상과 요통 등의 증상이 신체화 증상으로 나타나는 사례도 있었다.

또한 우울감과 불안, 흥미소실, 수면감소 및 수면장애, 자신에 대한 지나친 무가치감과 죄책감, 반복적인 죽음에 대한 생각 등은 주요 우울 장애(Major Depressive Disorder)로 의심할 수 있는 사례도 발견되었다. 우울증에 관한 국가간 비교연구를 수행한 한 연구논문에서는 서구 사회에 비해 비서구 사회의 우울증이 정서적·정신적 증상보다는 신체적 증상으로 드러날 수 있는 가능성이 높다는 사실을 제시한다. 예를 들면 우울증의 증상이 단순히 정서적·정신적 차원에서 발현되는 것이 아니라, 만성피로와 식욕상실, 불면증, 통증에 대한 과도한 반응 등 신체적 증상을 포함할 수 있다는 주장이다.7)

(4) 흡연 관련 질환

상기 서울중앙병원의 건강검진 결과 10여명을 제외하고 대부분의 일본군'위안부' 경험자들은 흡연을 하고 있었으며, 이는 국내 60대 이상의 여성

---

6) Heim C. et al, 1998.
7) Simon G. E., et al, 1999.

흡연율이 20%를 넘지 않는 것과 비교해 볼 때 매우 높은 수치이다. 일본군 '위안부' 당시 혹은 그 직후부터 10대·20대의 나이에 흡연을 시작했고, 결과적으로 현재 흡연관련 질환이 많다. 만성폐쇄성 폐질환 환자가 8명, 기관지 천식 환자가 3명이었다. 흡연을 위험인자로 고려할만한 협심증과 폐암, 자궁경부암 등을 포함하면 그 숫자는 더욱 늘어날 것이다. 일본군'위안부' 생활 당시의 절박한 생존 조건, 스트레스와 긴장, 공포와 불안 등의 요인이 이들에게 흡연 촉발 요인으로 작용했을 가능성이 매우 높다.

3. 피해 규명의 한계

1) 시간의 경과

일본군'위안부' 경험이라는 구체적 피해사실이 발생한지 50년 이상의 시간이 경과하였다. 그 과정에서 육체적 피해의 면면이 기록으로 남지 못하였다. 이러한 이유로 인해 의학적 인과관계를 구성하는 것이 매우 어려운 실정이다.

의학적 담론에서 'X→Y'라는 인과관계를 만족시키기 위해서는 "일본군 '위안부' 당시의 경험(X)이 현재의 육체적 피해(Y)를 초래했다"는 사실을 논리적으로 입증해야 한다. 그러나 이런 단선적 논리를 기준으로 하기에, 일본군'위안부' 경험이 포괄하고 있는 다차원적 측면과 그 이후 삶의 궤적 내에서 종단적(longitudinal)으로 개입하는 복합적 요인을 고려하기가 어렵다. 더욱이 대부분의 의학적 진단은 현재 어떤 질환을 앓고 있는가를 밝히는 것에 초점을 맞추고 있기 때문에 해당 질환이 일본군'위안부' 경험에 의한 것인지를 증명하기 위해서는 그 자체로 엄청난 규모의 의학적 연구과정을 요구한다. 즉 일본군'위안부' 경험이라는 역사적 사실을 다각도로 조명하여 그 실체를 규명하고, 이에 입각하여 조사 대상인 일본군'위안부' 여성이 갖은 존재적 특수성을 감안한 조사 도구(research tool)가 개발되어야 하며 그것의 타당성을 입증하는 과정이 선행되어야 한다.

또한 서울중앙병원의 건강검진 결과에서 볼 수 있듯이 조사 대상자들에게 관절염, 고혈압, 당뇨 등 노인성 질환의 빈도가 절대적으로 높은 것으로 나타나지만, 이는 우리나라 전체 노인을 대상으로 한 역학조사가 되어있지 않기 때문에 전체 인구 대비 혹은 동일 연령 대비 어느 정도의 차이가 있는지를 밝히는 것이 불가능한 실정이다. 이러한 집단간 비교연구가 수행된다면 일본군'위안부' 출신의 여성들의 신체적·정신적 건강상태에 대한 면밀한 평가에 도움이 될 것이다.

2) 이번 조사대상의 편이성(bias)

이번 검진 및 조사에 협조한 일본군'위안부' 여성의 경우 끈질긴 생명력으로 지금까지 생존할 수 있었던 매우 특별한 존재이다. 실재 조사대상이 되었어야 했던 수많은 일본군'위안부'들이 다음과 같은 단계를 거치는 과정에서 탈락될 수밖에 없었다.

<1단계> 일본군'위안부' 시절 당시의 위기

일본군'위안부' 여성의 증언에 의하면, 당시 일본군'위안부' 생활은 일상적인 구타와 폭력에 의해 개인을 적응시키고 길들이는 과정의 연속이었다. 외부와 완전히 단절된 상황에서, 그리고 전쟁의 위협 속에서 강제적 성관계를 수행하는 것만이 생존을 위해 개인이 선택할 수 있는 유일한 방법이었다.

이에 저항하다가 맞아 죽은 사람, 전시상황에서 발생한 대규모 폭격, 임신중절과 낙태로 인한 심리적, 육체적 후유증을 견디지 못하고 죽은 사람, 황폐화된 삶의 조건과 인간적 모멸감을 견디지 못하고 자살한 사람, 말라리아 등의 전염병과 풍토병에 걸렸거나 기타 신체적 질병을 얻었지만 제때 치료받지 못하고 죽은 사람 등 무수히 많은 일본군'위안부' 여성이 사망했을 것으로 추정할 수 있다.

<2단계> 귀환 과정의 생명의 위협

일본군'위안부' 여성들은 전쟁이 끝나고 한국이 일본으로부터 해방되었다는 사실조차 제때 알 수 없을 만큼 고립된 삶을 영위하였다. 일본군은, 해방을 전후하여 철수하는 과정에서 자신의 과거를 입증할만한 증거들을 없애야했고 그 일환에서 일본군'위안부'의 존재가 사회적으로 드러나지 않도록 집단 처형을 감행하기도 하였다.[8]

귀국하는 과정에서도 피해자에 대한 신분보장은커녕 낙후한 교통수단으로 육로나 해로를 이용할 수밖에 없었고, 그 과정에서 발생한 폭격과 해상사고 등으로 인해 수많은 귀환자들이 사망·부상당할 수밖에 없었다.

<3단계> 귀국 후 삶의 열악함: 경제적·사회적·정서적 어려움

귀국 후에도 정상적으로 결혼생활을 하지 못하고, 가족과 친지들에게서조차 외면당한 채 고립된 삶을 살 수 밖에 없었던 일본군'위안부' 여성들은 수십년간 경제적·사회적·정서적인 어려움을 겪어 왔다. 한국전쟁을 거치는 과정에서 사망했거나, 생활고와 심리적 갈등을 견디지 못하고 자살한 사람들 역시 현존하지 않는다.

<4단계> 일본군'위안부'라는 신분의 공개 여부

2001년 현재 203여명이 일본군'위안부'로 신고하였다. 신고를 하기는 했지만 공개적으로 자신의 신분을 노출시키지 않으려는 사람도 있고, 신고의 기회조차 알지 못했거나 신고할 의향이 없는 사람들도 있을 것이다. 우리는 한국 내 현재 생존해있는 일본군'위안부' 여성이 정확히 몇 명인지 파악하지 못하고 있다.

<5단계> 이번 검진 및 조사에 대한 협조

---

8) 방선주, 1997.

　'2000년 일본군 성노예 여성국제법정'에 제출할 증거자료 확보를 위해 의학적 검진 및 조사가 필요하다는 명분을 이해하고, 이를 위해 의료기관을 방문하여 조사에 협조할 수 있을 정도의 신체적 건강상태를 가진 일본군'위안부' 할머니들은 그리 많지 않았다. 피해자가 비난받는 사회적 분위기에서 자신의 피해사실을 입증하기 위해 투쟁한다는 것은 고령의 여성 노인에게 쉽지 않은 일이며, 설령 의지가 있다 하더라도 거동이 자유롭지 않은 신체적 상태에 처한 경우가 많았기 때문에 실재 조사에 참여할 수 있는 대상집단의 규모는 매우 작을 수밖에 없었다.

　이번 조사 과정에 참여했던 피해자들은 위의 단계를 모두 거치며 생존하였고 역사적 존재로서의 자신을 증명해야겠다는 강인한 자아와 생명력을 갖고 있는 존재라는 점에 주목해야 할 것이다. 더 심각한 구체적인 피해와 신체적 위협을 당했던 수많은 사람들은 이미 죽었거나, 아직까지 공식적으로 신분을 밝히지 못하고 있다는 점을 감안해야 한다. 이런 측면에서 피해 입증을 위한 조사는 '모(某)집단의 구성에 입각한 표본의 임의 추출'이라는 통계적 원칙에 위배된다. 그러나 역설적으로 이렇게 편의성이 농후한 표본에서조차 육체적 피해사실이 압도적으로 발견된다는 것은 실재 피해의 규모가 어느 정도였는가에 대해 시사하는 바가 크다.

4. 결론

　지난 10년 동안 일본군'위안부' 피해자들의 증언을 채록하는 작업이 진행되어 왔다. 증언을 받는 과정은 쉽지 않다. 이들은 스스로 당시의 경험을 잊기 위해 수십년간 피눈물을 흘리며 노력해 왔다. 그렇기 때문에 무의식적으로도 잊고 싶었던 일본군'위안부' 생활을 의식적 차원에서 풀어내는 일은 단순히 기억을 재생하는 과정과 질적으로 다르다. 그런 할머니들에게 과거와 현재를 연결하는 고리는 몸에 각인되어 있는 육체적 상흔들이다. 증언이 이루어지는 첫 단계는 상처를 드러내 보이는 것으로 시작된다.

할머니의 몸에는 모든 사회적 행위가 체현되어 있고, 할머니의 정체성은 아무 것도 남아있지 않은 빈털털이 인생에서 상처투성이 몸을 기반으로 형성되어 왔다. 욱신거리는 육체를 이끌고 삶을 연명하는 매 순간, 자신의 신체에 각인되어 있는 일본군의 만행을 확인하는 일상의 매 순간, 이들은 자신의 과거를 떠올리고 악몽에 시달리며 분노를 억눌러야 했다. 더욱이 그러한 사실을 입밖에 낼 수조차 없는 사회적 분위기와 이웃의 시선 때문에 자신을 감추고 정서적으로 위축될 수밖에 없었다.

인천사랑병원에서 조사한 14명의 일본군'위안부' 할머니들은 모두 의료보호 대상자였다. 의료보호 대상자라는 신분 자체는 현재 이들의 경제적 상태를 설명한다. 주 부양자가 없으며 경제적 자립능력이 없는 자, 이것이 바로 이들의 신분이다. 의료보험 대상자와 비교해 의료보호 대상자들은 의료혜택을 받는 과정에서도 차별을 당한다. 의료보호 환자건을 처리하는 과정에서 건강보험관리공단은 보호환자를 진료한 의료기관에 대해 진료비 지급을 미룬다. 이런 이유로 현금 순환에 어려움을 겪는 의료기관은 의료보호 환자들을 꺼린다. 또한 한국 의료보험제도가 갖는 한계로 인해, 환자 진료를 위해 필요한 경우라 하더라도 그것이 보험항목에 포함되지 않을 경우 환자 본인이 진료비를 전액 지불해야 하는데, 의료보호환자들처럼 본인 부담금 지불능력이 없을 경우 적절한 의료서비스를 제공받지도 못한다.

유태인 대학살이나 베트남 전쟁 직후 수십년 동안 육체적 피해자들의 구체적 피해사례를 발굴하고 의학적으로 이를 규명했던 외국 사례와 비교해 볼 때, 일본군'위안부'들의 피해사실을 입증하고 이들의 신분을 법적으로 보장하여 의료서비스 및 각종 사회보장제도의 혜택을 받을 수 있도록 해야 한다. 또한 '시혜의 차원으로 제공되는 서비스'가 아니라, 상처받은 영혼과 육신을 돌볼 수 있는 개인화된 프로그램의 형태로 일본군'위안부' 피해자들을 치유할 수 있는 내용과 형식을 갖추는 것이 필요하다.

그러나 피해자들의 육체적 질병과 상흔이 남아있는 몸과 마음을 치유할 수 있는 근본적인 처방책은 사회적 명예회복이다. 피해자들의 명예회복을 위해 후세대가 적극적으로 투쟁하는 것, 그것이 바로 우리를 대신하여 망각된 한국 역사의 한 페이지를 온몸으로 증거하며 다시 쓰는 일본군'위안부' 피해자 할머니들에 대한 우리 사회의 최소한의 예의이다.

참고문헌

대한예방의학회(1995), 『예방의학과 공중보건』, 계축문화사.

방선주(1997), 일본군 '위안부'의 귀환: 중간보고, 『일본군 '위안부' 문제의 진상』, 한국정신대문제대책협의회 진상조사연구위원회, 역사비평사.

여순주(1997), 일본군 '위안부' 생활에 관한 연구, 『일본군 '위안부' 문제의 진상』, 한국정신대문제대책협의회 진상조사연구위원회, 역사비평사.

이상화(1997), 일본인 '위안부'의 귀국 후 삶의 경험, 『일본군 '위안부' 문제의 진상』, 한국정신대문제대책협의회 진상조사연구위원회, 역사비평사.

전우택(2000), 사회의학연구방법론, 연세대학교 출판부.

한국정신대문제대책협의회·한국정신대연구회 편, 1993, 1997, 1999, 『강제로 끌려간 조선인 군위안부들 1, 2, 3』, 한울.

Andrew MP and David PR(1995), Arsenic Toxicity, 『Environmental Medicine』, National Academy Press.

Bensley LS, et al, Schoder J(1999), Self-reported abuse history and adolescent problem behaviors. I. Antisocial and suicidal behaviors, Journal of Adolescent Health, Mar;24(3):163-72.

Carmil D, et al(1986), Emotional distress and satisfaction in life among Holocaust survivors: A community study of survivors and controls, Psychosomatic Medicine, Feb; 16(1): 141-9.

Heim C, et al(1998), Abuse-related posttraumatic stress disorder and alteration of hypothalamic-pituitary-adrenal axis in women chronic pelvic pain, Psychosomatic Medicine, May-Jun; 60(3): 309-18.

Santa Mina EE, et al(1998), Childhood sexual and physical abuse and adult self-harm and suicidal behaviour: a literature review, Canadian Journal of Psychiatry, Oct;43(8):793-800.

Simon GE, et al(1999), An international study of the relation between somatic symptoms and depression, New England Journal of Medicine, Oct; 341(18): 1329-35.

Walker EA, et al(1992), Medical and psychiatric symptoms in women with childhood sexual abuse, Psychosomatic Medicine, Nov-Dec; 54(6): 658-64.

피해자들의 심리적 후유증[*]

이철원

심리학 포털사이트 아이맘(주) 대표이사

1. 서론

본 연구는 일본군'위안부'의 심리적 상태를 심리평가 도구를 사용하여 조사하고자 하였다. 일본군'위안부'의 심리상태에 대한 평가는 종전 이후 피해자들의 심리적인 건강에 대한 정보를 제공하고 전반적인 삶의 질이 어떻게 유지되어 왔는지를 알아보는데 유용한 정보를 제공할 것이다.

이러한 정보를 기초로 피해자들이 겪고 있는 심리적 후유증을 진단하고자 하였다. 이러한 진단결과는 진상규명위원회의 자료집과 '2000년 일본군 성노예 여성국제법정'에 제출할 증거자료로도 사용될 수 있을 것이다.

일본군 성노예로 생활한 경험은 일회적인 성폭력 피해에 비해 그 횟수와 기간이 현저하게 많기 때문에 그 피해나 후유증의 정도가 더욱 심각할 수 있다. 일회적인 강간이나 성폭력 피해자들이 보이는 일반적인 증상은 공포감, 불안, 분노, 죄책감, 우울증, 집중력 장애, 수면장애 등을 보일 수 있고

---

[*] 본 원고는 '한국정신대문제대책협의회 10주년 심포지엄'의 준비를 위하여 쓰여진 것으로, 여기에 싣기 위해 수정하였다.

갑작스러운 회상과 악몽을 꿀 수도 있다.[1] 일본군‘위안부’의 경우에도 초기에는 이러한 증상들을 경험했을 소지가 있다.

또한 강간 피해자들은 자아존중감의 상실을 보이고 합리화, 억압, 부인, 반동형성, 전치 등의 방어기제를 사용할 가능성이 있으며 자살시도, 약물중독 등 부적응적인 반응을 보일 수도 있다.[2] 이러한 증상들은 이후의 삶에 영향을 미쳐 자기개념이 빈약해지거나 사회적 기술을 부족하게 하고 우울한 정서와 자살 충동, 적대감 등을 형성하게 한다.[3] 또한 가정에서의 적응 곤란, 타인에 대한 신뢰감 상실, 성생활에서의 장애 등을 일으킬 수 있다. 일본군 성노예 피해자들의 경우에도 이와 같은 증상을 경험하거나 피해 이후의 삶에 영향을 받았을 소지가 있다.

베트남 참전 군인들이 종전 이후에 경험한 증상에 대한 연구[4]에는 재향 군인들이 전통적인 외상성 신경증 증후군인 악몽, 흥분, 격분, 불면 및 우울 등을 경험하거나 두통, 요통, 위궤양, 편두통 및 고혈압 등의 정신신체 증상을 나타낸 것으로 보고되었다. 또한 적대감, 의심, 편집증 및 군중 공포증과 같은 편집증 상태를 보이거나 약물중독, 충동적인 행동이나 반사회적인 행동을 보이는 성격장애, 자살시도 및 환청, 망상과 같은 정신병적 증상도 있는 것으로 기술되어 있다.

이러한 증상들은 삶의 과정에 영향을 미쳐 교육과 직업에서의 성취를 저하시키거나 직업, 학교, 거주지 등을 목적 없이 자주 바꾸고 범죄를 저지르게 하는 결과를 가져온 것으로 분석되었다. 또한 배우자와의 친근한 관계형성이 어렵거나 시민으로서의 정체감을 상실하고 결혼, 사회기관, 지역사회, 친구들로부터 소외되고 일탈되어 지내는 것으로 보고되었다. 특히 자아상과 인간

---

1) 박금자, 1997.
2) Burgess & Holmstrom, 1987.
3) Rice, 1987.
4) Blank, Jr., 1982.

성이 붕괴되고 죽음과 무의미한 슬픔의 고통을 받고 있는 것으로 나타났다.

베트남전에 참전했던 재향 군인들과는 달리 자신의 의지와 무관하게 강제로 끌려와 자유로운 행동이 금지되고, 목적이 없이 비인간적인 대우를 받으면서 성노예로서 수년간을 보낼 수밖에 없었던 일본군 위안부의 경우, 그 스트레스의 정도가 더욱 심각했을 것으로 추정할 수 있으며 이후의 삶이 보다 부적응적이고 고통이 심했을 것으로 예상할 수 있다.

미국 정신과협회에서 정신과 환자를 진단하는 기준으로 사용하고 있는 『정신장애의 진단및 통계 편람 제4판(Diagnostic and Statistical Manual of Mental Disorders, fourth edition: DSM-IV)』에 기술되어 있는 외상성 사건은 "실제적이거나 위협적인 죽음이나 심각한 상해, 또는 개인의 신체적 안녕을 위협하는 사건에 대한 개인의 직접적인 경험; 타인의 죽음, 상해, 신체 검강을 위협하는 사건의 목격; 가족이나 친지의 예기치 못한 무자비한 죽음이나 심각한 상해 및 이들이 경험한 죽음이나 상해에의 위협을 알게 되는 것 등이다. 그 구체적인 진단 기준을 살펴보면 다음과 같다.

외상 후 스트레스 장애(Posttraumatic Stress Disorder: PTSD)의 진단기준

A. 외상성 사건을 경험했던 개인에게 다음 2가지 증상이 모두 나타난다:
   (1) 개인이 자신이나 타인의 실제적이거나 위협적인 죽음이나 심각한 상해, 또는 신체적 안녕에 위협을 가져다주는 사건(들)을 경험하거나 목격하거나 직면하였을 때
   (2) 개인의 반응에 극심한 공포, 무력감, 고통이 동반될 때
   주의: 소아에서는 이런 반응 대신 지리멸렬하거나 초조한 행동을 보인다.
B. 외상성 사건을 다음과 같은 방식 가운데 1가지(또는 그 이상) 방식으로 지속적으로 재경험할 때:
   (1) 사건에 대한 반복적이고 집요하게 떠오르는 고통스러운 회상(영상이나 생각, 지각을 포함)
   주의: 소아에서는 사고의 주제나 특징이 표현되는 반복적 놀이를 한다.
   (2) 사건에 대한 반복적이고 괴로운 꿈
   주의: 소아에서는 내용이 인지되지 않는 무서운 꿈

(3) 마치 외상성 사건이 재발하고 있는 것 같은 행동이나 느낌(사건을 다시 경험하는 듯한 지각, 착각, 환각, 해리적인 환각 재현의 삽화들, 이런 경험은 잠에서 깨어날 때 혹은 중독 상태에서의 경험을 포함한다.
주의: 소아에서는 외상의 특유한 재연(놀이를 통한 재경험)이 일어난다.
(4) 외상적 사건과 유사하거나 상징적인 내적 또는 외적 단서에 노출되었을 때 심각한 심리적 고통
(5) 외상적 사건과 유사하거나 상징적인 내적 또는 외적 단서에 노출되었을 때의 생리적 재반응
C. 외상과 관련되는 자극을 지속적으로 회피하려 하거나, 일반적인 반응의 마비(전에는 없었던)가 다음 중 3가지 이상일 때:
(1) 외상과 관련되는 생각, 느낌, 대화를 피한다.
(2) 외상이 회상되는 행동, 장소, 사람들을 피한다.
(3) 외상의 중요한 부분을 회상할 수 없다.
(4) 중요한 활동에 흥미나 참여가 매우 저하되어 있다.
(5) 정서의 범위가 제한되어 있다(예: 사랑의 감정을 느낄 수 없다).
(6) 미래가 단축된 느낌(예: 직업, 결혼, 자녀, 정상적 삶을 기대하지 않는다)
D. 증가된 각성 반응의 증상(이상 전에는 존재하지 않았던)이 2가지 이상 있을 때:
(1) 잠들기 어려움 또는 잠을 계속 자기 어려움
(2) 자극에 과민한 상태 또는 분노의 폭발
(3) 집중의 어려움
(4) 지나친 경계
(5) 악화된 놀람 반응
E. 장애(진단 기준 B, C, D)의 기간이 1 개월 이상이다.
F. 증상이 임상적으로나 심각한 고통이나 사회적, 직업적, 다른 중요한 기능 영역에서 장해를 초래한다.

자료: 『정신장애의 진단 및 통계 편람』, 제4판, 이근후 외 역, 하나의학사, 1995에서 옮김.

일본군'위안부'였던 피해자들의 경우도 강간이나 전쟁 참가 등에 못지 않은 매우 심각한 외상성 사건을 경험한 것으로 볼 수 있기 때문에 외상 후 스트레스에 의해 나타나는 증상을 보일 수 있고 이로 인해 삶 전체가 고통을 받았을 소지가 다분하다.

일본군'위안부' 경험이 외상(trauma)으로 작용하고 이후의 삶에 지속적으로 부정적인 영향을 미쳤다면 이는 일본군'위안부'의 삶의 질을 저하시키

고 인생에서의 기회를 박탈한 것으로 볼 수 있다. 따라서 국제적인 신뢰와 객관성을 가지고 있는 DSM-IV에 근거하여 피해자들의 심리상태를 분석, 진단함으로써 피해자 개인의 심리상태에 대한 정보를 얻고자 하였다. 이러한 정보는 피해보상의 근거자료로 활용될 수 있을 뿐만 아니라 피해자에 대한 심리적 도움이 절실하다는 증거로도 활용될 수 있을 것이다.

2. 방법 및 절차

1) 연구기간과 대상

일본군 위안부에 대한 심리학적 평가는 1999년 2월부터 1999년까지 11월에 걸쳐 실시되었으며, 대상은 서울, 경기 및 대구지역에 거주하는 일본군'위안부' 15명이었다.

2) 연구도구

(1) 면담

위안부 개개인을 대상으로 현재 경험하고 있는 주된 심리적 증상과 그 경과, 대처 등에 대해 질문하였다. 면담결과는 심리평가 결과를 객관적으로 해석하기 위한 참고자료로 사용되었다.

(2)심리 평가 도구
· 벤더-게스탈트 검사(Bender-Gestalt Test; Bender, 1946)
· 집-나무-사람그림 검사(House-Tree-Person Test; Buck, 1948)
· 한국판 웩슬러 지능검사(Korean Wechsler Intelligence Scale; 중앙적성연

구소,1963)

· 다면적 인성검사(Minnesota Multiphasic Personality Inventory: MMPI ; 한국
가이던스, 1989)

· 로르샤하 검사(Rorschach Test)

4) **연구 절차**

각 피해자에 대한 심리평가는 한국정신대문제대책협의회와 퇴촌에 소재
하고 있는 나눔의 집, 대구의 경우에는 피해자 집에서 2명의 임상심리전문
가와 1명의 임상심리수련생에 의해 개별적으로 실시되었다. 다면적 인성검
사의 경우, 한글을 해독하지 못하거나 스스로 응답을 할 수 없는 경우가 많
아 2명의 자료만 얻을 수 있었고 다른 검사는 모든 사람이 수행하였다.

3. 결과

1) 인구학적 변인에 대한 분석

심리평가를 받은 일본군'위안부'의 연령은 만 70세에서 83세의 분포를 보였
다. 학력은 무학에서 중졸까지로 조사되었다. 구체적인 자료는 다음과 같다.

<표 1> 　　　　　　　　　　　　연령 분포

연 령	70세	71세	72세	73세	74세	75세	76세	77세	78세	79세
인원(명)	1	0	1	0	4	0	4	1	2	1

연 령	80세	81세	82세	83세
인원(명)	0	0	0	1

학력 분포

학력	무학	초등학교중퇴	초등학교졸	중학교중퇴	중학교졸
인원(명)	9	5	0	1	0

<표 3>　　피해자의 지능지수 분포표

지능수준	정신박약	경계선	보통하	보통	보통상	우수	최우수
인원(명)	0	0	6	5	4	0	0

2) 지능지수 분석

피해자의 지능검사는 정상적으로 시행되었으나 표준화된 연령이 64세까지밖에 나와 있지 않아 보간법에 의해 지능지수를 간접적으로 산출하였다. 지능지수는 보통수준이 89에서 111 사이이며 보통하 수준은 79~88, 경계선 수준은 70~78, 보통상 수준은 112~120, 우수수준은 121~127, 최우수 수준은 128 이상이고 정신박약은 69 이하인 점수가 해당된다. 각 피해자의 지능지수 분포를 보면 <표 3>과 같다.

<표 3>에서 볼 수 있는 바와 같이 일본군'위안부' 피해자의 지능수준은 보통상에 속하는 사람이 4명, 보통 수준에 속하고 있는 사람이 5명 및 보통하 수준에 속하고 있는 사람이 6명으로 나타났다. 피해자 대부분의 학력이 무학이고 초등학교 중퇴인 점을 고려해 볼 때 이러한 분포는 피해자들의인 지적 잠재력이 우수함을 시사해주는 것이며 교육의 기회가 주어졌다면 현재보다 개선된 수준의 삶을 영위할 수 있었음을 말해 주는 것으로 해석된다.

3) 증상에 따른 분류

피해자의 증상은 서론에서 고찰한 것처럼 다양한 양상을 보이고 있다.

<표 4>

진단 기준	횟수(%)
A.외상성 사건	
(1) 죽음, 상해 및 위협적 사건 경험,목격	15(100%)
(2) 공포,무력감, 고통 동반	6(40%)
B. 외상성 사건의 재경험	
(1) 사건의 반복적 회상	9(60%)
(2) 괴로운 꿈	12(80%)
(3) 재발 행동이나 느낌	8(53%)
(4) 단서 노출 시의 고통	8(53%)
(5) 단서 노출 시의 생리적 재반응	10(66%)
C. 자극 회피 및 반응 마비	
(1) 생각, 느낌, 대화 회피	7(46%)
(2) 행동, 장소, 사람 회피	7(46%)
(3) 중요 사건 회상 불가	2(13%)
(4) 흥미, 참여 저조	9(60%)
(5) 정서 범위 제한	9(60%)
(6) 미래 단축 느낌	2(13%)
D. 증가된 각성 반응	
(1) 수면 곤란	12(80%)
(2) 과민, 분노 폭발	11(73%)
(3) 집중 곤란	14(93%)
(4) 경계	8(53%)
(5) 놀람 반응	10(66%)
E. 1개월 이상의 장해 기간	15(100%)
F. 사회적, 직업적 장해 정도	
(1) 매우 심각	5(33%)
(2) 심각	8(53%)
(3) 보통	1(6%)
(4) 적음	0(0%)

따라서 면담과 심리평가에서 나타난 결과를 토대로 DSM-IV의 분류에 따라 해당하는 사람들을 나누어 보았다.

<표 4>에서 볼 수 있는 바와 같이 피검사자의 100%가 외상성 사건을 경험하였다. 또한 평균적으로 62%의 피해자가 외상성 사건을 재경험하는

것으로 나타났다. 그중에서도 일본군'위안부' 생활과 관련된 괴로운 꿈을 꾸는 경우가 80%로 가장 높았으며 일본군'위안부'와 관련된 단서에 노출되는 경우에 생리적인 재반응을 보이는 경우(66%)도 높은 것으로 나타났다.

또한 위안부'위안부' 생활이 외상으로 작용하여 중요한 활동에 대한 흥미나 참여도가 저하되어 있으며(60%), 사랑의 감정을 느낄 수 없는 등의 정서적 제한도 60%의 피해자가 경험하고 있는 것으로 나타났다.

외상 전에는 존재하지 않았던 증가된 각성 반응 중에서는 주의집중의 곤란이 가장 많은 것으로 나타났으며(93%), 수면곤란(80%)과 자극에 과민하고 분노를 폭발시키는 반응도 높게 나타났다(73%).

이러한 외상적 경험으로 인하여 현재 사회적이거나 직업적으로 매우 심각하게 장애를 받고 있는 사람은 5명(33%)으로 나타났으며 심각한 수준의 장애를 받는 사람이 8명(53%)으로 나타나 피해자의 86%가 사회적·직업적 적응에 실패하였음을 보여주고 있다.

4) 심리평가 결과에 대한 질적 분석

각 피검자의 심리평가 결과를 질적으로 분석하기 위하여 Blank, Jr.(1982)가 제시한 후유증의 범주와 임상심리학적 평가에서 주로 사용되고 있는 진단 범주를 중심으로 분석하였다. 그 결과를 살펴보면 다음과 같다.

첫째, 자아존중감 수준에서 볼 때 피험자 모두가 매우 낮은 자아존중감 수준을 가지고 있는 것으로 분석된다. 특히 자신을 긍정적으로 평가하는 경우보다 부정적으로 평가하고 있으며 이러한 평가가 우울감과 무기력감 및 미래에 대한 희망을 상실하는 결과를 초래하는 것으로 해석된다.

둘째, 피해자들이 두통, 편두통, 요통, 위궤양, 고혈압, 관절염 등 다양한 정신신체 증상을 보이고 있다. 이러한 증상은 피해자가 일본군'위안부' 생활을 마친 후 건강관리가 매우 소홀했음을 시사해 줌과 동시에 심리적인 고통을 신체증상을 통해 감소시키려는 것으로 해석할 수 있다. 외상이 주는 충격으로 인하여 엔돌핀의 분비가 감소했을 소지가 많으며 이로 인해 만성 통증을 더 많이 경험하고 있을 가능성이 시사된다.[5]

셋째, 대인관계 상황에서 적대감을 경험하거나 의심이 증가하고 타인의 의도를 부정적인 것으로 해석하는 경향이 높은 것으로 나타났다. 이러한 경향은 타인과 친밀한 관계를 형성하는데 지장을 초래하고 이성과의 관계에서도 원만한 애정교류나 지속적인 접촉을 어렵게 할 수 있다. 따라서 외로움과 고독감을 경험하면서 자신이나 타인을 비난하는 경향을 증가시킬 수 있다.

넷째, 정서적인 측면에서는 우울감과 무기력감이 가장 높은 것으로 나타났다. 또한 불안과 흥분, 짜증, 신경질과 같은 정서반응을 많이 할 소지가 시사되었다. 이러한 부적응적 반응들은 일본군'위안부'생활이 준 외상적 경험의 결과로 볼 수 있다. 또한 외상적 경험으로 인하여 사회적인 역할 수행의 기회가 줄어들고 결혼을 하거나 직업을 가질 기회가 박탈됨으로써 이차적으로 나타난 증상일 가능성도 있어 보인다.

다섯째, 피해자들의 자아강도(ego strength)가 현저하게 저하되어 있어 현실검증기능이 약화 내지 손상된 것으로 나타났다. 로르샤하검사를 통해 평가한 자아강도를 살펴볼 때 외부 자극에 대한 지각적 정확성이 현저하게 저하되어 있고 논리적인 사고과정을 유지하는데 어려움을 보이고 있는 것으로 나타났다. 또한 일부 피해자에서는 기억력 저하와 주의집중의 곤란, 지남력 상실과 같은 치매 증상이 나타났다. 따라서 자신의 내적인 욕구에 의해 사물을 왜곡하여 지각하거나 비논리적인 사고를 통하여 형식적 사고장애(formal thought disorder)를 보이거나 망상 등과 같은 비합리적인 사고내용을 보일 소지가 시사되었다. 이러한 증상은 일상적인 생활에서의 대화나 문제해결에 지장을 초래하고 전반적인 적응수준을 저하시킬 수 있는 것으

---

5) 대한 신심스트레스학회, 1997.

로 해석된다.

질적인 분석에서 볼 때 정서적으로는 우울장애나 불안장애, 신체화 장애 등의 진단을 내릴 수 있는 피검자가 있었다. 또한 성격적인 측면에서는 편집증적 성격장애, 히스트리오닉 성격장애, 경계선 성격장애 및 반사회적 성격장애, 회피성격장애로 진단될 사례가 있었다. 일부 피검자에서는 정신병적 증상이 나타나고 있으나 이는 외상 후 스트레스에 의한 것일 소지가 많아 보인다.

4. 논의

피검자들의 심리평가 결과를 분석해 본 결과, DSM-IV의 진단기준에서는 외상후 스트레스 장애(Posttraumatic Stress Disorder)의 기준에 15명의 피해자가 모두 해당되는 것으로 나타났다.

인지적인 잠재력이 보통하에서 보통상 수준에 속하고 있음에도 불구하고 일본군'위안부'로의 강제 징집과 외상과 관련된 후유증으로 인하여 적절한 교육의 기회를 박탈당한 것으로 나타났다.

또한 정서적인 장애와 성격상의 문제, 대인관계에서의 어려움 및 다양한 정신신체들이 있는 것으로 나타났다.

심리평가 결과를 질적으로 분석한 결과에서도 피해자들이 심리적인 어려움에 직면해 있으며 만성적으로 고통을 받아온 것으로 나타났다. 자아강도가 약해지고 사고과정에 장애가 나타나고 있으며 치매 증상을 보이거나 현실에서 부딪치는 문제에 대한 해결능력이 현저하게 저하된 것으로 나타났다.

이러한 증상들은 일회적인 성폭력 피해에 의한 것보다 훨씬 심각한 것으로 외상 경험이 피해자들의 인생에 매우 부정적이고 심각한 영향을 미쳤음을 말해주는 것으로 볼 수 있다.

이러한 증상으로 인해 일상적인 사회생활에서의 부적응은 물론 이성과의 관계 형성곤란, 성적 기능 저하, 가족을 구성하지 못한 것에 대한 원망, 자신의 상처를 과잉보상하기 위한 부정적, 또는 긍정적 자기 평가 등의 부적응적인 행동양상이 발달된 것으로 보인다.

이러한 부적응적인 행동양상은 결국 인간으로서의 역할과 기능, 기쁨을 경험하는 데 많은 제한을 가했을 것으로 보이며 이러한 측면에서 일본군 '위안부'의 삶에 대한 보상이 반드시 이루어져야 할 것으로 사료된다. 또한 일본군'위안부'로서의 피해 후유증을 최소화하고 지금부터라도 현실에 적응하며 살 수 있도록 전문적인 심리상담이 개인 혹은 집단에게 제공되어야 할 것으로 생각된다. 또한 한 인간으로서 삶의 질을 높이고 존중받는 삶을 살아갈 수 있도록 신체적 측면에 대한 배려뿐만 아니라 심리적으로 건강을 유지하면서 살 수 있도록 복지적인 측면에서의 배려와 사회적인 지지망의 구축도 절실한 것으로 생각된다.

참고문헌

대한신심스트레스학회, 1997, 『스트레스: 과학의 이해』, 신광출판사.

박금자, 1997, 『성폭력 상담의 의학적 상식』, 보건복지부 성폭력전문 상담원반 교육자료집.

이근후 외 역, 1995, 『정신장애의 진단 및 통계편람』 제4판, 하나의학사.

Bender, L., 1946, *Instructions for the use of the visual motor gestalt test*, New York: American Orthopsychiatric Association.

Blank, Jr. A. S., 1982, "Stress of War: The example of Viet Nam," L. Goldberger & S. Breznitz(eds.), *Handbook of Stress: Theoretical and clinical aspects*, New

York: The Free press.

Buck, J. N., 1948, "The H-T-P technique: A quantitative and qualitative scoring manual," *Clinical Psychology Monographs*, 5, 1-20.

Burgess, A. W. & Holmstrom, L. L., 1987, "Adaptive Strategies and Recovery from rape," R. H. Moos and J. A. Schaefer(eds.), *Coping with life stress: An integrated approach*, New York: Plenum Press.

Rice, P. L., 1987, *Stress and Health: Principles and practice for coping*, California: Brooks/ Cole Publishing Company.

제2차 가해와 그 범죄사실[*]

김민철
민족문제연구소 책임연구원

1. "내 혼을 더럽히지 마라"

이타가키[1]: 당시는 가난한 가운데 공창도 있었다. 관헌이 어린 여성의 목에 새끼줄을 매어 끌고 갔다는 주장은 믿을 수 없다.

김상희 할머니: 병사들과 함께 전선을 돌았다. 위안소에서 도망치려 하면 군인들이 총을 쏘았다. 친구는 자살했다. 일부 일본인이 강제가 아니었다고 망언을 하는 데 억장이 무너지는 얘기다…

이타가키: 그런 예가 있다고는 전혀 믿을 수 없다. 당시 상황에서 볼 때 그렇다. 정치가로서 신념이 있다. 강제적으로 끌려갔다는 객관적 증거는 있는가.

시민단체 직원: 김 할머니의 증언을 거짓으로 보는가

이타가키: 거짓은 아니겠지만 모두 사실이라고 보기에는 의문이 남는다.

---

* 본 논문은 2000년에 완성된 것으로 본 논문집에 싣기 위하여 수정하였음을 밝힌다.
1) 이타가키 의원은 조선군사령관을 역임했던 전범의 가족이며 일본유족회의 고문이기도 하다(서경식, 「어머니를 모욕하지 말라!」, 코모리 요우이치·타카하시 테츠야 엮음/ 이규수 옮김, 『국가주의를 넘어서』: 65).

감정적으로 해서는 안된다. 증거가 필요하다. 판단 근거가 없는 것은 믿지 않는다.

　김상희 할머니: 당신은 삶과 죽음이 엇갈리는 전선에 가보지 않았을 것이다. 내 몸에는 여러 군데 상처가 있다.

　이타가키: 그 8년간 1전도 받지 않았는가.

　김상희 할머니: 생사의 경계를 넘어온 사람에게 무엇이 정말이고, 무엇이 아닌가. 일찍이 전장에서 내 몸을 더럽히고, 50년이 지난 지금은 내 혼을 더럽히려는가. 결코 용서할 수 없다.[2]

　1987년 독일에서는 저널리스트인 랄프 졸타노가 『제2의 죄—독일인됨의 부담』이라는 책을 썼다. 출간하자마자 곧 베스트셀러가 된 이 책에서 그는 히틀러 시대 독일인이 범한 죄가 '제1의 죄'라면, '제2의 죄'는 1945년 이후 '제1의 죄'를 심리적으로 억압하고 부정한 것이라고 규정한다. 그리고 그는 압도적 다수의 독일인이 이 '제2의 죄'를 저질러 왔다고 하면서, "오늘에 이르기까지 이것이 서독 정치문화의 본질적 특징의 하나가 되어 왔는데, 이 부담은 지금부터라도 떠맡지 않으면 안된다"[3]고 지적한다.

　졸타노가 제기한 '제2의 죄'란 곧 '양심의 가책'을 말한다. 나중에 태어난 자는 과거 범죄에 대해 직접적인 책임이 없다. 그러나 지난날 범죄를 저지른 사람들과 같은 국민이며 같은 국가에 속하고 있는 이상 그 후손들에게 '양심의 가책'마저 없어지는 것은 아니다. 그렇기에 '과거 극복'을 훌륭하게 수행했다고 평가받는 독일사회의 졸타노는 양심의 가책이라는 근본적인 화두를 던진 것이다.

　2000년 7월 12일 '태평양전쟁 한국인희생자 유족회'가 후지코회사를 상

---

2) 『경향신문』, 1996. 6. 6.

3) 望田幸男, 「전쟁 책임과 전후 책임」, 다나카 히로시 외 지음/ 이규수 옮김, 『기억과 망각—독일과 일본, 그 두 개의 전후』: 32-33.

대로 낸 소송에서 일본 재판부는 회사가 5명의 피해자와 유족회에게 3,000여만엔의 합의금을 내도록 판결하였다. 피해자의 주장을 부분적으로 받아들인 것이다. 그러나 피고였던 후지코회사 이무라 사장은 판결에 따라 화해를 받아들이긴 했으나 "사죄할 필요도 없고 죄의식은 더더구나 없다. 다만 무모한 싸움을 계속하는 것은 서로 불행하기 때문에 나라 정책(재판)에 따르는 것 뿐"[4]이라고 기자들에게 말했다. 그의 불만 속에는 자신들의 침략전쟁에 강제로 동원되어 노동했던 식민지 민중의 아픔과 희생에 대한 최소한의 인식조차 자리잡을 공간이 없다. 그들에게 '과거사 문제'란 그저 하루라도 빨리 잊혀졌으면 좋을 성가신 멍에이자, 돈 몇 푼을 타내려는 피해자들의 핑계거리로만 생각될 뿐이다.

일본 정부나 우익 역시 마찬가지이다. 아니 한 걸음 더 나아가 있다. 그들은 졸타노가 제기한 '제2의 죄'는커녕 '제1의 죄'조차 인정하지 않으려고 한다. 오히려 그들은 이타가키의 주장처럼 일본군'위안부' 피해자의 존재를 완전히 부정·말살함으로써 기억의 역사에서 제거하려 하고, 심지어 인신공격까지 서슴지 않는 또 한번의 가해를 가하고 있다.

이 글에서는 식민지와 점령지의 여성들을 전쟁터로 끌고 가 '성노예' 행위를 강제함으로써 인간의 존엄성을 파괴한 반인도적인 범죄행위를 '제1차 가해'로 규정한다. 그리고 훼손된 존엄성을 되찾기 위해 아픈 역사의 진실을 복원시키려는 노력을 부정하고 현재의 인격조차 모독하는 또 한 번의 범죄행위를 '제2차 가해'로 규정하고자 한다. '제2차 가해'의 유형은 극우세력들이 일본군과 정부의 범죄사실 자체를 부정할 뿐만 아니라 피해자들에게 심대한 인격적 모독까지 가한 것에서부터 사실상 이러한 분위기를 조장하고 법적 책임을 끝까지 회피하는 일본정부의 무책임에 이르기까지 여러 형태가 있다. 이 글은 '제2차 가해'의 주장과 그 이념적·사회적 배경을

---

4) 『조선일보』, 2000. 7. 16.

규명하고 '제2차 가해자'들을 역사 앞에 고발하기 위한 작업의 하나로 쓴 것이다.

2. '제2차 가해'의 배경과 이념, 그리고 망언

1) '제2차 가해'의 사회적 배경

일본군'위안부' 문제가 일본에서 하나의 사회문제로 대두되었을 때 어느 일본인은 이렇게 진단한 적이 있다.

당시 국제사회부터 불충분한 인권보호규정이라고 비판받고 있던 공창제도가 있긴 하였다. 그러나 그조차 무시하고, 위반하여 위안소를 만들어 여성에 대한 제노사이드 또는 '페미사이드'(高橋哲哉)를 한 군대와 그것을 묵인·협력한 정부의 실태가 밝혀졌는데도, 어찌 이렇게 국내에서 죄를 추궁하는 목소리가 약할까. 그 이유를 생각할 때 역사에 대한 무지에다 공창제도를 포함한 남성 중심사회와 아시아 멸시 속에 배양되어 가려진 눈에 대해 말하지 않으면 안된다.[5]

그런데 이런 진단을 마치 증명이라도 하듯 방위청 정무차관인 니시무라 신고(자유당 중의원)가 "전쟁이란 정복한 나라의 여자를 강간해 아이를 낳게 하는 것이다. 반대로 국방이란 사랑하는 애인이 타국 남자에게 강간당하는 것을 막는 것"[6]이라는 등의 폭언을 내뱉었다. '아시아를 침략해 부녀

---

5) 上杉聰, 「'慰安婦'は商行爲か?」, 朝鮮人强制連行眞相調査團, 『問われる戰爭責任』, 63쪽.
6) 『조선일보』, 1999. 11. 4.

자를 강간한 (제국주의) 군인과 똑같은 체질'이라는 동료 정치인의 적절한 비판처럼 여기서 우리는 일본군'위안부' 문제를 바라보는 극우 정치인의 인식을 잘 볼 수 있다.

여기서 우리는 잠시 과거로 돌아가 보자. 1937년 12월 14일 『東京日日新聞』에 충격적인 사건이 실렸다. 「100명 참수 '초기록' 向井 106, 野田 105, 두 소위 연장전에」라는 제목의 유명한 기사였다.[7] 대전에서 일본도로 목을 베는 것은 적에게 아무런 타격도 주지 못한다. 전투는 주로 화기로 하기 때문이다. 참살의 경쟁은 전투의 목적과는 무관한 개인의 놀이였다. 따라서 이 참살 경쟁에 희생된 대다수 사람은 투항한 중국병이거나 비전투원인 일반시민이었다.

문제는 두 소위가 '죽이는 놀이'를 과시하듯이 경쟁하였을 뿐만 아니라 언론이 이런 범죄를 칭찬하면서 보도하였다는 점이다. 그리고 이 기사는 정부 당국의 검열을 무사 통과하였다. 즉 육군은 두 소위의 '100인 참수'를 용인한 것이다. 나아가 국민도 '100인 참수'를 당연히 옳은 것으로 느끼고 있었다. 요컨대 전쟁범죄조차 당연시 여기는 '군국주의' 문화가 전쟁을 바라보는 일본사회의 인식이었다.[8] 니시무라 신고의 전쟁관은 바로 이런 군국주의 문화관의 재판(再版)이다.

전후의 일본은 이 인식을 근본적으로 비판하고 극복하지 못했다. 단지 사람들은 문제를 회피하거나 시대상황 탓으로만 돌림으로써 책임에서 벗

---

7) 필자가 이 글을 쓰고 난 뒤, 10개월 정도 지난 2001년 9월 일본을 방문했을 때, 이 기사가 사실은 조작되었다는 것을 확인할 수 있었다. 즉 당시 이 기사를 쓴 기자가 사실을 조작하여 실었다고 고백했다는 것이다. 그러나 기사의 조작 자체가 문제의 본질에 영향을 미치지는 못한다. 왜냐하면 조작이었다 하더라고 이런 기사가 검열을 받고서 나왔다는 것은 당시 일본의 군부나 사회가 이것을 허용하고 있었다는 뜻이기 때문이다. 따라서 기사조작사실이 문제의 본질을 흐리지는 않기에 고치지 않고 그대로 썼다.

8) 宇佐美寬·池田久美子, 『'近現代史の授業改革'批判』, 黎明書房, 1997, 50쪽.

어나고자 하였다. 물론 사람들은 전쟁에서 침략행위를 잊고 싶어하는 심리를 가지고 있다. 그러나 죄를 부끄럽게 여겨 불안에서 자신을 지키려고 한 결과 '슬퍼할 능력'(알렉산더·마가렛 미셸리히, 『喪われた悲哀』, 河出書房新社, 1984)을 상실하게 된다.9) 일본사회가 피해자에 대한 '제2차 가해'를 이렇게 쉽게 받아들이고 있는 그 밑바탕에는 바로 이 '슬퍼할 능력'의 상실이 깔려 있다.

또한 일본인들 중 전쟁 희생자의 유족들은 희생자가 영광스런 죽음을 택한 것이라고 생각하고 싶어한다. 그 때문에 그들의 마음속엔, 중일전쟁과 태평양전쟁은 일어날 수밖에 없었던 당연한 전쟁이며, 일본이 정의를 위해서 싸웠던 성전(聖戰) 또는 자위전쟁이었다고 생각하는 경향이 있다.10) 그래야 스스로를 위로할 수 있고 구원받을 수 있다고 생각하기 때문이다. 동시에 이것은 전후보상을 반대하는 심성과 연결되어 있다. 즉 '전쟁이었으니까 어쩔 수 없었다' '일본만이 나쁜 것은 아니다' 또는 '전쟁에 종사한 동포 전사자에 대해 모독이 되지 않을까'라는 관점에서 스스로의 과거를 점검하는 데 소극적인 자세라고 하겠다. 이러한 사고방식은 개인의 처지에서라면 체험적으로 나오기 쉬운 의견일 것이다. 그 대표적인 의견으로서 월간 『현대코리아』의 주간 사토 가쓰미(佐藤勝已)의 다음과 같은 발언이 있다.

그야말로 위안부였던 분들은 필설로 다할 수 없는 고생을 하였을 것이다. 그러나 고생을 한 것은 그녀들뿐만이 아니다. 국가총동원법에 따라 당시의 국민은 병자 이외는 전원이 무료 또는 그에 가까운 봉사를 강요당하였다… 즉 말하자면 다소를 가리지 않고 전 국민이 가혹하고 말도 안되는 꼴을 당

---

9) 石田雄, 「誰の死を忘れ誰の死をどう意味づけるか」, 『戰爭責任硏究』, 第8號(1995年 夏季號, 日本の戰爭責任資料センタ-, 3쪽.
10) 모리시마 미치오/ 장달중 외 옮김, 『왜 일본은 몰락하는가』, 1999, 일조각 184-186쪽.

하였다. 그것이 전쟁이라는 것이며 비상시라고 하는 것일 게다.[11]

자신들을 가해자가 아니라 피해자의 대열에 세움으로써 가해 사실을 애써 눈감으려고 하는 마음, 전쟁은 다 그런 것이다는 식으로 얼버무림으로써 범죄행위를 인정하지 않으려고 자기최면에 빠지려는 마음, 그래서 어느새 범죄행위 자체를 정당화시킴으로써 역사의 부정의(不正義)를 정의로 둔갑시켜 버리는 주술에 빠져버리고 만 것이다. 피해자들에 대한 '제2차 가해'에는 바로 이런 심성이 작용하고 있다.

그리고 이러한 심성은 '추악한 과거의 역사'를 망각의 저편으로 보내려는 일본정부의 노력으로 더욱 확대·심화되고 있다. 일본 정부는 1982년 내각의 결정으로 8월 15일을 '전몰자를 추도하고 평화를 기념하는 날'로 정한 이후, 매년 이날이 되면 신문에 '지난날의 대전에서 내외지를 통해 죽은 3백여만을 추모'하도록 국민에게 호소하는 광고를 싣고 있다. 그리고 전후 50년을 맞이하여 토쿄 쿠단시타(九段下)에 있는 야스쿠니 신사 근처에 약 123억 엔을 들여 '전몰자추도평화기념관' 건설을 추진하였다. 그 취지문에는 "전후 50주년을 눈앞에 둔 오늘날 젊은 세대 가운데는 과거의 대전으로 약 300여만명이 목숨을 잃고 또 국민 전체가 곤란한 생활을 강요받았다는 사실조차 모르는 사람이 늘고 있으며, 대전(大戰)에서 돌아가신 분들을 추모하는 분위기가 날로 퇴색하고 있다"[12]고 쓰여 있다.

자민당 정권 때의 사업이긴 하나 침략전쟁으로 인한 아시아 희생자의 존재는 완전히 무시한 채 전후 50년을 청산하려는 작업이 그 기조를 이루고 있다. 이 3백만명은 누구인가. '군인·군속 외에 외지에서 비명에 죽은 자,

---

11) 「'종군위안부'냐 '북조선의 핵'이냐」, 『諸君』, 1992년 3월호; 高木健一 지음/ 최용기 역, 『전후보상의 논리』, 1995, 한울, 30쪽에서 재인용.
12) 望田幸男, 「전쟁 책임과 전후 책임」, 다나카 히로시 외 지음/ 이규수 옮김, 앞의 책, 84쪽.

내지(일본—인용자)의 전재(戰災) 사망자를 포함하여 일중전쟁에서 원폭피해자까지'(1963년 각의결정)가 바로 그들이다. 요컨대 기억하고 추모해야 할 대상은 전쟁으로 죽은 일본인뿐이다. 이것은 달리 말하면 남경대학살로 죽은 30만명의 중국인, 나아가 전쟁 중에 살해된 2천만명 이상의 아시아 민중들은 기억의 대상이 아니라 망각의 대상이라는 것이다.

아무 이유 없이 전장에서 죽은 아시아인들의 경우, 누가 그들의 죽음을 기억할 것인가. 현대전쟁의 가장 비참한 피해자인 비전투원의 죽음이 잊혀진다는 점, 바로 그것이 오늘날 전쟁의 비극을 잊게 하고 다시 그 비극을 되풀이 할 위험성을 안고 있다.[13] 영화 <최후의 순간—프라이드>는 그런 면에서 더욱 위험하다. 법정에 선 패전한 장수, 도조 히데키의 초라한 모습은 전쟁의 비극을 전달하고 있지 않다. 그저 힘이 약한 일본이 강한 미국에 졌고, 그 책임을 '전범'이라는 불명예스런 이름을 지닌 채 사형 당한 한 인간의 모습만 그려져 있을 뿐이다. 도조 히데키의 초췌한 얼굴에서 학살당한 사람들과 성노예로 파괴당한 사람들의 얼굴이 떠올려질 수는 없을 것이다.

한편 일본사회의 정신적인 공황도 '제2차 가해'의 심리적 배경으로 중요한 역할을 하고 있다. 즉 도쿄 지하철에 독가스를 살포한 옴진리교 사건 같은 것은 일본사회에 하나의 거대한 충격이었다. 타자를 말살함으로써만 자신을 구원받을 수 있다고 생각하여 행동에 옮긴 이 어처구니없는 사태 앞에 일본의 지성계는 당황하였다.

이를 해결하기 위한 방법으로 일본의 우익들은 어떤 진단과 처방책을 내어놓았는가. 니시오는 옴 진리교, 소년들의 잔혹한 범죄, 학교에서의 '이지메'가 야기한 자살 따위의 일본적 병폐는 모두 일본인들이 '공중에 붕 떠 있는 상태'에 있기 때문이라고 보아, 거기에 '국민'이라는 대지를 제공하려 하고 있다. 즉 그는 역대 자민당 정권을 포함해 현대 일본사회가 온통 마음

---

13) 石田雄, 앞의 글, 5쪽.

에 들지 않는 모양이다. '자민당 정치의 막연한 무성격은 일본 국민의 무의지, 무기력, 무의견 등의 사본'이라는 것이다. 그래서 그는 '국민의 역사'를 전면적으로 예찬하면서도 사실은 현재 '일본 국민'의 '무의지, 무기력, 무의견'에 대단히 분개하고 있다.14)

그렇다면 '무의지, 무기력, 무의견'인 일본 국민을 어떻게 하면 구제할 수 있는가. 바로 교육을 통하는 길뿐이다. 그런데 일본국가와 민족의 우수성을 말해야 할 역사교과서가 극우세력이 보기에는 이른바 '자학사관'으로 물들어 있다는 것이다. '성공한 나라' '잘 사는 나라'인 일본의 자랑스런 역사에 가장 수치스런 부분이 바로 일본군'위안부' 문제이기 때문에 그 역사적 존재 자체를 완전히 기억 속에서 말살시키고 싶은 것이다. 망언과 교과서 공격의 최선봉인 도쿄대 교육학부 후지오카 노부가쓰 교수가 일본군위안부 문제를 인정하고 싶지 않은 '본마음'을 이렇게 말했다. "이것을 인정해버린다면 일본이라는 국가는 정말 정신적으로 해체되어 버릴 것이다. 국가라는 형태는 일단은 갖고 있으나, 정신적으로는 국민이 자기 나라를 바보로 여기게 된다. 이것은 밖에서 보면 혐오하고 경멸할 국민이다."15) 일본의 극우세력이 역사교과서와 일본군'위안부' 문제에 대해 망언에 망언을 거듭하는 이유가 바로 여기에 있다.

이밖에 1998년 8월 북한 미사일 발사실험을 위기상황으로 몰아간 지배그룹의 전략, 뒤이은 미일방위협력지침(신가이드라인) 관련법 통과, 히노마루와 기미가요법 제정, 국회 헌법조사회 설치 등 국가주의의 조장과 소비에트의 붕괴로 이제까지 좌익진영을 지지했던 사람들이 갈 곳을 잃어버림으로써 '우로 봐'하는 경향도 망언을 부추기는 요인으로 작용하고 있다.

---

14) 이연숙, 「정신을 마비시키는 마취약」, 『한겨레21』, 296호(2000년 2월 24일), 43쪽.
15) 藤岡信勝, 「나를 군국주의자라 부르지 마라」, 『문예춘추』, 1997년 2월호, 294쪽.

2) 망언, 황국사관의 변종

김학순 할머니의 증언을 계기로 일본군'위안부' 문제가 본격적으로 제기됨과 동시에 일본 극우세력의 공격(망언)도 더불어 본격화되었다. 공격의 주요 대상은 중·고등학교의 역사교과서와 일본군'위안부' 문제였다. 그런데 공격의 양상이나 그것을 받아들이는 일본사회의 분위기가 예전과는 사뭇 다르게 나타났다. 극우세력의 망언은 그 역사가 깊다. 신사(神社)나 길거리에서 확성기로 악악대는 몇몇의 극우 세력들의 발휘하는 영향력이야 매우 약한 것이지만, 이제 상황이 바뀌었다. 뒤에 자세히 다루겠지만 일본사회에서 영향력을 행사하는 지식인 집단이 이 극우세력의 망언 대열에 합류했으며, 대중들도 상당히 동조하는 듯한 분위기다. 『산케이신문』과 『제군』을 비롯한 매체들이 끊임없이 이런 주장을 되풀이함으로써 일반인들이 사실처럼 받아들이게 된 것이다.

물론 이러한 망언이 갖는 사실왜곡과 윤리적 파탄에 대해 일본사회 내에서도 비판이 거세게 일고 있다. 그래서 일본군'위안부' 문제를 중심으로 벌어진 이 논쟁을 '기억을 둘러싼 내전'이라고 누군가가 재치 있게 묘사하기도 했다. 그러나 망언이 망언으로서가 아니라 하나의 공공의 여론으로 시민권을 확보하고 있다는 점에 문제의 심각성이 있다. 일시적으로 지나가는 현상이 아니라 망언 속에는 그 나름의 세계관이 있다는 뜻이다.

망언에 어떤 이념적 배경이 깔려 있는가는 '새로운 교과서를 만드는 모임'(이하 '교과서 모임'으로 줄임)의 성명서에 잘 나타나 있다. "최근 문부성 검정을 통과한 7개사 중등교과서의 근현대사 기술은 일청, 일로전쟁까지도 단순한 아시아 침략전쟁으로 위치 짓고 있다. 뿐만 아니라 메이지국가 그 자체를 악으로 규정하고 일본의 근현대사 전체를 범죄의 역사로 단죄하고 있다. 예컨대 증거조차 불충분한 종군위안부 강제연행설을 일제히 채용하고 있는 것도 이러한 안이한 자기악역사관(自己惡歷史觀)이 도달한

한 귀결점이라고 할 수 있다."16) 즉 전후 반세기 동안 계속된 역사교육은 왜곡과 자학으로 점철되어 있으며, 그 대표적인 사례가 바로 일본군'위안부' 문제라고 주장하고 있는 것이다.

그렇다면 왜 이러한 일이 일어나게 되었는가

일본인이 전후 50년간 세계를 이분(二分)한 미소 초강대국의 역사관을 비판 없이 그대로 국내에 받아들였기 때문이다. 역사교과서의 기술은 이 둘이 섞인 대표적인 예라 하겠다. 처음부터 그 근본적인 원리에서는 대립하면서도, 대일 전승국으로서 일본의 역사적 과거를 부정하는 2개의 역사관이 전후 일본 지식인의 머리에 합체하여 공존해 왔다. 그 결과 일본인은 일본 자신의 역사인식을 잃었다.17)

여기서 말하는 2개의 역사관이란 '코민테른사관'과 '도쿄재판사관'을 가리킨다. 도쿄대 교육학부의 후지오카 교수에 따르면, 코민테른사관은 소련의 국가이익에 기원을 가진 것으로 '천황제'를 부정하고 근대화에 성공한 일본국가의 타도를 목표로 하는 역사관이며, 도쿄재판사관은 미국 점령군에 의한 일본인 세뇌작전·사상개조계획에 기초한 것으로 일본인에게서 국가의식을 없애 국가에 대한 자랑과 긍지를 약화시킨 역사관이라는 것이다. 어느 쪽도 '일본국가의 부정'이라고 하는 공통항을 매개로 결합되어 있다.

따라서 그는 "검정을 통과한 7개사 교과서는 도저히 일본인을 위해 쓰인 교과서라고 말할 수 없다. 자국에 대해서 이렇게까지 악의에 찬 교과서를 아이들에게 가르치는 것은 국민의 교육권에 대한 용서할 수 없는 침해"18)

---

16) 新しい歷史敎科書をつくる會, 「'新しい歷史敎科書をつくる會' 創設にあたつての聲明」, 『新しい日本の歷史か始まる』幻冬舍, 1997. 320쪽.
17) 같은 글. 320쪽.
18) 『産經新聞』, 1996. 6. 28.

라고 언급한 후 '자국의 생존권이나 국익추구의 권리를 확실하게 인정'하는 사관의 정립을 제창하고 나섰다. 이른바 '자유주의사관'이라는 것을 들고 나온 것이다.

'자국의 역사에 긍지'를 갖는 역사교육을 목표로 삼은 자유주의사관은 '대동아전쟁은 형태는 침략전쟁의 모습을 띠고 있으나 그 본질은 해방전쟁이었다'는 다케우치 요시미(竹內好) 류의 '대동아전쟁 긍정사관'과도 다르다고 주장한다. 즉 배타적이며 공격적인 부정적 내셔널리즘과는 구별되는 '건강한' 내셔널리즘을 추구한다는 것이다.

자유주의사관의 역사인식에 대해 '교과서 모임'의 또 다른 주자인 전기통신대의 니시오 간지 교수는 이렇게 말한다. "어느 국가도 독자적인 역사상을 갖고 있다. 각기 다른 역사인식이 있기 때문에 다른 나라와 안이하게 역사인식을 공유하는 따위는 있을 수 없다.··· 특히 '유치한 내셔널리즘'을 졸업하고 있는 우리 일본이 현재 바야흐로 초기 내셔널리즘의 폭발기를 맞이하고 있는 인근 아시아 여러 국가들과 역사인식에서 상호 양보하여 의견이 서로 좁혀진다면 우리 일본의 굴복이라는 결과를 가져오는 것 외에는 다른 의미가 없을 것이다."19)

그러나 자신들의 주장과는 달리 '유치한 내셔널리즘'에서 벗어나지 못한 것은 오히려 일본이다. '침략'을 '진출'로 바꾸고, 태평양전쟁을 아시아민족 해방전쟁으로 둔갑시키고, 일본군'위안부' 문제를 교과서에서 삭제하도록 압력을 넣고 있는 것이 바로 자유주의사관의 '성숙한' 내셔널리즘이라는 것이다.

이러한 '자유주의사관'의 배후에는 전후 일본의 '성공'에 대한 자신감이 존재하고 있다. "일본에 잘못과 모순이 있었다는 것은 인정해야겠지요. 하지만 일본이 성공한 사실은 부정할 수 없잖아요··· 지금의 교과서는 성공을

---

19) *Voice*, 1997년 2월호, PHP연구소, 110-111쪽.

설명하지 않아요. 성공을 인정하지 않을 뿐만 아니라 범죄하고 있어요. 전후의 부흥에 대한 설명도 없어요. 자기 나라를 긍정하지 않는 교과서가 세상에 어디 있단 말입니까"라는 니시오 교수의 발언은 이러한 측면을 잘 말해주고 있다. 전쟁 책임은 세계가 함께 져야 하므로, 일본의 역사는 단죄의 역사가 아닌 발전의 역사로 복권되어야 하고 이는 '성공한 나라' 일본의 역사라는 형태가 되어야 할 것이라는 주장이다. 결국 자유주의사관이란 "구린내 나는 것에 뚜껑을 덮고 좋은 점만을 가르치는 신황국사관"[20]에 지나지 않는다.

'교과서 모임'은 신황국사관을 대중에게 선전하는 운동의 일환으로『국민의 역사』와 중학교용『새로운 공민교과서』를 출판하였다. 전후의 일본사회와 역사교육에 불만으로 가득 찬 니시오의『국민의 역사』는 발매 초기 몇 달만에 도쿄·오사카·교토 등 주요도시 주요 서점들에서 화려한 포스터와 함께 가장 눈에 잘 띄는 자리를 차지했고 박스째 조직적으로 팔려나갔다. 전국 각지에서는 주문도 하지 않은『국민의 역사』가 배달됐다. 4천부가 뿌려진 오사카의 어느 지역에서는 박스에 구입자금 후원자 이름과 함께 '아이들의 미래를 생각하는 오사카 부모들의 모임'이라는 보내는 쪽의 이름이 적혀 있었다. 그런데 이 모임의 주소는 '교과서 모임' 오사카 지부 주소와 동일했다. 다른 지역도 상황은 비슷했다. 이런 집중배포는 '교과서 모임' 회원 1만여명의 1/3을 차지하는 '그리스도의 막사'(광신적 우파 종교단체) 신도들의 헌납으로 가능할 수 있었다.[21]

자유주의사관이 젊은 층을 중심으로 요원의 불길처럼 전파되기 시작한 것은 극우세력의 집요하고 조직적인 대중 홍보와 더불어 만화라는 형식으로 좌충우돌식의 자극적인 문구를 거침없이 뱉어낸 고바야시 요시노리의 폭발적인 인기도 큰 몫을 했다. 특히 '할아버지의 행적을 지킨다'는 만화

---

20) 모리시마 미치오/ 장달중 외 옮김,『왜 일본은 몰락하는가』, 191쪽.
21) 한승동,「일본이 미쳐가고 있다」,『한겨레21』, 296호(2000. 2. 24), 41-42쪽.

『전쟁론』의 폭발력은 대단해서 그가 던진 '대동아전쟁 긍정사관' 등이 1998년 10월 30일 TV 논쟁으로까지 발전하였다. 문제의 심각성은 이날 '아침까지 생방송 TV'라는 프로그램에서 <격론! 『전쟁론』과 일본>이라는 주제로 논쟁을 벌일 때, '저 전쟁은 옳았는가 잘못되었는가'라는 시청자 조사에서 '옳았다'는 답변이 45%, '잘못이었다'라는 답변은 38%였다는 점이다. TV 방영 중에 전화나 FAX, 인터넷을 통한 회답에서 상당히 조직적인 투표가 있었다 하더라도 일본의 침략전쟁을 긍정하는 의견이 부정하는 의견보다 많았다는 사실은 극우파들의 영향력이 확대되고 있음을 증명하는 좋은 사례일 것이다.[22]

또한 1999년 5월 하순 도쿄 인근 자위대 군의관을 양성하는 방위의과대학 기숙사에서 한 소년이 인질 농성극을 벌였다. 배낭엔 사제 폭탄 9발과 최루 스프레이, 그리고 "현행 헌법을 파기할 것, 미국·러시아·한국에 빼앗긴 국토를 탈환할 것, 미국 등의 내정 간섭을 거부할 것" 등을 요구한 성명서가 들어 있었다. 15세의 이 '우익소년'은 미시마 유키오의 할복사건을 흉내낼 생각이었다. 그런데 놀라운 것은 이 소년을 선동시킨 책이 바로 고바야시의 『전쟁론』이었다.[23] 이성적 판단능력이 부족한 소년의 한낱 해프닝으로만 치부하기엔 많은 시사를 주는 사건이다. 물론 과도하게 확대 해석할 필요는 없지만 역사교과서에 대한 극우세력의 공격이 대중에게 영향력을 발휘하고 있음을 보여주는 하나의 상징인 것만은 틀림없다.

3) 망언, 그 허구의 논리

일본군'위안부' 문제와 관련하여 후지오카를 비롯한 극우론자들이 피해

---

22) 俵義文, 「歷史を改ざんする右派勢力の最近の動向」, 『戰爭責任硏究』, 25號(1999年 秋季號), 68쪽.
23) 『조선일보』, 1999. 8. 17.

자와 관련 단체들에게 가하고 있는 '제2차 가해'는 대체로 다음과 같은 주장들이다. 즉 ① 일본정부가 인정한 일본군'위안부' 강제연행은 사실은 아니다. ② 일본군'위안부'는 실제로 직업적 매춘부로서 그들의 활동은 상행위였다. 그리고 매춘은 합법적이었다. 역사적으로 전쟁이 있는 곳에는 항상 위안부가 있었고, 미군도 일본 점령 후 위안소를 만들었다. 한국의 미군기지에서는 지금도 한국인 '위안부'가 제공되고 있다. ③ 일본군'위안부'였음을 증언하고 있는 노파들의 증언은 신용할 수 없다. ④ 사춘기에 있는 학생들에게 일본군'위안부'라는 매춘행위를 공교육의 교재로 가르치는 것은 교육적으로 부적절하다. 그러므로 교과서에 포함돼 있는 일본군'위안부'에 대한 기록은 삭제되고 말소되어야 한다. ⑤ 일본군'위안부' 출신이라는 한국인의 증언은 더 없는 거짓으로서 반(反)일본인이 감언으로 날조한 것이다라는 따위이다.

이런 주장들은 이미 많은 비판을 받아 왔다. 그러나 극우세력들은 조금도 수그러들지 않고 오히려 자신들의 주장을 더 강화하면서 억지를 부리고 있다. 각각의 주장에 대해 무엇이 문제인가를 정리해보자.

(1) 강제연행 부정론

"일본정부가 인정한 '위안부' 강제연행은 사실이 아니다."

1993년 고노 요헤이(河野洋平) 관방장관은 일본군'위안부'에 대해 강제성과 중대한 인권침해, 그리고 국가의 관여를 공식적으로 인정하였다. 5월 3일 참의원 예산위원회에서 일본군'위안부' 문제에서 '강제란 어떤 내용인가'라는 질문이 있자 谷野作太郎 내각관방 내각외정심의실장은 다음과 같이 대답하였다. "여러 의미를 포함하고 있다고 생각합니다만, 지극히 일반적인 강제의 의미로 받아들이고 있습니다. 그럴 때 단지 물리적으로 강제를 가한다는 것뿐만 아니라 위협이나 두렵게 해서 본인의 자유로운 의지에 반해 어떤 종류의 행위를 하게 만드는 그린 경우도 널리 포함하는 쪽으로 우리들은 생각하고 있습니다." 애매한 표현이긴 하지만 일본정부와 군의 강제성을 인정한 것이다.

그러자 극우세력은 '고노 관방장관의 담화는 일본군'위안부'가 민간의 상행위인지, 군에 의한 강제연행인지 분명하지 않다. 쿠마라스와미 유엔 보고서도 피해의 실태가 불분명하고 강제연행의 증거가 없다'라고 하여 일본정부를 맹렬하게 공격하였다. 특히 조선인 여성을 강제연행하여 일본군'위안부'로 만들었던 사실을 고백하여 충격을 던졌던 요시다 세이지(吉田淸治)의 증언에서 몇 가지 오류가 밝혀지자, 극우세력은 일본군'위안부'의 역사 자체를 부정하는 빌미로 삼아 공격했다. 즉 요시다의 저서는 악질 문서이며 "정신대＝일본군'위안부'"는 허구, 조선인 위안부 20만명은 거짓말이라고 공격했다.

이처럼 극우세력은 '강제연행'이라는 개념을 매우 협소하게 해석함으로써 문제의 본질을 희석시키는 재료로 삼고 있으며,『요미우리신문』도 "군에 의한 '강제연행' 사실이 보이지 않는다"[24]라고 하여 동조하고 나섰다.

그러나 '강제연행'이란 이들의 주장처럼 단지 총을 들이밀고 강제로 끌고 가는 노예사냥만을 뜻하지 않는다. '조선인 강제연행'이란 "군사적 성노예(일본군'위안부'), 강제노동(탄광, 토목작업, 군수공장 등에서 남녀의 노동), 군인·군속 등 모든 연행 형태를 포괄하는 개념이다. 당시의 국제법과 일본 국내법도 '강제'란 육체적·정신적 강제를 포함하고 있다. 납치, 강요, 사기 등이 여기에 해당한다."[25] 일본군'위안부'로 된 유형을 보면 '속아서'가 68%, '강제연행'이 26%를 차지하고 있다. 그런데 당시의 국제법에서는 '속아서'도 '강제'로 규정하고 있다. 본인의 동의가 있어도 위법인 21세 미만의 미성년자를 징모(徵募)한 사례도 많이 있었다.[26] 더구나 위안소 그 자

---

24)『讀賣新聞』, 1997. 1. 31.
25) 洪祥進,「'慰安婦'問題と強制連行」, 朝鮮人強制連行眞相調査團,『問われる戰爭責任』, 56쪽.

체가 바로 '강제'의 대명사가 아닌가.

이처럼 자유주의사관론자들은 '강제연행'이란 개념을 극도로 한정시켜서 일본군'위안부' 제도에 대한 '강제성'까지 부정하려는 수법을 쓰고 있다.

(2) 공창제도론

"위안부는 실제로 직업적 매춘부로서 그들의 활동은 상행위였다. 그리고 매춘은 합법적이었다."

1994년 5월 남경학살과 침략전쟁 부인 발언으로 물의를 일으켰던 나가노(永野茂門) 법무대신이 "위안부는 당시에는 공창이었다. 따라서 현재의 가치관을 갖고 여성차별이니 한국인 차별이니 하고 말할 수는 없다"[27]라고 발언하였다. 일본군'위안부'가 있던 당시에는 매춘이 합법적으로 인정되는 공창제의 시대였고, 따라서 공창에 지나지 않는 일본군'위안부' 문제를 가지고 차별 운운하는 것은 옳지 않다는 논리이다. 그리고 이러한 논리는 전쟁 상대국의 '여성보호'를 위해 전장 유곽인 위안소를 두었고, 따라서 위안소 설치는 당시의 제도상 합법적이었을 뿐만 아니라 '필요악'이었다는 식으로까지 발전해간다.

특히 '밝은 일본 국회의원 연맹'의 오쿠노 세이스케(奧野誠亮) 회장과 이타가키 의원은 "일본군'위안부'는 상행위이며 강제연행은 없었다"[28]라고 폭언하여 피해자의 명예를 심하게 손상시켰으며, 외교문제로까지 발전하게 되었다. 그러나 피해자로부터 항의를 받은 이타가키 의원은 "당시는 가난한 가운데 공창제도가 있었고, 혜택받지 못한 여성이 있었다"라고 하여 일본군'위안부' 제도를 정당화시키려 하였다. 오쿠노와 이타가키의 발언은

---

26) 俵義文,「藤岡信藤氏の敎科書攻擊の詐術を暴く」,『週刊 金曜日』, 제169호(1997. 5. 9).

27)『국민일보』, 1994. 5. 6.

28)『朝日新聞』, 1996. 6. 5.

① 당시는 공창제가 있었고, 자유의사에 의한 매춘은 상행위로서 국가에 의해 공인 받은 합법이었다. ② 일본군'위안부' 제도도 공창제와 같다. ③ 따라서 위안부 제도도 합법이었다는 논리이다.

이후 공창제도론은 일본군'위안부' 문제를 합법화시키려는 단골 메뉴로서 등장한다. 카지야마(梶山靜六) 관방장관의 "우리들의 윗세대는 종군위안부라고 하더라도 그다지 놀라지 않는다. (공창이 된 것은) 많게는 가난하여 돈 때문이었을 것"[29]이라는 발언이나 자민당의 광보본부장(廣報本部長) 시마무라(島村宜伸)의 "대저 현지의 현현(女衒--매춘시설에 여성을 알선하는 업자)이 한 몫을 해서, 중국 사람이나 한국 사람이 모여 있었다.··· 본인의 의사로 희망해서 그러한 길을 선택한 사람도 있다"[30]는 발언이 이에 해당한다.

『오욕의 근현대사』라는 책에서 후지오카는 당시 일본군'위안부'들의 보수가 대졸 신입 사원의 3배, 일반 병사의 10배였다고 주장하면서 '종군위안부는 지원자였다'라는 망언까지 서슴지 않고 있다.[31] 또한 그는 일본군과 정부의 무책임을 주장하기 위해 이른바 '문부성 식당론'이라는 논리를 들고 나와 의기양양했다. 즉 문부성 안에 민간업자가 경영하는 식당이 있다. 문부성은 이 업자에게 건물 일부와 수도 따위를 이용하는 편의를 제공했다. 이런 형식으로 문부성은 식당에 관여하고는 있으나 경영은 하지 않는다. 전지위안소와 군의 관계도 이와 같다. 따라서 불법이 있었다면 위안소 업자의 책임이지 군의 책임은 아니다는 주장이다.[32]

물론 당시 공창제도가 있었다. 그러나 거기에도 몇 가지 원칙이 있었다.

---

29) 『産經新聞』, 1997. 1. 24.
30) 『朝日新聞』, 1997. 2. 7; 정재정, 『일본의 논리』, 현음사, 1998, 22-23쪽에서 재인용.
31) 「'종군 위안부는 창녀 출신' – 일본 우파 미쳤는가」, 『시사저널』, 1996.12.12.
32) 藤岡信勝, 「歷史敎科書批判運動の提唱」, 『現代敎育科學』, 1996年 9月號, 明治圖書出版, 109쪽; 宇佐美寬·池田久美子, 앞의 책, 62쪽에서 재인용.

하나는 허가를 받은 특정한 장소와 특정한 사람에게만 이것이 허용되었다. 즉 대좌부(貸座敷)라고 하는 정해진 공간에서 경찰서가 보관한 창기명부에 등록된 여성만 허락되었다(창기취체규칙 8조). 두 번째는 강요된 매춘은 당연히 허락하지 않는다는 원칙이 있었다.

따라서 만일 '위안부'로 된 여성이 경찰에 출두하여 창기명부에 등록하고 군대 내에 있는 '대좌부'에서 매춘을 했다고 한다면 후지오카의 말처럼 그것은 공창제도의 틀 내이므로, 적어도 일본 국내법은 위반하지 않았다고 할 수 있다. 그러나 강제연행된 여성이 창기를 신청했을 리도 없고 군대 내에 '대좌부'가 있을 리도 없다.

만일 이런 법령에 근거하지 않은 창기나 대좌부·알선업자가 있다면 그것은 공창이 아니라 사창, 대좌부가 아니라 사창굴이며, 허가받은 업자가 아니라 준브로커였다. 그렇다면 당시의 일본군은 스스로 사창굴을 부대 내에 두고, 거기서 법적으로 사창에 해당하는 여성들을 감금하고 폭행한 것이 된다. 후지오카의 예를 빌리면 문부성의 건물에 사창굴과 도박장이 개설된 것과 같은 것이다.[33]

또한 후지오카는 위안소의 경영을 모두 '민간업자'가 했다고 하나, 상당수는 군이 직접 경영하였다. 문제는 위안소를 군이 직접 설치했던 민간업자의 요청으로 했던 그 개설허가는 군이 한 것이다. 따라서 군은 경찰, 즉 당시의 내무성에서 대좌부 설치허가를 받거나, 민간업자를 지도할 의무가 있었다. 그러나 그런 흔적은 전혀 없다.

그렇다면 군은 당시의 공창제도를 위반하여 위안소를 만들고, 범죄를 저지른 셈이 된다. '위안소가 공창제도의 연장'이라는 말은 완전한 허구이다. 그리고 이런 군정 전반을 관장하는 역할을 하고 있던 육해군성과 내각은 위법이 일어나고 있음을 알면서도, 새로운 법을 만들지 않고 방치하여 수

---

33) 上杉聰, 앞의 글, 61쪽.

많은 피해자를 만들었기 때문에 그 책임이 크다. 군은 여성들을 강제연행하여 성폭행 등 많은 범죄를 저질렀다. 이것을 '작위(作爲)'의 죄라고 한다. 그리고 당시 육해군성과 내각, 그 책임자는 공창제도에 따르거나 아니면 공창제에 준하는 군법을 새로 제정할 의무가 있음에도 게을리 했다. 이를 '부작위(不作爲)'의 죄라고 한다.[34]

결국 후지오카의 주장을 받아들이더라도 일본군과 일본정부는 법적 책임을 면할 수 없게 된다.

(3) 증언을 믿을 수 없다

"위안부 출신이라는 한국인의 증언은 더 없는 거짓으로서 반(反)일본인이 감언으로 날조한 것이다."

일본군'위안부' 문제가 일본사회에 제기되자 '자유주의사관론자'를 비롯한 극우세력들은 '노인들의 말은 믿을 수가 없으니 증거를 대라'고 주장하였다. 게다가 요시다 세이지의 증언에 몇 가지 오류가 발견되자 이를 빌미로 일본군'위안부'의 역사 자체를 부정하는 논리로까지 발전시키는 억지를 부렸다. 즉 '증거가 없다'는 것을 '사실이 없다'라는 형태로 왜곡시킨 것이다.[35] 게다가 그들 역시 피해자들의 증언이 사실이 아니라는 자신들의 주장을 증명할 어떤 자료도 제시하지 않고 있다. 그저 '증언은 믿을 게 못된다'라고 대중에게 끊임없이 반복해서 주장함으로써 대중들도 그들의 주장이 타당한 것처럼 받아들이는 지경에까지 이른 것이다.

사실 증거자료를 확보하는 데는 많은 어려움이 따른다. 그러나 이 어려움의 1차 책임은 일본정부에게 있다. 당시 일본정부는 위안부제도를 비롯한 전쟁범죄가 국제법을 위반하였고, 그 책임을 져야 한다는 사실을 잘 알고 있었다. 포츠담 선언 제10항은 "우리는 포로를 학대한 일을 포함하여 전

---

34) 같은 글, 62쪽.
35) 이에 대한 자세한 비판은 宇佐美寬·池田久美子, 앞의 책, 86-98쪽 참조.

쟁범죄 일체에 대해서는 엄중한 처벌이 가해질 것"이라 하여, 일본의 전쟁 범죄자에 대한 엄벌 방침을 규정하고 있었다. 따라서 일본의 지배층은 연합국의 전범 처벌 방침에 대처하기 위해 패전 직후 중요 관계자료를 대량으로 소각, 인멸시켰다.

패전 당시 내무관료였던 오쿠노 세이스케 전문부상은 패전 직전 육해군과 협의하여, 하라 분페에(前 국민기금 이사장) 등과 함께 중요자료를 소각시키기 위해 전국을 돌아다녔다고 증언한 바 있다.[36] 중요 자료 소각은 토쿄재판에서도 범죄행위로 추궁되었으며, 국제검찰국(IPS)은 이를 상세히 조사하였다. 다무라 히로시(田村浩) 포로정보국장관·포로관리부장은 검찰측의 심문을 받고 그간의 사정을 다음과 같이 말하였다. 즉 육군의 경우 1945년 8월 15일 이치가야타이(市市谷台)에서 육군연락회의가 열렸는데, 이때 육군성에서 '기밀 자료 가운데 보존할 필요가 있는 것 외에는 하나도 남기지 말고 모두 소각하라'는 구두 지시가 내려졌다고 한다.[37] 결국 일본의 전후는 '과거 극복'이 아니라 '과거 인멸'로 시작된 것이다.[38]

일본국내에서 망언이 잇따라 나오는 요인 가운데 하나는 자료의 공개문제이다. 일본정부는 당시의 자료를 연구자는 물론 국회의원조차 비공개로 하고 있다. 따라서 피해자들이 자신들의 증언 이외에 증거를 확보한다는 것은 일본정부가 협력하지 않는 한 매우 어렵다. 따라서 이제 '자유주의사관론자'들이 대답할 차례이다. '정부의 관여가 없었으며, 강제가 아니었다'는 주장을 어떻게 증명할 것인지를.

---

36) 自治大學校史料編集室, 「山崎內務大臣を語る座談會」, 1960
37) 粟屋憲太郞, 「토쿄재판으로 본 전후처리」, 다나카 히로시 외 지음/ 이규수 옮김 『기억과 망각-독일과 일본, 그 두 개의 전후』, 90-91쪽.
38) 같은 글, 90쪽.

(4) 교육적 측면, 성의 문제

"사춘기에 있는 학생들에게 위안부라는 매춘행위를 공교육의 교재로 가르치는 것은 교육적으로 부적절하다. 따라서 교과서에 포함돼 있는 위안부에 대한 기록은 삭제되고 말소되어야 한다."『산사라』1997년 1월호에서 후지오카와(岡崎久彦. 전 주한·주타이 대사)가 대담하고 있다. 이 가운데서 岡崎는 일본군'위안부' 문제는 춘화집에 있는 그림과 같은 것이라 단정하고, '춘화집의 그림류를 교과서에 싣는다면 언어도단'이라고 주장하고 있다. 그것을 받아 후지오카는 "지금 위안부 문제를 활발하게 말하고 있는 사람들이 가지고 있는 증언집과 자료는 바로 그런 수준이다. 그렇게 엽기적인 것은 그것이 가령 옳다 하더라도 활자로 해서는 안된다"라고 동조하고 있다.39)

이처럼 일본군'위안부' 문제를 매춘 문제로 바꿔 본질을 흐리게 한 다음, 후지오카는 "'일본군'위안부를 문제로 삼는 논자들은 원래 매춘은 나쁘다는 신념에서 발언과 행동을 하고 있다. 따라서 그들은 지난날의 일을 문제로 삼기보다는 신쥬쿠의 매음굴에 가서 데모를 해야할 것이다.…그런데 그렇게 하지 않는 것은 그들의 참된 동기가 매춘, 그것 자체의 부정이 아니라 일본의 국가와 군대를 적대시하여 비방하는 것에 있음이 분명하다"40)는 억지를 부린다.

이는 국가권력에 의한 인간의 존엄성 파괴를 성의 문제로 치환함으로써 문제의 초점, 즉 일본국가의 범죄행위를 모면하려는 주장이다.

---

39) 俵義文,「藤岡信藤氏の敎科書攻擊の詐術を暴く」,『週刊 金曜日』, 제169호, 1997. 5. 9

40) 藤岡信勝,「歷史敎科書批判運動の提唱」,『現代敎育科學』, 1996年 9月號, 明治圖書出版, 110쪽; 宇佐美寬·池田久美子, 앞의 책, 64쪽에서 재인용.

(5) 인신 공격

교과서를 공격하는 극우세력들은 '제2차 가해' 가운데서도 피해자의 인격을 모독하는 행위마저 서슴지 않았다. 그 대표적인 예로 1997년 5월 니시오카(西岡力)는 "현재까지 한일간의 외교에 부질없는 장애가 되어온 일본군'위안부' 문제는 애초에 언론(특히『아사히신문』)의 오보, 허위의 저술(요시다 세이지), 자료의 오독(요시미 吉見義明) 등에서 빚어진 것이다.…군·관헌에 의한 강제연행은커녕, 군이나 경찰은 민간업자가 폭력적으로 연행하는 것을 단속했다.『아사히신문』의 植村隆 기자가 기생이 되기 위해 인신매매 당한 전 위안부 김학순(金學順) 씨를 '여자정신대의 이름으로 전장에 연행되어'라고 거짓 보도했다. 그는 일본정부를 상대로 소송을 일으킨 태평양전쟁회생자유족회 간부의 딸과 결혼했다. 말하자면 장모의 재판을 유리하게 만들기 위해 조작한 기사라고 볼 수 있다"[41]는 망언을 하였다. 그리고 타니지와(谷澤永一)와 아가와(阿川弘之) 역시 "지금 좌익이 최후의 막판의 나쁜 변형형(變形型)이 되어간다. 인간으로서 정말이지 화제로 삼고 싶지도 않은 문제들을 크게 들고 나온다. 예를 들면 '종군위안부'라는 용어문제이다. '종군위안부'는 이 세상에 없던 말이다.『아사히신문』의 어느 기자가 만들어 낸 말이다. 그 기자의 부인이 코리언으로서, 그녀의 모친이 일본에 대해 '보상을 하라'는 소송을 일으켰다. 그것을 백업하기 위해 스쿠프(특종기사)의 형태로 '종군위안부' 문제를 조작했다"[42]라고 하여 피해자의 인격을 모독했다.

이들의 주장은 일종의 정신병과도 같다. 즉 극도의 가학심리가 왜곡된 형태로 표출된 것이라고 밖에 볼 수 없다. 그렇지 않다면 어떻게 돈 몇 푼

---

41) 西岡力, 「'慰安婦問題'誰誤報を訂正しない」, 『諸君』(1997.5); 정재정, 『일본의 논리』, 37-37쪽에서 재인용.

42) 谷澤永一·阿川弘之, 「謝るだけが外交か」, VOICE(1997.5); 정재정, 같은 책, 37-38쪽에서 새인용.

을 받기 위해 인간으로서 차마 말할 수 없는 이야기를 지어낼 수 있다고 생각하겠는가. 어쩌면 자신의 모든 명예가 손상될지도 모를 위험을 감수하여 거짓말을 지어냈다고 생각하는 이들의 발상 자체가 오히려 이해가 가질 않는다. 처지를 바꿔놓고 생각한다면 그들은 과연 그럴 수 있을까. 정상인이라면 도저히 생각할 수 없는 주장이다.

3. 일본정부의 범죄행위

일본군'위안부' 출신의 피해자들에 대한 '제2차 가해'의 최대 주범은 일본 정부이다. 일본군'위안부' 문제가 처음 제기되었을 때, 일본 정부는 일본군과 정부의 개입을 일체 부인하고 무책임으로 일관했다. 그러나 피해자와 관계자들의 증언과 정부 개입을 증명하는 결정적인 자료들이 공개되자, 1993년 8월 일본 각료 외교고문실이 편찬한『전시위안부』라는 공식적인 연구 문건에서 위안소 설치에 일본 정부가 '관여'하였음을 처음으로 시인하였다. 이후 일본정부는 과거의 일본군'위안부'의 명예와 인격에 손상을 준 행위에 대해 공식적인 사과를 발표하였다. 그러나 이러한 사과와 시인에도 불구하고 일본정부는 계속해서 위안소 설치 및 운영과 관련하여 일본군과 일본 정부의 법적인 책임은 없다고 부인하고 있다. 이것은 곧 당시뿐만 아니라[43] 현재의 국제인권법과 윤리를 전면적으로 부정하는 행위이다.

---

43) 당시의 국제법상으로 볼 때도 일본정부는 법적인 책임을 가지고 있다. 우선 일본이 1932년에 비준한 ILO의 '강제노동에 관한 조약'에서는 여성노동을 전면적으로 금지하고 있다. ILO는 1995년 '위안부' 문제가 이 조약을 위반했다고 지적하였다. 가령 민간업자가 했다고 해도 일본정부는 그 책임을 져야한다는 것이다. 동 조약에는 이 조약위반자에 대해 그 나라 정부가 '형사범죄로서 처벌'(25조)하도록 규정하고 있다. 즉 민간업자가 '위안부'를 연행, 알선했을 경우, 일본정부가 민간업자를 체포하여 처벌해야 한다. 그런데 일본정부는 한 사람의 업

그 근거는 무엇인가. 1993년 일본군'위안부' 문제와 관련해서 '지금의' 일본정부가 법적 책임이 있음을 밝히는 중요한 보고서가 유엔에 제출되었다. 디오 반 보벤 최종보고서(UN Doc. E/CN.4/Sub.2/1993/8)가 바로 그것이다. 이 보고서의 '일반원칙2'는 "인권과 기본적 자유를 존중하고, 또 존중을 확보하는 국제법상의 의무를 위반한 경우, 모든 국가는 피해를 회복할 의무를 갖는다" 그리고 "인권의 존중을 확보하기 위한 의무로는 위반행위를 방지할 의무, 위반행위를 조사할 의무, 위반행위자에 대한 적절한 수단을 취할 의무, 피해자에게 구제를 제공할 의무를 포함한다. 국가는 인권의 중대 침해에 책임이 있다라고 생각되는 어떤 개인도 자신의 행동에 대한 책임을 면하지 못한다는 것을 확보해야만 한다"는 내용이다.

보고서에 따르면 일본군'위안부'에 대한 가해범죄행위를 방치하고, 범죄를 조사하지 않으며, 위반행위자에 대해 적절한 수단(처벌)을 취할 의무를 계속 게을리 한 일본 정부로서는 '피해회복의무' 즉 배상의무가 매일 새롭게 생겨나고 있는 것이다.[44]

이에 근거하여 이후 일본 정부의 법적 책임을 강조하는 국제사회의 각종 권고와 결의가 잇따랐다.

1994년, 권위 있는 NGO 국제법률가위원회(ICJ)는 일본정부의 무책임을 비판하면서 "① 일본군 '위안부'는 '노예'이며, 일본은 노예를 금지하는 국제법을 위반하였다. ② 한일협정 등 2국간 조약은 이와 같은 중대한 인권침해를 포함하지 않았기 때문에 '위안부'에 대한 보상문제는 해결되지 않았다. ③ 일본정부는 이것을 승인한 위에 사죄하고, 피해자에게 국가보상을

자도 처벌하지 않았을 뿐만 아니라 오히려 정부가 알선했기 때문에 그 책임은 더 무겁다. 이밖에 위법행위의 근거로는 '일본병 행위의 일본국으로의 귀속성' '1907년 헤이그조약' '1921년 부인 및 아동의 매매금지조약' '1926년 노예조약' '전쟁범죄' 등이 있다.

44) 戸塚悅朗, 『日本が知らない戰爭責任』, 現代人文社, 1999, 37-38쪽.

해야 한다"라고 국제연합에 보고하였다.

이어 1995년 국제연합인권소위원회는 '행정적 심사회의 설치'와 '분쟁해결기관'(상설중재재판소)에 의한 국제중재 등에 의한 해결을 일본정부에 권고하였다. 국제연합인권위원회에서 임명한 쿠마라스와미 특별보고자(여성에 대한 폭력 담당)는 1996년 2월 국제법률가위원회와 인권소위원회의 권고를 채택한 보고서(책임자 처벌 권고를 포함)를 공표하였다. 일본정부의 강경한 보고서 '거절' 요구를 물리치고, 인권위원회는 같은 해 4월 보고서를 공인하였다. 한편 국제노동기구(ILO) 전문가위원회는 같은 해 3월, 일본군 '위안부'에 대한 가해행위를 "(강제노동)조약을 위반한 성노예로 특징지을 수 있다고 인정된다"라는 보고서를 공표하였다. 국제연합인권소위원회는 8월 전년의 권고에 추가하여 일본정부가 국제연합과 전문기관(ILO 등)에 "이 문제에 관해 협력하도록 요구"하였다.[45]

1998년 8월 제45차 유엔인권소위원회에서 '전시하의 조직적 강간, 성노예 및 그와 유사한 형태' 특별보고관인 게이 맥두걸은 위안부 문제와 관련한 보고서를 발표하였다. 이 보고서는 일본군'위안부' 제도가 성노예제라는 점을 분명히 하고, 위안소를 강간센터(rape center, rape camp)로 규정하여, 강제성을 부각하였다. 또한 책임자 처벌문제를 강조하여 생존 전범의 색출을 주장하는 등 그 어느 때보다 강도 높게 일본정부의 법적 책임, 즉 국제노예 범죄, 인도에 반하는 범죄, 그리고 전쟁범죄에 근거한 책임을 강조하였다.[46]

그러나 일본정부는 각종 논리를 동원하여 일본의 무책임을 주장하면서 모든 권고를 무시하였다. 게이 맥두걸의 보고서를 통해서 일본 정부가 주장하는 논리가 얼마나 잘못된 것인가를 정리해 보자.

주장 1: 위안부 제도는 성노예제가 아니었다.

---

45) 같은 책, 227-228쪽.
46) 「한국정신대문제대책협의회보」, 14호, 1998년 9월호.

반론: 일본정부가 시인한 자료에 따르면 위안부 여성들은 사용용도 및 목적에서 가재도구처럼 취급되었다. 이같은 인식은 징집 과정, 이전의 자유 제한, 군장비와 함께 여성들의 운송, 여성들의 건강상태 점검(성병 및 피임), 그리고 위안소에 대한 군의 통제 등을 통해 확연히 드러났다. 생존자들 또한 매일 그들에게 가해진 압력, 학대, 그리고 성폭력을 증언하고 있다.

주장 2 : 노예제도와 강간은 그 당시 국제관습법을 위반한 것이 아니므로 소급적용은 허용될 수 없다.

반론: 노예제 금지는 이미 20세기초에 국제관습법상의 지위를 누리고 있었다. 일본 스스로도 1872년 페루 노예상인들에게 유죄를 선언한 적이 있다. 1907년의 헤이그협약 및 규칙들, 그리고 1926년의 노예제금지협약은 이를 잘 보여 주고 있다.

주장 3 : 전쟁 관련 법규나 관습은 일본인이나 한국인에게는 적용될 수 없다. 그 이유는 당시 한국이 일본에 '합병'되어 있었기 때문이다. 따라서 일본은 일본인과 한국인 피해자에 관해서는 어떠한 전쟁범죄 책임도 없다.

반론: 전쟁범죄에 더하여 위안부 제도는 노예제와 인도에 반하는 범죄를 구성한다. 이 두 범죄는 전쟁범죄와는 구별된다. 여기서 금지하는 조항은 무력충돌과 무관하게 적용되고 전쟁범죄처럼 교전 당사국 국민에게만 제한되지도 않는다. 노예제와 인도에 반하는 범죄는 또한 강행규범을 위반한 것이다. 국제법상 강행규범은 어떠한 예외도 허용하지 않는다.

주장 4 : 피해자 개인은 배상을 청구할 권리가 없으며, 개인은 국제법의 주체가 아니다.

반론: 현재뿐만 아니라 위안소가 설치되었던 당시에도 이 주장은 틀렸다. 1907년 헤이그 협약 및 규칙 제3조와 1920년대 상설 국제사법법원(PCIJ)의 판결에 따르면 개인은 국제법 위반에 대해 배상을 청구할 권리가 있다. 일본 정부 스스로도 국제법 위반에 따르는 개인의 손해배상 청구를 인정하였다. 따라시 위안부 제도를 설치하고 운영했던 사실과 관련하여 일본정부는 자신

의 행위와 자국군대의 행위, 그리고 정부나 군의 대리인의 행위에 대해 책임이 있다. 또한 일본정부는 위안부에게 가해진 위법행위들을 방지하고 조사하고 구제하는 일에 대해 실패한 책임도 져야 한다.

주장 5: 설령 일본이 위안부 개개인의 청구에 대해 책임이 있다고 하더라도, 이러한 모든 청구권은 전후 평화조약과 배상협정을 통해 최종적으로, 그리고 완전히 해결되었다.

반론: 한일협정으로 해결되었다고 볼 수 없다. 그것은 일본정부가 1992년까지 위안부제도와 관련된 구체적인 사실을 숨겨왔기 때문이다. 게다가 한일협정은 단지 경제적인 재산청구권에만 관련되었을 뿐이므로 개인의 인권법과 인도법 위반사항에 대한 청구권은 소멸되지 않는다.

주장 6: 개별적인 위안부들의 청구권은 시효가 만료되었다.

반론: 시효규정은 노예제, 인도에 반하는 범죄, 그리고 기타 국제관습법의 중대한 위반에는 적용될 수 없다.[47]

매우 길지만 자세하게 인용한 것은 일본군'위안부' 문제에 대한 국제사회의 인식이 높을 뿐만 아니라 일본이 주장하는 논리를 반론의 여지가 없을 정도로 정확하고 치밀하게 허물어버렸기 때문이다. 이로써 일본정부도 국제연합이 창설 이전의 문제를 심리할 권한을 갖고 있지 않다고 항변을 계속하다가 최근에는 이를 주장하지 않게 되었다.

그러나 일본 정부가 완강하게 변하지 않는 자세가 있다. 그것은 이 성적 노예제도가 인도에 대한 죄이며, 국제법상의 범죄에 해당한다는 것을 인정하지 않는다는 것, 이 문제를 해결하기 위한 국가의 책임을 인정하지 않겠다는 것이다. '여성을 위한 아시아평화국민기금'(국민기금)은 바로 이런 맥

---

47) 게이 맥두걸, 「일본군 성노예제 문제와 일본정부의 책임에 대한 국제법적인 접근」, 『'2000년 일본군성노예법정'과 일본군 '위안부' 문제』, 1999, 12-14쪽.

락 속에서 발족한 것이다.

국민기금의 이사장 하라 분페에(原文兵衛)가 "정부가 개인 보상을 시작하면 한국, 중국과 이미 끝낸 조약과 혼동되어 오히려 양국간에 복잡한 문제가 생긴다. 그러나 조금이라도 성의를 나타내기 위해 국민들에게 위안부 문제를 제대로 인식시켜 자발적인 보상이 이뤄지도록 하는 것이 제일 좋다고 생각한다"[48]라고 했듯이 일본정부의 출연금과 민간모금으로 구성된 국민기금은 피해자에 대한 일본정부의 법적 책임을 돈으로—그것도 일본정부의 잘못을 인정한 보상이 아니라 민간모금 형식을 띤 돈으로—사려는 것에 지나지 않는다.

일본정부가 '국민기금'을 통해서 일본군위안부 문제를 해결하려는 것은 세 가지 점에서 잘못을 범하고 있다.

첫째, 국민기금을 만드는 목적과 동기가 잘못되었다. 일본정부는 이를 통해 '일본정부가 적절한 조치를 취했다'는 듯한 잘못된 인상을 주는 정보를 국제적으로 유포시켜, 국제적인 비판을 잠재우려는 것이다. 둘째, 국민기금을 만드는 이유가 법적·도의적으로 잘못되었다는 것이다. 법적·도의적으로 책임이 있는 일본국가가 책임이 없는 국민에게 임의로 헌금을 요구하고 책임을 전가시키려는 것이다. 국민의 책임은 진상을 규명하고, 피해자를 지지하며, 책임 있는 자, 즉 일본국가에 대해 책임을 갖게 하도록 노력하는 것이다. 셋째, 국민기금을 만드는 전제부터가 잘못되었다. 일본정부가 국민기금을 만들어 민간모금으로 보상하겠다는 것은 일본정부가 국가로서 보상할 법적·도의적 책임의 존재를 부정한다는 전제에서 나온 것이다.[49]

그런데도 일본정부가 피해자와 관련 단체의 반대를 무릅쓰고 국민기금을 강행하자 1995년 12월 3~4일 도쿄에서 '여성을 위한 아시아평화국민기금 반대!' 국제회의가 개최되었다. 이 회의에서 참가자들은 '국민기금'을

---

48) 『産經新聞』, 1995. 8. 1.
49) 戶塚悅朗, 같은 책, 162쪽.

반대하고 국제연합의 권고에 따라 특별입법에 의한 국가배상으로 이 문제를 해결하라고 결의하였다. 결의문은 "국민기금으로 책임을 면하려는 것은 결코 허용할 수 없다" "국민기금에 의한 결말은 피해자에 대한 모독이자 파렴치이며 기만이다" "국민기금을 추진하고 협력하는 행위는 주관적으로는 좋은 뜻이지만 결과적으로 국가의 면책에 가담하는 것이라고 말할 수밖에 없다"[50]라고 단호하게 말하고 있다.

일본정부가 저지르고 있는 또 다른 범죄행위로는 증거자료의 인멸과 은폐를 들 수 있다. 자유주의사관론자를 비롯한 극우세력이 일본군'위안부' 문제를 공격하면서 자주 애용하는 주장 가운데 하나가 '증거를 대라'이다. 그러나 앞서도 보았듯이 일본군과 정부는 의도적으로 전범에 관련된 자료를 없애려고 했다. 따라서 전쟁범죄에 해당하는 자료를 쉽게 접할 가능성은 매우 적다. 더군다나 일본정부는 소장하고 있는 자료조차 공개하지 않고 있다. 1957년 미국은 메릴랜드주 소재 국립문서보관소에 소장된 일본의 전쟁범죄 자료를 단 3%만 복사한 후 일본 정부의 요구에 따라 모두 반납하였다. 이후 전쟁범죄를 조사하는 미연방정부의 특별조사반이 주미 일본대사관과 일본 정부에 수십 차례 협조공문을 보냈으나 일본은 주권사항이라며 일체의 자료 열람을 거부하고 있다.[51] 일본정부는 전범자에 대한 처벌이나 재발 방지는 고사하고 객관적인 사실을 밝히려는 노력조차 조직적으로 방해하고 있는 것이다.

또한 일본 문부성과 자민당의 우익정치가들은 왜곡된 역사교육마저 강요하고 있다. 최근 문부성이 심사 중인 중학교 역사교과서(2002년 4월부터 사용), 즉 '교과서 모임'이 제출한 것뿐만 아니라 기존의 7개 교과서가 일본군위안부, 관동대지진 때의 조선인 학살, 징병·징용, 난징대학살, 생체실험부대(731부대), 산코작전(三光作戰) 등의 내용을 크게 개악(改惡)시켰다.

---

50) 같은 책, 160쪽에서 재인용.
51)『문화일보』, 2000. 9. 2.

일본군위안부의 경우 이를 기술한 교과서가 기존의 7개에서 3개로 줄었고, '위안부'라는 명칭을 남긴 교과서도 1개뿐이다. 도쿄·오사카서적 등 이를 삭제한 4개사는 교과서 시장의 80% 이상을 차지하고 있다. 또한 이들 출판사는 황국신민화를 위한 신사참배 강요, 농민 집단강제이주, 항일운동, 관동대지진 때의 조선인 학살, 남방침략 등을 삭제하고, 난징대학살도 난징사건으로 바꾸거나 사실을 축소하였다. 이밖에 이들 교과서는 일제의 침략과 전쟁범죄, 식민지배와 수탈 실태, 현지민들의 고통과 저항을 삭제하거나 축소하는 대신 그동안 우익들이 주장해 왔던 '천황'과 일본역사의 우월성을 강조하는 방향으로 전환했다.[52]

출판사들이 이처럼 역사교과서들을 '20년 전의 내용으로 후퇴'[53]시킨 배경에는 정계와 관계의 압력이 있었다. '어린이와 교과서 전국네트21'의 타와라 요시후미(俵義文) 사무국장은 많은 증언을 토대로 문부성과 총리, 국회의원들이 교과서 개악 작업에 관여했음을 밝혔다. 역사의 시계바늘을 거꾸로 돌리려는 일이 지금 일본에서 태연하게 벌어지고 있는 것이다. 이대로라면 '침략'을 '진출'로 '태평양전쟁'을 '아시아민족해방전쟁'으로-그렇다면 한승동 기자의 말처럼 인도 독립의 아버지는 도조 히데키가 되어야할 것이다-강변하고, 일본군위안부는 날조라고 떠드는 '교과서 모임'의 역사교과서를 교실에서 학생들이 배울 날도 멀지 않을 것이다. 망언이 이제 '역사'가 되는 시대가 오는 것이다.[54]

---

52) 『인터넷한겨레』, 2000. 9. 21.
53 어린이와 교과서 전국네트21, 교과서에 진실과 자유를, 일본출판노동조합연합회 등의 '새 교과서에 대한 보고·검토회' 성명서, 같은 글에서 재인용.
54) '교과서 모임'이 신청한 교과서의 주요 내용과 비판은 한승동, 「'헛소리'가 역사가 되는 나라」, 『한겨레21』, 제322호(2000.8.24)를 참조.

4. 확산되는 가해자들[55]

1) '제2차 가해'의 주범

(1) 정치권

'밝은 일본' 국회의원연맹(116명)

자민당의 '종전50주년국회의원연맹'이 발전한 단체로 회장은 망언으로 유명한 오쿠노 세이스케(奧野誠亮) 의원이며, 중참의원 116명이 참가하고 있다. 이들은 중학교 역사교과서에서 일본군'위안부'에 관한 기술 부분을 일찍부터 삭제하도록 정부에 요구해 왔다. 1996년 9월 13일에는 "차기총선에서 자민당이 '교과서정상화'를 공약으로 내세운다. 연맹은 국민과 함께 교과서 정상화 운동을 계속한다" 등의 결의문을 채택한 바 있다.

이밖에 자민당 소속의 우익단체로 '교과서 검정문제에 관한 검토소위원회' '교육문제에 관한 프로젝트팀(회장 井上裕 전 문부상, 참의원)' '일본의 앞날과 역사교육을 생각하는 젊은 의원의 모임(대표 中川昭一, 중참의원 62명 참가)'이 있다.

바른 역사를 전하는 국회의원연맹(회장 小澤辰男, 38명)

신진당 소속의원으로 구성된 단체로 국회의 '전후50주년결의'에 대해 "지금 우리나라가 독립주권국가로서 존재하고 있다는 사실은 한 마디로

---

55) 이 절은 俵義文의 『ドキュメント 慰安婦'問題と敎科書攻擊』(高文硏, 1997)을 중심으로 정리하면서 신문 등을 참조하였다. 그리고 원고를 적성한 지 적지 않은 시간이 흘렀고, 그에 따라 큰 변화도 있었다. 특히 올해 '새로운 역사교과서를 만드는 모임'에서 펴낸 중학교 사회교과서의 역사왜곡사태가 그것이다. '만드는 모임'의 역사왜곡도 문제이지만, 이것을 교과서로서 인정한 일본정부의 반역사적인 행위는 일본 내외로부터 많은 비판을 받았다. 이런 새로운 변화들을 원고에 담아야 마땅하나 논지를 바꿀 만한 변화도 없고 지면관계를 고려해서 추가하지 않았음을 밝혀둔다.

'전쟁배상=전쟁사죄'가 끝났다는 것을 의미하고 있다. 그런데도 이 시기에 '사죄'한다는 것은 선배들의 노력과 명예를 짓밟는 것이며, 또한 우리들이 잔학비도(殘虐非道)한 민족이라는 이름을 미래 영겁에 걸쳐 짐 지우게 되는 것"이라고 주장하며 결의를 반대하였다.

종전50주년국민위원회(회장 加瀨俊— 전유엔대사)

일본 우익단체의 연합회인 이 단체는 1995년 8월 16일 오후 자민·신진당 의원 수십여명과 시민 등 1천여명이 참석한 가운데 도쿄 시내 헌정기념관에서 부전·사죄결의에 반대하는 긴급집회를 가졌다.

자민당의 '종전50주년국회의원연맹'과 통합야당 신진당의 '바른 역사를 전하는 국회의원연맹'이 후원한 이날 집회에서 '종전50주년국민위원회'는 4,562,282명이 서명한 부전·사죄결의 반대서명록을 국회측에 전달했다. 이 날 집회에서 '종전50주년국회의원연맹'의 오쿠노 회장은 "이토 히로부미를 암살한 안중근은 한국에서 독립투사로 신격화되고 있지만 일본입장에서 보면 살인자에 불과하다"면서 "역사의 다양한 측면을 무시하고 자신의 입장만 강조할 때 많은 문제점이 발생한다"는 등의 망언을 늘어놓았다. 1988년에도 과거사 망언으로 국토청장관에 취임한 지 한달만에 경질됐던 오쿠노 회장은 또 김영삼 대통령이 무라야마 도미이치 총리에게 부전결의문제를 제기한 것은 '명백한 내정간섭'이라면서 '한국인들이 계속 과거문제를 지적하는 것은 국민성 때문'이라고 주장했다.

한편 이날 '종전50주년국민위원회'측이 발표한 부전·사죄결의반대 청원 소개의원 257명 가운데는 다케시타 노보루 일한의원연맹 회장을 비롯, 나카소네 야스히로 전총리와 외상을 역임한 나카야마 다로, 와타나베 미치오, 무토 가분, 가키자와 고지 의원 등 과거 이른바 '친한파'로 알려진 상당수의 인물들이 포함돼 있다.[56]

---

56) 『경향신문』, 1995. 3. 17.

(2) 언론

『산케이신문』

　『산케이신문』은 특징을 살려야 한다며 '주장하는 신문'[57]임을 내세운다. '주장과 정론'이라는 난에서 과감하게 우익적인 발언을 거듭하고 있다. 자민당 내 보수파를 지지하며 사회당을 비난하는 논조가 많고, 국가주의적 경향을 띤다. 자유주의사관연구회원들이 집필하는 '교과서가 가르쳐주지 않는 역사'를 1년간 연재하는 등 일본군'위안부' 문제와 역사교과서에 대한 공격의 핵으로 활약하고 있다. 신문에 연재했던 글을 모아 출간한『일본에서 가르치지 않는 역사』라는 책은 무려 80만 권이나 팔릴 정도로 베스트셀러가 되었다.

『문예춘추』

　발행부수는 1백만부로 주로 남성 위주의 독자층을 갖고 있으며, 자매지로『쇼쿤!(諸君)』(1969년 창간, 공개 발행 부수 12만부)을 발행하고 있다. 『산케이신문』과 더불어 '제2차 가해'의 최대 주범이다. 1992년 3월호에 다나카 아키라(田中明) 척식대 교수와 사토 가쓰미(佐藤勝巳) 월간『현대코리아』 주간의 대담기사는 '위안부문제는 일본이 한국의 어리광을 받아주는 구조를 조장할 뿐이다'는 부제를 달고 있다.

　이밖에『세이론(正論)』(산케이신문 발행, 1973년 창간, 공개 발행 부수 10만부), Voice(PHP연구소, 1977년 창간 공개 발행 부수 19만부)를 비롯하여『산사라』, SAPIO,『주간신조』,『주간문춘』,『여성세븐』,『주간포스트』,『월요평론』,『주간 세계와 일본』 등의 잡지가 있다.

---

57) 조선일보가 광고 표어로 들고 나온 '말할 수 있는 신문'이라는 내용도 실은 여기서 따온 것이다.

(3) 연구소, 단체, 기타

일본청년협의회(일본교육연구소)

衛藤晟一(자민당 중의원 의원, 전 일본교육연구소 위원장, 역사·검토위원회 위원, '밝은 일본' 국회의원연맹 부회장, 자민당 내 '일본의 전도와 역사교육을 생각하는 젊은 의원의 모임' 회원)

일본교사회

일본의 유치원, 초·중·고교 교사 2,500명으로 구성된 교육연구단체인데, 보수적 색채가 짙다. 1996년 9월 교과서의 일본군'위안부' 기술을 삭제할 것을 요구하는 결의문을 채택하여 문부성에 제출하였다. 이들은 중학교 단계에서 일본군'위안부' 문제를 가르치는 것은 문부성의 '의무교육 학교교과용 도서검정 기준'이 정하고 있는 '생도의 신심 발달단계에 적응토록 한다' 등의 규정을 위반한 것이라고 주장하였다.

쇼와사(昭和史)연구소

1995년 11월에 설립된 단체로 역사가 짧으나 회원으로 교수, 역사학자 등 고급지식인 600여명이 참여하고 있다. 대표는 나카무라 아키라(中村粲) 독협(獨協)대학 교수가 맡고 있다. 이 연구소의 상징적인 인물은 연구소 이사로 고보리 게이이치로(小堀桂一郎) 명성(明聖)대학 교수이다. 그는 '천황예찬'이라는 소신을 굽힐 수 없다며 도쿄대학을 박차고 나간 일로 일본 사회에서 '천황론자'로 꽤 알려진 인물이다.

연구소는 역사를 재검증하는 연구부문, 정계·학계에 이론을 제공하는 '싱크 탱크(think tank)' 부문으로 나뉘어 활동한다. 국민신문사를 직접 운영하면서 부수 3만 1천부의 신문도 발행하고 있다. 인체로 비유한다면 보수·우익운동의 머리 역할을 자처하고 나선 셈이다.

이 연구소는 주요 이념으로 "교과서의 자학적 색채가 매년 짙어진다. 이는 정치문제이다" "예를 들어 일본군'위안부'가 있다. 그러나 일본군이 강제연행한 사실은 없다. 그런 오류가 교과서에 실려서는 안된다" 등을 내세우면서 '자유주의사관연구회'와 연계행동을 펼치고 있다.

자유주의사관연구회

대표는 우리에게도 익히 알려진 후지오카 노부가쓰 도쿄대학 교수이다. 홋카이도대학 재학 당시 공산당에 가입하는 등 열렬한 좌파운동가로 활동했으나 80년대 들어 사회주의에 환멸을 느껴오다 극우파로 변신한 교육학자이다.

후지오카는 1996년 9월 5일 자민당 참의원 정책연수회의 강연에서 "(역사교과서는) 일본이 얼마나 나쁜 짓을 해왔는가를 강조하는 자학적·반일본적인 내용으로만 가득 차 있다. 일본군'위안부'는 사실에 근거한 것이 아니다. 그 일본군'위안부'가 교과서에 게재된 것은 중대한 스캔들"이라든가 "일본군'위안부' 기술은 사실에 기초하지 않았으므로 일본인의 자각과 기개를 짓밟아버린 것"이라는 등 일본군'위안부'의 존재 자체를 부정하는 발언을 하였다. 게다가 그는 기회 있을 때마다 "일본군'위안부'는 성노예가 아니라 보통 매춘부들" "일본군'위안부'로 동원되었다는 말 한마디로 돈을 받을 수 있다면 이는 복권에 당첨된 것과 마찬가지"라는 따위로 일본군'위안부'에 대해 인격마저 모욕하는 극단적인 망언도 서슴지 않고 있다.

새로운 역사교과서를 만드는 모임

1996년 12월에 발족된 이 단체는 '자유주의사관연구회'와 더불어 '교과서 공격'을 주도하고 있는 대표적인 모임이다. 후지오카와 니시오 간지가 이 단체에서 주도적인 역할을 하고 있다.

그러나 이 단체를 우리가 더욱 주목하는 것은 그 구성원들의 면면이다. 정부 세제개혁위원회 위원장 가토 히로시(加藤寬), 지바(千葉)상과대학장 야마모토 다무마(山本卓眞), 후지쓰 회장 사쿠라이 오사무(櫻井修), 유명한 수필가 야마모토 나쓰히코(山本夏彦), 명성대학 다카하시 시로(高橋史郎) 교수, 학습원대학 사카모토 다카오(板本多加雄, 일본정치사상사 전공) 교수, 만화가 고바야시 요시노리 등이 대거 참여하고 있다.

그리고 이 단체를 지지하는 사람 가운데 하야시 겐타로(林健太郎, 전 도쿄대 총장, 서양사, 일본육영회 회장, 국제교류기금 이사장, 참의원 의원 역임), 아가와 히로유키(阿川弘之, 소설가, 일본문예가협회 이사, 일본예술원 회원), 이치무라 신이치(市村眞一, 교토대 명예교수, 경제학, 국제아시아연구센타 소장) 등이 있다.

이들은 기존의 보수 우익들과는 일정하게 구분되는 '합리적' 경향의 인물로 평가받고 있다. 그런 만큼 일본인의 지지를 얻어내는데 성공하고 있는 셈이다. 이들은 일제의 침략전쟁을 '자국의 생존권이나 국익추구'를 위한 것이라고 주장하고, 일본의 역사를 단죄의 역사가 아닌 발전의 역사로 복권시켜야 한다고 강조한다.

역사교과서 시정을 촉구하는 모임(회장 小田村四郎)

1997년 2월, 도쿄에서 중학교과서 '위안부' 기술 삭제 의견서 채택청원을 제출하였다(이때 대표자는 三輪和雄). 그후 전국적인 조직으로 발전하면서 고마다가 대표자로 되었다. 그해 4월 10일 목흑(目黑)공회당에서 1000명이 집회를 개최.

전국교육문제협의회(전 부이사장·梶山茂)

전국 PTA 간부의 유지에서 조직한 정치조직. 96년 8월부터 '자유주의사관'연구회와 함께 교과서 공격을 시작하였다. 1996년 11월 전국회의에서 지방의회의 삭제결의운동 전개를 결정하고, 청원을 내고 추진하고 있다.

일본 여론의 모임(世論의 會)(회장 柴田正, 부회장 三輪和雄)

지방의회에 삭제결의 청원을 내고, 추진하고 있는 우익조직이며, 三輪은 『正論』의 대표이기도 하다.

위법교과서소송원고단(대표 中村粲)

1997년 4월 3일, 교과서의 남경대학살·위안부 기술 등의 정정을 요구하면서, 이런 교과서는 '이수의무가 없다'고 하여 중학교 1학년생과 그 보호자 등을 원고로 도쿄지방재판소에 제소한 단체이다.

편향교과서를 규명하는 국민회의(대표 四方稔)

1997년 4월 8일, 우익단체가 가두선전차 150대를 이끌고 오오사카에서 '통일행동'을 하였다. 그때 오오사카서적 등에 '항의문'을 제출하였다.[58]

2) 가해의 공범

(1) 사법부

1999년 10월 1일 도쿄지방재판소에서 일본군'위안부' 관련 재판이 열렸다. 판결은 10초만에 끝났다. 나리타 기타루 재판장은 "국제법상 개인이 국가를 상대로 청구할 권리가 인정되지 않으며, 배상청구권도 소멸됐다. 원고의 청구는 모두 기각한다. 소송비용은 원고의 부담으로 한다"라는 판결을 내렸다. 그리고 재판부는 황급히 퇴장했다. 1993년 4월 5일 송신도 할머니가 일본을 상대로 사죄와 배상을 요구한 이후 6년 반에 걸친 심리 끝에 내려진 판결이다. 일본군'위안부'가 인간의 존엄을 유린한 범죄행위이고 일본은 피해자에게 배상을 해야 한다는 수많은 국제법률가들과 유엔의 권고가 있었음에도 일본 사법부는 일본 정부가 책임이 없다라고 판결한 것이다.

더구나 이 도쿄 판결은 1998년의 시모노세키 판결보다 훨씬 후퇴한 것이다. 시모노세키 판결에서는 피고(일본국)가 피해자에 대해 더 이상의 피해가 커지지 않도록 배려하고, 보상할 조리상의 법적 작위(作爲)의무를 갖고 있다고 했다. 그러나 이번 판결은 원고인 송신도 할머니의 피해사실은 모두 인정을 하면서도 일본 정부의 책임은 모두 인정하지 않았다.[59]

---

58 이밖에 일본군위안부 문제와 교과서를 공격하고 있는 지방의회의 자세한 활동에 대해서는 타와라, 『ドキュメント 慰安婦'問題と敎科書攻擊』를 참조.
59) 『조선일보』, 1999. 10. 13.

(2) **언론**

1995년도『일본신문연감』에 따르면, 조간의 경우『아사히신문』이 약 830 만부,『요미우리신문』이 약 992만부,『마이니치신문』이 약 400만부,『산케이신문』이 190만부를 발행하였다.[60]

이 가운데 좌파 경향을 띠어오던『아사히신문』의 논조는 점차 현실 노선으로 바뀌고 있으나 여전히 혁신과 진보를 추구하고 있다.『마이니치신문』은『아사히신문』과 자매지간이라고 불릴 만큼 논조가 비슷하다.『산케이신문』은 앞서도 언급했듯이 대표적인 우익언론이다.

『요미우리신문』은 중립을 표방하지만 국회 결의와 국제 공헌 등 국익과 관계되는 일에는 우익편에 서며, 파문이 일기 쉬운 망언 문제나 전후 보상 문제 등은 되도록 취급하지 않고 국내 문제에 중점을 두고 있었다. 그런데 1990년대 후반부터 논조가 바뀌었다. 즉 일본군'위안부' 문제가 제기되던 초기에는 "법적으로는 해결된 것이라는 입장을 견지하더라도 그와 별도로 정부는 한국을 비롯한 관련국 정부와 조속한 협의를 통해 우리의 진실한 마음이 전달되도록 조치를 강구하고 이 문제의 조기해결을 도모해야 한다"[61]라고 하여 동정적이었다. 그러나 1997년 4월 13일자 헌법 시행 50주년 기념 사설 '아직도 남아 있는 일본성악설(日本性惡說)의 주술'은 완전히 그 논조가 다르다. 사설은 1996년 12월 미국 법무부가 일본군'위안부' 관련자들의 입국을 금지한 것을 '위선'이라고 몰아붙였다. 그 증거로 종전 후 일본 정부를 통해 특수위안부 시설을 운영한 것은 오히려 연합군총사령부(GHQ)였다고 주장하였다. 연합군총사령부는 각종 행정명령으로 위안소 운영에 '관여'했으며 따라서 미국은 일본군'위안부' 문제에 간섭할 자격이 없다는 것이다. 이 사설은 또 독일군 점령지역에 수많은 강제매춘시설이 설치되고 조직적인 여성사냥이 벌어졌던 사실은 밝혀졌지만 일본의 경우 관

---

60) 김영애 편역,『일본언론으로 보는 종전50년』, 장락, 1996 참조.
61)『讀賣新聞』, 1992. 7. 7:『세계일보』, 1992. 7. 8.

헌이 강제연행한 사실을 입증하는 자료는 없다고 했다.[62]

결국 일본은 여성의 인권을 유린하지 않았으며, 미국이나 독일에 비해 도덕적 우위에 서있다는 논법이다. 일본국민 사이에는 이처럼 역사인식 문제에서 일본만 억울하게 두들겨 맞고 있다는 불만이 높아지고 있다.『요미우리신문』은 이 불만을 조장한『산케이신문』의 논조에 동조함으로써 '제2차 가해'를 지원하고 있는 것이다.[63]

5. 맺음말을 대신하여—한일협정을 개정해야 한다

최근 현해탄을 사이에 두고 과거사 문제가 중요한 화두로 제기되고 있다. 조일수교를 비롯하여 일본군'위안부' 문제, 그리고 미국 법정에서 벌어지고 있는 강제징용 소송 등 이미 반세기 전에 끝났어야 할 전후 청산과 극복이 오히려 지금에 와서야 비로소 본격적으로 논의되고 있다는 사실은 그만큼 남북한이나 일본, 그리고 동아시아 각국이 지난 과거로부터 그다지 자유롭지 못하다는 것을 잘 반영하고 있다.

그런데 과거사 청산 문제에서 가장 크게 걸림돌로 작용하는 게 있다. 1965년 한국과 일본 사이에 체결된 한일협정이 바로 그것이다. 이미 언론에서 보도된 바와 같이 수교를 위한 회담과정에서 핵심의제는 일본의 과거 청산문제이며, 그것은 곧 식민지배에 대한 사죄와 배상문제를 말한다. 북한은 식민지배 36년간뿐만 아니라 전후에 대해서도 사죄와 배상을 요구하고 있다. 이에 대해 일본은 사죄와 배상은 물론이고 보상도 불가능하다고 주장한다. 다만 재산 청구권이나 경제협력 방식을 고집하고 있다. 즉 1965년

---

62)『중앙』, 1997. 4. 14.
63)『요미우리신문』의 '변절'에 대해서는 高嶋伸欣,「歷史觀×メデイア＝ウオッチ ソグ」,『季刊 戰爭責任硏究』, 第25號(1999年秋季號)를 참조.

의 한일협정 체결 방식을 북한에도 그대로 적용하겠다는 것이다. 게다가 미국에서 진행중인 강제동원 소송 건이나 심지어 정신대 문제까지도 일본은 한일협정 방식으로 대응하고 있다. 첫 단추를 잘못 끼운 결과가 어떻다는 것을 가장 잘 보여주는 사례라 할 것이다.

그렇다면 한국뿐만 아니라 동아시아에 대해 전후 과거청산에 대한 일본의 기본인식이 담겨 있는 한일기본조약에 무슨 문제가 있는가. 여기에는 식민지배에 대한 사죄와 배상이 완전히 빠져 있다. 단지 단절된 국교를 재개한다는 조약이며, 일본정부도 주장하듯이 재산청구와 경제협력에 관한 조약이었다. 따라서 침략과 식민지배에 대해 어떠한 책임추궁도 없었다. 오히려 일제의 식민지배를 합법화시켜 주는 결과만 낳았다. 1995년 일본 국회에서 사죄결의를 이끌어냈던 무라야마 수상조차 "한일합방조약은 당시에는 유효하게 맺어진 조약이었다"라고 발언하였다. 이것은 무엇을 뜻하는가. 일본 정부가 과거사에 대해 반성한다고 말하지만 식민지배가 합법적이었다는 인식에는 변함이 없음을 말해준다. 결국 1965년의 협정은 바로 일본이 이런 주장을 할 수 있게 만들어 주었으며, 나아가 이후의 모든 과거사 문제는 이 협정으로 완결되었다는 빌미와 명분을 제공한 반역사적인 조약이었다.

한일협정과 관련해서 최근 미국에서 매우 중요한 문서가 공개되었다. 미국립공문서관 자료에 따르면 미국은 처음엔 민족해방운동의 공적으로 한국을 대일 교전국이자 연합전승국의 일원으로 인정했으나 일본의 압력으로 샌프란시스코조약 조인국에서 제외시켰다는 것이다(『한겨레』, 2000. 8. 23). 북한이 일본에게 '배상'을 요구하는 것이 타당함을 역사적으로 증명해 주는 귀중한 자료이다.

그리고 일본도 이러한 주장을 인정한 적이 있었다. 1990년 9월 28일 평양에서 북한의 조선로동당과 일본의 자유민주당, 일본사회당이 공동으로 선언한 역사적인 '3당 공동선언문'을 우리는 아직도 기억하고 있다. 이 선언문에서 일본 대표단은 "일본이 36년 간 조선인민에게 커다란 불행과 재난을 끼친 사실과 전후 45년간 조선 인민에게 입힌 손실에 대해 조선민주주의인민공화국을 대신해 공식적으로 사죄하고 충분히 배상해야 할 것"을 인정하였다. 비록 미국과 한국, 그리고 일본 내 우익들의 압력으로 이 공동선언문이 실천에 옮겨지지는 못했지만, 그것이 의미하는 바는 매우 중요하다. 한일협정의 부당성을 근본적으로 비판하는 것이자 일본의 전후 책임이 어떤 원칙에서 시작되어야 하는가를 제시한 것이다.

그런데 그 원칙이 지금 휴지조각으로 변할 위험에 처해 있다. 우리가 인정해 준 조약이 무기가 되어 북한이나 피해자를 압박하는 카드로 활용되고 있는 꼴이다. '결자해지(結者解之)라고 했다. 매듭을 잘못 묶은 사람이 결국 그 매듭을 다시 풀어야 하지 않겠는가. 우리가 침묵하고 방관함으로써 결과적으로 불의가 승리한다면 우리는 또 한번의 죄를 짓게 될 것이다.

그렇기에 원인 제공자의 하나인 우리가 나서서 한일협정을 올바른 방향으로 고치는 운동을 전개해야 한다. 그래야만 북·일 수교에서 진정한 과거청산이 이루어지고 일본군'위안부' 소송과 강제징용 집단소송에서 정의가 실현되는데 동참할 수 있을 것이다. 그들이 단지 우리 민족이기 때문에 나서자는 것이 아니다. 잘못된 역사로 인해 파괴되었던 인간의 존엄성을 회복하는 길이기 때문이다. 즉 한일협정 개정 운동은 잘못된 과거사를 청산하자는 운동이다. 따라서 우리의 운동은 그동안 극우의 공세로 한때 위축되었던 일본의 양심적인 세력들에게 힘을 실어주는 역할도 할 것이다. 동아시아의 평화나 한일간의 우호는 결코 먼 곳에 있는 것이 아니다.

일본 역사 교과서에서 다룬 일본군'위안부' 문제[*]

정재정
서울시립대 국사학과

1. 서론

1) 연구 목적

일본군'위안부' 문제[1]는 1932년 중일전쟁 발발 시기에 '위안소'가 설치
되기 시작하여 제2차 세계대전이 끝날 때까지 일본군이 주둔했던 곳이면
어디에나 존재했던 일본군이 계획적으로 강제동원·운영·관리했던 여성에
대한 조직적 강간행위로서 전쟁범죄임과 동시에 국제법에 반하는 비인도

---

[*] 본 논문은 2000년에 완성된 것으로, 본 논문집에 싣게 위하여 수정하였음을 밝힌다.

[1] 일본군'위안부'에 대한 용어는 '종군위안부', '정신대' 등으로 혼동해서 불리는
경우가 흔하다. 그러나 '여자정신대'와 '위안부'는 명백하게 다른 것이다. 다만
'여자정신대'로 동원되었다가 '위안부'가 된 경우는 있다. '정대협'에서는 이런
혼돈을 피하고 개념을 분명히 하기 위해 '일본군'위안부''로 개념을 통일했다.
이와 관련해서는 한국정신대문제대책협의회 진상조사연구위원회에 엮은 『일본
군'위안부'문제의 진상』(역사비평사)에 자세하게 기록되어 있다. 유엔 인권위원
회 특별보고관의 보고서에서는 "일본군'위안부'"에 대해 '군 성노예제도', '조직
강간'으로 표현하고 있다.

적 범죄이다.

그러나 정치적인 요인과 피해 여성들 개인의 순결문제로만 인식되는 사회적인 경향성으로 인해 오랜 세월 동안 충분한 진상규명과 책임자 처벌, 피해자에 대한 적법한 보호가 이루지지 않은 채 몇몇 학자와 일부단체의 관심사에 머물러 있었다. 그러나 1990년 한국정신대문제대책협의회(이하 정대협)가 결성되고 1991년에는 김학순 피해자의 첫 공개증언이 이루어지면서 조직적인 인권운동으로 주목을 받게 되었다. 정대협을 비롯한 관련단체들은 실천활동과 더불어 일본군'위안부' 문제를 보다 효과적으로 해결하기 위하여 '국제법'에 대한 연구를 활발히 전개하였다. 이러한 연구활동의 일환으로 정대협이 1993년에 개최한 <'강제종군위안부' 문제와 일본의 법적 책임> 토론회에서 당시 유엔인권소위원회 배상문제특별보고관으로 활동하고 있던 테오반 보벤 교수는 중대한 인권침해에 대해 '진상조사, 책임자 처벌, 배상을 실시할 것' 등이 가해국 국가가 행해야 할 책무로 제시하였으며, 그는 특히 "유엔인권위원회가 배상에는 유사한 침해가 미래에 발생하지 않도록 법률 제정 등 조치를 취하는 것도 포함하여 가해국에 촉구하고 있다"는 사실을 지적하였다.2) 이후 정대협은 일본군'위안부' 문제와 관련하여 일본정부에 대한 요구사항을 '진상의 전모 공개, 범죄 인정, 사죄, 배상, 위령비 건립, 교과서 명기, 책임자 처벌' 등 7가지로 확정하였다.3)

이런 활동의 성과는 유엔에서 보다 구체화되었는데, 1996년 4월 라디카 쿠마라스와미 특별보고관의 『전시 군성노예문제에 관한 특별보고서』와 1998년 8월 게이 맥두걸 특별보고관의 『전시 조직적 강간, 성노예, 노예적 취급관행에 관한 특별보고서』에서 일본군'위안부'문제는 일본군이 직접 개

---

2) 한국정신대문제대책협의회, 『정신대자료집IV-강제종군위안부문제와 일본의 법적 책임』(1993. 9. 30).
3) 한국정신대문제대책협의회, 『정신대 자료집V-제3차 일본군'위안부'문제 아시아연대회의 보고서』(1995.3.31), 71쪽.

입하여 모집·관리·운영해 온 전쟁범죄이자 비인도적 범죄임을 분명히 하고 일본정부가 국제법에 따라 진상의 완전한 공개와 책임자 처벌, 피해자에 대한 배상 등을 실시하도록 일본정부에 권고하고 있다.

특히 1996년 제52차 유엔인권위원회에서 채택된 대일본 권고에는 "역사적 사실을 반성하기 위해 교육과정을 바로잡아 이 문제에 대한 경각심을 높이도록 한다"는 내용을 포함하고 있다.[4] 비인도적 범죄에 대한 경각심을 심어주기 위한 교육이 제대로 이루어지기 위해서는 한·일 양국의 역사교육 과정에서 일본군 '위안부' 문제가 충분히 다루어지고 교육되어야 한다.

2) 연구의 범위와 방법

연구의 범위와 관련하여 이 글에서는 1998년도 현재 일본에서 사용되고 있는 중학교 교과서 7종과 고등학교 교과서 중 8종의 교과서를 임의로 선정하여 '위안부' 관련 기술현황을 보고, 현재 일본에서 진행되고 있는 '위안부'의 교과서 기록에 대한 찬반논쟁의 쟁점과 문제점을 우선 짚어본다. 그리고 중학교·고등학교 모두 1종의 교과서로 교육하고 있는 우리나라 역사 교과서의 '위안부' 문제 관련 기술현황 파악과 문제점을 분석했다. 본론에 제시된 한·일 역사교과서의 '위안부' 문제 관련 기술현황은 필자가 분석한 내용을 그대로 실었으며, 결론은 대안적인 연구를 위해 정대협과 태평양희생자유족회 임원, 국회일본군 '위안부' 문제연구모임의 회원들이 정재정의 초안을 토대로 토론벌인 결과를 정리한 것이다.

결국 이 연구는 필자와 일본군 '위안부' 문제 관련 전문가의 공동토론의 성과이다.

---

4) 이미경 의원 의정자료집I, 『전시 군성노예 문제에 관한 UN인권위원회 특별보고서』, 64쪽

2. 본론

1) 일본 역사 교과서의 일본군'위안부' 문제 관련 기술 현황

본론에 들어가기 전에 한 가지 전제해 둘 것은 한국과 일본의 중·고등학교 역사 교과서, 특히 자국사 교과서는 일본군'위안부'에 관해 대부분 어떤 형태로든지 언급하고 있다는 사실이다. 다만 서술의 내용과 분량은 교과서에 따라 각양각색이다. 그리고 일본군'위안부' 문제에 대해 서술한 한·일 양국 교과서를 단순하게 비교하면, 내용과 분량에서 일본 쪽이 오히려 더 적극적이고 한국 쪽이 그보다 소극적이라고도 볼 수 있다. 그리고 일본에서는 최근 일본군'위안부' 문제에 관한 서술을 역사 교과서에서 삭제할 것을 요구하는 여론이 비등하고 있는 반면에, 한국 쪽에서는 이에 대해 더 많이 서술할 것을 요구하는 여론이 일어나고 있다.[5]

그러면 올바른 역사교육을 위해 한국과 일본에서 현재 사용되고 있는 역사 교과서는 일본군'위안부' 문제를 어떻게 서술하고 있는가? 그리고 그것의 문제점은 무엇이고, 바람직한 개선 방안은 과연 어떤 것인지 살펴보기로 한다.

(1) 개관

일본에서는 일본군'위안부'를 보통 종군위안부라고 부른다. 따라서 이 글에서는 일본에서의 지칭을 언급할 때는 종군위안부라는 용어를 그대로 사용하는 경우도 있을 것이다.

---

5) 이미경 의원이 대표로 되어 있는 국회 일본군'위안부' 연구모임의 활동도 그 중의 하나라고 할 수 있다. 이 모임의 활동에 대해서는 다음의 책자를 참조하기 바란다. 국회의원 연구단체 일본군'위안부'문제연구모임, 1997, 『의정활동자료집－일본군'위안부' 문제의 현황과 해결방안』.

일본의 역사교육 체계는 우리나라와 유사하다. 다만 중학교에서는 세계사를 별도로 가르치지 않고 일본사와 관련된 내용을 일본사 교과서를 통해 배우게 되어 있다. 고등학교에서는 일본사와 세계사가 분리되어 있다. 중·고등학교의 역사 교과서는 모두 민간인들이 집필하여 문부성의 검정을 받도록 되어 있다.[6] 한국에서 흔히 말하는 일본 역사 교과서의 왜곡사건은 대부분 문부성의 검정 과정에서 발생하는 일련의 사태를 가르친다.

일본군'위안부' 문제에 대해서는 고등학교의 일본사 교과서 대부분과 세계사 교과서의 일부가 기술하고 있다. 중학교의 역사 교과서가 모두 일본군'위안부' 문제에 대해 서술하고 있는 것도 주목할 만한 일이다. 여기에서는 우선 일본의 역사 교과서가 일본군'위안부' 문제를 어떻게 다루고 있는가를 개관해보기로 한다.[7]

일본의 역사 교과서가 일본군'위안부' 문제에 대해 언급하고 있는 방법과 내용은 필자에 따라 상당한 편차를 보이고 있다. 단순하게 "여성 중에는 전지의 군의 위안시설에서 일하도록 강요되었다"라고 각주에서 간단하게 언급한 교과서로부터, 일본군'위안부' 문제가 무엇인지를 알 수 있게 하기 위하여, "일본군 병사에 의한 부녀폭행도 문제가 되어, 군은 위안소를 설치하게 되었다", "일본군 병사의 성의 상대로서 강제로 종군위안부로 만들어 버렸다"는 등의 방식으로 본문에 좀더 자세하게 서술한 교과서도 있다. 대부분의 교과서들은 일본군'위안부'의 출신지역을 나타내기 위해, "강제로

---

6) 일본의 역사교육과 역사 교과서의 구성에 대해서는 정재정, 「일본 역사교육의 현황과 전망 — 신학습지도요령(1989년 고시)을 중심으로」, 『역사와 현실』, 제8호 한국역사연구회, 1992; 정재정, 『일본의 논리 — 전환기의 역사교육과 한국인식』 현음사, 1998을 참조할 것.

7) 일본의 역사 교과서가 종군위안부 문제를 비롯하여 '15년전쟁' 기간의 역사를 어떻게 서술하고 있는가에 대한 종합적 분석은 俵義文 編著, 1994, 『檢證·15年戰爭と中高歷史敎科書 — 新(93-95年度用)·旧(81-83年度用)敎科書記述の比較』, 學習の友社를 참조한 것.

종군위안부가 된 여성은 조선여성 등”이라고 표현하고 있지만, 그중에는 필리핀·네덜란드·중국 등의 국명도 언급한 교과서도 있다.

다음은 일본군‘위안부’ 문제를 취급하고 있는 시기에도 주목할 필요가 있다. 대부분의 교과서는 일본군‘위안부’ 문제를 소위 ‘15년전쟁’(1931년의 만주사변으로부터 1945년의 패전까지를 연속된 전쟁의 과정으로 인식한다는 뜻에서 이렇게 지칭한다)과 관련된 부분에서 서술하고 있다. 그러나 일부 교과서는 일본군 ‘위안부’ 문제를 피해보상과 공식사과를 요구하는 오늘날의 시민운동·소송운동과 관련시켜 서술하는 경우도 있다.

일본의 문부성이 역사 교과서의 검정 과정에서 일본군‘위안부’에 대한 기술에 대해 여러 가지 형태로 규제를 가하고 있는 것은 잘 알려진 사실이다. 문부성의 검정 과정에서 주로 문제가 되는 것은 일본군‘위안부’의 규모·모집방법 등에 관련된 기술이다. 일본군‘위안부’의 규모를 구체적인 수치로 언급한 글에 대해서는 ‘많은 수’ 등으로 수정할 것을 요구한다. 또 모집의 방법으로서, “다수의 조선인을 납치하여 종군위안부로 했다”는 표현은 “다수의 조선인을 종군위안부로서 강제연행했다”는 식으로 수정했으면 좋겠다는 의견을 제시한다. “여자정신대 등으로 속여서”라는 표현도 문부성의 검정을 거친 후에는 “좋은 일자리가 있다는 등으로 속여서”라고 수정된 경우도 있다.

(2) 중학교 역사 교과서의 기술

1996년 2월에 검정을 완료하고 1997년 4월부터 사용하고 있는 일본의 중학교 역사교과서는 7종인데 모두가 일본군‘위안부’ 문제에 관련된 내용을 기술하였다. 이러한 사실은 그 동안 정치문제로까지 비화되었던 ‘교과서 비판’을 한층 더 격화시키는 결과를 가져왔다. 그리고 이것은 역사 교과서에서 일본군‘위안부’ 기술을 삭제하라는 캠페인을 전국적으로 확산시키는 계기가 되었다.

중학교 사회과의 『역사적 분야』 교과서에 기술된 일본군'위안부'에 관련된 내용은 다음과 같다(괄호 안의 앞은 출판사명, 뒤는 서술항목의 주제명을 나타냄).

그 위에, 조선으로부터는 약 70만인, 중국으로부터도 약 4만인을 강제적으로 일본에 연행하여 광산 등에서 일을 시켰습니다. 또 조선 등의 젊은 여성들을 위안부로서 전장(戰場)에 연행하고 있습니다. 더욱이 대만·조선에도 징병령(徵兵令)을 실시하였습니다(大阪書籍, 전쟁의 피해와 민중).

태평양전쟁 종결로부터 50년이 지나 아직도 일본은 아시아를 중심으로 세계 각지로부터 전쟁 책임을 추궁당하고 있습니다. 종군위안부와 강제연행, 일본군에 동원된 대만의 사람들, 국적에 따른 전후 보상의 차별 등이 커다란 문제로 되어 있습니다(大阪書籍, 전후 보상 문제).

노동력 부족을 메우기 위해, 강제적으로 일본에 연행된 약 70만인의 조선인과 약 4만인의 중국인은 탄광 등에서 중노동에 종사하게 되었다. 더욱이 징병제의 아래에서 대만과 조선의 많은 남성이 병사로서 전장에 보내졌다. 또, 많은 조선인 여성 등도 종군위안부로서 전지(戰地)에 내보내졌다(敎育出版, 욕심부리지 않습니다 이길 때까지는―전쟁과 민중).

전후 50년이 지난 현재, 전쟁 피해의 보상을 요구하는 아시아 사람들의 목소리는 지금까지 없게 높아져 있다. 거기에는 전 종군위안부, 학살과 강제연행·강제노동의 피해자 등이 포함되어 있다. 일본정부는 샌프란시스코 평화조약 등에 의해 보상문제는, 국가간에서는 해결이 끝났다는 자세를 굽히지 않고 있다. 그러나 일본이 피해자 한 사람 한 사람에 대한 가해책임을 어떻게 지고 가느냐에 따라, 과거의 청산만이 아니라 장래 일본이 아시아에서 평화국가로서 걸어갈 수 있을까 어떨까 시험되고 있다.

컬럼-아시아 속의 일본·사진: 1994년 현재, 위의 사진의 전 종군위안부 외에, 강제연행·강제노동을 당한 사람들, 군표에 의해 피해를 입은 사람들로부터, 20수건의 전후 보상을 요구하는 재판이 제기되어 있다(教育出版, 전후 보상).

조선과 대만 등의 여성 중에는 전지의 위안부 시설에서 일하게 된 자도 있었다. 더욱이 일본의 병력 부족에 즈음하여, 조선과 대만의 사람들에 대해서도 징병제를 시행하고, 전장에 동원했다. 전후 전범으로 되어 처형된 사람들도 있다(清水書院, 점령지의 사람들과 국민의 생활).

또 국내의 노동력 부족을 보충하기 위해, 다수의 조선인과 중국인이 강제적으로 일본에 끌려와서 공장 등에서 가혹한 노동에 종사하도록 되었다. 종군위안부로서 강제적으로 전장에 내보내진 젊은 여성도 다수 있었다(東京書籍, 전쟁의 장기화와 중국·조선).

그러나 만주사변의 후 일본군이 중국에 침공하는 중요한 군사기지로 삼고, 더욱이 조선의 사람들도 '일본의 천황의 적자(赤子. 천황을 아버지로 하는 어린애들)'라고 하는 정책에 따라, 일본어의 사용이 강제되고, 신사에의 참배를 강요하고, 성명을 일본식으로 고치도록 했습니다. 전쟁에도 남성은 병사로, 여성은 종군위안부 등으로 몰아내고 견디기 어려운 고통을 주었습니다(帝國書院, 조선인에의 황민화 정책).

컬럼-지금도 남아 있는 전쟁의 상흔: 이들 지역(조선과 대만)의 출신자 중에는, 종군위안부였던 사람들, 히로시마와 나가사키에서 원폭에 피폭된 사람들,…현재 개인에 대해서의 사죄와 보상이 요구되어지고 있습니다(帝國書院).

전국(戰局)이 나빠지자 지금까지 징병을 면제되고 있던 대학생도 군대에 소집되게 되었다. 더욱이 조선으로부터 70만인, 중국으로부터는 4만인이나 사람들을 강제적으로 끌어와서 공장과 광산·토목공사 등의 지독한 조건 아래에서 일을 시켰다. 조선·대만에도 징병제를 실시하고, 많은 조선인·중국인이 군대에 넣어졌다. 또 여성을 위안부로서 종군시켜 혹독한 취급을 했다(전시하의 국민생활).

식민지의 대만과 조선에서도 징병이 실시되었다. 위안부로서 전장의 군에 수행시켜진 여성도 있었다(日本文敎出版, 전시하의 국민생활).

이상에서 살펴본 것처럼 중학교의 역사 교과서들은 먼저 일본군'위안부' 문제를 징병·징용·황민화정책 등과 섞어서 서술하고 있다. 그리고 일부 교과서는 일본군'위안부' 문제를 오늘날에 현안으로 떠올라 있는 '전후보상'이나 시민운동·소송운동과 관련시켜 재차 기술하기도 했다.

대부분의 교과서는 일본군'위안부' 문제를 아주 짧은 문장 속에 압축하여 기술하고 있다. 그렇기 때문에 학생들이 이 문장만을 읽어서는 일본군'위안부' 문제의 의미, 그들의 피해상황, 시민운동과 소송운동의 목적 등에 대해 정확히 알기는 어렵게 되어 있다. 따라서 학생들은 교사와 부교재 등의 도움을 받아야 일본군'위안부' 문제에 대해 좀더 자세하게 알게 될 것이다.

(3) 고등학교 역사 교과서의 기술

일본의 고등학교 역사 교과서는 중학교와 역사 교과서와 마찬가지로 검인정 제도 하에서 발행된다. 일본의 교수·교사·출판사는 우리나라의 그들보다 역사교육에 더 많은 관심을 가지고 있기 때문에 긴밀한 협동작업을 통해 각양각색의 교과서를 출판하고 있다. 현재 일본에서 사용되고 있는 『일본사』·『세계사』 교과서는 각각 20여 종에 달한다. 이것들은 대부분 종군위안부에 대해 기술하고 있다(『일본사』 23개 중 22개). 그밖에 『현대사회』, 『지리』, 『윤리』, 『정치·경제』 등의 교과서도 일본군'위안부'에 대해 기술하고 있다. 일본군'위안부'에 대해 어떤 형태로든지 언급하고 있는 교과서를 모두 합치면 58종이나 된다.[8]

그렇기 때문에 위와 같은 교과서들의 일본군'위안부' 문제에 관한 기술을 모두 검토한다는 것은 간단한 일이 아니다. 아래에서는 중요하다고 생각되는 『일본사』·『세계사』 교과서 중에서 몇 종류를 골라, 거기에 기술되어 있는 종군위안부에 대한 내용을 집중적으로 살펴보기로 하겠다(괄호 안의 앞은 출판사명과 교과서명, 뒤는 사용 연도를 가리킴).

(東京書籍, 『日本史A - 현대로부터의 역사』)

"또 방대한 수에 달하는 여성이 정신대로 모집되어지고, 조선을 비롯하여 일본의 점령지의 여성이 전지의 업무라는 구실로 종군위안부에 동원되었다."

"<註> 수에 대해서는 공식적으로는 확실하게 밝혀져 있지 않지만, 엄청난 수에 달하고 있다. 또 종군위안부는 중국, 필리핀을 비롯하여 동남아시아의 각지로부터도 동원되었다"(1995년 4월부터 사용).

(日本書籍, 『新版高校日本史B』)

"조선 및 대만·필리핀에서는 다수의 젊은 여성들을 모집하여, 일본의 위안부로서 중국 전선 등의 지역으로 보내 주었다."

"<註> 1991년 12월, 전 종군위안부들은 일본정부에 대해 보상을 요구하는 소송을 제기했다. 또 조선민주주의인민공화국은, 그 실태 조사와 사죄 및 보상을 요구하고 있고, 한국정부도 종군위안부 문제 등에 대해서는 「과거의 청산」을 요구하고 있다"(1994년 4월부터 사용).

---

8) 俵義文, 앞의 책 139쪽.

그리고 일본군 병사를 위해 조선인 등의 여성을 종군위안부로서 동원했다. 높아지는 전후 보상의 요구―아시아 여러 나라의 사람들로부터, 일본정부와 기업에 대하여, 전시중의 피해에 대한 보상을 요구하는 움직임이, 최근 널리 퍼져 가고 있다. 1987년 한국에서는 태평양전쟁희생자유족회가 결성되고, 1991년 8월, 일본정부에 대해 공식 사죄, 강제연행자의 명부 공개, 한국인 희생자의 유골 송환, 희생자에의 보상, 미지불 임금의 지불을 요구했다. 한편, 종군위안부 문제에 대해서도 한국의 여성단체를 중심으로 진상 규명과 사죄, 보상을 요구하는 움직임이 일어나고, 1990년에 한국정신대문제대책협의회가 발족했다. 양자는 공동으로, 1991년 일본정부에 보상을 요구하는 재판을 동경지방재판소에 제소했다(實敎出版,『高校日本史B』, 1995년 4월부터 사용).

또 다수의 조선인 여성을 납치하여 종군위안부로 삼아, 전선에 배치했다.
<주> 종군위안부에는 조선인, 일본인 이외에, 네덜란드인, 필리핀인 등의 여성도 있었던 것이 밝혀져 오고 있다(三省堂,『新日本史B』, 1995년 4월부터 사용).

일본군 병사에 의한 부녀 폭행도 문제로 되어, 군은 위안소를 설치하게 되었다. 그리고 조선인 여성을 중심으로, 여러 가지 구실을 붙여서 권유하거나 강제연행하거나 하여 위안부로 삼았다(第一書房,『高等學校日本史B』, 1995년 4월부터 사용).

여성 중에는 전지의 군의 위안시설에서 종사당한 자도 있었다(山川出版社,『詳說日本史B』, 1994년 4월부터 사용).

일본군 병사의 성의 상대로서 억지로 종군위안부로 된 조선인 여성도 방

대한 숫자에 달한다(實敎出版,『世界史A』, 1995년 4월부터 사용).

1991년에 문제화된 종군위안부 문제에서 보이는 것처럼, 과거의 일본의 침략의 상흔은 지금도 아물고 있지 않다(三省堂,『詳解世界史B』, 1995년 4월부터 사용).

이상의 자료에서 알 수 있듯이, 고등학교 역사 교과서의 일본군'위안부' 문제에 관한 서술은 기본적으로 중학교 역사 교과서의 그것과 비슷하다고 할 수 있다. 물론 고등학교 교과서는 필자에 따라 일본군'위안부' 문제에 대해 중학교 교과서보다 좀더 자세하게 기술한 경우도 있다. 實敎出版社의 교과서가 한 예이다. 이 교과서의 저자들은 역사 교과서를 둘러싼 한일간의 대화에 적극적으로 참가한 바가 있다. 이들이 집필한 역사 교과서가 일본군'위안부' 문제에 대해, 현재의 시민운동과 보상운동까지를 시야에 넣고, 가장 적극적으로 기술하고 있다는 사실은 결코 우연한 일이 아니다.[9]

반면에 일본의 역사학계를 대표한다고 할 수 있는 대학의 교수들이 필자로 참가하고, 또 교과서 시장의 과반을 점유하고 있는 山川出版社의 교과서는 일본군'위안부' 문제에 대해 아주 소극적으로 기술하고 있다.[10] 이것은 일본의 역사교육의 주류가 아직도 일본군'위안부' 문제에 대해 자세하게 취급하는 것을 꺼리고 있다는 것을 의미한다. 그리고 앞으로의 한일간의 대화에서는 이 교과서의 집필자들을 적극적으로 끌어들일 필요가 있다는 것을 시사한다고 볼 수 있다.

---

9) 한일 양국의 대화에 참가한 일본인들의 면면에 대해서는 정재정, 주6)의 글을 참조할 것.

10)『일본사』교과서의 집필자 현황과 각 교과서의 한국사 관련 내용의 기술에 대해서는 정재정, 1998,「과도기의 고교『일본사』교과서에 반영된 한국사의 모습 —1990년 전후」,『일본의 논리—전환기의 역사교육과 한국인식』, 현음사를 참조할 것.

2) 일본 역사 교과서의 일본군'위안부' 문제 관련 기술의 문제점

(1) 일본군'위안부' 문제를 둘러싼 찬반 논쟁

일본에서의 한국사 교육은 황국사관의 입장에 서 있으며 한국사의 주체성이나 독자성 혹은 내재적 발전성을 완전히 무시함으로써 궁극적으로는 한국사의 존립 그 자체를 부정해 버린 것이다. 이런 교육의 결과로 한·일 간에 빈발하고 있는 '역사왜곡·망언' 논란이 일본인의 입장에서는 확신에 찬 '진담'으로 받아들여지는 것도 현실이다. 특히 역사왜곡이 우파 지식인과 정치·외교·경제인 등 여론을 주도하는 사회지도층에서 출발하여 최근에는 학자·평론가·만화가·교사 등 광범위한 사회계층에 의해 제기되고 있다는 점에서 문제는 더욱 심각하다.

일본의 역사교육에서 '한·일관계사'의 왜곡 사례는 수없이 많지만 이 글에서는 90년대 이후 일본사회에서 쟁점이 되고 있는 일본군'위안부' 문제를 중심으로 '한·일 관계사'에 대한 논쟁을 간략하게 짚어보고자 한다. 일본군'위안부' 문제가 일본 역사교과서에 처음 기술된 것은 1996년의 일이다. 당시 '위안부' 사실을 기술한 교과서들은 문부성의 요구대로 '일본군은 한국과 중국의 여성들을 강제로 전선으로 내몰았으며 이들을 학대했다', '보상문제는 개인적인 사안'이라는 식으로 기술하였다.[11] 객관적인 사실과 문제의 본질을 심각하게 '왜곡'하고 있음에도 불구하고 일본 교과서에 '위안부' 관련 내용이 기술되기 시작한 것은 일본의 자발적인 의지의 결과가 아니라 우리나라를 비롯한 피해국의 정부·학자·인권단체 등이 노력한 결과이었다.

부정론: 교과서로부터 "일본군'위안부'"기술을 삭제하라고 요구하는 논리

일본의 역사 교과서, 특히 중학교의 역사 교과서에 일제히 일본군'위안

---

11)『국민일보』, 1996. 6. 28.

부’ 문제에 관한 기술이 등장하자 일본의 여론은 이에 대한 찬성과 반대의 진영으로 양분되었다. 교과서로부터 일본군‘위안부’ 문제에 대한 기술을 삭제하도록 요구하는 진영은 정치가, 우익 정치단체, 매스컴, 역사학자, 우파 문화인, 학부형 등을 망라하는 견고한 세력을 형성하고 조직적인 캠페인을 전개하고 있다. 대표적으로는 자민당을 중심으로 1996년에 결성된 ‘밝은 일본 국회의원연맹’, ‘올바른 역사를 전하는 국회의원연맹’, ‘일본교사회’, 우익 지식인이 중심이 된 ‘새 역사교과서를 만드는 모임’ 등이다. 이들은 단순히 의견을 발표하는 수준이 아니라 국회청원, 소송제기, 새 교과편찬, 지방의회의 결의, 강연, 서적 발간, 시위, 협박 등의 갖은 방법이 포함되어 있다.[12]

이들이 교과서로부터 종군위안부에 대한 기술을 삭제할 것을 요구하는 논리는 다음과 같다.[13]

① 중학생에게 성적 행위를 가르치는 것이 과연 바람직한 일인가? 공창제도에 입각한 관리매춘 등을 가르칠 필요가 어디 있는가? ‘위안부’는 매춘의 일종이었다. 즉 상행위였다. 당시에는 다른 나라에도 공창과 ‘위안부’가 있었다.

② 군이 명령하여 ‘위안부’를 연행한 사실이 없으므로 종군이라는 말을 위안부 앞에 붙이는 것은 부당하다. 종군위안부라는 말은 전전·전중에는 없던 말이기 때문에 교과서의 표현으로는 부적절하다.

③ ‘위안부’가 본인의 의사에 반하여 일본군에 강제적으로 연행되고, 또 성노예로서 혹사당한 것처럼 기술되어 있는 점은 역사적 사실을 현저하게

---

12) 종군위안부의 교과서 기술 문제를 둘러싸고 일본에서 요동치고 있는 비판의 여론과 그것의 삭제를 요구하는 각종 움직임의 전반에 대해서는 정재정, 1998 「횡행하는 국가전략적 역사교육론의 망령―역사교과서 비판과 ‘자유주의사관’」, 『일본의 논리―전환기의 역사교육과 한국인식』을 참조할 것.
13) 「‘從軍慰安婦’を中學生に敎えるな ‘自虐の日本史’を學ぶ子どもたち」, 『諸君』, 1996. 10.

왜곡한 것이다.

④ '위안부'를 강제로 연행했다고 하는 증언은 완전히 거짓으로 판명되었다. 대부분의 교과서가 '위안부'를 강제연행한 인상을 주고 있는데, '위안부'를 강제로 연행한 사실을 보여주는 자료는 없다. 일본군은 각종 편의를 제공했을 뿐이고 위안소의 경영은 민간업자가 담당했다.

⑤ 일본군만이 위안시설이 있고, 위안부가 있었던 것처럼 기술한 것은 부당하다. 한국군은 베트남전쟁에 파견되어 다수의 혼혈아를 생산했다. 또 구만주국에 침입한 소련군이 일본인 부녀에 대해 갖은 폭행·능욕을 가한 것에 대해서는 전혀 언급하지 않고 있다. 이것은 현저하게 공정성을 결한 것이다.

⑥ 공적인 학교교육에서 위안부를 취급하는 것은 아이들의 인격을 붕괴시키는 것이다. 일본인이 타국민에 비하여 세계에서도 드문 호색·음란·우열한 국민이라고 강조하는 것과 같은 교육을 해도 좋은가? 너무 자학적이다. 그러한 교육을 하는 나라는 세계 중에 하나도 없다.

반대론자들의 위와 같은 주장에도 불구하고 이미 지난 1993년 8월 4일 고노 요헤이 관방장관은 일본군'위안부' 문제와 관련된 제2차 진상조사 결과관련 성명에서 "당시 일본군은 직접 혹은 간접적으로 위안소의 설치 및 운영과 '위안부'의 이동에 관여하였다"[14]는 사실을 공식 인정하였다. 그리고 이들의 주장이 역사적 사실에 대한 심각한 왜곡임이 이미 피해자의 증언과 유엔인권위원회 보고서[15] 등에서 국제적으로 확인되었다.

긍정론: 교과서에 "일본군'위안부' 문제"를 기술하자고 주장하는 논리

일본군'위안부' 문제에 관한 기술이 일본의 교과서에 등장했다는 사실은 이 문제가 이미 학문적으로 확실하게 정리되었다는 것을 의미한다. 왜냐하

---

14) 각주 13)과 동일 자료, 46쪽.
15) 이미경, 『의정자료집I－전시 군성노예문제에 관한 UN인권위원회 특별보고서』.

면 일본의 교과서는 까다롭기로 유명한 문부성의 검정을 거쳐 발행된 것이고, 문부성이 교과서 내용을 검정할 때 항상 요구하는 조건은 해당 사실에 관한 연구가 쌓여 있는가, 즉 신뢰할 만한 논문이나 단행본이 일본에서 공간되어 있는가의 여부이다.

그런데 일본에서 공간된 일본군'위안부' 문제에 관한 저서·논문·자료집은 이미 상당한 분량에 달하고 있다.[16] 그것들의 양과 질은 오히려 한국보다도 앞서 있다고 할 수 있다.[17] 따라서 일본군'위안부' 문제에 관한 기술을 교과서로부터 제거하라고 요구하는 사람들의 주장 중에서 많은 항목들은 사실 논쟁할 필요도 없는 것들이다.

다만 반대파의 공세가 매스컴 등을 통해 너무 강렬하게 일반인들에 침투하게 되자 찬성파들도 이에 대응하지 않으면 안될 처지에 놓이게 되었다. 최근에 일본에서 고조되고 있는 보수화의 열풍은 오히려 찬성파들이 수세에 몰리고 있는 듯한 인상을 주기도 한다.

부정론자들에 맞서, 교과서에 종군위안부 문제를 기술해야 한다고 주장하는 사람들의 논리는 대체로 다음과 같다.[18]

① 역사용어는 얼마든지 나중에도 만들어진다. 대화개신이나 명치유신이라는 말이 당대에 존재했던 것은 아니다. 후대의 사람들이 사안의 성격에 따라 그렇게 명명했을 뿐이다.

② 일본군이 '위안부'에 간여한 사실이 문서로써 증명되었다. 군 중추가

---

16) 일본에서 공간된 대표적 연구와 자료를 몇가지 제시하면 다음과 같다. 鈴木裕子, 1993, 『"從軍慰安婦"問題と性暴力』 未來社; 吉見義明 編, 1992, 『從軍慰安婦資料集』 大月書店.

17) 한국에서 공간된 일본군'위안부' 문제에 관한 대표적 연구는 다음과 같다. 한국정신대문제대책협의회 진상조사연구위원회 엮음, 1997, 『일본군'위안부' 문제의 진상』, 역사비평사.

18) 石出法太 等 編, 1997, 『'日本軍慰安婦'をどう敎えるか』, 梨の木社; '中學校社會科敎科書問題'特別委員會, 1997, 『いま, 歷史の眞實を―敎科書で敎える'從軍慰安婦'』, 文久堂.

지도·관여하고, 현지부대 사령부가 설영·관리·통제를 실행했다.

③ 강제연행이라는 말을 너무 좁게 해석해서는 안된다. 연행시의 강제만을 문제삼지 말고 '성적 위안'에의 강요 자체가 강제성을 띠고 있었음을 주목해야 한다.

④ '성'의 문제는 중학생에게도 중요한 문제이다. 오늘날 일본에서는 원조교제 등 중학생의 매춘이 사회문제가 되고 있다. 따라서 사랑과 여성 차별, 성륜리 등의 문제는 중학생에게도 중요한 교육 내용이 될 수 있다.

⑤ 전쟁의 참혹함과 인권유린은 평화수호를 위해서도 가르쳐야 한다. 일본군'위안부' 문제는 이와 관련된 핵심적 테마이다.

⑥ 점령지에서의 잔학행위는 일본군이 특히 심했다. 남경을 점령했을 때 2개월 사이에 2만건의 강간사건이 발생했다. 이와 같은 침략전쟁에 대해 반성하고 그에 대해 응분의 책임을 지는 것이야말로 궁극적으로는 자국사에 대한 긍지를 길러주는 것이 된다.

⑦ 그것이 아무리 부끄러운 일이라 하더라도 역사적 사실은 사실로서 가르쳐야 한다. 이것이 국제적으로 통용될 수 있는 역사교육이다.

(2) 문제점

일본군·'위안부' 문제를 비롯한 '한·일관계사'가 일본의 역사교육에서 올바르게 기술되기 위해서는 첫째, 일본사회 전반의 '한국'에 대한 인식전환이 필요하며, 일본정부가 다른 아시아지역에 대한 과거의 침략전쟁에 대한 진정한 책임이행이 선행되어야 한다. 이는 일본사회 양심적인 세력의 영향력이 보다 확대되고 피해국의 정부, 인권단체 등의 활동과 연대를 강화할 때 가능할 것이다.

둘째, 일본 문부성의 교과서 검증제도가 철폐되어야 한다. 일본군'위안부' 문제를 비롯한 과거 일본군의 침략행위에 대한 교과서기술의 타당성과 문부성 검증의 위법성에 대해서는 1997년 8월 29일 일본의 최고재판소(대법원)의 판결에서도 확인된 바 있다. 역사학자 이에나가 사부로 씨가 32년 간 지속시켜 온 재판의 초점은 '731부대'와 '조선민족의 항일저항', '오키나 와에서의 집단자살', '중국 화북지역에서의 일본군의 정조침해' 등 5개항에 대한 국가의 검정 처분에 대한 판단이었으며, 정부의 무단변경·삭제가 위 법이라고 판결한 것이다.[19] 일본 문부성은 최고재판소(대법원)의 판결을 존 중해야 한다. 일본 문부성이 지금과 같은 방식으로 사실로 확인된 '위안부 '관련 기술에 대해서조차 검증과 삭제를 지속한다면 한·일간의 국민감정만 악화될 것이다.

위와 같은 문제에도 불구하고 『일본사』·『세계사』 교과서가 거의 모두 일본군'위안부' 문제를 다루고 있고, 그 내용도 우리나라의 『국사』 교과서 보다는 충실하다는 점은 인정해야 할 것이다. 더구나 우리나라의 『세계사』 교과서나 다른 사회과 교과서는 일본군'위안부' 문제에 대해 전혀 언급하 고 있지 않다는 사실을 감안하면, 이 문제에 관한 한 우리나라의 역사교육 에서 우선적으로 보완되어야 할 내용이 많다는 것을 알 수 있다.

3) 한국 역사 교과서의 일본군'위안부' 문제 관련 기술의 현황

(1) 경과

4~5년 전만 하더라도 한국의 역사 교과서는 중·고등학교를 막론하고 일 본군 '위안부' 문제에 대해 전혀 기술하지 않았다. 그러나 1994년을 전후하 여 일본군'위안부' 문제가 국내는 물론이고 국제적으로도 커다란 이슈로 제기되자 한국의 역사 교과서도 일본군'위안부' 문제에 대해 조금씩 언급 하기 시작했다. 특히 일본의 역사 교과서에 일본군'위안부' 문제에 대한 기 술이 시작되고, 또 이를 둘러싼 찬반 논쟁이 사회화되자 한국의 역사 교과

---

19) 『한국일보』, 1997. 8. 30.

서도 일본군'위안부' 문제를 기술하지 않으면 안되게 되었던 것이다. 일본에서의 상황 변화가 한국의 역사 교과서를 되돌아보게 만드는 무언의 압력으로 작용했다고 볼 수 있다. 실제로 일본에서 일본군'위안부' 문제의 교과서 기술을 둘러싸고 찬반 논쟁이 벌어질 때마다 양쪽 모두 한국의 역사 교과서에는 이 문제가 어떻게 기술되어 있는가를 날카롭게 지적하고 있다.

그러면 한국의 중·고등학교 역사 교과서는 일본군'위안부' 문제를 어떻게 기술하고 있는가? 한국의 역사 교과서는 중·고등학교 모두 1종도서(소위 국정교과서)이기 때문에 한 가지뿐이다. 따라서 한국의 역사 교과서를 분석하는 작업은 일본의 역사 교과서를 분석하는 것보다는 훨씬 간단한 일이다.

(2) 중학교 『국사』 교과서의 기술

중학교의 『국사』 교과서에 일본군'위안부' 문제에 관한 기술이 등장하는 것은 1996년판부터라고 생각한다. 여기에서는 1997년판에 실려 있는 일본군'위안부' 문제에 관련된 기술을 살펴보기로 한다.

일제는 이와 같은 물적인 약탈뿐만 아니라, 한국인을 강제 징용으로 끌고 가 광산이나 공장에서 고통스런 노동을 강요하였으며, 강제 징병제와 학도 지원병 제도를 실시하였다. 이에 많은 한국의 청·장년들이 각지의 전선에서 희생되었다. 이때 여성까지도 정신대라는 이름으로 끌어가 일본군의 위안부로 희생되기도 하였다(『국사(하)』 151쪽, 일제의 민족 말살 정책).

위에서 보듯이 중학교 『국사』의 일본군'위안부' 문제 기술은 아주 짧은 한 문장으로 되어 있다. 이것만으로는 '위안부'가 무엇인지, 얼마나 많은 여성들이 어디로 끌려갔는지 알 수 없게 되어 있다.

더욱 문제가 되는 것은 정신대와 '위안부'를 혼동하기 쉽게 기술했다는

점이다. 정신대에 나가 '위안부로 희생되기도 하였다'라고 표현하여 빠져
나갈 궁리는 한 것처럼 보이지만, 정신대가 모두 '위안부'인 것처럼 오해하
기 쉬운 표현임에는 틀림없다. 물론 정신대로 끌려가서 '위안부'가 된 사람
도 있었지만 다수는 아니었다. 제도상으로도 정신대와 '위안부'는 엄연히
달랐다.

(3) 고등학교 『국사』 교과서의 기술

고등학교의 『국사』 교과서에 일본군'위안부' 문제의 기술이 등장하는 것
은 1994년부터라고 생각한다. 여기에서는 1996년판에 실려 있는 일본군'위
안부' 문제에 관련된 기술을 살펴보겠다.

> 또 우리 민족은 전쟁에 필요한 식량과 각종 물자를 수탈당하였고, 우리의
> 청년들은 지원병이라는 명목으로, 또 징병제와 징용령에 의해 일본, 중국,
> 사할린, 동남아 등지로 강제 동원되어 목숨을 잃었으며, 여자들까지 정신대
> 라는 이름으로 끌려가 일본군의 위안부로 희생되기도 하였다(『국사(하)』,
> 136쪽, 민족 말살 통치).

이상에서 보듯이, 고등학교 『국사』의 일본군'위안부' 문제 기술도 중학
교의 그것과 별로 차이가 없다. 일본군'위안부'라는 단어를 어떻게 삽입할
것인가에만 골몰했을 뿐, 학생들에게 일본군'위안부' 문제를 확실하게 이
해시키려고 고민한 흔적은 별로 찾아볼 수 없다. 정신대와 '위안부'를 혼동
하기 쉽게 기술한 것도 중학교의 경우와 마찬가지이다.

(4) 문제점

한국은 20여년 가까이 일본의 역사 교과서를 매우 신랄하게 비판해왔다.
그 결과로 일본의 역사 교과서 기술이 부족하지만 많이 개선되었다. 그러

나 이제부터는 여러 가지 측면에서 한국의 역사 교과서가 일본으로부터 비판받을 가능성이 많다. 일본군‘위안부’에 대한 빈약한 기술도 하나의 타깃이 될 것이다.

일본인들이 한국의 역사교육을 반일적이라고 비판할 때, 그들은 흔히 역사 교과서가 사실관계를 혼동하면서까지 일본의 험담을 늘어놓고 있다는 점을 예로 든다. 한국의 역사교육에서 일본군‘위안부’ 문제 관련 교육이 제대로 이루어지기 위해서는 먼저 이 부분에 대한 서술과정에서 관련 전문가들이 참여할 수 있어야 한다. 그렇지 않고는 정신대를 ‘위안부’와 동일한 것인 양 기술하는 경우와 같은 실수를 거듭하지 않으면서 교육의 목적을 보다 분명히 할 수 있다.

한국의 역사 교과서가 학문적 객관성을 유지하지 못할 경우 일본에 대한 압력은 효력을 발휘하기 어렵다. 한국의 역사 교과서는 국내외적 상황까지도 염두에 두면서 일본군‘위안부’ 문제를 정확하고 자세하게 기술해야 한다.

또 한 가지 아쉬운 점은 한국의 역사 교과서는 보상을 위한 시민운동이나 소송운동의 차원에서 ‘위안부’ 문제를 전혀 다루고 있지 않다는 사실이다. 일본의 일부 역사 교과서가 이에 대해 자세하게 기술하고 있음은 앞에서 살펴본 바와 같다.

국제화·세계화는 WTO나 IMF의 한파로서만 밀려오는 것이 아니다. 역사교육 특히 역사 교과서의 서술에도 이 한파는 직접적 영향을 미칠 것이다. 그것은 곧 건전한 상식을 가진 외국인이 보았을 때도 공감을 얻을 수 있는 시각을 가지고 역사 교과서를 집필해야 한다는 것을 의미한다. 엄정한 사료와 연구가 교과서 기술을 뒷받침해야 하는 것은 두말할 필요가 없다.

3. 결론

현재 한국과 일본의 역사 교과서가 일본군'위안부' 문제를 어떻게 기술하고 있는가에 대해서는 이상의 소개를 통해 그 실상을 확실히 알게 되었다. 그리고 일본에서 논쟁이 되고 있는 긍정과 부정의 논리를 통하여 왜 교과서에 일본군'위안부' 문제를 기술해야 하는가, 그리고 그것은 어떤 내용이어야 하는가에 대해서도 어느 정도 정리된 인식을 갖게 되었다. 여기에서는 이와 같은 성과를 바탕으로 하여 한국의 역사 교과서가 일본군'위안부' 문제를 어떻게 다루어야 할 것인가에 대한 의견을 피력하고자 한다

1) 일본군'위안부' 문제 기술의 목적과 관점

일본군'위안부'를 비롯하여 인권단체·국제사회가 '위안부' 문제를 교과서에 기술하고, 교육할 것을 요청하는 것은 개인과 인류사회에 심대한 악영향을 미치는 비인도적 범죄의 심각성을 인식시키고, 재발되어서는 안된다는 인권 및 평화의 중요성을 후대에 각인시키기 위한 것이다.

이러한 목적을 이루기 위해서는 먼저, 기술의 책임을 맡은 전문가들은 일본군'위안부' 문제에 인식을 통일해야 한다. 서두에서도 언급했지만 이 문제는 일본군에 의해서 조직적으로 계획되고 집행된 여성에 대한 성노예 제도로서 중대한 인권침해이며 비인도적 범죄라는 사실을 분명히 해야 한다. 이미 일본은 '육전법규관례에 관한 협약(Hague Convention with Respect to the Laws and Usage of War on Land)' 조약의 부속서 「육전의 법규관례에 관한 규칙」 제46조에 의해 네덜란드령 인도네시아에서 네덜란드인 여성들을 '위안부'로 징집한 사건에 대하여 전후 연합군에 의해 설치된 바타비아 전범재판소에서 일본 군인과 민간인 10여명에게 사형을 비롯한 유죄판결을 내렸던 사실이 있다.[20] 이 재판의 경우에서도 확인할 수 있듯이 일본군

---

20) 박원순, 『법으로 본 역사바로세우기 2 — 아직도 심판은 끝나지 않았다』, 한겨레

'위안부' 문제는 명백한 형사상의 범죄행위이다. 그리고 유명 국제법학자로 구성된 국제법률가위원회는 일본군'위안부' 문제와 관련하여 "1965년의 한일협약에도 불구하고 개인의 배상청구권은 잔존한다"[21]고 결론을 내린 바 있다.

둘째, 일본군'위안부' 문제에 대한 올바른 전쟁과 비인도적 인권유린이 미치는 인류사회에 대한 해악을 실증적으로 교육하고, 인권 및 평등·평화 의식을 고취시키는 데 얼마나 중요한 교육효과를 갖는지 인식해야 한다.[22]

셋째, 이외에도 자라나는 세대들에게 이민족의 식민지 지배 하에서 국가권력이 불법적으로 인력수탈을 행했다는 민족적 관점, 남성에 의한 여성차별의 극단적 발로라는 여성적 관점, 성적인 피해자가 치욕이라는 굴레를 벗어나서 당당하게 배상을 요구하고 나섰다는 민주주의적 관점, 미해결된 '전후보상'의 문제 즉 피해자가 배상을 요구하는 권리의 문제, 시민연대와 국제협력을 통해 인권의 소중함을 확인한 한 사례 등으로도 충분히 교육적인 효과를 갖는다는 사실을 인식해야 한다.

신문사, 282쪽.

21) 각주 19)와 같은 책, 298쪽.

22) 다만 고려할 사항으로는 교육적 배려론에 대한 대응의 논리를 개발이다. 교육적 배려론이란 性의 문제를 학생 특히 중학생들에게 가르치는 것이 과연 좋은 일인가, 우리민족이 겪은 참담하고 부끄러운 경험을 구태여 자라나는 신세대들에게 가르칠 필요가 있는가 등의 우려를 말한다. 일본의 우파 정치가나 민족주의적 성향이 강한 사람들은 이것을 이용하여 교과서로부터 "일본군'위안부'문제"를 추방하려고 획책하고 있다. 그밖에도 중립적인 사람들 특히 학부모들 중에서 정치적 의도와는 관계없이 일본군'위안부' 문제를 교과서에 기술하지 말 것을 희망하는 경우도 있다. 성장과정에 있는 학생들이 性에 대해 혹시 삐뚤어진 생각을 갖게 되지는 않을까 하는 우려 때문이다. 그러나 이 문제를 올바르게 교육하지 않을 경우 오히려 특정성에 대한 비하인식을 고착시키고, 명백한 범죄사실에 대한 피해자가 개인적인 '정조'문제 등으로 왜곡하는 결과를 낳는다.

2) 바람직한 기술을 위한 방안

첫째, 교과서에 수록될 내용마련을 위한 전문인력이 보강되어야 한다. 일본군'위안부' 문제는 일본정부의 완전한 진상공개 회피로 인해 이미 국제적으로 확인된 사실에 대해서도 학자간의 이견이 존재한다. 따라서 이 문제를 오랫동안 연구하고 사료를 조사해 온 관련전문가, 운동가들이 참여해야 한다.[23] 이렇게 할 때 보다 정확하고 객관적인 서술이 가능할 것이다.

둘째, 교사들을 위한 다양한 교재가 개발되어야 한다. 문헌이나 증언 자료 등을 충분히 보급하여 교사들이 이것을 바탕으로 하여 풍부한 교육을 실시할 수 있도록 배려해야 한다.

셋째, 학생들을 위해 교과서를 보완할 수 있는 부교재의 개발과 보급이다. 여기에는 참고서·영상매체·증언록·사진집·기념관관람 등[24]이 포함된다. 실제로 일부의 뜻 있는 교사들은 학생들과 함께 기념관 관람 등을 이미 시행하고 있다. 학교차원의 관심이 필요하다.

이외에도 일본군'위안부' 문제를 교과서에 기술할 것인가 말 것인가를 둘러싼 논쟁은 그 자체가 훌륭한 논술고사의 주제가 될 수 있다. 따라서 이 문제는 역사교육의 영역 안에 가두어 두려고 하지 말고, 좀더 고차원적인 사회인식과 사고방식의 문제로서 취급할 필요가 있다.

일본군'위안부' 문제를 올바르게 교육하는 것은 궁극적으로 국제화·세계화가 진전되고 있는 작금의 현실에서 국가간·민족간·남녀간의 진정한 상호이해·호혜협력·공존공영을 증진할 수 있는 역사의식을 길러주는 데

---

23) '한국정신대문제대책협의회' 관계자, '한·일 역사공동연구회' 관련 학자, '정신대연구회', 유엔인권 위원회의 특별보고관, 국제법 전문가 등이 포함될 수 있다.
24(이미 시중에는 교육적인 효과를 높일 수 있는 다양한 영상매체 등이 개발되어 있다. 보임의 「낮은 목소리1·2」, 「유엔인권위원회에 제출한 영문 비디오」 등이 이에 해당한다. 그리고 경기도 퇴촌 소재 '나눔의 집'도 역사의 증인을 만날 수 있는 좋은 장소이다. 바로 옆에는 일본군'위안부' 기념관이 있다.

기여할 것이다. 제7차 교육과정의 개편과 교과서의 새로운 집필 과정에서
는 이러한 방안이 충분히 고려되기를 기대한다.

참고문헌

정재정, 1998,『한국의 논리-전환기의 역사교육과 일본인식』, 현음사.
石出法太 等 編, 1997,『'日本軍慰安婦'をどう敎えるか』, 梨の木社.
俵義文, 1997,『敎科書攻擊の深層-'慰安婦'問題と「自由主義史觀」の詐術』, 學
　　習の友社.

생존자 증언을 어떻게 들을 것인가
— 증언 4집이 나오기까지

양현아 연세대 사회학과

김수진 가톨릭대 사회학과

1. 묻기에서 듣기로—작업과정

증언 4집을 꾸민 증언팀(한국정신대문제대책협의회 2000년 일본군성노예전범 여성국제법정 한국위원회 증언팀)이 처음 모인 것은 1999년 4월 2일이었다. 원래 이 모임은 2000년 12월에 있을 '2000년 일본군 성노예 전범 국제법정'을 위한 진상규명 활동의 일환으로 구상되었고, 미증언자들에 대한 조사의 차원에서 결성되었다.

서울에 있는 여러 대학의 다양한 전공의 대학원에 재학중인 학생들로 주로 구성된 우리 모임은 스스로를 증언팀이라고 이름 붙이고 먼저 일본군 '위안부' 문제, 다큐멘터리를 통해서 본 재현의 문제 등에 관하여 한 달 정도 오리엔테이션(방향잡기)을 하였다. 동시에 기존 조사를 기반으로 하여 새로운 질문지를 구성하였고 면접태도를 만들었다. 이 질문지와 면접 태도

---

* 증언 4집의 원제목은 다음과 같다. 「강제로 끌려간 조선인 군위안부들4:기억으로 다시쓰는 역사」 (풀빛, 2001)

는 증인의 위안부 기간뿐만 아니라 전 인생을 포괄한다는 점, 사건 자체가 아니라 증인이 거기에 관해 어떠한 의미를 부여하고 있는가에 주의를 기울인다는 점등을 그 특징으로 하고 있다. 특히 면접의 주도권이 면접자가 아니라 말하는 생존자 증인에게 있다는 점은, 우리의 '조사'가 묻기에서 듣기로 문턱을 넘어서게 하였다. 증인의 말 속에서 '큐'를 찾아 그의 기억을 촉발하라. 뒤에서 나오겠지만, 그것은 실타래의 맺힌 매듭에서 함께 바라보고 그것과 씨름하는 그런 작업이었다.

각 조는 평균 세 번에 걸쳐 증인을 만났는데, 조에 따라 면접은 몇 달에서 일 년에 걸쳐서 진행되었다. 기억이 풍부히 남아 있는 경우, 말씀하기를 꺼려하는 경우, 치매 증상과 함께 기억이 심하게 훼손되어 있는 경우, 건강 상태가 대단히 안 좋은 경우 등 생존자라고 해서 모두 '기억의 생존자'는 아님을 알게 되었다. 여기서 우리는 이미 60년이라는 일본군'위안부' 사건이 가지는 시간의 무게, 그리고 그 시간 동안의 침묵과 겨루기 시작했던 것 같다.

이렇게 하여 증언팀에서 면접을 한 증인은 25명 정도이고, 증언 활동을 한 사람들은 모두 30명 정도에 이른다. 한편으로 생존자들과의 만남이 계속되면서, 다른 한편으로는 증언팀의 토론 모임이 이어졌다. 할머니들을 만나고 나면서부터 우리의 '목소리'가 터져 나왔다. 면접 내용을 원녹취 자료로 만드는 것이 간단한 문제가 아님을, 특히 '들리는 대로 푼다'라는 처음의 생각은 매우 순진한 것임을 절감하는 목소리들이 가득하게 된 것이다. 원녹취문이 기록해야 하는 구술 언어는 문자 언어와는 '다른' 체계의 언어이다. 구술은 그 발음, 문법, 표현 등에서 문자언어와는 다른데, 우리는 문자로 구술을 표현해야 한다는 간극과 어려움에 직면하였다. 그래서 녹취를 푸는 것 자체가 이미 선택이요, 재현이요, 글쓰기의 과정이라는 것을 깨닫게 되었다. 또한 그 재현의 대상은 바로 증인의 기억이요, 70~80년 묵은 존재의 무게였다. 그 구술언어는 식민주의, 민족주의, 여성주의 등으로 일컬어지는 사고틀이 무엇인가를 다시 성찰하는 기초가 되어 주었다. 이 과정에서 우리는 녹취를 푸는 원칙을 세워 갔다. 여기서 증인을 만난 면접자의 '기억'도 중요한데, 녹취를 풀 때 당시 증인의 표정, 동작 등을 떠올려야 했으며, 왜 그때 이 이야기를 했는지, 그때 어떻게 이야기를 회피했는지 등 이야기의 회로를 이해하고 있어야 했다. 그리고 증인의 침묵도 기억하고 있어야 했다. 이렇게 녹음기에는 녹음되지 않는 많은 사안들을 면접자는 이해하고 저장하고 있어야 했다. 또한 같은 조 안에서도 서로의 이해를 확인하고 공유하기 위해 자기가 '들은' 증언에 대해서 서로 다투면서 녹취가 풀어졌다. 섬세한 녹취 풀기는 앞으로 개척해야 하는 기술적 학문적 문제를 많이 남겨 놓고 있다. 이렇게 해서 증인을 만난 우리도 점차로 '증인'이 되어갔다.

우리에게 분명한 것은 원녹취문은 법정이나 법학의 틀에서 바라본 증거자료에 국한되지 않고, 역사적 자료의 의미를 지닌다는 점이었다. 그 안에는 개인으로서 증인의 체험과 역사적 존재로서의 사건의 관찰이 복합적으로 기록되어 있기 때문이다. 뿐만 아니라, 개인이 그러한 사건에 부여한 의미작용이 구술적 표현 속에서 살아나고 있었다.

전국조사라는 처음의 계획과는 달리 경상도 및 전라도 지역에서 다른 조사팀이 결성됨에 따라, 증언팀은 서울과 비교적 근거리에 거주하는 생존자의 조사에 국한되게 되었다. 2000년 1월부터는 증언집을 만들기 위한 준비 모임을 시작하였다. 우리는 정해진 원칙, 시각, 이론을 가지지 않은 채, 혹은 그것을 빨리 선택하기를 유보하면서 서로의 감(sensibility)을 공유하고자 하였다. 국내와 외국의 증언집을 모아 읽기도 하고, 다른 한편으로는 증언팀에서 만든 원녹취문을 읽으면서 우리의 증인에 대한 워밍업을 하였다. 사실, 이 시간은 재현과 편집의 감수성을 키워갔다는 점에서 상당히 '형성적인' 시간이지만 불확실한 상태를 견딘다는 점에서는 높은 수준의 에너지가 필요한 시간이었다. 원녹취록을 함께 읽으면서, 우리는 증인의 일생, 경험, 기억, 인성의 특성을 파악하기 시작했다.

2000년 6월에는 본격적 편집회의에 들어갔다. 각 증인마다 5~10차에 걸친 증언편집본이 나왔고 원녹취문과 편집본을 함께 읽는 과정에서 편집팀은 할머니에 대한 이해를 공유하게 되어 마치 모두 할머니를 만나 본 사람처럼 느끼게 되었다. 자연스레 각 할머니에게 별칭이 생겨난 것도 이 때문이다. 타이타닉 할머니 정윤홍, 꺼먹소 순만이, 전셋집 때문에 골치아픈 김화선, 말잘하기로 소문난 최갑순, 이쁜이 할머니 김복동, 무스탕 할머니 안법순 등. 몇 번씩 녹취를 읽으면서, 참여기를 함께 쓰면서, 끊임없이 편집을 고치면서 우리는 마치 모든 할머니를 알고 있고 만나고 증언을 받았던 것처럼 서로의 편집에 관여하고 개입할 수 있게 되었다. 우리는 어느새 우리 모두가 할머니에 대해 가지고 있는 서로의 느낌을 신뢰하게 되었다. 무엇보다도 이러한 신뢰는 아련하게 잘 잡히지 않고 부유하던 할머니들의 모습에 형태와 울림을 부여하는 일이 안고 있는 불안과 두려움을 극복하게 해주는 힘의 원천이 되었다. 이러한 과정은 직접 할머니를 면접하지 않은 사람이 다른 사람의 편집에 개입할 수 있는 '공동작업'의 기반이 되었다는 점에서 매우 중요하다.

9월부터는 마무리 작업에 들어가 맞춤법, 기호, 주 및 괄호 사용 정도와 같이 기계적인 사항을 점검하고 각 증언내용이 의미하는 바를 최후로 다시 점검하였다.

증언활동은 이렇게 20~40대의 증언팀 여성들이 증인인 70~80대의 여성들과 함께 떠났던 기억 여행이었다. 그것은 한국의 지난 한 세기라는 시간 속으로 떠난, 여성의 기억이 어떻게 역사 쓰기의 자료가 되는지를, 그리하여 여성이 어떻게 역사의 '주체'인지 드러내고자 했던 흥미진진한 여행이었다. 이 증언집은 그 기억 여행의 기록물이다. 그러면, 우리는 이 '기억'을 어떠한 방식으로 재현하고자 했을까. 그리고 그것의 의미는 무엇일까.

2. 증언의 재현과 녹취록의 편집

1년여의 시간에 걸쳐 많은 고민과 실험 끝에 나온 우리의 증언 편집본은 새로운 형식과 내용들을 담고 있다. 지금의 결과물은 열린 질문과 열린 답변을 대면하고, 온갖 시행착오와 따가운 상호비평이 오가는 과정에서 만들어진 것이다. 따라서 우리가 이 책에서 취한 재현의 방식은 하나의 판본, 또는 판본들일 뿐이다. 끝나지 않은 연구의 과제들로 가득한 재현과 편집의 원리들을 살펴보겠다.

1) 증언자들은 누구인가

증언집에 실린 증언의 내용은 일본군'위안부'로 동원되는 과정이나 위안소에서의 체험에 국한되지 않고 있다. 개인마다 약간씩의 편차는 있지만 증언자들은 일본군'위안부' 경험을 자신의 일생에 대한 이야기와 함께 이야기한다. 어떤 분은 일본군'위안부' 경험 못지 않게 육이오 때의 공포와 배고팠던 경험을 중요하게 기억하며, 어떤 분은 지금 당장 사기를 당해 빼앗긴 전세금 문제를 더욱 절실하게 호소하기도 한다. 또한 일본군'위안부'로서의 경험을 이야기할 때도 그때 생활과 직결되지 않거나 무관해 보이는 것도 많다. 어떤 분은 위안소보다도 남양군도로 가기 전 겪은 난파와 생명의 위협을 훨씬 강렬하게 기억하며, 일본군'위안부' 생활보다도 '미군 폭격'에 대해 느꼈던 공포를 더욱 크게 가지고 있다. 이는 일본군'위안부'로서의 경험이란 무엇이며, 그 피해와 상처가 어떤 시간대에 있는 것인지, 그리고 그것은 다른 사회적 차원들과 어떤 관계에 있는 것인지의 문제를 생각하게 만든다. 다양한 증언을 통해 우리는 일본군'위안부' 경험이란 단지 군인을 상대하는 위안소 생활에 국한되는 것이 아니라 인간 삶의 총체적 차원을 위협하는 것임을 알게 된다. 또한 그 영향은 지속적이면서도 현재적이라는 사실, 그리고 가족관계나 결혼, 빈곤, 내면적 불안 등 사회·경제·문화적 차원들과 중첩되어 있는 성질의 것임을 확인할 수 있게 된다. 이런 시각에서 우리는 증언을 인생 전체를 포괄하는 문제로 다뤄야 한다고 본다. 또한 증언자의 현재 상태도 하나의 증언이다. 이렇게 보면 증언자들의 기억과 구술 중에서 '일본군'위안부'로서의 경험'이라는 통념에 걸맞는 것을 골라내어 재현하는 것은 문제가 많을 뿐 아니라 위험한 것이다. 일본군'위안부' 경험이 과연 무엇을 의미하는가에 대한 답변은 증언자 자신의 일본군'위안부' 경험이라고 하는 사건과 자신의 삶을 연관지어 해석하고 재현하는 상(像) 안에 있으며 그것을 포착할 수 있는 해석자의 시선에 달려있다.

그래서 우리는 복합적이고도 다면적이며, 모순적이기까지 한 증언자들의 자기재현에 주목한다. 자신을 재현하는 증언자들의 구술에서는 정형화된 일본군'위안부'의 모습을 찾기 힘들다. 일본군에 대한 원한은 일본군장교와의 사랑과 공존하기도 하고, 애기집을 강탈당한 현생의 원한이 아들 낳고 살아보는 후생에의 바램으로 이어지기도 하며, 독립운동가의 딸로서의 자부심은 다른 일본군'위안부'들의 삶을 '더러운' 과거로 치부한다. 한국 사회에서는 증언자를 쉽게 민족주의의 투사로 상상하고, 그러한 모습에 부합하지 않는 태도나 의식을 예외적인 개인의 도덕적 결함으로 보는 경향이 있다. 그러나 한 시대를 살아가는 모든 사람들이 그렇듯이 증언자들은 가부장제가 부과하는 여러 가지 이데올로기들을 내면화하고 있으면서, 동시에 그 이데올로기들에 자생적으로 저항하는 의식을 갖고 있는 존재들이다. 뿐만 아니라 그들은 단지 과거의 일본군'위안부' 여성에 머무르는 존재가 아니라 불굴의 생명력과 의지로 삶과 죽음의 경계를 뚫고 한국사회의 불리한 조건을 뚫고 살아온, 그리고 살아가고 있는 존재들이다. 우리는 이러한 다의적이고 다성적인 목소리와 그들을 구성하는 다층적인 존재성을 드러냄으로써 그것을 바라보는 해석의 시선을 개방시키고자 한다.

2) 기억과 재현 문제

우리는 증언자의 자기재현을 증언의 기억 구조라고 명명했다. 이와 관련하여 몇 가지 쟁점들에 부딪혔다. 첫 번째는 선택적 기억과 침묵의 언어 문제다. 증언자들은 일본군'위안부' 생활 자체에 대한 언급을 회피하기도 하고, 아예 기억이 나지 않는다고도 하며, 강간상황만을 강조하면서 일본군'위안부' 생활을 하지 않았다고 주장하는 경우도 있다. 이 말하기 싫어함과 떠올리기 싫어함은 일본군'위안부' 경험을 '더럽혀진' 정조로 규정하는 지배적 이념이 개인을 얼마만큼 짓누르고 있는지를 보여준다. 여성들은 그 기억을 떠올리거나, 그것을 발설하는 것만으로도 자신의 '더럽혀짐'이 되살아나고, 그것을 인정하게 된다고 생각하는 것이다. 그러나 이것은 개인에게 각인된 트라우마의 깊이를 웅변해준다. 이 상처는 일본군'위안부' 경험 자체가 만들어낸 것임과 동시에 그 경험이 왜 일어났으며, 그것이 당신의 잘못이 아니었음을 말해주지 않은 사회가 만들어낸 것이기도 하다. 육십여 년의 세월동안 이 여성들은 아물지 않은 상처를 혼자 감당해왔다. 따라서 우리는 이 침묵과 기억의 억압이 일본군'위안부' 문제의 지속성과 현재성을 말해주는 증언이라고 보았다. 위안소 이야기가 없거나 불충분한 경우가 있다면, 그것은 증언자가 침묵과 억압의 지대를 통과하고 있기 때문일 것이다.

다음으로는 무엇을 어떻게 기억하는가의 문제이다. 증언자들은 위안소에 있었을 때의 연도나, 지명 등을 뚜렷하게 기억하지 못하는 경우가 많다. 얼마나 위안소에 있었는지, 몇 살에 처음 결혼했는지 모르는 분도 있다. 이는 개인마다 큰 차이가 나는 기억력 때문이기도 하고, 몇 십 년이 흐르고 난 뒤여서 기억이 희미해진 탓도 크다. 그러나 우리는 증언들을 접하면서 연도나 지명 등과 관련된 기억의 공통적 특징을 발견하게 되었고, 이 문제를 다른 시각에서 해석해야 할 필요를 느끼게 되었다. 이들은 10대 후반의 나이에 낯선 사람, 낯선 고장, 낯선 물건, 낯선 언어에 둘러싸여 생활을 했다. 그러므로 이들의 불확실한 기억은 강제로 끌려가서 철저히 통제된 상황에 놓여있는 자의 위치를 반영한다. 즉 이들의 경험은 사물과 사건을 체계적인 정보의 언어로 기억할 수 있는 선지식이나 조건을 가지지 못한 상태에서 이뤄졌다는 것이다. 따라서 이들이 명령지휘계통이나 부대 이름, 이동경로 등을 완전히 파악하지 못하는 것은 당연한 일이다. 이런 점에서 증언자들이 글자를 모르는 여성들이기 때문에 시간감각이나 기억력이 떨어지고, 객관적이고 체계적인 정보를 파악하지 못하고 있다고 보는 통념은 잘못된 것이다. 글자를 모르는 세대의 여성들이기 때문에 증언자들은 오히려 문자문화의 그것과는 전혀 다른 원리로 자신의 기억을 저장해왔다. '몇 년도에 태어나셨나요'라는 질문을 받으면 모른다고 답하는 경우가 많지만 증언자들은 자신을 기사(己巳)생, 또는 무슨 띠에 태어났다고 얘기하며, 절기와 제사 때를 기준으로 시간을 기억한다. 일자무식인 분이 놀라운 기억력과 묘사력으로 듣는 이를 끌어들이는 경우들을 발견하면서, 우리는 문자와, 문자를 통해 얻는 정보에 의존하지 않은 채 갈고 닦아온 기억과 구술이 가지는 힘에 탄복하였다. 또한 이들이 객관적 상황에 대한 정보를 접하고 상황을 통제할 수 있는 위치에 있지 않았다는 사실은 그들의 기억을 다른 데로 집중하게 만든다. 상상을 초월할 정도로 자세하고 또렷하게 어떤 사건이나, 당시의 주위 환경을 묘사하고, 자신의 육체적·정서적 느낌을 전한다. 더욱이 60여 년 전의 어린 나이에 겪은 일과 그 느낌이 이렇게 강렬하게 남아있다는 사실은 이 경험이 갖고 있는 강도를 짐작하게 한다. 우리는 이렇게 강렬한 기억 내용들과, 그와 대조적으로 불확실한 기억들을 함께 실음으로써 위안부 경험의 특성을 밝히고자 하였다.

세 번째는 기억의 형식적 특성 문제이다. 기억을 구술할 때 시제와 연대기는 일차적 원리로 작동하지 않는다. 즉 기억에는 과거와 현재가 공존하는 것이다. 어떤 분들은 자신의 일생을 일목요연하게 연대기 순으로 구술하기도 한다. 이런 경우는 이전의 증언 경험에 기초해서 스스로 증언 내용을 정리했기 때문이다. 일반적으로 대개의 구술은 시간적 순서를 쫓아가다가도 현재의 사건이나 사물의 연상고리들을 따라 기억이 풀어지는 경우가 많다. 그래서 사소해 보이는 것을 단서로 묻혀 있던 기억이 되살아나면서 커다란 이야기 보따리가 나오게 되기도 한다. 예를 들면, "그때 사진을 찍었었지"라고 시작하는 사진에 대한 이야기는 그 당시 목격했던 다른 일본군'위안부'들의 죽음을 끌어올리는 계기이다. 우리는 면접할 때 이미 이러한 기억의 특성에 주의를 기울여 증언자의 기억을 활성화시키려 했고, 따라서 녹취에는 이렇게 실타래처럼 얽힌 이야기들이 펼쳐진 대목이 많다. 또한 3차에 걸친 구술을 보면 증언이 비슷한 연결고리를 가지고 중복되기도 한다. 이것은 각자 자신의 방식대로 저장하고 있는 기억의 지도라고 할 수 있다.

우리는 이렇게 기억의 시간적 혼종과 연상작용을 어떻게 재현할 것인지를 놓고 상당한 고심을 하였다. 이 고민은 두 개의 축 사이를 어떻게 조정하고 타협할 것인가에서 비롯된 것이다. 하나는 증언자들 각각이 보여주는 개성적이고도 일반적인 기억의 특성을 표현하는 것과 다른 하나는 증언을 받는 상황에 있지 않았던 독자들로 하여금 그 의미를 이해할 수 있게 만들어야 한다는 축이 그것이다. 우리는 증언자가 기억을 풀어내고 서사를 만들어내는 특징을 텍스트의 구성과 배치를 통해 보여주되, 차례로 읽어내려가는 독자의 입장에서 혼란스러울 수 있는 부분을 생략하거나 이어붙이는 편집과 그 밖의 보조적인 장치들을 통해 이 문제를 통합하고자 하였다.

구성과 배치를 놓고 우리는 여러 가지 시도를 하였다. 각 편집자의 일차 판본에 대한 상호비판과 토론, 토론의 내용을 반영한 수정본들을 만들어가면서 3차에서 5차 정도에 이르렀을 때 최종본에 근사한 얼개가 나오게 되었다.

증언자의 기억 구조의 특징을 파악하고, 그것을 효과적으로 보여줄 수 있는 스타일을 찾아라. 그것이 우리가 시도하게 된, 기억 재현의 원칙이다. 그 결과 어떤 경우는 현재 상황을 보여주는 데에서 시작해서 일본군'위안 부'로 끌려갈 때부터 지금까지의 시간적 연대기를 따라 가다가 현재로 다시 돌아오는 구성을 하였고, 또 어떤 경우는 기억의 큐를 중시하면서 연대기적 구성을 혼합하고, 또 다른 경우는 증언자의 설화적 특성을 부각하는 등 여러 가지의 모습을 하고 있다.

3) 구술적 텍스트로서의 증언집

증언 4집의 증언텍스트가 외견상 가지는 일차적 특징은 '무수히 열리되 닫히지 않는 따옴표들'(증언자의 마지막에 닫힌다)이다. 이 따옴표는 증언 내용이 편집자의 말과 단어로 가필되지 않았고 증언자의 말을 인용하면서 구성되었음을 알려준다. 앞에서 이야기했듯이 증언을 받는 활동은 온 몸과 귀와 마음을 열고 증언자의 말과 침묵, 그리고 몸짓을 듣는 행위이다. 우리의 따옴표는 증언자가 말하고 있음을, 지금 현재 독자에게 말하고 있음을 상기시키고, 독자로 하여금 그의 말에 귀를 기울여야 하는, 우리와 마찬가지의 증언참여자가 되기를 촉구하는 기호이다.

그러나 기호의 이러한 표면적인 의미는 더 깊은 이론적 쟁점에 맞닿아 있다. 증언자의 말을 그대로 인용한다는 것은 무엇을 의미하는 것인가? 증언자의 주체성을 드러내기 위해서 왜 우리는 증언자의 말을 인용해야 하는 것일까? 가필하지 않는다고 해서 해석하는 시선이 없는 게 아니며 이미 개입을 하고 있는데, 이러한 인용의 형식은 참여자가 개입하지 않는 것처럼 위장하는 게 아닌가? 증언자의 말로 증언을 구성한다는 것은 이른바 '있는 그대로의 생생한 체험'을 보여주기 위함이 아니다. 그렇다고, 증언자를 보고 있는 참여자의 시선을 없애기 위함도 아니다. 우리는, 말을 사실 그 자체나 진실로 환원하는 경험주의적 방법론이나 이른바 '입증된 사실'에 부합하는 말만 타당한 증언으로 채택하여 가필하는 실증주의적 방법론 양자 모두에 대해 거리를 두고자 한다. 우리가 증언자의 말을 싣는 이유는, 증언 자가 자신의 말을 통해 스스로를 재현하고 있음을 드러내기 위해서이다. 따라서 증언텍스트는 단지 녹취록을 그냥 옮겨놓은 게 아니라 증언참여자 의 의도적 선택을 거쳐 편집된 것들이다. 우리는 이 선택을 일종의 내부적 외부자로서의 위치에 서서 행하고자 했다. 몇 가지 성긴 이론적 틀로 증언 을 재단하지 않고 증언자의 고유한 정신과 기억에 들어감으로써 그 목소리 를 체득하는 과정, 그와 동시에 그 자기재현을 바라보는 거리를 인식하는 내적 외부자로서의 시선을 명료하게 만드는 과정을 거쳤다는 점에서 증언 텍스트는 녹취의 수록이 아니라 생산된 증언물이다. 이런 까닭에 우리의 따옴표들은 자신이 증인이 된 증언참여자(이자 편집자)를 통해 울려나오는 증언자의 목소리들을 의미한다.

증언자들의 목소리를 울려나오게 하기 위해 우리는 증언을 구술적 텍스 트로 만들고자 했다. 구술적 텍스트란 말과 구술상황을 문자로 표현한 것 을 말한다. 구술상황에서의 말은 도치나 생략이 많고, 간투사도 많다. 증언 텍스트를 편집하는 과정에서 읽어가는 데 심각한 장애가 되는 간투사들은 생략하였으나 말의 장단과 운율을 가능한 한 훼손하지 않으려고 했다. 또 한 사투리의 발음도 표준화된 표현법이 정착된 경우를 제외하고는 소리나 는 대로 적었고, 억양과 말의 길이도 기호를 통해 표현하고, 몸짓과 표정, 또는 침묵을 괄호 안에 지문 형식으로 집어넣었다. 그러나 구술을 문자기 호로 온전히 담아내는 것은 거의 불가능한 일이다.

더욱이 대화 상황에 참여하지 않은 사람에게 증언자의 이야기를 전달하 는 것이 큰 숙제다. 증언활동은 대화적 상황이고, 따라서 대화 상황에서는, 알아듣지 못한 단어가 있을 때 물어볼 수도 있고 간단한 지시대명사가 일 컫고 있는 복합적인 상황에 대해서도 몇 번의 방문을 통해 알게된 내용으 로 유추할 수 있다. 녹취록에는 증언을 받은 참여자만이 이해할 수 있는 이야기나 단어들·지시대명사들로 가득하다. 이러한 상황적 맥락이 스며 있는 증언자의 말만을 가지고 그 맥락 바깥에 있는 독자에게 증언자의 이야기를 표현하는 것은 쉽지 않은 일이다. 결국 이 문제는 의미와 맥락을 만들어내는 데 편집자가 얼마만큼 어떠한 원칙을 가지고 개입할 것인가로 모아진다. 우리는 증언자의 목소리를 가리지 않기 위해 가능한 한 본문에 개입하는 것을 최소로 만들고자 했다. 그래서 텍스트 안에서 지시대명사 등의 말이 얼른 이해되기 힘들다고 보일 때, 텍스트에서는 알기 힘든 생략된 말들이 있을 때는 대괄호 안에 증언자의 용어를 사용하여 추가하였고, 그 외 사투리나 맥락을 설명해야 하는 경우 본문 밖의 주에 적었다.

결국 우리가 중요하게 견지했던 것은 증언자의 이야기스타일과 개성을 살리는 것이다. 증언자의 구술적 특성을 살리되 대화상황에 참여하지 않은 독자를 향해 의미를 전달할 수 있는 편집의 방식을 찾아내라. 이것이 우리의 녹취 편집의 원칙인 셈이다.

3. '생존자' 증언과 역사쓰기

우리가 '들었던' 증언, 재현하고자 했던 기억을 어떠한 의미를 지니고 있을까. 앞에서 지적한대로 일본군'위안부' 체험은 대체로 60여년 전의 기억이라는 점, 아직 인생 경험이 성숙하지 않은 주로 10대의 경험이었다는 점, 그리고 귀국 후에도 침묵이 강요당한 그런 기억이다. 다시 말해, 그것은 잘 언어화되어 있지 않은 경험이요, 언어화된다 해도 이 생존자들을 다시 한 번 수치스럽게 만들고, 한 많은 '피해자'라는 낙인을 만들어내는 기억이다. 이렇게, 생존자의 기억은 사회적으로 공유되지 않은 비공식 기억이 되어왔다. 이런 상황에서 일본군'위안부'가 증언한다는 것은 그 의미를 부여해 줄 담론공간이 제대로 마련되지 않은 상황에서 발설한다는 것을 의미한다.

앞에서 살펴보았듯이, 생존자들의 기억의 내용과 구성에는 다른 종류가 자료가 가지기 어려운 풍부하고 살아있는, 이 사회와 역사를 따라 구비구비 흘러온 의미가 내장되어 있다. 그것은 투명한 경험의 기록이 아니라, 오히려 해독을 기다리는 의미의 덩어리들이다. 거기에는 절규와 외침, 회한과 침묵의 소리가 있다. 이렇게 생존자 증언은 다각도로 그 의미가 부여되고 생성되어야 할 자료이다. 이것은 생존자 증언이란 사실에 대한 보충자료가 아니라 그 자체가 다른 종류의 역사적 자료라는 것을 의미한다. 오로지 사실성의 잣대에 비추어 재단한다면, 증언이 가지는 의미는 대단히 협소해지질 수밖에 없다. 우리에게 필요한 것은 증언에 담겨진 기억과 체험의 암호를 해독하기 위한 방법과 이론의 모색이다.

뿐만 아니라 대부분 하층, 노인, 여성인 일제시기 '위안부' 여성의 증언은 일본의 국가적 군사적 자료를 의미하는 이른바 공식적 자료와 경합할 수 있는 '다른' 진실과 논리를 가진 역사적 자료이다. 이들 여성의 이야기는 '역사적 소수자'로서 탈식민주의에서 논하는 '지역적 역사쓰기'의 동력이 될 수 있을 것이다. 문화와 상품뿐만 아니라 언어와 역사쓰기마저 중심을 향해 통합되어 온 근대화 과정에서 '공식적 역사'에서 배제되어 온 수많은 역사적 주변인들이 존재한다. 특히 주변부 사회의 역사가 그동안 누구의 잣대에 의해, 누구의 입장에서 서술되어왔는가라는 질문이 많이 제기되고 있는 상황이다. 기준과 입장 못지 않게 중요한 문제는, 이러한 주변부 사회의 역사적 주체들의 기억이 사실상 사멸해 간다는 데 있다. 기억을 담지한 '생존자'가 사라져 가며, 생존한다고 해도 그 언어를 들을 수 있는 귀가 사라져 간다는 것이다. 이러한 맥락에서 생존자 전 '위안부'의 증언은 여러 차원에서 귀중하다. 일제시기를 거쳐 한국전쟁, 독재와 급속한 산업화라는 역사를 거쳐 오늘 생존해 있는 전 '위안부' 여성은 이러한 역사의 궤적이 중첩되어 있는 자리에 서 있다. 그 자리에서 식민지 한국인, 여성, 하층계급이라는 복합적 주체성이 엮여져 있다. 생존자 증언에 대한 섬세한 방법론의 개척은 이들이 어떤 사람들인가, 그 주체성을 살려냄으로써 기존의 역사가 말하지 못하는 새로운 역사쓰기의 주체와 언어를 찾는 노력과 직결되어 있다.

이들의 목소리는 스피박(G. Spivak)의 말대로, 아무리 말하여도 그 의미를 가지기 어려운 '말되지 않는 언어'의 성격을 가지며, 그런 점에서 말이 곧 침묵이라는 역설을 담고 있다. 앞에서 다룬 것처럼, 생존자의 이야기는 실타래처럼 얽히고 설킨 기억의 묶음들로 땋여져 있다. 하지만 만남의 시간을 거듭하면서, 그들의 이야기는 자신만의 혼(spirit)으로 가득하다는 것을 발견했다.

사실상, 10만을 헤아리는 한국인 위안부의 잠정적 통계를 감안할 때, 현재의 생존자는 구사일생 보다 훨씬 더 희소한 확률 속에서 살아남은 끈질한 생존력의 화신들이다. 대다수의 전 종군 위안부는 연행과정에서, 위안소에서, 2차 대전의 전장에서, 또 종전 후 귀환하는 과정에서, 또 한국에 돌아와서 한국전쟁 기간 및 그 이후에 돌아가셨다. 그런 점에서 이 증언을 남기시는 생존자들은 문자 그대로 역사의 '증인'이다. 다시 말해, 이들은 자신의 체험에 대해서 말하고 있을 뿐 아니라 이렇게 이름 없이, 현재까지도 그 의미가 잘 새겨지지 않은 채 죽어간 이들을 대변하고 있는 증인인 것이다. 따라서 돌아가신 이들이 빙산의 울림을 생존자의 소리를 통하여 담아내고자 하였다. 이렇게 돌아가셔서 말할 수 없는 자들의 말과 기억을 대변하여 주는 말로 우리는 생존자 증언을 이해하였다. 증언집을 꾸민 우리의 목소리가 할머니들의 목소리에 용해되기를 바라듯이, 그리고 면접의 상황에서부터 증인이 주도권을 가지고 '말하게 하라'고 하였듯이, 증언집은 온전히 증인들의 것이다. 더 나아가 생존자의 증언에는 이미 죽어간 한국인 일본군'위안부' 여성들, 식민지 피해자들, 지난 한 세기의 격랑 속에서 소리 없이 스러져간 수많은 한국 여성들의 이야기가 담겨 있다. 그 이야기가 증언을 읽는 모든 사람들에게 들려지기를 바란다.